Immunität internationaler Richter

Abhandlungen
zum
Recht der Internationalen Wirtschaft

Herausgeber:
Prof. Dr. Otto Sandrock, Münster

unter Mitwirkung von
Prof. Dr. Bernhard Großfeld, Münster
Dr. Thomas Wegerich, Heidelberg

Band 58

Immunität internationaler Richter

gemessen an derjenigen der Diplomaten und der internationalen Funktionäre

von

Dr. Martina Koster

Heidelberg

Verlag Recht und Wirtschaft GmbH
Heidelberg

Die Deutsche Bibliothek – CIP-Einheitsaufnahme

Koster, Martina:
Immunität internationaler Richter : gemessen an derjenigen der Diplomaten und der internationalen Funktionäre / Martina Koster. – 1. Aufl. – Heidelberg : Verl. Recht und Wirtschaft, 2002

(Abhandlungen zum Recht der internationalen Wirtschaft ; Bd. 58)
Zugl.: Heidelberg, Univ., Diss., 2001

ISBN 3-8005-1294-7

ISBN 3-8005-1294-7

Satzkonvertierung: Lichtsatz Michael Glaese GmbH, 69502 Hemsbach

Druck und Verarbeitung: Druckpartner Rübelmann GmbH, 69502 Hemsbach

♾ Gedruckt auf säurefreiem, alterungsbeständigem Papier, hergestellt aus chlorfrei gebleichtem Zellstoff (TCF-Norm)

Printed in Germany

Meinen Eltern
und
Yanik

Vorwort des Herausgebers

Die Feststellung, dass die Welt heute in vielerlei Hinsicht ein globales Dorf ist, kann man – je nach Gusto – als common sense oder als Binsenweisheit bezeichnen. Bezogen auf das Recht und dessen vornehmste Aufgabe, die Herstellung des Rechtsfriedens, folgt aus dieser Tatsache, dass nationale Strukturen oft nicht ausreichen, um Konflikte sachgerecht und unparteiisch zu lösen. Globalisierung verlangt eben auch nach einer umfassenden, demokratisch legitimierten und mit dem Völkerrecht in Einklang stehenden Kontrollinstanz, die ihrerseits wiederum den Rückhalt in der internationalen Staatengemeinschaft finden muss, um Durchsetzungskraft entfalten zu können.

Das Thema dieser Doktorarbeit ist daher so wichtig wie aktuell. Wichtig, weil die Kriege und Terrorakte der jüngsten Vergangenheit zeigen, dass ein großes Bedürfnis besteht, die Rechtsfindung auf internationaler Ebene stärker als bisher zu institutionalisieren und damit einen Beitrag zu leisten, diese Welt sicherer zu gestalten. Die Schrift ist aktuell, weil die jüngsten Vorgänge um die Konstituierung des Internationalen Strafgerichtshofs (ICC) und den Rückzug der USA aus diesem Judikativorgan in Gründung geradezu ein Paradebeispiel für die tatsächlichen Probleme in der Praxis sind. Der Entschluss, einen Weltstrafgerichtshof zu gründen, geht zurück auf die Konferenz von Rom aus dem Jahr 1988. Die dort anwesenden 120 Staaten hatten das Statut des ICC mit der Maßgabe angenommen, dass ein In-Kraft-Treten die Ratifizierung von mehr als 60 Staaten erfordern sollte. Diese Zahl ist im April 2002 erreicht worden, so dass das Tribunal seine Arbeit zum 1. Juli 2002 aufnehmen kann. Nach diesem Stichtag begangene Kriegsverbrechen, Völkermorde oder Verbrechen gegen die Menschlichkeit können dann geahndet werden, wenn die Justiz in den jeweils betroffenen Ländern nicht willens oder in der Lage ist, die Strafverfolgung zu übernehmen.

Welch fatales Signal an die internationale Staatengemeinschaft ist es vor diesem Hintergrund, wenn die Vereinigten Staaten – die letzte verbliebene Supermacht – drei Monate vor dem Startschuss für das Den Haager Tribunal eine diplomatische Kehrtwendung sondergleichen vollziehen und die frühere Zustimmung zu den römischen Statuten für null und nichtig erklären? – Nun, ungeachtet der Tatsache, dass damit die wichtigsten Partnerländer brüskiert werden, ist aus diesem einmaligen Vorgang abzulesen, welche weitverbreiteten Vorbehalte gegen internationale Gerichte bestehen. Diese nämlich fällen ihre Urteile nach dem Prinzip der freiwilligen Unterwerfung der jeweils betroffenen Staaten. Mit anderen Worten: Die Anerkennung der Zuständigkeit eines internationalen Gerichts bedeutet für den Staat zugleich einen Verzicht auf nationale Souveränitätsrechte – für die USA ein möglicherweise ausschlaggebender Grund für die folgenreiche, weil ein negatives Vorbild gebende, Entscheidung.

Dieses aktuelle Beispiel zeigt aber auch, dass die Etablierung internationaler Gerichte über einen noch weiten und steinigen Weg erfolgen wird. Umso wichtiger ist es, dass die Persönlichkeiten, die als Richter dieser internationalen Tribunale berufen werden, ihr Amt in einer sachlich und persönlich unangreifbaren Position ausüben können, denn das ist die Grundvorausssetzung für eine qualitativ gute und nur dem Recht verpflichtete Entscheidung im Einzelfall. In Deutschland ist die Unabhängigkeit der Richter fester Bestandteil der Verfassungsordnung, die Bedeutung dieses Rechtsinstituts steht außerhalb jeglicher Diskussion. Aber: Wenden wir uns der internationalen Ebene zu, dann zeigt etwa die – nicht von der Hand zu weisende – Gefahr der Beeinflussung der Richter, die von totalitären Staaten in die Gerichte entsandt werden, welch unverzichtbares Gut die Immunität gerade in diesen Fällen darstellt. Hiermit nämlich wird das Mittel bereitgestellt, das die Ausübung unzulässigen Drucks auf den Richter seitens der jeweiligen Regime – und damit verbunden die Beeinträchtigung der Objektivität des Richterspruchs – in der praktischen Arbeit verhindern kann. Dabei darf nicht übersehen werden, dass die Position des Richters eines internationalen Gerichts besonders machtvoll ist. Den Richtersprüchen nämlich kommt eine hohe rechtsgestaltende Funktion zu – ein weiterer Grund, weshalb der sachlichen und persönlichen Unabhängigkeit besondere Priorität beizumessen ist.

Die Verfasserin der Dissertation arbeitet alle genannten Zusammenhänge klar heraus, die naturgemäß weit verzweigten Quellen erschließt sie erschöpfend. Und sie spart auch nicht mit (berechtigter) Kritik: Die Tatsache, dass sich die Grundsätze der Immunität internationaler Richter auch heute noch nach den allgemein für Diplomaten geltenden Unabhängigkeitsregeln richten, ist ein unzeitgemäßer Missstand, der der geschilderten wichtigen Funktion internationaler Richter nicht hinreichend Rechnung trägt. Besonders verdienstvoll und weiterführend für die Praxis ist es daher, dass die Autorin am Schluss des Buches den Entwurf eines Immunitätenkatalogs vorlegt, der – wie die Arbeit insgesamt – die weitere Diskussion voranbringen und befruchten wird.

Zum Schluss noch ein persönliches Wort des Herausgebers, der als Redaktionsleiter und Chefredakteur das Werden der Dissertation aus einer gewissen Nähe mitverfolgt hat: Ich freue mich sehr, dass die immensen Anstrengungen von Frau Dr. Koster – neben der beruflichen Herausforderung als Redakteurin im Verlag – zu einem so positiven und erfolgreichen Ergebnis für Autorin und Verlag geführt haben.

Heidelberg, im Juni 2002

Thomas Wegerich

Vorwort der Verfasserin

Die vorliegende Arbeit lag der Juristischen Fakultät der Ruprecht-Karls-Universität Heidelberg im Sommersemester 2001 als Dissertation vor. Literatur und Internationale Verträge habe ich, soweit möglich, bis März 2002 berücksichtigt.

„Die Stärke des Rechts sollte der Macht des Stärkeren nicht unterliegen."

Dieser von Bundesjustizministerin Professor *Dr. Herta Däubler-Gmelin* am 10. Mai 2002 auf dem 53. Deutschen Anwaltstag in München geäußerte Appell erfolgte zwar im Zusammenhang mit der von der Regierung *Bush* rückgängig gemachten Zustimmung Amerikas zum Internationalen Strafgerichtshof, er lässt sich jedoch auch als Leitmotiv der vorliegenden Arbeit übernehmen. Denn nur ein maßgeblich durch die ihm verliehenen Immunitäten unabhängiger Richter ist der Einflussnahme durch Stärkere entzogen, so dass die Vorrechte und Befreiungen im Ergebnis auch zur Stärkung des Rechts beitragen.

Die Anregung zum Thema dieser Dissertation gab mein verehrter Doktorvater, Professor *Dr. Karl Doehring*, der durch seine rege und lebendige Betreuung erheblichen Anteil am Gelingen dieser Arbeit hat. Seine jederzeitige Gesprächsbereitschaft, seine Anregungen sowie seine Ermutigungen haben mich auch dann nicht verzagen lassen, wenn ich dachte, im „Dickicht" zwischen Berufstätigkeit und Abfassung der Promotion zu versinken. Ich habe das große Glück, in *Karl Doehring* einen Doktorvater im wahrsten Sinne des Wortes gefunden zu haben, für den immer der Mensch und nicht der Titel zählt und der seinen Beruf als Berufung versteht. Seine Denkweisen und Einsichten werden auch mein zukünftiges Leben begleiten. Ihm möchte ich meinen aufrichtigen Dank aussprechen.

Für hilfreiche Denkanstöße und konstruktive Kritik gilt mein herzlicher Dank Professor *Dr. Torsten Stein* und *Dr. Tigran Beknazar*, die in regen Diskussionen am Fortgang der Arbeit teilgenommen haben. *Dr. Beknazar* hat sich darüber hinaus auch um die digitale Aufbereitung der Arbeit verdient gemacht.

Danken möchte ich auch Professor *Dr. Rudolf Bernhardt* für die zügige Erstellung des Zweitgutachtens.

Dank gilt auch der freundlichen und hilfsbereiten Unterstützung der Mitarbeiter des Max-Planck-Instituts für ausländisches öffentliches Recht und Völkerrecht in Heidelberg. Insbesondere die stets zügige Literaturbeschaffung durch Frau *Zatopkova* und Frau *Zimmler* sowie die Hilfestellung von Frau *Bühler* bei der Ermittlung aktueller Literatur haben mir das Arbeiten sehr erleichtert.

Frau *Eva Benstz* bin ich für das gewissenhafte Korrekturlesen, das ich in der Zusammenarbeit mit ihr auch im beruflichen Alltag sehr zu schätzen weiß, verbunden.

Ich danke Professor *Dr. Otto Sandrock*, Professor *Dr. Bernhard Großfeld* und meinem geschätzten Kollegen *Dr. Thomas Wegerich* für die Aufnahme der Schrift in diese Reihe. Besonders gefreut hat es mich, dass *Dr. Wegerich* sich bereit erklärt hat, das Vorwort des Herausgebers zu dieser Arbeit zu verfassen. Als Redakteurin des Verlags Recht und Wirtschaft schätze ich es sehr, dem Haus jetzt auch als Autorin verbunden zu sein.

Ganz besonderer Dank gebührt schließlich meinen Eltern, die durch ihre unermüdliche Unterstützung, ihre Geduld und ihren unerschütterlichen Glauben an mich die Arbeit wesentlich emotional gefördert haben. Ohne den tatkräftigen Einsatz meiner Mutter, die sich in der Endphase aufopfernd um meinen dreijährigen Sohn Yanik gekümmert hat, hätte ich die Arbeit nicht zum Abschluss bringen können. Von Herzen bedauere ich, dass mein geliebter Vater deren Fertigstellung nicht mehr erleben konnte.

Meinen Eltern und meinem Sohn Yanik ist diese Arbeit gewidmet.

Heidelberg, im Juni 2002

Martina Koster

Inhaltsverzeichnis

Abkürzungsverzeichnis

a. A.	anderer Ansicht
a.a.O.	am angegebenen Ort
Abs.	Absatz
ABl.	Amtsblatt
AGB	Allgemeine Geschäftsbedingungen
AJIL	American Journal of International Law
AMRK	Amerikanische Menschenrechtskonvention
Anm.	Anmerkung
ArchVR	Archiv des Völkerrechts
Art.	Artikel
ASEAN	Association of Southeast Asian Nations
Aufl.	Auflage
Bd.	Band
BGB	Bürgerliches Gesetzbuch
BGBl.	Bundesgesetzblatt
BGH	Bundesgerichtshof
BGHZ	Entscheidungen des Bundesgerichtshofs in Zivil- und Handelssachen
BT-Drucks.	Bundestagsdrucksache
BYIL	British Yearbook of International Law
bzw.	beziehungsweise
CanYIL	Canadian Yearbook of International Law
ColJTL	Columbian Journal of Transnational Law
Conf.	Conference
Connecticut JIL	Connecticut Journal of International Law
ders.	derselbe
d. h.	das heißt
dies.	dieselbe
Diss.	Dissertation
Doc.	Document
DSB	Department of State Bulletin
EFTA	European Free Trade Association
EG	Europäische Gemeinschaft/en
EGKS	Europäische Gemeinschaft für Kohle und Stahl
EGV	Vertrag zur Gründung der Europäischen Gemeinschaft
EMRK	Europäische Menschenrechtskonvention
EPIL	Encyclopedia of Public International Law
ESO	European Southern Observatory
ESRO	European Space Research Organization
ETS	European Treaty Series
EU	Europäische Union
EuGH	Europäischer Gerichtshof

EuGHMR	Europäischer Gerichtshof für Menschenrechte
EuGRZ	Europäische Grundrechtszeitschrift
EUMETSAT	European Meteorological Satellite Organization
EuR	Europarecht
EuRAT-Satzung	Satzung des Europarats
EuRBSt	Europäisches Beamtenstatut
EUTELSAT	European Telecommunication Satellite Organization
EUV	Europäischer Unionsvertrag
EWG	Europäische Wirtschaftsgemeinschaft
EWGV	Vertrag zur Gründung der Europäischen Wirtschaftsgemeinschaft
EWO	Europäische Weltraumorganisation
EWRA	European Water Resource Association
f., ff.	folgende Seite(n)
FAZ	Frankfurter Allgemeine Zeitung
FAO	Food and Agriculture Organization
FILJ	Fordham International Law Journal
Fn.	Fußnote
FS	Festschrift
GG	Grundgesetz
GYIL	German Yearbook of International Law
Hrsg.	Herausgeber
hrsg.	herausgegeben
IACHR	Inter-American Court of Human Rights
IAEA	International Atomic Energy Agency
IAGHMR	Inter-Amerikanischer Gerichtshof für Menschenrechte
ICAO	International Civil Aviation Organization
ICJ	International Court of Justice
ICLQ	The International and Comparative Law Quarterly
IDI	Institut de Droit International
IGH	Internationaler Gerichtshof
ILawy	International Lawyer
ILC	International Law Commission
ILM	International Legal Materials
IndianJIL	Indian Journal of International Law
INTELSAT	International Telecommunicaton Satellite Organization
I.O.I.	International Organization and Integration
ISGH	Internationaler Seegerichtshof
IStGH	Internationaler Strafgerichtshof
i. S. v.	im Sinne von
ITU	International Telecommunication Union
i.V. m.	in Verbindung mit
JZ	Juristenzeitung
Jh.	Jahrhundert
Kap.	Kapitel
LAFTA	Latin American Free Trade Association

LAIA	Latin American Integration Association
LG	Landgericht
LJZ	Liechtensteinische Juristenzeitung
LoSC	Law of Sea Convention
MDR	Monatsschrift für Deutsches Recht
m. w. N.	mit weiteren Nachweisen
NJW	Neue Juristische Wochenzeitschrift
NYIL	Netherland Yearbook of International Law
OAS	Organization of American States
OCAM	African and Mauritian Common Organization
OEA	Organisation des États Américaine
OECD	Organization for Economic Cooperation and Development
OEEC	Organisation for European Economic Cooperation
OWiG	Ordnungswidrigkeitengesetz
ÖZöRV	Österreichische Zeitschrift für öffentliches Recht und Völkerrecht
para.	Paragraf
RdC	Receuil des Cours de l'Académie de Droit International
RDI	Revue de droit international, de science diplomatique et politique
RDIP	Revue général de droit international public
RevBelgeDI	Revue Belge de Droit International
Rn.	Randnummer
RTDEur	Revue trimestrielle de droit européen
S.	Satz
SchJB	Schweizerisches Jahrbuch
SELA	Sistemo Económico Latinoamericano
SRÜ	Seerechtsübereinkommen
StGB	Strafgesetzbuch
StIGH	Ständiger Internationaler Gerichtshof
SZ	Süddeutsche Zeitung
u. a.	unter anderem
ÜMS	Übereinkommen der Spezialmissionen
UN	United Nations
UN-Charta	Charta of the United Nations
UNCLOS	United Nations Convention of the Law of the Sea
UNESCO	United Nations Educational, Scientific and Cultural Organization
UNTS	United Nations Treaty Series
VerfO	Verfahrensordnung
vgl.	vergleiche
UPU	United Post Union
VO	Verordnung
Vol.	Volume
WHO	World Health Organization
WMO	World Meteorological Organization

WÜD	Wiener Übereinkommen über diplomatische Beziehungen
WÜK	Wiener Übereinkommen über konsularische Beziehungen
YBILC	Yearbook of the International Law Commission
ZaöRV	Zeitschrift für ausländisches öffentliches Recht und Völkerrecht
z. B.	zum Beispiel
zit.	zitiert
ZPO	Zivilprozessordnung

Einleitung

„Die Richter sind unabhängig und nur dem Recht unterworfen."

Auch wenn dieser in den innerstaatlichen Rechtsordnungen fest verankerte Grundsatz[1] zumeist nicht expressis verbis Eingang in die Statuten der internationalen Gerichtshöfe gefunden hat[2], bilden Unabhängigkeit und Unparteilichkeit auch in der internationalen Gerichtsbarkeit die integralen Kriterien der richterlichen Funktion[3]. Denn die Statuten der internationalen Gerichtshöfe versichern nicht nur schlagwortartig die richterliche Unabhängigkeit[4]. Vielmehr verpflichten sie die Richter, vor Aufnahme ihrer Tätigkeit einen Amtseid des Inhalts zu leisten, ihr Amt „unparteiisch und gewissenhaft auszuüben"[5]. Daneben enthalten sie auch Normen über Unversetzbarkeit und Unabsetzbarkeit, Vorrechte und Immunitäten der Richter sowie deren Suspendierung von nationalen Dienstpflichten[6]. Sie gehen daher letztlich ebenso wie die innerstaatlichen Rechtsordnungen von dem Leitbild aus, dass sowohl die sachliche Unabhängigkeit, d.h. die Weisungsungebundenheit der Richter, als auch ihre persönliche Unabhängigkeit, also die Befreiung von Zwängen und Einflüssen auf ihre richterliche Stellung, für die Gerichtsbarkeit unerlässlich sind[7].

Wie wichtig, ja geradezu obligat die Unabhängigkeit insbesondere für die internationalen Richter ist[8], vermag schon ein Blick auf die dieser Personengruppe übertragenen Funktionen und die Organisationsstruktur des internationalen Rechts zu verdeutlichen.

Zur Veranschaulichung dieser Aspekte erfolgt an dieser Stelle lediglich eine gestraffte, zu einem späteren Zeitpunkt der Arbeit ausführlicher aufzuzeigende Gegen-

---

1 Z.B. Art. 97 Abs. 1 GG.

2 Anders jedoch der Entwurf eines Vertrages über die Satzung der Europäischen Gemeinschaft vom 10. März 1953, der in Kapitel IV, Art. 39 § 5 vorsieht: „Die Richter sind unabhängig und dem Recht unterworfen", abgedr. in Europa-Archiv 1953, Bd. 1, S. 5669, 5673. Ähnlich auch Art. 40 Abs. 1 des Römischen Statuts des Internationalen Strafgerichtshofs vom 17. Juli 1998, BT-Drucks. 14/2682, S. 9 ff., 38, der bestimmt: „Die Richter sind bei der Erfüllung ihrer Aufgaben unabhängig."

3 Vgl. *Mosler*, Problems and Tasks of International Judical and Arbitral Settlement of Disputes Fifty Years after the Founding of the World Court , in: Judical Settlement of International Disputes (Beiträge zum ausländischen öffentlichen Recht und Völkerrecht, Bd. 62), 1974, S. 3, 9.

4 Vgl. Art. 2 IGH-Statut: „The Court shall be composed of a body of independent judges, ..."

5 Z.B. Art. 20 IGH-Statut; Art. 2 EuGH-Satzung.

6 Beispielhaft Art. 18 IGH-Statut, Art. 9 SRÜ (Unabsetzbarkeit); Art. 19 IGH-Statut, Art. 10 SRÜ (Immunitäten).

7 Ähnlich auch *Doehring*, Völkerrecht, 1999, S. 471, § 22 V Rn. 1099.

8 Die Auffassung, dass die Unabhängigkeit für Richter allgemein unerlässlich ist, ist heute glücklicherweise wieder Allgemeingut, so dass sich eine Auseinandersetzung mit der entgegengesetzten Meinung erübrigt, vgl. statt aller *Delmar*, Richterliche Unabhängigkeit und politische Justiz, Die Justiz 1928/29, Bd. 4, S. 470 ff.

überstellung der den nationalen Richtern übertragenen Aufgaben einerseits und derjenigen der internationalen Richter andererseits.

Im Gegensatz zu den nationalen Richtern obliegt es zum Großteil den an den internationalen Gerichtshöfen tätigen Richtern, durch ihre Arbeit zur Anpassung des Rechts an die sich auf internationaler Ebene ergebenden Veränderungen beizutragen[9]. Denn anders als in den nationalen Rechtssystemen kennt das internationale Recht keine gesetzgebende Gewalt, deren Aufgabe es ist, die Gesetzeslage den sich wandelnden Lebensverhältnissen und -anschauungen anzupassen[10].

Neben der Rechtsanpassung nimmt die Rechtsfortbildung einen wesentlichen Teil der von den internationalen Richtern zu erbringenden Arbeit ein[11]. Weit mehr noch als sein nationaler Kollege ist er aufgerufen, Lücken im Recht auszufüllen und eine Vielzahl unbestimmter Rechtsbegriffe auszulegen, da das internationale Recht auch heute noch in seiner Entwicklung und Kodifikation weit hinter dem nationalen Recht zurückbleibt[12].

Allein dieser kurze Abriss veranschaulicht, dass auf Grund der Vielfalt der den internationalen Richtern übertragenen Aufgaben die Möglichkeit der Einflussnahme auf die Entwicklung der internationalen Beziehungen durch die Rechtsanwendung im Rahmen eines Prozesses besteht, da Letztere rationale und emotionale Elemente aufweist, in denen je nach Bestimmtheit der Norm und des Sachverhalts Kognition und Evaluation ihren Platz haben[13]. Die jeweiligen Anteile von Erkenntnis und eigener Wertung sind das zentrale Problem richterlicher Entscheidungen, von denen oftmals nicht nur weitreichende wirtschaftliche und soziale, sondern sogar politische

---

9 Abweichend hierzu vertrat allerdings die Mehrheit der Richter noch im Süd-West-Afrika-Fall 1966 die Ansicht, dass „... the Court is not a legislative body. Its duty is to apply the law as it finds it, not to make it.“, vgl. ICJ Reports 1966, S. 6, 48.

10 Die Richter *Tanaka,* ICJ Reports 1966, S. 277 f., und *Jessup,* ICJ Reports 1966, S. 439, vertraten bereits in ihren Dissenting Opinons im Süd-West-Afrika Fall 1966 folgende Ansichten: *Tanaka:* „We, therefore, must recognize that social and individual necessity constitutes one of the guiding factors for the development of law by the way of interpretation as well as legislation ... These kinds of activities of judges are not very far from those of legislators.“ *Jessup:* „The law never can be oblivious to the changes in life, circumstances and community standards in which it functions. Treaties – especially multipartite treaties of a constutional or legislative character – can not have an absolutely immutable character.“

11 So auch speziell bezogen auf den IGH *Steinberger*, The International Court of Justice, in: Judical Settlement of International Disputes (Beiträge zum ausländischen öffentlichen Recht und Völkerrecht Bd. 62), 1974, S. 193, 210, 258; *Singh*, The Role and Record of the International Court of Justice, 1989, S. 146 ff., gibt ausgewählte Beispiele der Rechtsfortbildung durch den IGH.

12 Ähnlich *Weeramantry*, The Function of the International Court of Justice in the Development of International Law, Leiden Journal of International Law 10 (1997), S. 309, 310.

13 *Bernhardt*, Rechtsfortbildung durch internationale Richter, insbesondere im Bereich der Menschenrechte, in: Richterliche Rechtsfortbildung: Erscheinungsformen, Auftrag und Grenzen, FS der Juristischen Fakultät zur 600-Jahr-Feier der Ruprecht-Karls-Universität Heidelberg (im Folgenden zit. FS Ruprecht-Karls-Universität Heidelberg), 1986, S. 529, 530.

Staatsinteressen abhängen[14]. Speziell bezogen auf den IGH führt *Rosenne*[15] in diesem Zusammenhang aus, dass Urteile des Gerichts neue politische Entscheidungen des in Anspruch genommenen Staates notwendig machen können und die Formbarkeit des Rechts in der Hand des IGH auf Grund dessen nicht nur international, sondern auch national zu einem bedeutenden Machtinstrument wird. In der letzten Konsequenz können daher Entscheidungen internationaler Gerichte eine Verlagerung, aber auch eine Stabilisierung von Machtverhältnissen und gewachsenen Strukturen von erheblichem Gewicht nach sich ziehen. Letztgenannter Aspekt ist nur einer der Gründe, aus denen der IGH in den Staaten der Dritten Welt lange Zeit in Misskredit stand – dies insbesondere nach der Entscheidung im Süd-West-Afrika-Fall im Jahr 1966[16], die als „western" bzw. „white man's vote" charakterisiert wurde[17].

Stärker noch als beim nationalen Richter hängt es daher nicht nur von der Persönlichkeit und der Charakterfestigkeit eines jeden internationalen Richters[18], sondern primär von seiner persönlichen Unabhängigkeit ab[19], ob er durch seine Tätigkeit der internationalen Rechtsgemeinschaft dient – wozu er sich durch seinen Amtseid verpflichtet hat[20] – oder ob er sich von funktionsfremden Motiven leiten lässt – primär der Beeinflussung des Staates, dessen Staatsangehöriger er ist[21]. Um insoweit einem Missbrauch der dem Richter übertragenen Rechtsprechungsgewalt vorzubeugen, besteht die Notwendigkeit, ihn vor Einflussnahme und Druckausübung von außen zu schützen, da nur auf diese Art und Weise zu gewährleisten ist, dass „judges of the Court, once elected, ... remain their own masters in the performance of their judical functions, untrammelled by any consideration as to national origin or interests or by partiel affections towards one party or the other in the award of their verdicts"[22].

Dieses Erfordernis besteht nach *Tyagi*[23] umso mehr, als häufig für die Wahl eines Richters nicht unbedingt Kompetenz und Integrität des Normierten ausschlagge-

---

14 So auch *Bernhardt,* in: FS Ruprecht-Karls-Universität Heidelberg (Fn. 13), der das Spannungsfeld zwischen Recht und Politik aufzeigt.

15 The Law and Practice of the International Court, 2. Aufl. 1985, S. 607.

16 South West Africa, Second Phase, Judgement, ICJ Reports 1966, S. 6 ff. Allgemein zum Süd-West-Afrika-Fall *Mc Whinney*, The International Court of Justice and the Western Tradition of International Law, 1987, S. 68 ff.

17 *Mc Whinney* (Fn. 16), S. 70.

18 So ist z. B. in Art. 2 IGH-Statut bestimmt, dass die Richter „von hohem sittlichen Ansehen" sein sollen.

19 So auch *Mosler*, Organisation und Verfahren des Europäischen Gerichtshofs für Menschenrechte, ZaöRV 20 (1959/60), S. 415, 427, für den die persönliche Unabhängigkeit der Richter mit der Konzeption eines Gerichts nicht nur im nationalen Recht, sondern auch im Völkerrecht untrennbar verbunden ist; ebenso *Doehring* (Fn. 7), S. 471, § 22 V Rn. 1099.

20 Vgl. z. B. Art. 20 IGH-Statut, der normiert, dass sich die Richter auf Grund ihres Amtseids verpflichten, ihre Befugnisse unparteiisch und gewissenhaft auszuüben.

21 Vgl. hierzu auch *Doehring* (Fn. 7), S. 290, § 12 VI Rn. 689.

22 *Elias*, Report on the International Court of Justice, in: Judical Settlement of International Disputes (Beiträge zum ausländischen öffentlichen Recht und Völkerrecht, Bd. 62), 1974, S. 19.

23 The World Court after the Cold War, in: International Law in Transition, FS Singh (im Folgenden zit. FS Singh), 1992, S. 231, 243; ähnlich auch *Lissitzyn*, The International Court of

bend sind, sondern vielmehr seine Nähe zur Machtstruktur des Heimatstaates. Gerade von diesem aber soll er sich frei fühlen können[24].

Dass die Unabhängigkeit der internationalen Richter geradezu unabdingbar ist, ergibt sich des Weiteren aus der Tatsache, dass im Gegensatz zur nationalen Gerichtsbarkeit die Zuständigkeit der internationalen Gerichte überwiegend auf dem Prinzip der freiwilligen Unterwerfung beruht[25], ein Tätigwerden der internationalen Gerichte daher ohne die Annahme der in den Gerichtsstatuten enthaltenen Fakultativklauseln[26] durch die Mitgliedstaaten somit von vornherein ausgeschlossen ist[27].

Die Bereitschaft der Staaten und internationalen Organisationen, sich der Entscheidungsgewalt eines internationalen Gerichts zu unterwerfen und damit Abstriche an ihrer Souveränität zu akzeptieren[28], setzt insbesondere auf Grund des unzureichenden Entwicklungsstandes des internationalen Rechts und der daraus resultierenden mangelnden Vorhersehbarkeit der juristischen Entscheidungen ein besonders großes Maß an Vertrauen in die Objektivität, Neutralität und Integrität der Richter voraus[29]. Dieses Vertrauen zu gewinnen, bedarf neben einer seriösen und integren Arbeitsweise des Gerichts einer normativen Sicherung der richterlichen Unabhängigkeit in den Statuten der internationalen Gerichte. Diesem Zweck dienen vor allem die in den Satzungen aller Gerichtshöfe enthaltenen Immunitätsvorschriften zu Gunsten der-

---

Justice, 1951, der es für unvermeidbar hält, dass politische Interessen einiger Staaten die Wahl der Richter mit einbeflussen.

24 So auch *Doehring* (Fn. 7), S. 290 f., § 12 VI Rn. 689, 690; *Tomuschat,* International Courts and Tribunals with Regionally Restricted and/or Specialized Jurisdiction, in: Judical Settlement of International Disputes (Beiträge zum ausländischen öffentlichen und Völkerrecht, Bd. 62), 1974, S. 285, 294 m. w. N.

25 Eine obligatorische Zuständigkeit kommt ausschließlich dem EuGH für Klagen zwischen Mitgliedstaaten sowie für Klagen eines Mitgliedstaates gegen Organe der Gemeinschaften wegen Vertragsverletzungen und Ermessensmissbrauchs zu; aus dem 11. Protokoll zur EMRK ergibt sich mit der Errichtung des neuen ständigen EuGHMR insofern eine wesentliche Änderung gegenüber dem alten, als die Staaten nunmehr auch in Bezug auf diesen Gerichtshof verpflichtet sind, dessen verbindliche Gerichtsbarkeit anzuerkennen.

26 Z. B. Art. 36 IGH-Statut.

27 Lediglich das Statut des IGH sieht auch eine Annahme durch Nicht-Mitgliedstaaten vor. Vgl. allgemein zur Gerichtsbarkeit des IGH *Seidl-Hohenveldern/Stein*, Völkerrecht, 10. Aufl. 2000, S. 342, Rn. 1739 f.

28 Vgl. *Shihata*, The Power of the International Court of Justice to Determine its own Jurisdiction, 1965, S. 189; *Bernhardt*, Internationale Gerichte und Schiedsgerichte in der gegenwärtigen Weltordnung, Europa-Archiv, Teil 1, Beiträge und Berichte, 28 (1973), S. 363, 366.

29 Ähnlich *Gross*, The Future of the International Court of Justice, Vol. 1, 1976, S. 22 ff., 315 f. Erwähnenswert ist in diesem Zusammenhang, dass gerade die von einem internationalen Gericht geforderte Unparteilichkeit die ehemalige UdSSR davon abgehalten hat, sich der Gerichtsbarkeit des IGH zu unterwerfen, da sie ihre politische Ideologien und wirtschaftlichen Interessen durch ein neutrales Gericht gerade nicht gewahrt sah.

Richter, die diese Unabhängigkeit nach außen manifestieren und die ungehinderte Amtsausübung der Richter gewährleisten sollen[30].

Ob und inwieweit diese Regeln derzeit tatsächlich ein zuverlässiger Garant für die Unabhängigkeit der Richter sind, ist die Kernfrage der nachfolgenden Untersuchung. Von ihrer Klärung hängt es ab, ob letztlich die Notwendigkeit besteht, spezielle und nach den Funktionen und Bedürfnissen der an den verschiedenen internationalen Gerichten tätigen Richter ausgerichtete Immunitätsvorschriften zu entwerfen.

Die Problemstellung gewinnt insbesondere vor dem Hintergrund des sich mit dem Ende des Kalten Krieges vollziehenden Wandels der politischen Verhältnisse im Osten Europas auch praktische Bedeutung. Denn diese Phase des Umbruchs und der Neuorientierung bietet die Chance, auch den den internationalen Gerichten bislang distanziert gegenüberstehenden Ostblockstaaten das notwendige Vertrauen in die Unparteilichkeit der Richter zu vermitteln.

1989 durchbrach erstmals Gorbachov die seit der Leninära von den Staatsoberhäuptern der ehemaligen UdSSR vertretene Auffassung „... it would be impossible to find a single impartial judge in the whole world ... only an angle could be unbiased in judging russian affairs“[31], indem er die Unterwerfung Russlands unter die internationale Gerichtsbarkeit forderte. Heute hat sich Russland hinsichtlich Auslegung und Anwendung von insgesamt sechs UN-Menschenrechtsverträgen der zwingenden Gerichtsbarkeit des IGH unterworfen[32].

Es wäre begrüßenswert, wenn sich diese Entwicklung auf anderen Rechtsgebieten und in anderen Staaten[33] fortsetzen würde. Denn nur unter dieser Voraussetzung kann letztlich dem Aufruf *Singh's*[34] Folge geleistet werden, den IGH – oder aber zukünftig ein anderes internationales Gericht[35] – zum Schutz der rechtlichen Interessen der Weltgemeinschaft, insbesondere zur Sicherung der menschlichen Umgebung, anzurufen[36] – ein Appell, der im nuklearen Zeitalter uneingeschränkten Zuspruch verdient. Es ist nicht von der Hand zu weisen, dass umfassende Immunitätsvorschriften ein das Vertrauen der Staaten in die Unabhängigkeit der Richter stärkendes Mittel darstellen.

---

30 Vgl. hierzu *Jaenicke*, Die Sicherung des übernationalen Charakters der Organe der internationalen Organisationen, ZaöRV 14 (1951/52), S. 46 ff., 67 f., bezogen auf Organe der internationalen Organisationen allgemein S. 54 f.

31 So bereits *M. Litvinov*, russischer Repräsentant bei der Genfer Konferenz 1922, zitiert nach *Lissitzyn* (Fn. 23), S. 63.

32 *Tyagi* (Fn. 23), S. 237; UN Doc. A/44/171; UN Newsletter (New Delhi), Vol. 40, No. 11, 18. März 1989, S. 2.

33 Es wäre zu wünschen, dass z. B. ein Ereignis wie am Platz des Himmlischen Friedens in Peking der Gerichtsbarkeit des IGH unterworfen wäre.

34 Präsident des IGH von 1985 bis 1988.

35 Vgl. hierzu die Ausführungen im Kapitel: Schlussbetrachtung/Ausblick.

36 Vgl. *Gormley*, Selected Recommendations to Enhance the Effectivness of the International Court of Justice: Perfection and Application of Confidence Building Measures, in: FS Singh, 1992, S. 309, 310.

Teil 1 Allgemeine Bemerkungen

Vor dem eigentlichen Einstieg in die Thematik ist es angezeigt, zunächst eine terminologische Eingrenzung der Arbeit vorzunehmen, um daran anknüpfend den Aufbau der weiteren Untersuchung zu veranschaulichen.

A. Internationale Gerichte: Begriffsdefinition

Primäres Ziel dieser Untersuchung ist die Auseinandersetzung mit den bestehenden Immunitätsvorschriften zu Gunsten der an den internationalen Gerichten tätigen Richter, kurz gefasst also die Immunität internationaler Richter.

Die erste sich in diesem Zusammenhang stellende Frage ist diejenige, welche Gerichte unter den Begriff „Internationale Gerichte" zu subsumieren sind.

Internationale Gerichte im eigentlichen und engeren Sinn werden definiert als ständige und mit unabhängigen, ohne Einfluss der Streitparteien bestellten internationalen Richtern besetzte Gerichtshöfe, die über völkerrechtliche Rechtsstreitigkeiten zwischen Völkerrechtssubjekten oder über Streitigkeiten innerhalb durch völkerrechtlichen Vertrag errichteter internationaler Organisationen nach geltendem Völkerrecht endgültig, d.h. die Parteien bindend, entscheiden[37].

Nach dieser Definition ist das einzige Organ einer weltweiten internationalen Gerichtsbarkeit mit umfassender Sachkompetenz gegenwärtig der Internationale Gerichtshof mit Sitz in Den Haag. Ebenfalls auf universeller Ebene tätig, allerdings auf die Ausübung einer Spezialgerichtsbarkeit beschränkt, ist der Internationale Seegerichtshof. Daneben bestehen einige internationale Gerichte auf regionaler Ebene, deren Entscheidungsbefugnis – ebenso wie die des Seegerichtshofs – auf bestimmte Streitkategorien beschränkt ist. Anzuführen sind im hier verstandenen Sinn zweifelsohne der Europäische und der Inter-Amerikanische Gerichtshof für Menschenrechte[38] sowie der Gerichtshof der EFTA[39]. Im Rahmen der vorliegenden Untersuchung wird auf die Immunitäten der zu Gunsten der am EFTA-Gerichtshof tätigen Richter nur im Bedarfsfall eingegangen, da diesem Gericht derzeit eine lediglich untergeordnete Bedeutung zukommt. Denn zum einen gehören der EFTA gegenwärtig

37 Ähnlich *Schlochauer*, Internationale Gerichtsbarkeit, in: Strupp/Schlochauer, Wörterbuch, Bd. 2, 1961, S. 56; allgemein zu den Kriterien, über die sich ein internationales Gericht definiert *Tomuschat* (Fn. 24), S. 288, 290; *Ipsen K.*, Völkerrecht, 4. Aufl. 1999, S. 1026, § 62 Rn. 35.

38 Vgl. *Bernhardt*, in: FS Ruprecht-Karls-Universität Heidelberg (Fn. 13), S. 528; *Neuhold/Hummer/Schreuer*, Österreichisches Handbuch des Völkerrechts, Bd. 1, 3. Aufl. 1997, S. 192, Rn. 1009; *Ipsen K.* (Fn. 37), S. 1026, § 62 Rn. 35.

39 Errichtet durch das 1992 in Porto, Portugal, unterzeichnete Abkommen zur Schaffung eines Europäischen Wirtschaftsraums, das am 1. Januar 1994 in Kraft getreten ist. Art. 108 Abs. 2 lit. c des EWRA überträgt die Kompetenz zur Beilegung von Streitigkeiten zwischen zwei oder mehreren EFTA-Staaten dem EFTA-Gerichtshof. Präzisiert wird diese Kompetenz durch Art. 32 ÜGA.

lediglich vier Mitgliedstaaten an[40]. Zum anderen hat der EFTA-Gerichtshof nach Art. 3 Abs. 2 ÜGA im Rahmen seiner Tätigkeit die vom EuGH dargelegten Grundsätze gebührend zu berücksichtigen. Inwieweit es dem EFTA-Gerichtshof insbesondere vor dem Hintergrund dieser angestrebten Homogenität der Rechtsentwicklung zukünftig gelingen wird, neben dem EuGH nicht nur ein eigenständiges Profil zu entwickeln[41], sondern auch bestehen zu können, bleibt abzuwarten.

Auf regionaler Ebene zu benennen ist darüber hinaus auch der Europäische Gerichtshof. Allerdings lässt sich dieser Gerichtshof auf Grund seiner aus der Supranationalität[42] resultierenden Sonderstellung kaum als „klassisches" internationales Gericht bezeichnen[43]. Denn zum einen ähnelt seine Kompetenz in Rechtsstreitigkeiten, in denen auf der einen Seite die internationale Organisation bzw. eines ihrer Organe und auf der anderen Seite eine natürliche oder juristische Person als Prozessbeteiligte auftreten, eher derjenigen eines Verfassungs- oder Verwaltungsgerichts im Rahmen der Organisation[44]. Zum anderen wendet er kein traditionelles Völkerrecht an, sondern primär auf völkerrechtlichen Verträgen beruhendes Gemeinschaftsrecht. Da der EuGH aber zumindest in Staatenprozessen eine den Tätigkeiten der „klassischen" internationalen Gerichtshöfe entsprechende Funktion ausübt[45] und mangelndes Vertrauen der Mitgliedstaaten in die Unabhängigkeit und Unparteilichkeit der EuGH-Richter auch hier die Autorität des Gerichtshofs in Frage stellen kann – dies insbesondere vor dem Hintergrund einer Osterweiterung der Europäischen Union und einer eventuellen Aufnahme der Türkei in die Gemeinschaft –, erfordert die Vollständigkeit der gegenständlichen Untersuchung auch eine Einbeziehung des EuGH.

Berücksichtigung soll auch das Statut für einen ständigen Internationalen Strafgerichtshof[46] finden, das am 17. Juli 1998 in Rom von rund zwei Dritteln der UN-Mitgliedstaaten angenommen wurde und den Weg für die Errichtung eines ständigen und selbstständigen Weltstrafgerichts ebnet. Zwar handelt es sich bei der Schaffung dieses Gerichtshofs noch immer um ein Projekt[47], da das Statut erst nach Hinterlegung von sechzig Ratifikationsurkunden beim Generalsekretär der Vereinten Natio-

---

40 Island, Liechtenstein, Norwegen und die Schweiz.

41 Speziell mit der Beziehung zwischen dem EFTA-Gerichtshof und dem EuGH setzt sich *Baudenbacher*, Zum Verhältnis des EFTA-Gerichtshofs zum Gerichtshof der Europäischen Gemeinschaften, LJZ 4 (1996), S. 84–92, auseinander.

42 *Ipsen H.-P.*, Über Supranationalität, in: FS Scheuner, 1973, S. 211–225.

43 *Bernhardt*, in: FS der Ruprecht-Karls-Universität Heidelberg (Fn. 13), S. 529; vgl. dazu auch die Abhandlung von *Stein*, Richterrecht wie anderswo auch? – Der Gerichtshof der Europäischen Gemeinschaften als „Integrationsmotor", in: FS der Ruprecht-Karls-Universität Heidelberg, 1986, S. 619 ff.; *Siebert,* Die Auswahl der Richter am Gerichtshof der Europäischen Gemeinschaften, Diss. 1997, S. 36.

44 Zu den Eigenschaften sowohl eines internationalen Gerichts wie auch eines nationalen Verfassungs- und Verwaltungsgerichts vgl. *Bleckmann*, Europarecht: das Recht der Europäischen Union und der Europäischen Gemeinschaften, 6. Aufl. 1997, S. 348 f., Rn. 1013 ff.

45 Hierzu im Einzelnen *Bleckmann* (Fn. 44), S. 280, Rn. 695; *Siebert* (Fn. 43), S. 36.

46 IStGH-Statutgesetz, BT-Drucks. vom 14. Februar 2000, 14/2682, S. 5 ff.; UN Doc. A/Conf.183/9.

47 So auch *Pick*, Der Internationale Strafgerichtshof, Recht und Politik 35 (1999), S. 117, 124.

nen in Kraft tritt (Art. 120 IStGH-Statut) und auf Grund dessen bis zur Gründung noch einige Jahre ins Land gehen werden[48]. Gleichwohl ist die Einbeziehung des Rom-Statuts in die vorliegende Untersuchung gerechtfertigt, da dieses „jüngste" Statut eines internationalen Gerichts Aufschluss darüber geben kann, ob sich seit der Gründung des ersten ständigen internationalen Gerichtshofs, des StIGH im Jahr 1921, die Rechtsstellung von internationalen Richtern gewandelt hat.

Von einer detaillierten Auseinandersetzung mit den Immunitätsvorschriften zu Gunsten der Richter des 1993 vom Sicherheitsrat geschaffenen, in Den Haag institutionalisierten Internationalen Strafgerichtshofs für Jugoslawien wird abgesehen. Denn im Gegensatz zu den vorstehend angeführten Gerichtshöfen handelt es sich bei dem Jugoslawien-Kriegsverbrechertribunal nicht um ein ständiges, sondern um ein Ad-hoc-Gericht. Sein Auftrag ist sowohl räumlich auf die auf dem Territorium der ehemaligen SFR Jugoslawien begangenen Taten als auch zeitlich auf seit dem 1. Januar 1993 bis zur Wiederherstellung des Friedenszustandes begangene Straftaten begrenzt[49]. Insbesondere die mangelnde Dauerhaftigkeit des Gerichts rechtfertigt es, sich im Rahmen der vorliegenden Untersuchung auf eine Darstellung der Vorrechte und Befreiungen zu Gunsten der Richter im Bedarfsfalle zu beschränken, zumal die entsprechenden Bestimmungen im Statut des Jugoslawien-Tribunals in weitem Maße denjenigen des Rom-Statuts gleichen.

Keinerlei Berücksichtigung sollen die internationalen Schiedsgerichte finden, die neben dem IGH und den angeführten Regionalgerichten die „älteste Säule"[50] der internationalen Rechtsprechung verkörpern. Denn da diese Gerichte grundsätzlich ad hoc errichtet werden[51] und die Streitparteien nicht nur die Zusammensetzung des Gerichtes beeinflussen, sondern auch das anzuwendende Recht vorgeben können[52], verfügen sie gerade nicht über die wesentlichen sich aus der oben genannten Definition für ein internationales Gericht ergebenden charakteristischen Tatbestandsmerkmale[53].

---

48 Zum Zeitpunkt der Drucklegung der Arbeit hatte der IStGH – schneller als erwartet und trotz Rückgängigmachung der Unterschrift der Amerikaner (vgl. FAZ 6. Mai 2002, S. 6) – bereits hinreichend Mitglieder, nachdem zwischenzeitlich siebenundsechzig Staaten – und damit sieben mehr als für das In-Kraft-Treten des Gerichtshofs erforderlich – ihre Ratifikationsurkunde in New York hinterlegt haben (vgl. FAZ, 12. April 2002). Der Weltstrafgerichtshof tritt am 1. Juli 2002 in Kraft (UNIC/473, 12. April 2002).

49 *Roggemannn*, Der Internationale Strafgerichtshof der Vereinten Nationen von 1993 und der Krieg auf dem Balkan, 1994, S. 65.

50 So *Bernhardt*, Europa-Archiv 1, Beiträge und Berichte, 28 (1973), S. 363, 369.

51 Dieser Grundsatz wird heute allerdings häufig durch die Entwicklung ständiger Schiedsgerichte abgeschwächt.

52 *Neuhold/Hummer/Schreuer* (Fn. 38), S. 342, Rn. 1808–1813.

53 In diesem Zusammenhang wird nicht verkannt, dass die früher relativ klare Abgrenzung zwischen internationaler Gerichtsbarkeit und internationaler Schiedsgerichtsbarkeit heute immer stärker – zum Teil unter Hinnahme von Systemwidrigkeiten – abnimmt, nicht zuletzt seitdem den Parteien eines Rechtsstreits bei der Einsetzung von Ad-hoc-Kammern des IGH die Möglichkeit der Mitsprache bei der Besetzung der Richterbank eingeräumt wurde. Näher zu den Gemeinsamkeiten von internationaler Gerichts- und Schiedsgerichtsbarkeit *Böckstiegel*, Internationale Streiterledigung vor neuen Herausforderungen, in: Recht zwi-

In die Untersuchung nicht einbezogen werden ferner die Ad-hoc-Richter, die, gehört keiner der Richter der Nationalität der betroffenen Prozesspartei an, nur für die Entscheidung eines konkreten Falls berufen werden. Da sich hier durchaus schwierige Immunitätsfragen ergeben können, die ohne eine eingehende Betrachtung der Institution des Ad-hoc-Richters nicht angemessen zu lösen sind, wird vorstehend insbesondere auch auf Grund der Sonderstellung, die diese Richter gegenüber den übrigen internationalen Richtern einnehmen, auf die Darstellung dieser Thematik verzichtet.

B. Immunität: Begriffsbestimmung

Der Begriff Immunität, abgeleitet vom lateinischen „immunis", bezeichnet die Befreiung einer bestimmten Personengruppe, der internationalen Richter, von der inländischen Gerichtsbarkeit und Zwangsgewalt[54]. In concreto hat dies zur Folge, dass die Immunität zwar keine materiell-rechtliche Wirkung entfaltet, den internationalen Richter also ebenso wie alle übrigen Bürger den gesetzlichen Vorschriften unterwirft, deren Durchsetzung jedoch hemmt[55].

Abzugrenzen ist die Immunität[56] von den Privilegien, die aus einer Reihe besonderer, im internationalen Verkehr nicht unbedingt notwendig erscheinender Freiheiten bestehen und auf Grund dessen als sich von allgemeinen Regelungen abhebende Sonderrechte zu definieren sind[57]. Zu den Privilegien zählt neben der Steuer- und Zollfreiheit auch die Befreiung von nationalen Dienstpflichten[58].

Da sich die Privilegien als eine logische Folge der Immunitäten darstellen[59] und somit primär die Letzteren die unabhängige Stellung der internationalen Richter sichern, erscheint es im Hinblick auf die in der Einleitung aufgeworfene Fragestellung

---

schen Umbruch und Bewahrung, FS Rudolf Bernhardt (Beiträge zum ausländischen öffentlichen Recht und Völkerrecht Bd. 120) (im Folgenden zit. FS Bernhardt), 1995, S. 671, 672.

54 *Schlochauer,* in: Strupp/Schlochauer (Fn. 37), S. 56.

55 Vgl. *Verdross*, Völkerrecht, 5. Aufl. 1964, S. 331 f.; *Dahm*, Völkerrecht, Bd. 1, 1958, S. 333 f.; *Seidl-Hohenveldern/Loibl*, Recht der Internationalen Organisationen einschließlich der Supranationalen Gemeinschaften, 7. Aufl. 2000, S. 283, Rn. 1910; *Neuhold/Hummer/Schreuer* (Fn. 38), S. 174, Rn. 904.

56 Der Begriff Immunität hat sich in Praxis und Literatur gegenüber missverständlichen Begriffen wie „Exterritorialität" und „Indemnität" durchgesetzt; für die Wandlung in der Auffassung von der Exterritorialität vgl. *Dahm* (Fn. 55), S. 334 Anm. 36.

57 Brockhaus-Enzyklopädie, Bd. 17, Pes-Rac, 1992, S. 506; zu den unterschiedlichen Definitionen der Begriffe „Immunitäten" und „Privilegien" vgl. *Przetacznik*, Diplomacy by Special Missions, RDI 59 (1981), S. 109, 135.

58 Ausführlich zu den diplomatischen Privilegien, *Satow,* Satow's Guide to Diplomatic Practice, 5. Aufl. 1979, S. 135 ff., Rn. 16. 1 ff.

59 Wären die privilegierten Personen zur Zahlung von Steuern sowie zur Leistung anderer bürgerlichen Obliegenheiten verpflichtet, würde zwangsläufig die Frage aufgeworfen, wer und auf welche Art sie dazu zwingen könnte, ohne mit dem Prinzip der Immunität in Konflikt zu geraten.

ausreichend und angemessen, die Ausführungen im Folgenden auf die „Immunität“ im eigentlichen Wortsinn zu beschränken.

C. Allgemeiner Überblick über die den internationalen Richtern gewährten Immunitäten und Abgrenzung der weiteren Untersuchung

Ohne bereits schon hier auf die zu Gunsten der internationalen Richter in die Gerichtsstatuten und Protokolle aufgenommenen Immunitätsvorschriften in concreto eingehen zu wollen, erscheint es zur Klarstellung des weiteren Ablaufs der Untersuchung angezeigt, die den Richtern gewährten Vorrechte zumindest kurz zu skizzieren.

Während die Satzungen des IGH, des Amerikanischen Gerichtshofs für Menschenrechte sowie das Rom-Statut des IStGH hinsichtlich der Richterimmunität generell auf die diplomatischen Immunitäten verweisen, enthalten die Statuten des ISGH, des EuGH und des Europäischen Gerichtshofs für Menschenrechte im einzelnen ausgearbeitete, bei vordergründiger Betrachtung an die Immunitätsvorschriften zu Gunsten internationaler Funktionäre angelehnte Regelungen, die – ausgenommen die EuGH-Satzung – lediglich ergänzend auf die diplomatische Immunität verweisen.

Definiert sich damit die Richterimmunität ausnahmslos über die Vorrechte internationaler Funktionsträger[60], d. h. von Organen, die im Dienste der Staaten bzw. internationalen Organisationen tätig werden, die ihrerseits ihre privilegierte Stellung aus der Immunität dieser staatlichen bzw. „quasi-staatlichen“ Rechtssubjekte[61] herleiten, müssen die derzeit zu Gunsten der internationalen Richter bestehenden Vorrechte als ein Spiegelbild des gesamten, im Laufe der Jahre erheblichen Veränderungen unterworfenen Immunitätsrechts gewertet werden.

Um der Problemstellung der Arbeit gerecht zu werden, ist es aus diesem Grund unerlässlich, vorab eine Übersicht über die geschichtliche Entwicklung des Immunitätsrechts zu geben, um sodann auf die konkret zu Gunsten der einzelnen Organe des völkerrechtlichen Verkehrs bestehenden Immunitätsvorschriften eingehen zu können. Allein in Kenntnis vor allem der materiellen Ausgestaltung des WÜD und der einzelnen Privilegien-Protokolle zu Gunsten internationaler Funktionäre ist eine den heutigen Verhältnissen konforme Lösung der aufgeworfenen Fragestellung, ob und inwieweit derzeit die Richterimmunität ausreichend und geeignet ist, die unabhängige Aufgabenerfüllung der obersten Rechtsprechungsorgane zu gewährleisten, möglich und nachvollziehbar. Zudem erhellt sich nur vor diesem Hintergrund, ob das hier erarbeitete Ergebnis dem Immunitätsrecht – wie es derzeit im WÜD und den Protokollen über die Vorrechte internationaler Funktionäre normiert ist – entspricht oder ob ein effektiver Funktionsschutz der internationalen Richter de lege ferenda Reformvorschläge erforderlich macht.

---

60 Speziell zur internationalen Funktionserfüllung durch Diplomaten vgl. *Dahm/Delbrück/Wolfrum*, Völkerrecht, Bd. I/1, 2. Aufl. 1989, S. 272.

61 Ausführlich hierzu Teil 2 B. II. 2. dieser Untersuchung.

Teil 2 Die historische Entwicklung des Immunitätsrechts

Die geschichtliche Entwicklung des Immunitätsrechts wird zum einen vom Wandel der rechtlichen Leitvorstellungen und zum anderen von der Veränderung der wirtschaftlichen und politischen Verhältnisse geprägt.

A. Staatenimmunität

I. Zeitalter des Absolutismus

In ihrem Ausgangspunkt ist die Staatenimmunität[62] eine Immunität ratione personae, eine an die Person des Staatsoberhaupts gebundene persönliche Immunität[63]. Sie geht zurück auf das Zeitalter des Absolutismus, als die Staaten mit der Person des jeweiligen Herrschers identifiziert wurden[64] und den Monarchen, basierend auf den völkerrechtlichen Grundsätzen von der Gleichheit der Souveräne zum einen und der Achtung der Person des Souveräns zum anderen, umfassende Immunität gewährt wurde[65].

Die Immunität ratione personae – eine sich in einem vielschichtigen Entwicklungsprozess herausgebildete Immunitätsart – findet auch heute noch auf Staatsoberhäupter und Diplomaten Anwendung[66].

---

62 Eingehend zu den Entwicklungen im Bereich der Staatenimmuntät vgl. *Steinberger*, Zu den neueren Entwicklungen im Bereich der völkerrechtlichen Staatenimmunität, in: Freiheit und Verantwortung des Verfassungsstaates, FS zum 10-jährigen Jubiläum der Gesellschaft für Rechtspolitik, 1984, S. 451–469; *Seidl-Hohenveldern*, Neue Entwicklungen im Recht der Staatenimmunität, in: FS Beitzke, 1979, S. 1081–1101; *Ress*, Entwicklungstendenzen der Immunität ausländischer Staaten, ZaöRV 40 (1980), S. 217–275; *Schreuer*, State Immunity: Some Recent Developments, 1988.

63 *Schaumann*, Die Immunität ausländischer Staaten nach Völkerrecht, in: Berichte der deutschen Gesellschaft für Völkerrecht, 1968 (Heft 8), S. 12, 44.

64 Vgl. *Gmür*, Gerichtsbarkeit über fremde Staaten, Diss. 1948, S. 7. Besonders deutlich kommt diese Verschmelzung von Staat und Souverän in dem von Ludwig dem XIV. geprägten Satz zum Ausdruck: „L'état c'est moi."

65 *de Vattel*, Le Droit des Gens ou Principes de la Loi Naturelle, Text von 1758, Vol. 2, Reproduction of Books III and IV der Ausgabe von 1758, 1916, hier: Livre IV, S. 324 ff., Chap. VII, § 92; zu den von der Staatenimmunität im Einzelnen durchlaufenen Stadien vgl. *Steinmann*, Ein Beitrag zu den Fragen der zivilrechtlichen Immunität von ausländischen Diplomaten, Konsuln und anderen bevorrechtigten Personen sowie von fremden Staaten, die durch ihre Missionen oder auf ähnliche Weise in der Bundesrepublik Deutschland tätig werden (I), MDR 19 (1965), S. 706–712, Fortsetzung II, a. a. O., S. 795–799. Reste dieser Vorstellung finden sich u. a. in der in den USA noch immer angewandten traditionellen Bezeichnung „Sovereign Immunity".

66 *Dahm* (Fn. 55), S. 302, 325 f.; *Murty*, The International Law of Diplomacy. The Diplomatic Instrument of World Peace Order, 1989, S. 19 f.

II. Zeitalter des Liberalismus

Mit der Unterscheidung zwischen dem Staat als Rechtssubjekt und der Person des Souveräns – welche sich im Zeitalter des Liberalismus allgemein durchgesetzt hat, mit dem Gedanken des aufgeklärten Absolutismus (der Monarch als erster Diener des Staates) verbunden ist und stärksten Ausdruck im Begriff der Republik fand – gewann zunehmend die Frage an Bedeutung, ob und inwieweit neben den Staatsoberhäuptern auch den Staaten selbst Immunität zu gewähren ist.

Die völkerrechtliche Praxis ging zunächst auch von einer absoluten Immunität der Staaten aus[67] und hob insofern auf die von *Bartolus* aufgestellte Maxime ab: „par in parem non habet imperium“[68], derzufolge kein Staat über einen anderen zu Gericht sitzen darf[69].

Die Doktrin von der absoluten Immunität, nach der sowohl die hoheitlichen als auch die privatrechtlichen Handlungen eines fremden Staates der inländischen Gerichtsbarkeit entzogen sind[70], fand ihre Berechtigung in der überwiegend hoheitlichen Aufgabenerfüllung des Staates (z. B. Militär, Polizei)[71].

III. Entwicklung im Industriezeitalter

Mit der industriellen Revolution im 19. Jahrhundert begann das Fundament, auf dem die Doktrin der absoluten Immunität errichtet war, zu bröckeln. Denn neben dem rapiden Aufschwung des internationalen Wirtschaftsverkehrs erfolgte auch in zunehmendem Maße eine Beteiligung der Staaten am Wirtschaftsleben[72]. Infolge dieser Entwicklung ergaben sich immer neue Berührungspunkte des Staates mit privaten Handeltreibenden und daraus resultierend die Möglichkeit rechtlicher Konflikte. Es erschien immer zweifelhafter und auch wenig sachgerecht, dem wie ein privater Unternehmer auftretenden Staat auch weiterhin die absolute Immunität zu gewähren und ihn dadurch gegenüber dem in seinem Rechtsschutz beschnittenen privaten Konkurrenten zu privilegieren[73].

---

67 Erstmals verwandt wurde der Begriff von der „Doktrin der absoluten Immunität“ in der klassischen Entscheidung des amerikanischen Chief Justice *Marshall* im Jahre 1812 im Fall „The Schooner Exchange v. M.'Fadden and Others“, vgl. hierzu im Einzelnen *Badr*, State Immunity: An Analytical and Prognostic View, 1984, S. 9 ff.

68 Zitiert nach *Verdross* (Fn. 55), S. 230.

69 Vgl. *Oppenheim/Lauterpacht*, International Law, Vol. I, 8. Aufl. 1955, S. 264, § 115a; *Steinberger*, State Immunity, EPIL, Instalment 10, 1987, S. 428, 429.

70 *Seidl-Hohenveldern,* in: FS Beitzke (Fn. 62), S. 1081.

71 Wenn überhaupt, tätigte der Staat allenfalls solche Geschäfte privatrechtlicher Natur, die so eng mit Hoheitsakten verknüpft waren, dass ihm bereits aus diesem Grund auch hier Immunität gewährt wurde. Vgl. insofern *Seidl-Hohenveldern/Stein* (Fn. 27), S. 270, Rn. 1470.

72 Der Staat betätigte sich als Eisenbahn- und Schifffahrtsunternehmer, als Inhaber von Monopolbetrieben und als Käufer und Anleiheschuldner, vgl. *Damian*, Staatenimmunität und Gerichtszwang (Beiträge zum ausländischen öffentlichen Recht und Völkerrecht, Bd. 89), 1985, S. 6; *Steinmann*, MDR 19 (1965), S. 796.

73 *Gmür* (Fn. 64), S. 56, 57; *Steinberger*, EPIL, Instalment 10, 1987, S. 428, 453.

Diese Erkenntnis führte gegen Ende des 19. Jahrhunderts unter maßgeblicher Beteiligung belgischer[74] und italienischer[75] Gerichte zu einer Einschränkung der absoluten Immunität der Staaten[76]. Diesen wurde nach und nach nur noch für ihre Hoheitsakte (sog. acta iure imperii), nicht aber für ihre privatrechtlichen Handlungen (sog. acta iure gestiones) Befreiung von der Gerichtsbarkeit gewährt[77].

Die überwiegende Mehrheit der Staaten folgt heute dem Grundsatz der restriktiven Immunität[78], der sowohl in dem Europäischen Übereinkommen vom 16. Mai 1972 über Staatenimmunität[79] als auch im Foreign Sovereign Immunity Act der USA von 1976[80] und dem State Immunity Act Großbritanniens aus dem Jahr 1978[81] kodifiziert ist[82]. Auch die Artikelentwürfe der ILC über die gerichtlichen Immunitäten der Staaten und ihres Eigentums[83] sehen in Art. 11 die Unterscheidung zwischen „acta iure imperii" und „acta iure gestionis" vor und schließen Letztere von der Immunität aus.

Von den Staaten des ehemaligen RGW sahen die tschechoslowakische und die polnische Gesetzgebung bereits vor den geänderten politischen Verhältnissen eine ge-

---

74 *Suy*, Immunity of States before Belgian Courts and Tribunals, ZaöRV 27 (1967), S. 660, 665.

75 *Condorelli/Sbolci*, Measures of Execution against the Property of Foreign States: The Law and Practice in Italy, NYIL 9 (1979), S. 197, 198 f.

76 *Badr* (Fn. 67), S. 22 ff.; *Steinberger*, EPIL, Instalment 10, 1987, S. 428, 430. Zur maßgeblichen Rechtsprechung vom 19. Jh. bis heute vgl. *Lewis*, State and Diplomatic Immunities, 3. Aufl. 1990, S. 16 ff.

77 Eine entsprechende Unterscheidung trafen bereits *van Bynkershoek, Wolff* und *Grotius*, die im Zusammenhang mit der Frage, ob ein Fürst einer fremden Gerichtsbarkeit unterworfen werden könne, maßgeblich auf die Art von dessen Beteiligung am Rechtsverkehr abhoben. Kritisch dazu *Lissitzyn*, Sovereign Immunity as a Norm of International Law, in: Transnational Law in a Changing Society, Essays in Honor of Philip Jessup, 1972, S. 188, 195 ff. Einen umfassenden Überblick über Praxis und Lehre zu dieser Thematik geben die Beiträge von *H. Lauterpacht*, The Problem of Jurisdictional Immunities of Foreign States, BYIL 28 (1951), S. 220 ff.; *Sucharitkul*, State Immunities and Trading Activities in International Law, 1959; *Sinclair*, The Law of Sovereign Immunity. Recent Developments, RdC 167 (1980 II), S. 113, 132 f.

78 Die Untersuchung der Entscheidungen nationaler Gerichte von *Malina* gibt einen guten Überblick über die Entwicklung der Staatenpraxis bis Ende 1977, vgl. *Malina*, Die völkerrechtliche Immunität ausländischer Staaten im zivilrechtlichen Erkenntnisverfahren, Diss. 1978, S. 80 ff.; der erst seit 1978 zu verzeichnende Wandel der englischen Rechtsprechung zur eingeschränkten Immunität konnte noch keinen Eingang in die Abhandlung finden, wurde von *Malina* aber bereits vorausgesehen, vgl. S. 205.

79 ILM 11 (1972), S. 470 ff.; BGBl. 1990 II, S. 34 ff.

80 ILM 15 (1976), S. 1388 ff.; AJIL 71 (1977), S. 595 ff.

81 ILM 17 (1978), S. 1123 ff.

82 Eingehend zu den Immunity Acts der USA und Großbritanniens, vgl. *v. Schönfeld*, Die Staatenimmunität im amerikanischen und englischen Recht, Diss. 1983.

83 ILC, Draft Articles on Jurisdictional Immunity of States and their Property, YBILC 1986 II, S. 2, 8.

wisse Beschränkung der Staatenimmunität auf Handeln in öffentlicher Eigenschaft vor[84].

Mit zunehmendem Aufbau der Marktwirtschaft in den übrigen Ostblockländern ist davon auszugehen, dass auch diese den Grundsatz der restriktiven Immunität nach und nach übernehmen werden.

B. Immunitäten der internationalen Organisationen

Mit wachsender wirtschaftlicher Verflechtung des internationalen Wirtschafts- und Soziallebens traten neben die Staaten die mit immer stärkerem Eigengewicht ausgestatteten internationalen Organisationen als weitere Immunitätsträger[85].

I. Entwicklung bis zur Gründung des Völkerbundes

Wenngleich bereits Ende des 19. Jahrhunderts die gemeinsamen Kultur- und Wirtschaftsinteressen der Staaten die Schaffung von Staatenverbindungen zur Folge hatten, die erste Ansätze zu Formen einer internationalen Zusammenarbeit zeigten, so begann doch die eigentliche Entstehungsgeschichte der internationalen Organisationen im heute verstandenen Wortsinn erst mit der Gründung des Völkerbundes[86].

Bis zu diesem Zeitpunkt war eine internationale Zusammenarbeit zunächst nur in Form der auf dem *Wiener Kongreß* vom Jahre 1815 geschaffenen internationalen Flusskommissionen gegeben[87], die dem Bedürfnis der Staaten nach Sicherung der Freiheit der Binnenschifffahrt Rechnung tragen sollten. Zu erwähnen ist in diesem Zusammenhang die auf Grund der Schlussakte des Wiener Kongresses von 1815 gegründete Zentralkommission für Rheinschifffahrt, die bis heute – wenn auch mit mehrfach geänderter Rechtsgrundlage – fortbesteht[88].

Neben die Flusskommissionen traten mit zunehmender Industrialisierung und damit einhergehendem anwachsendem Welthandel die internationalen Verwaltungsunionen[89], von denen die beiden ältesten Organisationen, die Internationale Fernmeldeunion (1865) und der Weltpostverein (1874), auch heute noch existieren.

---

84 *Madl*, State in the Economy and Problems of State Immunity with Special Regard to Economic Integration, Albert A. Ehrenzweig-Gedächtnisschrift, 1976, S. 99 f.

85 Erste Ansätze der Idee internationaler organisatorischer Zusammenschlüsse finden sich bereits im Altertum. Schon zu diesem Zeitpunkt bildeten die griechischen Stadtstaaten eine gemeinsame Streitmacht zum Schutze von Heiligtümern, von denen das Heiligtum von Delphi das bekannteste ist. Allgemein zur Entwicklung von internationalen Organisationen vgl. auch *Goodspeed*, The Nature and Function of International Organizations, 1959.

86 *Giraud*, Le Secrétariat des Institutions Internationales, RdC 79 (1951 II), S. 369, 374 f.

87 *King*, The Privileges and Immunities of the Personnel of International Organizations, Diss. 1949, S. 32 ff.

88 Neben die Flusskommissionen traten im Mittelalter auch die Staatenkonferenzen, wie z. B. die Kongresse von Münster und Osnabrück von 1845–1848, die eine wesentliche Etappe für die organisierte Zusammenarbeit der Staaten darstellten.

89 *Egger*, Die Vorrechte und Befreiungen zu Gunsten internationaler Oranisationen und ihrer Funktionäre, Diss. 1954, S. 37.

Zwar waren diese Verwaltungsgemeinschaften bereits mit eigenen ständigen Organen ausgestattet, denen die einheitliche Durchführung gemeinsamer, zuvor von der Verwaltung eines jeden Mitgliedstaates wahrgenommener Interessen oblag[90]. Da diese Organe aber überwiegend die Aufgaben einer dauernden, den Vertragsstaaten zur Verfügung stehenden Geschäftsstelle erfüllten[91], ihnen jedoch keine eigenen Rechte und damit auch keine Rechtspersönlichkeit im Rahmen des internationalen Rechts zukam[92], stellte sich die Frage nach ihrer Immunität nicht.

II. Entwicklung nach dem Ersten Weltkrieg

Mit der insbesondere auf die Initiative des amerikanischen Präsidenten Woodrow Wilson zurückzuführenden Gründung des Völkerbundes[93] im Jahre 1920 begann nicht nur eine Wandlung des internationalen Rechts, sondern auch ein neuer Entwicklungsabschnitt des Immunitätsrechts.

1. Rechtsnatur der Internationalen Organisationen

Mit dem Völkerbund war der Anfang zur Errichtung ständiger allgemeiner internationaler Organisationen gemacht, die neben die bis dahin ipso facto als Rechtssubjekte anerkannten Staaten als weitere Rechtspersönlichkeiten traten.

Die Erfahrungen des Ersten Weltkrieges hatten die Staaten veranlasst, eine rechtlich von ihnen unabhängige Organisation zu schaffen, deren primäres Ziel auf die Verwirklichung des von ihnen gemeinsam angestrebten Zieles der Friedenssicherung gerichtet war[94]. Zu diesem Zweck verzichteten die Staaten erstmals in der Entwicklung des Völkerrechts auf die alleinige Inhaberschaft souveräner hoheitlicher Rechte, um in dem so von ihnen vorgegebenen Umfang den Völkerbund mit gleichartigen, ihm zustehenden Kompetenzen auszustatten[95], die teils in der Völkerbund-

---

90 *Ipsen K.* (Fn. 37), S. 389, § 31 Rn. 3; *Balz*, Die besonderen Staatenvertreter und ihre rechtliche Stellung, Diss. 1931, S. 121.

91 *Seidl-Hohenveldern/Loibl* (Fn. 55), S. 20f., Rn. 0210. Den Organen oblag das Sammeln und Veröffentlichen von Dokumenten sowie der wechselseitige Austausch von Informationen zwischen den Mitgliedstaaten.

92 Vgl. *Maim*, Völkerbund und Staat, 1932, S. 85, der die Verwaltungsunionen als bloße Rechtsbeziehungen zwischen den beteiligten Staaten sieht, ohne dass sie die Qualifikation von juristischen Personen erhalten hätten.

93 Im letzten Punkt seiner „14-Punkte-Erklärung" vom 18. Januar 1918 forderte *Wilson* die Bildung einer allgemeinen Vereinigung der Nationen zum Zwecke gegenseitiger Garantieleistungen für die politische Unabhängigkeit und territoriale Unverletzlichkeit der Nationen, vgl. *Bennett*, International Organizations, Principles and Issues, 6. Aufl. 1995, S. 25.

94 Die Präambel der Völkerbundsatzung bestimmt insofern den Aufgabenkreis des Bundes knapp und klar in den Worten: „Förderung der Zusammenarbeit unter den Nationen" und „Gewährleistung des internationalen Friedens und der internationalen Sicherheit". Die Präambel ist abgedr. in *Schücking/Wehberg*, Die Satzung des Völkerbundes, Bd. 1, 3. Aufl. 1931, S. 231. Vgl. zu dieser Thematik allgemein *Schücking/Wehberg*, a.a. O., S. 56ff.

95 *Kunz*, Privileges and Immunities of International Organizations, AJIL 41 (1947), S. 828, 848f.

satzung, teils in den Pariser Friedensverträgen normiert waren[96]. Auf diese Weise wurde der Völkerbund selbst Träger völkerrechtlicher Rechte und Pflichten und damit zu einer eigenständigen Völkerrechtspersönlichkeit[97].

Wenngleich auch die Rechtsnatur des Völkerbundes lange Zeit heftig umstritten war[98], wurde erstmals durch Art. III des 1921 zwischen der Schweiz und dem Völkerbund abgeschlossenen modus vivendi[99] sowohl die völkerrechtliche als auch eine juristische, staatsähnliche Rechtspersönlichkeit des Völkerbundes wie folgt anerkannt:

„Bien que l'art. VII du Pacte de la Société des Nations n'ait trait qu'au personnel et aux locaux de la Société, il y a lieu d'admettre qu'en application, sinon de la lettre, du moins de l'esprit du Pacte, la Société des Nations peut revendiquer en sa faveur, la personnalité internationale et la capacité juridique, qu'elle a droit, en conséquence, a un statut analogue a celui d'un état."[100]

Die mit der Errichtung des Völkerbundes begonnene Überwindung des starren staatlichen Souveränitätsdenkens setzte sich auch nach dem Zweiten Weltkrieg mit der Gründung der UNO, ihren Spezialorganisationen sowie einer Vielzahl von Regionalorganisationen fort[101], von denen den europäischen auf Grund des verstärkten europäischen Integrationsgedankens, der sich im System der Suprananationalität ausdrückt, die bedeutendste Rolle zukommt.

Im Gegensatz zum Völkerbund, der sich zunächst nicht ausdrücklich, sondern letztlich erst durch die modi vivendi als Rechtssubjekt herausgebildet hat, ist zumindest die für die Erledigung alltäglicher Aufgaben unentbehrliche Rechtspersönlichkeit dieser internationalen Organisationen im innerstaatlichen Recht in den meisten Gründungsverträgen ausdrücklich festgelegt[102]. Demgegenüber ist die hiervon zu

---

96 Die Völkerbundsatzung bildete einen integrierenden Bestandteil des Friedensvertrages.

97 Vgl. *Kunz,* AJIL 41 (1947), S. 848 f.; *Maim* (Fn. 92), S. 84, 90.

98 Der Völkerbund wurde als Zweckverband, Staatenbund und Gemeinschaft zur gesamten Hand qualifiziert. Ausführlich hierzu *Balz* (Fn. 90), S. 93 ff., und *Schücking/Wehberg* (Fn. 94), S. 83, 92 ff.

99 Da den modi vivendi von 1921 und 1926 zwischen der Schweiz und dem Völkerbund eine zentrale Bedeutung zukommt, wird auf sie zu einem späteren Zeitpunkt der Arbeit (Teil 7 D. I. 2.) ausführlich eingegangen.

100 Der Brief von Bundesrat *Motta* an den Generalsekrtär des Völkerbundes *Drummond* vom 19. Juli 1921 ist abgedr. bei *Hill*, Immunities and Privileges of International Officials, 1947, S. 129, 134 f.; vgl. auch *Dominicé*, La nature et l'étendue de l'immunité de juridiction des organisations internationales, in: Völkerrecht, Recht der Internationalen Organisationen, Weltwirtschaftsrecht, FS Seidl-Hohenveldern, 1988, S. 77, 87.

101 Vgl. allgemein zur Einschränkung der Souveränität durch Gründung von internationalen Organisationen *Doehring*, Internationale Organisationen und staatliche Souveränität, in: FS Forsthoff, 1967, S. 105 ff.

102 So z.B. Art. 104 UN-Charta, der bestimmt: „Die Organisation genießt auf dem Gebiete jedes ihrer Mitglieder die Rechtsfähigkeit, die für die Erfüllung ihrer Aufgaben und zur Verwirklichung ihrer Ziele notwendig ist." Vgl. zur innerstaatlichen Rechtsstellung internationaler Organisationen auch *Lalive,* L'immunité de jurisdiction des États et des Organisations Internationales, RdC 84 (1953 III), S. 211, 303; ausführlich *Schlüter*, Die innerstaatliche Rechtsstellung internationaler Organisationen unter besonderer Berücksichti-

unterscheidende Rechtssubjektivität der internationalen Organisationen im Völkerrecht lediglich implizit in den Gründungsverträgen als Ganzes enthalten[103].

Da sich die Rechtspersönlichkeit der internationalen Organisationen sowohl im Völkerrecht als auch im innerstaatlichen Recht im Ergebnis stets aus dem Willen der Mitgliedstaaten ableitet[104], genießen die Organisationen zum einen lediglich diejenigen Rechte, die sie zur Erfüllung ihrer Aufgaben und Ziele benötigen, so genannte Regel von den *implied powers*[105]. Zum anderen wirkt diese funktionelle Rechtspersönlichkeit[106] nur im Verhältnis zu den Mitgliedstaaten der betreffenden Organisation, es sei denn, ein Drittstaat hat sie ausdrücklich oder stillschweigend anerkannt. Eine Ausnahme besteht insofern allerdings für die UNO, die nach den Ausführungen des IGH in seinem Rechtsgutachten vom 11. April 1949 über den Ersatz von im Dienste der Vereinten Nationen erlittene Schäden über eine „objektive"[107] und damit auch ohne weiteres gegenüber Nichtmitgliedstaaten geltend zu machende Völkerrechtspersönlichkeit verfügt[108]. Diese vom IGH vertretene Ansicht erhellt sich aus der nahezu weltweiten Mitgliedschaft sowie der generellen Zielsetzung der UNO.

gung der Rechtslage in der Bundesrepublik Deutschland, in: Beiträge zum ausländischen öffentlichen Recht und Völkerrecht, Bd. 57, 1972.

103 *Dembinski*, The Modern Law of Diplomacy, 1988, S. 33; demgegenüber erkannte *Kunz,* AJIL 41 (1947), S. 848 f., ausschließlich die Völkerrechtsfähigkeit des Völkerbundes und der UNO expressis verbis an. Nur wenige Verträge, so z. B. die Verträge über die Gründung der Europäischen Gemeinschaften, enthalten eine ausdrückliche Bestimmung über die Völkerrechtspersönlichkeit.

104 *Seidl-Hohenveldern/Loibl* (Fn. 55), S. 49, Rn. 0310; *ders.,* a. a. O., S. 43, Rn. 0310; vgl. auch *Maim* (Fn. 92), S. 92; a. A. *Seyersted*, Objective International Personality of Intergovernmental Organizations: Do their Capacities Really Depend upon their Constitutions, Indian JIL 4 (1964), S. 1 ff., der eine originäre Völkrerechtspersönlichkeit der Internationalen Organisationen annimmt.

105 *Bowett*, The Law of International Institutions, 4. Aufl. 1982, S. 337; *Dembinski* (Fn. 103), S. 32 f.; zu weitgehend *Seyersted*, Indian JIL 4 (1964), S. 1, 66 f., der die Ansicht vertritt, dass internationale Organisationen allgemein „have an inherent legal capacity to perform any type of sovereign or international acts which they are in a practical position to perform and which they are not precluded from performing by special rules".

106 Erstmals anerkannt im Rechtsgutachten des IGH über *Reparations for Injuries suffered in the Service of the United Nations,* ICJ Reports 1949 S. 174, 179 f. Gegenstand des Rechtsgutachtens bildeten von der Generalversammlung gegen Israel geltend gemachte Schadensersatzansprüche, nachdem *Graf Bernadotte* als US-Vermittler für Palästina durch Israelis erschossen worden war; vgl. zum Sachverhalt auch *Goodspeed* (Fn. 85), S. 210 f.

107 ICJ Reports 1949, S. 174, 185.

108 Ähnlich *Lalive*, RdC 84 (1953 II), S. 304, und *Seyersted*, Is the International Personality of Intergovernmental Organizations valid vis-a-vis Non-members?, Indian JIL 4 (1964), S. 233, 260, der allerdings – insoweit abwegig – die Schlussfolgerung des IGH nicht allein auf die UNO, sondern auch auf alle übrigen internationalen Organisationen angewandt wissen wollte.

2. Rechtsgrundlagen der den Internationalen Organisationen gewährten Immunitäten

Konsequenz dieser seit dem Völkerbund anerkannten funktionellen Rechtspersönlichkeit der internationalen Organisationen ist die Notwendigkeit, ihnen zwecks Gewährleistung einer unabhängigen und effektiven Funktionserfüllung Immunitäten zu verleihen[109].

Wenngleich auch die Völkerbundsatzung noch keine diese Unabhängigkeit der Organisation als solche garantierenden Imunitätsvorschriften enthielt, so konnte sich der Völkerbund spätestens seit dem modus vivendi aus dem Jahr 1921 ebenso wie die Staaten auf die Gerichtsimmunität berufen. Insofern wurde der bereits zitierte Art. 3 des modus vivendi 1921 wie folgt fortgeführt: „... It follows that the League of Nations may claim the same independance in respect of Swiss administrative and judical organs as other members of the international community and thus cannot be sued before the Swiss courts without its own consent (apart from such exceptions as are recognised in international law, e. g. in regard to suits concerning real property, etc.)."[110]

Heute beinhalten die Satzungen aller internationalen Organisationen Immunitätsvorschriften zu ihren Gunsten, die entsprechend der funktionellen Beschränkung der Rechtspersönlichkeit der Organisationen ebenfalls am Funktionsprinzip ausgerichtet sind und zufolge ihrer häufig allgemeinen Formulierung „... die zur Erreichung ihres Zweckes notwendigen Immunitäten und Privilegien"[111] in einem Abkommen – häufig als Anhang zum Gründungsvertrag – näher umschrieben[112] und durch Sitzstaatabkommen ergänzt werden.

Zusammenfassung

Wenngleich auch die Immunitäten der internationalen Organisationen als „quasistaatliche" Rechtssubjekte der Staatenimmunität ähneln, so ergeben sich doch einige elementare Unterschiede.

Im Gegensatz zu den Staaten ist die Immunität der internationalen Organisationen zwar geografisch enger und mit Ausnahme der UNO auf die Mitgliedstaaten beschränkt, aber sachlich weiter, da die internationale Organisation für alle Handlungen Immunität genießt[113], während die Immunität der Staaten heute zum größten

---

109 *Bowett* (Fn. 105), S. 345; *Dominicé* (Fn. 100), S. 87; ähnlich auch *Seidl-Hohenveldern*, L'immunité de juridiction et d'exécution des États et des organisations internationales, Droit international 1, 1981, S. 109, 159, der in der Immunität ein Attribut zur Rechtspersönlichkeit sieht.

110 Abgedr. bei *Hill* (Fn. 100), S. 126.

111 Z. B. Art. 105 UN-Charta.

112 So z. B. das Allgemeine Abkommen über die Vorrechte und Immunitäten der UNO und das Allgemeine Abkommen über die Vorrechte und Immunitäten der Spezialorganisationen.

113 *Seidl-Hohenveldern/Loibl* (Fn. 55), S. 282, Rn. 1907; *Harders,* Haftung und Verantwortlichkeit internationaler Organisationen, in: Wolfrum Rüdiger (Hrsg.), Handbuch der Vereinten Nationen 1991, S. 250, 33. Rn. 12; ähnlich auch *Dominicé* (Fn. 100), S. 89, dessen Aussage sich allerdings allein auf die Immunität von der Gerichtsbarkeit bezieht.

Teil auf die acta iure imperii beschränkt ist[114]. Diese unterschiedliche Behandlung von Staaten und internationalen Organisationen in der innerstaatlichen Rechtsordnung eines Staates resultiert aus der Tatsache, dass die Handlungen der Internationalen Organisation infolge ihrer funktionellen Rechtspersönlichkeit stets eng mit dem Organisationszweck in Verbindung stehen müssen.

Die vorbeschriebene Verschiedenheit von Staatenimmunität und Vorrechten internationaler Organisationen kam allerdings erst nach 1945 zum Tragen, da ausweislich Art. III des modus vivendi 1921 der Rechtsstatus des Völkerbundes infolge Analogie demjenigen eines Staates entsprach, sich zum damaligen Zeitpunkt die restriktive Immunitätstheorie noch nicht generell hatte im internationalen Recht durchsetzen können und somit sowohl Staat als auch Völkerbund die absolute Immunität genossen[115].

C. Organe der Staaten und internationalen Organisationen als weitere Immunitätsträger

Da der Staat und die internationalen Organisationen nur durch ihre Organe handeln können, folgt aus der Pflicht der Respektierung fremder Hoheitsgewalt nicht nur die Immunität der Staaten und der internationalen Organisationen selbst, sondern auch die ihrer Funktionsträger, der Diplomaten und der internationalen Funktionäre. Denn die Wahrung von staatlicher bzw. quasistaatlicher Souveränität wäre erheblich in Frage gestellt, würden zwar die Vorrechte der Staaten und internationalen Organisationen beachtet, die die Handlung ausführenden Organe aber zur Rechenschaft gezogen werden können[116].

Auf Grund der Tatsache, dass zumindest die Vorrechte der internationalen Spitzenfunktionäre in aller Regel der Diplomatenimmunität folgen und auch den übrigen Bediensteten ein diplomatenähnlicher Status zukommt, werden im nächsten Kapitel die wesentlichen Grundregeln der Diplomatenimmunität dargestellt und erst daran anschließend die Immunitätsgewährleistungen zu Gunsten der Bediensteten der internationalen Organisationen erörtert.

---

114 Vgl. insofern die Ausführungen oben unter A.

115 So auch *Dominicé* (Fn. 100), S. 87 f.

116 Ähnlich *Perrenoud*, Régime des privilèges des missions étrangères et des organisations internationales, Diss. 1949, S. 68; *Damian* (Fn. 72), S. 74.

Teil 3 Immunität der Diplomaten

A. Geschichtliche Entwicklung

Wenngleich sich erste Beispiele für den Einsatz von Gesandten zur Abwicklung von Verhandlungen mit anderen Herrschaftsverbänden bereits in der Antike fanden[117] und schon damals die durch die Verleihung von Vorrechten zu erzielenden Vorteile erkannt wurden[118], so ist doch die Diplomatie im heute verstandenen Wortsinn erst in der letzten Hälfte des Mittelalters in Erscheinung getreten[119]. Mit zunehmendem Handel und damit wachsendem Interesse an den wirtschaftlichen, aber auch politischen Verhältnissen der Vertragspartner gingen die Staaten dazu über, den bis dahin auf Ad-hoc-Missionen beschränkten Austausch von Gesandten[120] durch ständige Gesandtschaften zu ersetzen. Die Erste wurde im Jahre 1455 vom Herzog von Mailand in Genua errichtet[121]. Seinem Beispiel folgten um die Wende des 15. Jh. die Städte Venedig und Florenz[122].

Von Italien breitete sich die ständige Diplomatie schnell in ganz Europa[123] und mit sich stetig erweiternden internationalen Beziehungen auf der ganzen Welt aus.

B. Rechtsgrundlagen der diplomatischen Immunitäten

Mit der Entwicklung der Diplomatie gewann zugleich auch die Frage nach der Rechtsstellung der Diplomaten an Bedeutung, die damit zu den ältesten Themen des Völkerrechts gehört.

Eine erste allgemeine Kodifikation über die Rangfragen der Diplomaten wurde bereits 1815 vom Wiener Kongreß geschaffen und ergänzt durch das Aachener Proto-

---

117 Neben Ägyptern, Hethitern und Hebräern setzten auch Römer und Griechen Gesandte zwecks offizieller Verhandlungen ein. Allgemein zur geschichtlichen Entwicklung vgl. *Cahier*, Le Droit Diplomatiques Contemporain, 1962, S. 7 ff.; *Nicholsen*, Diplomacy, 1945, S. 16 ff.; *Ogden*, Bases of Diplomatic Immunity, 1936, S. 8 ff.; *McClanahan*, Diplomatic Immunity, 1989, S. 18 ff.; *Nascimento e Silva*, Diplomacy in International Law, 1972, S. 16 ff.; *Giuliano,* Les Relations et Immunités Diplomatiques, RdC 100 (1960 II), S. 81, 84 ff.

118 *Barnes*, Diplomatic Immunity from Local Jurisdiction, DSB 43 (1960 II), S. 173; *Forgac*, New Diplomacy and the United Nations, 1965, S. 7; *Ogdon* (Fn. 117), S. 11.

119 *Ogden* (Fn. 117), S. 26; *Nys*, Les origines du droit international, 1894, S. 296 f.

120 *Nascimento e Silva* (Fn. 117), S. 21.

121 Allgemein zur Entwicklung der Diplomatie vom 15. Jh. bis zu den Beschlüssen von 1815 und 1818 vgl. *Krauske*, Die Entwicklung der ständigen Diplomatie, 1885.

122 *Krauske* (Fn. 121), S. 11, 30 f.; *Markel*, Die Entwicklung der diplomatischen Rangstufen, 1951, S. 24.

123 Bestärkt wurde diese Entwicklung u. a. auch durch den Westfälischen Frieden (1648), der nach der Beendigung des 30-jährigen Krieges ein europäisches Gleichgewicht ankündigte, *Cahier* (Fn. 117), S. 10.

koll von 1818[124]. Zu diesem Zeitpunkt begannen sich die den Gesandten seit jeher, wenn auch in unterschiedlichen Ausmaß gewährten Vorrechte und Immunitäten langsam zu Normen des Völkergewohnheitsrechts zu festigen[125], das die Hauptrechtsquelle der diplomatischen Immunitäten bildete[126]. Den zahlreichen bilateralen Verträgen des 19. Jh. kam als sekundären Rechtsquellen lediglich untergeordnete Bedeutung zu, da sie keine speziellen Regelungen über die Vorrechte und Immunitäten enthielten, sondern lediglich auf allgemeine, vom Völkerrecht anerkannte Grundsätze Bezug nahmen[127].

Das erste Abkommen, das spezielle Regeln über Vorrechte und Immunitäten der Diplomaten beinhaltete, war die 1928 von 15 lateinamerikanischen Staaten in Havanna unterzeichnete „Convention on diplomatic officers“[128], die sich aber im Hinblick auf ihren lediglich regionalen Geltungsbereich als unzulänglich erwies.

Eine Kodifikation des Gewohnheitsrechts erfolgte letztlich erst mit dem Wiener Übereinkommen über diplomatische Beziehungen vom 18. April 1961[129], dem bis zum 31. Dezember 1992 174 Staaten beigetreten waren. Diese hohe Zahl der Vertragsparteien ist ein Beweis für die heute universelle Geltung der WÜD-Regelungen[130], die es im Folgenden darzustellen gilt.

C. Die wesentlichsten Immunitätsvorschriften

I. Unverletzlichkeit der Diplomaten

Die in den Artt. 29, 30 WÜD normierte Unverletzlichkeitsgarantie schützt nicht nur den Diplomaten persönlich, sondern grundsätzlich auch dessen Wohnung, Korrespondenz und Vermögen.

1. Persönliche Unverletzlichkeit

Bei der persönlichen Unverletzlichkeit des Diplomaten, wie sie heute in Art. 29 WÜD festgelegt ist, handelt es sich nicht nur um die älteste Immunitätsregel über-

---

124 *Markel* (Fn. 122), S. 73 ff.; *Ipsen K.* (Fn. 37), S. 478, § 35 Rn. 2.

125 Vgl. *Dembinski* (Fn. 103), S. 4.

126 So bereits *Nys* (Fn. 119), S. 296 f.; vgl. auch *Hardy*, Modern Diplomatic Law, 1968, S. 5; *Cahier* (Fn. 117), S. 30.

127 *Hardy* (Fn. 126), S. 5; *Forgac* (Fn. 118), S. 13 f.; *Cahier* (Fn. 117), S. 31 f.

128 *Cahier* (Fn. 117), S. 35; *Kanithasen*, Tendenzen zur Einschränkung der diplomatischen Immunitäten in Zivilklagen und der Verzicht auf die diplomatische Immunität, Diss. 1975, S. 21.

129 BGBl. 1964 II, S. 957. Seit 1961 hat das Diplomatenrecht u. a. durch die Konvention über Spezialmissionen von 1969, die Diplomatenschutzkommission von 1973 und den im Jahre 1989 von der ILC verabschiedeten Entwurf über den „Status of the Diplomatic Courier and the Diplomatic Bag not Accompanied by Diplomatic Courrier“ eine Fortentwicklung erfahren.

130 Ebenso *Ipsen K.* (Fn. 37), S. 479, § 35 Rn. 3.

haupt[131], sondern auch um „the fundamental principal from which have been derived all diplomatic privileges and immunities“[132]. Die Vorschrift lautet wie folgt:

„Die Person des Diplomaten ist unverletzlich. Er unterliegt keiner Festnahme oder Haft irgendwelcher Art. Der Empfangsstaat behandelt ihn mit gebührender Achtung und trifft alle geeigneten Maßnahmen, um jeden Angriff auf seine Person, seine Freiheit oder seine Würde zu verhindern.“

a) Inhalt und Umfang des Art. 29 WÜD

Die Vorschrift verdeutlicht, dass sich der Unverletzlichkeitsbegriff in zwei wesentliche Aspekte unterteilen lässt: die Immunität des Diplomaten von jedweden gerichtlichen Zwangsmaßnahmen zum einen und die spezielle Schutzpflicht des Empfangsstaates gegenüber dem Diplomaten zum anderen[133].

aa) Immunität von gerichtlichen Zwangsmaßnahmen

Die Befreiung von Arrest und Verhaftung ist insofern für die diplomatischen Vertreter unerlässlich, als beide Maßnahmen seit jeher in der Diplomatie ein bekanntes und beliebtes Mittel waren, die Diplomaten von der Erfüllung der ihnen obliegenden Aufgaben abzuhalten[134].

Die in Art. 29 WÜD kodifizierte Unverletzlichkeitsgarantie gewährleistet heute, dass die Staaten die ihnen kraft ihrer Souveränität grundsätzlich gegenüber allen sich in ihrem Staatsgebiet befindlichen Personen zustehende Zwangsgewalt in Bezug auf die Diplomaten gerade nicht ausüben dürfen. Verhaftung und Festnahme sind daher grundsätzlich ebenso ausgeschlossen wie Ausweisung und Auslieferung des Diplomaten[135]. Auf die Frage, ob und inwieweit in Ausnahmefällen Durchbrechungen der Unverletzlichkeit möglich sind, ist zurückzukommen.

---

131 Schon *Cicero* hat sich zum Thema der diplomatischen Immunität nach einem Zitat von *Stuart* wie folgt geäußert: „The Inviolability of ambassadors is protected both by devine and human law; they are sacred and respected so as to be inviolable not only when in an allied country but also whenever they happen to be infront of the enemy.“, *Stuart*, American Diplomatic and Consular Practice, 2. Aufl. 1952, S. 115.

132 Havard Law School, AJIL 1932 Supp. 91, deren Entwürfe maßgeblich zur Kodifikation des Diplomatenrechts beigetragen haben. Vgl. *Lewis*, State and Diplomatic Immunity, 3. Aufl. 1990, S. 135; *Dembinski* (Fn. 103), S. 195.

133 *Dembinski* (Fn. 103), S. 191, der den Begriff „Inviolability“ durch den seiner Ansicht nach präziseren Ausdruck „Immunity from coercion“ ersetzt wissen möchte. *Pradier-Fodéré*, Cours de droit diplomatique: à l'usage des agents politiques du minstère des affaires étrangères des états européens et américains, 2. Aufl. 1899, S. 12, hob schon zum damaligen Zeitpunkt auf den Schutzaspekt ab, indem er ausführte: „L'inviolabilité c'est la sûreté absolue, complète; c'est le droit à la protection la plus vigilante, la plus efficace.“

134 *Wilson*, Diplomatic Privileges and Immunities, 1967, S. 62ff., mit einer Vielzahl von Beispielsfällen. Der wohl Bekannteste ist der des russischen Diplomaten *Mathveoff*, der im Jahre 1708 in London – damals noch in Übereinstimmung mit den nationalen Gesetzen – aus seiner Kutsche heraus wegen privater Schulden verhaftet wurde. Dieses Vorkommnis führte noch im Jahre 1708 zum Erlass des „Diplomatic Privileges Act“, bekannt geworden unter der Bezeichnung „Act of Anne“. Ausführlicher zum Fall *Mathveoff* vgl. *Nascimento e Silva* (Fn. 117) , S. 115.

bb) Schutzpflicht des Empfangsstaates

Auf Grund der in Art. 29 WÜD normierten Schutzpflicht hat der Empfangsstaat alle diejenigen Schritte zu ergreifen, die angemessen sind, um die Unverletzlichkeit des Diplomaten zu gewährleisten[136]. Diese Obliegenheit besteht ungeachtet der Frage, ob der diplomatische Vertreter physischen oder psychischen Belastungen, z.B. der Diskriminierung auf Grund seiner Hautfarbe, ausgesetzt ist[137]. Mithin umfasst der Schutz des Art. 29 WÜD nicht nur Angriffe auf das Leben und die körperliche Unversehrtheit der Diplomaten, sondern auch eine ihrem Rang und ihrer Position entsprechende respektvolle Behandlung[138].

b) Grenzen des Art. 29 WÜD

Fraglich ist, ob der Diplomat sich auch dann auf die Unverletzlichkeitsgarantie berufen kann, wenn er selbst Rechtsbrüche begeht.

In diesem Zusammenhang hat der IGH im Teheraner Geisel-Fall ausgeführt, dass das WÜD als ein „self-contained regime“, ein geschlossenes System von Reaktionsmöglichkeiten auf Pflichtverletzungen, zu verstehen ist. Verstöße des Diplomaten gegen das WÜD dürfen von daher nur mit den im WÜD vorgesehenen Maßnahmen, der Erklärung zur persona non grata oder dem Abbruch der diplomatischen Beziehungen, beantwortet werden[139].

Die Beantwortung der Frage, inwieweit ein Missbrauch der diplomatischen Immunitäten den Empfangsstaat darüber hinaus berechtigen kann, staatliche, allerdings im WÜD nicht vorgesehene Zwangsmaßnahmen zum Schutz seiner inneren Sicherheit und seiner Bürger zu ergreifen, gewann insbesondere im Zusammenhang mit dem Vorfall vor dem libyschen Volksbüro in London im April 1984 auch praktische Bedeutung[140]. Zur Begründung der damals zu Sicherheitszwecken vorgenommenen Durchsuchungen der das Volksbüro verlassenden Personen auf Waffen und Sprengmaterial wurde seitens der englischen Regierung auf das einem Staat zustehende Selbstverteidigungsrecht verwiesen[141]. Den Zwangsmaßnahmen vorausgegangen war die Tötung einer Polizistin durch einen der aus dem Büro auf Demonstranten abgefeuerten Schüsse.

Während ein Teil des Schrifttums die Anwendung des völkerrechtlichen Instituts der Selbstverteidigung auf Fälle beschränkt wissen will, in denen ein bewaffneter

---

135 Ähnlich *Denza*, Diplomatic Agents and Missions, Privileges and Immunities, EPIL, Instalment 9, 1986, S. 97; *Giuliano*, RdC 100 (1960 II), S. 111.

136 Der Begriff „angemessene Schritte“ räumt den Staaten insoweit einen Handlungsspielraum ein, als sie die zu treffenden Maßnahmen jeweils von den Umständen des Einzelfalles abhängig machen können, denen sie allerdings vollumfänglich Rechnung zu tragen haben, vgl. *Denza*, Diplomatic Law, 2. Aufl. 1998, S. 137.

137 *Perrenoud* (Fn. 116), S. 33.

138 *Wilson* (Fn. 134), S. 72 f.; *Murty* (Fn. 66), S. 390 ff.

139 Urteil vom 24. Mai 1980, ICJ Reports 1980, S. 40.

140 Vgl. zu diesem Vorfall *Cameron*, First Report of the Foreign Affairs Committee of the House of Commons, ICLQ 34 (1985), S. 610–618.

141 Vgl. BYIL 55 (1984), S. 517 ff., 582.

Angriff im Sinn des Art. 51 der UN-Charta vorliegt, befürworten andere Autoren heute ein – wenn auch nicht ausdrücklich im WÜD kodifiziertes – Selbstverteidigungsrecht der Empfangsstaaten[142] unter der Voraussetzung, dass eine Bedrohung der inneren Sicherheit des Staates oder aber eine ernsthafte Gefährdung des Lebens oder der körperlichen Unversehrtheit eines Menschen besteht, keine anderen Mittel zur Schadensabwehr gegeben und die vorgenommenen Maßnahmen notwendig und verhältnismäßig sind[143], um gegenwärtige Gefahr zu beseitigen. Auch ist in derartigen Fällen der Gedanke erwogen worden, eine Verwirkung des Diplomatenstatus anzuerkennen[144].

Ohne insofern auf das Selbstverteidigungsrecht abzustellen, hat auch der IGH in seinem Urteil im Teheraner Geisel-Fall Ausnahmen von dem Prinzip des „self-contained regime" zugelassen und insoweit ausgeführt: „Naturally the observance of that principle does not mean … that a diplomatic agent caught in the act of committing an assault or other offence may not, on occasion, be briefly arrested by the police of the receiving State in order to prevent commission of the particular crime."[145]

Auf die Frage, ob dieses auch im Schrifttum allgemein anerkannte Abwehrrecht des Empfangsstaates gegen einen Missbrauch diplomatischer Vorrechte im Ergebnis über die insoweit als allgemeiner Rechtfertigungsgrund verstandene Selbstverteidigung[146] oder aber über das völkerrechtliche Institut der Selbsthilfe als Ausdruck der

142 Ausführlich zu dieser Thematik *Beaumont*, Self-Defence as a Justification for Disregarding Diplomatic Immunity, CanYBIL 24 (1991), S. 391–402. Vgl. auch *Giuliano*, RdC 100 (1960 II), S. 120; *Cameron*, ICLQ 34 (1985), S. 612, der ausführt, dass „certainly, the personal inviolability of a diplomat under Article 29 – even if the perpetrator was a diplomat – was never intended to preclude self-defence." Auch die ILC hat die Möglichkeit von Selbstverteidigungsmaßnahmen gegenüber Diplomaten in ihrer Kommentierung anerkannt, indem sie wie folgt ausführte: „This prinicple does not exclude in respect of diplomatic agents either measures of self-defence or, in exeptional circumstances, measures to prevent him from committing crimes or offences.", YBILC 1958 II, S. 97.

143 Vgl. *Herdegen*, The Abuse of Diplomatic Privileges and Countermeasures, ZaöRV 46 (1986), S. 734 ff., 754; *Mann*, „Inviolability" and other Problems, in: FS Doehring, 1989, S. 553, 563; *Dahm/Delbrück/Wolfrum* (Fn. 60), S. 275 ff. Im internationalen Recht wurde erstmals im Caroline-Fall 1837 diese restriktive Theorie des Selbstverteidigungsrecht der Staaten anerkannt, vgl. dazu *Meng*, The Caroline, EPIL, Instalment 3, 1982, 81 f., und *Oppenheim/Lauterpacht* (Fn. 69), S. 300 f. § 133.

144 Vgl. hierzu *Doehring*, Zum Rechtsinstitut der Verwirkung im Völkerrecht, in: Völkerrecht, Recht der Internationalen Organisationen, Weltwirtschaftsrecht, FS Seidl-Hohenveldern, 1988, S. 51 ff.; *Kokott*, Mißbrauch und Verwirkung von Souveränitätsrechten bei gravierenden Völkerrechtsverstößen, in: Recht zwischen Umbruch und Bewahrung, FS Bernhardt (Beiträge zum ausländischen öffentlichen Recht und Völkerrecht Bd. 120), 1995, S. 135 ff.; ähnlich *Mann* (Fn. 143), S. 553 ff., 563; ablehnend *Seidl-Hohenveldern/Stein* (Fn. 27), S. 191, Rn. 1028.

145 ICJ Reports 1980, S. 40.

146 So bereits der Kommentar der ILC: „This principle (personal inviolability) does not exclude in respect of the diplomatic agent either measures of self-defence or, in exceptional circumstances, measures to prevent him from committing crimes or offences" YBILC 1958 II, S. 97; *Herdegen*, ZaöRV 46 (1986), S. 734 ff., 748 ff.

staatlichen Selbsterhaltung[147] zu begründen ist, kommt es nicht entscheidungserheblich an. Denn beide Ansichten unterscheiden sich in ihren praktischen Konsequenzen nur unwesentlich, da sie jeweils voraussetzen, dass die staatlichen Zwangsmaßnahmen der Abwehr eines völkerrechtswidrigen Verhaltens dienen und die ergriffenen Maßnahmen den Kriterien der Erforderlichkeit, Verhältnismäßigkeit und Unmittelbarkeit genügen[148].

2. Unverletzlichkeit von Wohnung, Korrespondenz und Vermögen

Die Unverletzlichkeit erstreckt sich nicht nur auf die Person des Diplomaten selbst, sondern nach Art. 30 WÜD auch auf seine Unterkunft, seine Korrespondenz und – mit den Einschränkungen des Art. 31 Abs. 3 WÜD – auf sein Eigentum. Der Schutz der amtlichen Kommunikation ist gesondert in Art. 27 WÜD normiert.

a) Unverletzlichkeit der Wohnung

Schon *de Vattel* beurteilte die Unverletzlichkeit der diplomatischen Wohnung als ein für die diplomatische Unabhängigkeit unverzichtbares Vorrecht, da „l'indépendance de l'ambassadeur serait fort imparfaite et la sûreté mal établie, si la maison où il loge ne jouissait d'une entière franchise et si elle n'était pas inaccessible aux ministres ordinaires de la justice"[149]. Die Anerkennung dieser Immunitätsregel bereits durch das Völkergewohnheitsrecht überrascht daher nicht[150].

Heute ist die Unterkunft des Diplomaten, die „Residenz", durch Art. 31 Abs. 1 WÜD geschützt, der hinsichtlich des Umfangs der Unverletzlichkeit auf die in Art. 22 WÜD gesondert geregelte Unverletzlichkeit des Botschaftsgebäudes verweist. Dabei wird von dem Begriff „private residence" nicht nur allein eine vom Botschaftsgebäude i. S. d. Art. 22 WÜD getrennte Unterkunft, sondern vielmehr auch eine vom Diplomaten z. B. zu Erholungzwecken genutzte Zweitwohnung erfasst[151]. Da die Unverletzlichkeitsgarantie des Art. 30 Abs. 1 WÜD somit auch auf

---

147 So *Bryde*, Selp-Help, EPIL, Instalment 4, 1982, S. 215 ff.; *Malanczuk*, Countermeasures and Self-Defence as Circumstances Precluding Wrongfulness in the International Law Commission's Draft Articles on State Responsibility, ZaöRV 43 (1983), S. 706, 787 ff. Nach Ansicht der vorgenannten Autoren sollte das Institut der Selbstverteidigung auf Sachverhalte beschränkt werden, in denen es um die Abwehr eines bewaffneten Angriffs i. S. v. Art. 51 UN-Charta geht.

148 Vgl. hierzu *Delbrück,* Proportionality, EPIL, Instalment 7, 1984, 396 ff.; *Malanczuk,* ZaöRV 43 (1983), 767 f.

149 Vgl. *de Vattel* (Fn. 65), S. 365, Chap. IX, § 117; ebenso *van Bynkershoek*, De Foro legatorum, Text und Übersetzung, Kapitel XI, S. 55, 1946.

150 *Lyons*, Immunities others than Jurisdictionals of the Property of Diplomatic Envoys, BYIL 30 (1953), S. 116; *Murty* (Fn. 66), S. 373; *Hurst*, Collected Papers, 1950, S. 214; *Oppenheim/Lauterpacht* (Fn. 69), S. 793 ff., § 390.

151 YBILC 1958 II, S. 98; so bereits *Lyons*, BYIL 30 (1953), S. 116, 150, der allerdings zu Recht die Frage aufwirft, wie es mit der Unverletzlichkeit der Zweitwohnung bestellt ist, wenn der Diplomat sie für kurze Zeit vermietet oder aber sie selbst über einen längeren Zeitraum nicht nutzt.

nur vorübergehend genutzte Wohnungen Anwendung findet, ist ein umfassender Schutz des persönlichen Wohnsitzes des Diplomaten gewährleistet.

b) Unverletzlichkeit der Korrespondenz

Neben der Wohnung der Diplomaten schützt Art. 30 Abs. 2 WÜD auch deren persönlichen Schriftverkehr[152]. Mit umfasst von diesem Vorrecht ist selbst die private Korrespondenz, die der diplomatische Vertreter im Zusammenhang mit einer professionellen oder gewerblichen Tätigkeit außerhalb seiner offiziellen Funktion führt, da insoweit die Unverletzlichkeitsregelung des Art. 30 Abs. 2 WÜD keiner Einschränkung unterliegt[153]. Wenngleich auch *Mukharji* und *Sen* mit dem Hinweis auf die dem WÜD zu Grunde liegende Funktionstheorie insofern die gegenteilige Ansicht vertreten[154], lassen sich Art. 30 Abs. 2 diese Auffassung rechtfertigende Anhaltspunkte gerade nicht entnehmen. Gleichwohl wäre es im Hinblick auf die Ausnahmevorschriften des Art. 31 Abs. 1 lit. a–c WÜD und das in Art. 42 normierte Gewerbeverbot des Diplomaten vom Ergebnis her nicht nur wünschenswert, sondern auch folgerichtig, eine entsprechende Einschränkung in das WÜD aufzunehmen.

c) Freiheit der Kommunikation

Eine effektive Erfüllung der alltäglichen Aufgaben einer diplomatischen Mission setzt ferner voraus, dass die diplomatischen Vertreter vertraulich mit den eigenen Regierungen und mit anderen Organen des Entsendestaates, z. B. Missionen und Konsulaten, kommunizieren können. Das heute in Art. 27 WÜD kodifizierte Vorrecht der freien Kommunikation umfasst die Berechtigung der Diplomaten, offizielle Nachrichten unzensiert übermitteln zu können, sei dies auf dem Postweg, mittels eines chiffrierten Telegramms, durch einen Kurier oder – vorausgesetzt, das Einverständnis des Empfangsstaates liegt vor – unter Verwendung einer missionseigenen Funkanlage.

aa) Unverletzlichkeit der offiziellen Korrespondenz

Art. 27 Abs. 2 WÜD normiert die Unverletzlichkeit der offiziellen Korrespondenz der Mission. Diese Formulierung lässt allein auf einen Schutz der von der diplomatischen Vertretung abgesandten Post schließen, während die Unverletzlichkeit der an die Mission adressierten Korrespondenz zumindest zweifelhaft erscheint[155]. Die Effektivität eines entsprechenden Regelungsgehaltes unter Berücksichtigung des dem diplomatischen Immunitätsrecht zu Grunde liegenden Prinzips des Funktionsschutzes sei an dieser Stelle lediglich als Frage aufgeworfen.

---

152 *Denza* (Fn. 136), S. 224.

153 Zwar enthält Art. 30 Abs. 2 WÜD eine Beschränkung der Unverletzlichkeit, diese bezieht sich aber nur auf das Vermögen des Diplomaten, vgl. dazu unten unter d. So auch *Denza* (Fn. 136), S. 226.

154 *Mukharji*, Modern Trends of Diplomatic Law, 1973, S. 31; *Sen*, A Diplomat's Handbook of International Law and Practice, 3. Aufl. 1988, S. 118 f.

155 Der Berichterstatter der ILC will unter dem Befriff „official correspondence“ allein die von der Mission abgesandte Korrespondenz verstanden wissen, YBILC 1958 I, S. 143.

bb) Kuriergepäck

Art. 27 Abs. 3 und 4 WÜD sehen vor, dass die deutlich als Kuriergepäck zu kennzeichnenden Sendungen[156], die ausschließlich diplomatische Schriftstücke oder für den Amtsgebrauch bestimmte Gegenstände enthalten dürfen, weder geöffnet noch zurückgehalten werden sollen.

Der mannigfaltige Missbrauch des diplomatischen Kuriergepäcks, insbesondere zum Schmuggel von Drogen und Waffen und – in dem als Dikko-Affäre bekannt gewordenen Fall – sogar von Menschen[157], hat die ILC veranlasst, einen die Einschränkung der Unverletzlichkeit herbeiführenden Kodifikationsentwurf zu erarbeiten[158], um so das Gleichgewicht zwischen den Interessen des Empfangsstaates einerseits und dem diplomatischen Immunitätsschutz andererseits wiederherzustellen.

cc) Diplomatischer Kurier

Auch der diplomatische Kurier, dessen Status durch ein amtliches Dokument auszuweisen ist, genießt nach Art. 27 Abs. 5 WÜD persönliche Unverletzlichkeit sowie Schutz vor Festnahmen. Dies gilt auch für dessen Durchreise durch dritte Staaten, falls diese ihm die Durchreise gestattet haben.

Im Ergebnis stellt sich die privilegierte Stellung des Kuriers als Folge der diplomatischen Immunität dar, da ohne ein entsprechendes Vorrecht zufolge Verhaftung des Kuriers der freie Nachrichtenverkehr des Diplomaten mit seiner Regierung und damit das wirksame Funktionieren der Mission erheblich beeinträchtigt würde[159].

d) Unverletzlichkeit des Vermögens

Die Unverletzlichkeit des – heute ebenfalls in Art. 30 Abs. 2 WÜD geschützten – diplomatischen Vermögens wurde vor dem In-Kraft-Treten des WÜD zwar allgemein als lediglich eingeschränkte Immunitätsregel angesehen, die Meinungen über den Umfang dieser Einschränkung differierten aber nicht unerheblich. Während *de Vattel* wohl die Ansicht vertrat, die Unverletzlichkeit sei auf das im Anwesen des Diplomaten befindliche Vermögen beschränkt[160], erachtete *Hurst* zusätzlich auch das Vermögen als unverletzlich, das der Diplomat zum Arbeiten und Leben im Emp-

156 Hierbei kann es sich um Briefe, Pakete oder Taschen handeln, vgl. *Sen* (Fn. 154), S. 131.

157 Am 5. Juli 1984 wurde der nigerianische Diplomat *Dikko* im Garten seines Londoner Hauses gekidnappt. Versteckt in einer als diplomatisches Gepäck deklarierten Holzkiste sollte er per Flugzeug nach Nigeria befördert werden. Vgl. zur Dikko-Affäre *Akinsanya*, The Dikko-Affair and Anglo-Nigerian Relations, ICLQ 34 (1985), S. 602–609.

158 Ausführlicher zum Kodifikationsentwurf betreffend den „Status of the Diplomatic Courier and the Diplomatic Bag not Accompanied by Diplomatic Courier“ in Teil 7 A. III. 3.c.cc.

159 Vgl. insoweit den Kommentar Österreichs gegenüber der ILC, abgedr. bei *Denza* (Fn. 136), S. 208.

160 Vgl. *de Vattel* (Fn. 65), Umkehrschluss aus seinen Ausführungen auf S. 365 f., § 117, und S. 368 ff., § 119, wonach allein die Wohnung und die Kutschen des Diplomaten unverletzlich sein sollen.

fangsstaat benötigte, „all the property without which the task of the diplomatic agent cannot be fulfilled“[161].

Da aber allein der diplomatische Vertreter bestimmen kann, welchen Vermögensgegenstand er für seinen persönlichen und dienstlichen Gebrauch benötigt[162], und der Empfangsstaat den insofern erforderlichen Gegenbeweis nur sehr schwer wird führen können, ist heute von einem umfassenden Vermögensschutz auszugehen[163]. Nach dieser Ansicht, die auch in Einklang mit dem allgemein in Art. 30 Abs. 2 WÜD festgelegten Begriff „Vermögen“ steht, werden nicht nur Kraftfahrzeuge[164], Forderungen und damit auch Banknoten[165], sondern auch Haustiere von der Unverletzlichkeit erfasst, Letztere unabhängig von ihrer rechtlichen Zugehörigkeit innerhalb der Rechtsordnung des Empfangsstaates[166].

Allerdings unterliegt die Unverletzlichkeitsregel in Bezug auf das Vermögen insoweit einer Einschränkung, als sie bei Vorliegen einer der in Art. 31 Abs. 1 lit. a–c normierten Ausnahmen von der Immunität gegenüber der Zivilgerichtsbarkeit keine Anwendung findet. Darüber hinaus ist nach Art. 36 Abs. 2 WÜD eine Kontrolle des grundsätzlich Bestandteil des diplomatischen Vermögens bildenden persönlichen Gepäcks[167] gestattet, vorausgesetzt, es liegen triftige Gründe für die Vermutung vor, dass es Gegenstände enthält, die weder zum amtlichen noch zum persönlichen Gebrauch des Diplomaten oder seiner Familienangehörigen bestimmt sind. Allerdings darf eine Kontrolle nur in Anwesenheit des Diplomaten oder seines ermächtigten Vertreters stattfinden.

II. Immunität von der Gerichtsbarkeit

Art. 31 Abs. 1 WÜD bestimmt, dass die diplomatischen Vertreter, sofern nicht eine der in Art. 31 Abs. 1 lit. a–c WÜD angeführten Ausnahmen vorliegt, von der Straf-, Zivil- und Verwaltungsgerichtsbarkeit ausgeschlossen sind. Die Vorschrift umfasst darüber hinaus auch die Befreiung von der Gerichtsbarkeit der Sondergerichte, wie

---

161 *Hurst* (Fn. 150), S. 269 ff. Ähnlich später auch die ILC, die in diesem Zusammenhang ausführte: „So far as movable property is concerned, the inviolability primarily refers to goods in the diplomatic agent's private residence; but it also covers other property such as motor car, his bank account and goods which are intended for his personal livelihood.“, vgl. YBILC 1958 II, S. 98.

162 So bereits zutreffend *Hurst*, Les Immunités Diplomatiques, RdC 12 (1926 II), S. 119 ff., 162.

163 *Sen* (Fn. 154), S. 118; *Cahier* (Fn. 117), S. 228; *Lyons*, BYIL 30 (1953), S. 150.

164 So bereits *Hurst*, RdC 12 (1926 II), S. 162; später dann auch die ILC, YBILC 1958 II, S. 98. Entsprechend seiner Zeit vertrat schon *de Vattel* (Fn. 65), S. 368 f., Chap. IX, § 119, die Ansicht, dass den Kutschen des Diplomaten derselbe Immunitätsschutz zuzukommen hat wie dessen Wohnung.

165 YBILC 1958 II, S. 98; vgl. zur Rechtslage vor Geltung des WÜD *Lyons*, BYIL 30 (1953), S. 116, 119, 124 f.

166 *Hildner*, Die Unterworfenheit des ausländischen Diplomaten unter die Verwaltungshoheit des Empfangsstaates, Diss. 1991, S. 143.

167 *Denza* (Fn. 136), S. 226.

z. B. der Finanz-, Sozial- und Arbeitsgerichte sowie der gesetzesanwendenden Sonderbehörden[168].

1. Immunität von der Strafgerichtsbarkeit

Die wichtigste sich aus der persönlichen Unverletzlichkeit des Diplomaten ergebende Konsequenz ist dessen Befreiung von der Strafgerichtsbarkeit des Empfangsstaates, die sich bereits zum Ende des 17. Jh. in der Staatenpraxis durchgesetzt hatte[169] und damit neben der Unverletzlichkeit die älteste und elementarste Immunität überhaupt darstellt[170].

Die heute in Art. 31 Abs. 1 WÜD normierte Immunität von der Strafgerichtsbarkeit ist absolut mit der Folge, dass sich der Diplomat auf Art. 31 Abs. 1 WÜD berufen kann, gleichgültig, ob er eine Straftat als „Privatmann" oder in amtlicher Eigenschaft verübt[171]. Sie schützt den diplomatischen Vertreter umfassend vor jedweder Form strafrechtlicher Verfolgung im Empfangsstaat[172], was bedeutet, dass nicht nur die Durchführung eines Strafverfahrens gegen ihn ausgeschlossen ist, sondern bereits dessen Einleitung[173].

Die Immunität von der Strafgerichtsbarkeit beinhaltet allerdings keinen „Freifahrtschein" für den Diplomaten zum Verstoß gegen die Gesetze des Empfangsstaates[174]. Vielmehr ist gerade er im Interesse, den Ruf seines Heimatstaates zu wahren, gehalten, im Empfangsstaat die nationalen Gesetze in ihrer Gesamtheit zu beachten und die Störung der öffentlichen Ordnung zu vermeiden, Art. 41 Abs. 1 WÜD.

Verstößt ein Diplomat gegen diese Verpflichtung, ist er also in eine Straftat verwickelt, so wird er in aller Regel von seinem Entsendestaat abberufen. Handelt der Heimatstaat jedoch nicht, kann der Empfangsstaat entweder den Entsendestaat um Aufhebung der Immunität des straffälligen Diplomaten ersuchen oder aber Letzteren zur persona non grata erklären[175]. Bei schweren Verbrechen, wie z. B. kriminel-

---

168 YBILC 1958 II, S. 98.

169 Schon Ende des 16. Jh. wurden Diplomaten, selbst wenn diese nachweislich in eine Verschwörung oder einen Verrat gegen das Oberhaupt des Empfangsstaates verstrickt waren, nicht mehr der Strafgerichtsbarkeit des Empfangsstaates unterworfen, vgl. *Giuliano*, RdC 100 (1960 II), S. 84, 89 f.; *Barnes*, DSB 43 (1960 II), S. 173 ff.

170 *Lewis* (Fn. 76), S. 137; *Nascimento e Silva* (Fn. 117), S. 120; *Murty* (Fn. 66), S. 347 f.

171 *Cahier* (Fn. 117), S. 244; *Sen* (Fn. 154), S. 136 f.; *Mukharji* (Fn. 154), S. 32. Inwieweit eine Amtshandlung allerdings überhaupt eine kriminelle Handlung erforderlich machen kann, erscheint höchst zweifelhaft, braucht aber an dieser Stelle noch nicht eingehender erörtert zu werden.

172 YBILC 1958 II, S. 98; *Cahier* (Fn. 117), S. 244; *Sen* (Fn. 154), S. 138.

173 Die Ansicht, dass ein vorgeschaltetes Ermittlungsverfahren und das darauf folgende Gerichtsverfahren eine Einheit bilden, die von der Immunität erfasst wird, wird sowohl in der Staatenpraxis als auch im Schrifttum vertreten, vgl. *Hildner* (Fn. 166), S. 45 f. m.w. N.

174 So bereits die ILC, YBILC 1958 II, S. 98; UN. Doc. A/CN.4/SER. A/1958/add. 1. wie auch später der IGH im Teheraner Geisel-Fall, ICJ Reports 1980, S. 37.

175 Vgl. *McClanahan* (Fn. 117), S. 128; *Ipsen K.* (Fn. 37), S. 495, § 35 Rn. 43.

len Aktivitäten gegen die Regierung des Empfangsstaates, kann diese Erklärung mit einer Fristsetzung zum Verlassen des Landes verbunden werden[176].

Welche Maßnahmen in welcher Situation zu ergreifen sind, ist grundsätzlich nicht durch bestimmte Regeln festgelegt[177]. Maßgeblich sind allein die Umstände des Einzelfalles gemessen am Grundsatz der Verhältnismäßigkeit[178].

Die Staatenpraxis der letzten Jahre hat gezeigt, dass der Entsendestaat bei „alltäglichen" Delikten – wie Ladendiebstahl und Drogenmissbrauch – überwiegend auf die Immunität seiner Diplomaten verzichtet hat, während die Erklärung zur persona non grata vornehmlich bei terroristischen Aktionen oder sonstigen schweren Verbrechen gegen die innere Sicherheit des Empfangsstaates erfolgte[179]. Als Beispielsfall sei der Vorfall in der Schweiz vom 24. Juni 1993 angeführt. Nach Angaben der schweizerischen Behörden wurden am genannten Tag kurdische Demonstranten von der türkischen Botschaft in Bern aus beschossen. Die Schweiz forderte daraufhin von der Türkei, die Immunität ihres Botschafters in Bern, *Toperi*, aufzuheben[180].

Wenngleich die Immunität von der Strafgerichtsbarkeit grundsätzlich auf den Empfangsstaat (Art. 31 Abs. 1 WÜD) beschränkt ist, so hängt doch die Verurteilung eines straffällig gewordenen Diplomaten letztlich davon ab, ob für das Strafrecht im Entsendestaat das auf die Staatsangehörigkeit des Täters abstellende Personalitäts- oder das Territorialitätsprinzip für alle im Inland begangenen Taten gilt[181]. Da somit nicht generell gewährleistet ist, dass der Diplomat wegen einer von ihm begangenen Gesetzesübertretung in der letzten Konsequenz auch tatsächlich zur Verantwortung gezogen wird, wurde die uneingeschränkte Immunität im Laufe der Jahre immer wieder in Frage gestellt, letztmals in der Abisinito-Affaire[182].

---

176 *Hardy* (Fn. 126), S. 58; *McClanahan* (Fn. 117), S. 128.

177 Allerdings hat Großbritannien 1985 erstmals Richtlinien aufgestellt, die einheitlich festlegen, bei welchen Delikten die Erklärung zur persona non grata zu erfolgen hat, vgl. Memorandum for all new diplomats in London, BYIL 56 (1985), S. 457 ff.; BYIL 58 (1987), S. 558 ff.

178 Vgl. *McClanahan* (Fn. 117), S. 129; *Satow* (Fn. 58), S. 125, Rn. 15. 11.

179 *Sen* (Fn. 154), S. 140. Die Erklärung zur persona non grata erfolgte vorrangig in Spionagefällen, vgl. *Sen*, a. a. O., S. 225–230, mit zahlreichen Beispielen. Allerdings ist davon auszugehen, dass mit zunehmender Assoziierung des Ostens an den Westen dieser „Auslöser" entfallen wird.

180 Die Türkei, die dieses Ersuchen abgelehnt hat, forderte am 24. August 1993 als „Gegenmaßnahme" den Abzug des schweizerischen Botschafters und zweier weiterer Diplomaten aus Ankara, vgl. FAZ vom 25. August 1993, Nr. 196, S. 6 – ein Verlangen, das unter den gegebenen Umständen nicht nur als sehr zweifelhaft einzustufen ist, sondern auch die Frage aufkommen lässt, inwieweit der Türkei ein Missbrauch ihres ihr grundsätzlich zustehenden Ermessens die Anerkennung von Diplomaten betreffend vorzuwerfen ist.

181 Nach § 3 StGB gilt in Deutschland das Territorialitätsprinzip.

182 Zum *Abisinito*-Fall vgl. *Larschan*, The Abisinito Affair: A Restrictive Theory of Diplomatic Immunity, ColJTL 26 (1987/88), S. 283–295.

2. Immunität von polizeilichen Ordnungsvorschriften

Es steht einerseits außer Frage, dass die diplomatischen Vertreter, um die ihnen übertragenen Aufgaben frei und ungehindert ausüben zu können, nicht nur von der Strafgerichtsbarkeit befreit sein müssen, sondern auch von polizeilichen Ordnungsvorschriften. Andererseits wird aber auch von den diplomatischen Vertretern erwartet, dass sie den polizeilichen Anordnungen und Vorschriften insoweit Folge leisten, als diese ihren Dienstpflichten im Einzelnen nicht entgegenstehen[183]. Die ausgesprochen laxe Umgangsform der diplomatischen Vertreter insbesondere mit den Straßenverkehrsvorschriften der jeweiligen Empfangsstaaten[184] steht allerdings in krassem Widerspruch zu den insofern an sie gestellten Anforderungen. Die Staatenpraxis, die gleichwohl von einer Ahndung dieser Verstöße mit den dafür von den nationalen Rechtsordnungen vorgesehenen Sanktionen absieht[185], lässt den Rückschluss auf eine allgemeine Anerkennung[186] der von der Strafgerichtsbarkeitsbefreiung mit umfassten Immunität vom Ordnungswidrigkeitenrecht zu[187].

3. Immunität von der Zivilgerichtsbarkeit

Die Immunität von der Zivilgerichtsbarkeit konnte sich erst im 18. Jh. langsam in der Staatenpraxis durchsetzen, da es sich hier um die einzige diplomatische Immunitätsregel handelt, die ausschließlich auf gerichtlichen Entscheidungen beruht[188] und die daher nicht ohne Schwierigkeiten von den einzelnen Staaten übernommen werden konnten[189].

---

183 *Oppenheim/Lauterpacht* (Fn. 69), S. 802, § 393.

184 Nicht selten werden sie aus diesem Grunde als „motorists above the law“ bezeichnet. Vgl. zu dieser Problematik im Einzelnen *Wilson* (Fn. 134), S. 90 ff.

185 Vgl. insofern die Darstellung der Staatenpraxis bei *Hildner* (Fn. 166), S. 54 ff.

186 So auch *Wilson* (Fn. 134), S. 96; abweichend insoweit *Cahier* (Fn. 117), S. 247, der bei erheblicher Gefährdung der öffentlichen Ordnung, z. B. Unfallverursachung infolge einer Trunkenheitsfahrt, den Fahrerlaubnisentzug für zulässig erachtet; im Ergebnis so auch *Hildner* (Fn. 166), S. 57 f., der maßgeblich darauf abstellt, dass es beim Führerscheinentzug vorrangig um Gefahrenabwehr geht, nicht aber um Bestrafung eines Fehlverhaltens, eine Präventivmaßnahme aber keinen Verstoß gegen Art. 31 Abs. 1 WÜD beinhaltet.

187 So auch Department of State, Digest of United States Practice in International Law 1976, S. 191 f. Nach *Barnes*, DSB 43 (1960 II), S. 173, 179, und *Wilson* (Fn. 134), S. 89, ist der Immunität von der Straf- und Zivilgerichtsbarkeit die Immunität vom Ordnungswidrigkeitenrecht inhärent. *Dembinski* (Fn. 103), S. 209 f., und *Cahier* (Fn. 117), S. 247, ordnen demgegenüber die polizeilichen Ordnungsvorschriften dem Bereich des Verwaltungsrechts zu und unterstellen damit die hier in Frage stehende Immunität der Einschränkung des Art. 31 Abs. 1 lit. a–c.

188 *Holland*, Diplomatic Immunity in English Law, Current Legal Problems 4 (1951), S. 94; ähnlich *Hurst*, RdC 12 (1926 II), S. 119, 174 f. Zu Rechtsprechungsnachweisen vgl. *Sen* (Fn. 154), S. 147 ff.

189 *Hurst*, RdC 12 (1926 II), S. 174; YBILC 1956 II, S. 164.

a) Ausnahmen von der Immunität gegenüber der Zivilgerichtsbarkeit

Im Gegensatz zur Immunität von der Strafgerichtsbarkeit handelt es sich bei der Immunität von der Zivilgerichtsbarkeit um eine eingeschränkte Befreiung, da nach Art. 30 Abs. 1 lit. a–c WÜD für einige im Zusammenhang mit der persönlichen Lebensführung des Diplomaten stehende Klagen die Zivil- und Verwaltungsgerichtsbarkeit gegeben ist.

aa) Dingliche Klagen in Bezug auf das unbewegliche Vermögen

Die bereits zu Zeiten von *Grotius* anerkannte, heute in Art. 31 Abs. 1 lit. a WÜD kodifizierte Regel, dingliche Klagen in Bezug auf das unbewegliche Vermögen von der Immunität auszunehmen[190], wurde vom Prinzip der Staatensouveränität abgeleitet, welches grundsätzlich das Recht eines jeden Staates beinhaltet, die Gerichtsbarkeit über Grundstücke innerhalb seines Territoriums ausüben zu können[191].

Auf Grund des Wortlauts von Art. 31 Abs. 1 lit. a WÜD ist heute klargestellt, dass ein diplomatischer Vertreter sich nur dann nicht auf seine Immunität berufen kann, wenn er unbewegliches, im Empfangsstaat belegenes Vermögen als Privatmann und nicht „im Auftrag des Entsendestaates für die Zwecke der Mission im Besitz hat“. Das Einfügen dieses letzten Halbsatzes trägt der Tatsache Rechnung, dass nicht jede nationale Gesetzgebung den Immobilienerwerb durch fremde Staaten zulässt und die Staaten dieses Problem häufig durch ein Ausstellen der Eigentumsurkunde auf den Botschafter persönlich lösen. In diesem Fall ist ein Eingreifen des Art. 31 Abs. 1 lit. a WÜD nur unter der Voraussetzung ausgeschlossen, dass das Gebäude tatsächlich von der Mission genutzt wird[192].

bb) Klagen in Nachlasssachen

Die Vorschrift des Art. 31 Abs. 1 lit. b WÜD soll die zügige Abwicklung eines Erbschaftsprozesses dadurch gewährleisten, dass dem an einem Erbschaftsprozess beteiligten diplomatischen Vertreter versagt wird, sich auf seine Immunität zu berufen.

Der Zusatz „... in privater Eigenschaft und nicht als Vertreter des Entsendestaates beteiligt“ bringt auch bei dieser Ausnahmevorschrift klar zum Ausdruck, dass die Immunitätseinschränkung nur den privat an einer Erbschaftsangelegenheit beteiligten Diplomaten trifft. Demgegenüber genießt er bei einer Mitwirkung in offizieller Eigenschaft umfassende Immunität von der Zivilgerichtsbarkeit, da er in diesem Fall allein zum Zweck der ihm obliegenden Funktionserfüllung tätig wird. Stirbt z. B. ein Staatsangehöriger des Diplomaten im Empfangsstaat, der einem im Entsendestaat lebenden Angehörigen einen hohen Geldbetrag hinterlässt, so kann der

---

190 *Grotius*, De Jure Belli Ac Pacis, Libri Tres, 1625, The Translation, 2. Aufl. 1964, Buch II, Chap. 18., IX, S. 448. Ebenso im Ergebnis auch *Hurst*, RdC 12 (1926 II), S. 119, 184, der sich allein in Ermangelung einer die generelle Immunitätsgewährung einschränkenden Vorschrift für eine ausnahmslose Befreiung der Diplomaten ausgesprochen hat.

191 *Cahier* (Fn. 117), S. 256; YBILC 1958 II, S. 98.

192 YBILC 1957 I, S. 96; *Hardy* (Fn. 126), S. 61; *Nascimento e Silva* (Fn. 117), S. 117 f.

diplomatische Vertreter in seiner offiziellen Eigenschaft mit der Verteilung des Vermögens beauftragt werden[193].

cc) Klagen im Zusammenhang mit einem freien Beruf oder einer gewerblichen Tätigkeit

Die Frage nach der Immunität des Diplomaten auch in Bezug auf eine gegen ihn gerichtete, aus einer gewerblichen Tätigkeit resultierenden Klage ist lange Zeit sowohl in der Staatenpraxis[194] als auch im Schrifttum[195] uneinheitlich beantwortet worden. Trotz einer insofern fehlenden gewohnheitsrechtlichen Regelung ist heute in Anlehnung an Art. 24 des Satzungsentwurfs der mit der Kodifikation des Diplomatenrechts befassten Havard Law School[196] in Art. 31 Abs. 1 lit. c WÜD festgelegt, dass „an action relating to any professional and commercial activity exercised by the diplomatic agent in the receiving state outside his official function" von der Zivilgerichtsbarkeit erfasst wird.

Wenngleich auch die Notwendigkeit dieser Ausnahmevorschrift im Hinblick auf das in Art. 42 WÜD normierte generelle Verbot jeder freiberuflichen und gewerblichen Tätigkeit eines diplomatischen Vertreters zunächst zweifelhaft erscheint, gewinnt sie nach überwiegend in der Literatur vertretener Ansicht insbesondere vor dem Hintergrund an Bedeutung, dass sich Familienmitglieder und das gesamte Personal des Diplomaten auch bei gewerblicher Tätigkeit ohne die Existenz einer entsprechenden Norm stets auf die Immunität berufen könnten[197]. Darüber hinaus erfasst sie auch die – eher seltenen – Fälle, in denen sich ein Diplomat über Art. 42

193 So bereits allgemein Art. 18: „Non-liability for official acts" des Entwurfs der Harvard Law School, Research in International Law, S. 97; vgl. auch *Satow* (Fn. 58), S. 126, Rn. 15.14.

194 Vgl. insbesondere zur niederländischen und englischen Rechtsprechung *Murty* (Fn. 66), S. 355, zur französischen *Hurst*, RdC 12 (1926 II), S. 119 ff., 185 ff.

195 Während *van Bynkershoek* (Fn. 149), Kapitel XIV, S. 69 ff., die Ansicht vertrat, dass zwar die Klageerhebung gegen einen Handel treibenden Botschafter unzulässig sei, dessen gesamtes Vermögen aber beschlagnahmt werden könne, sollte nach der Auffassung *de Vattel's* (Fn. 65), S. 360 f., Chap. VIII, § 114, die Zugriffsmöglichkeit auf das aus der gewerblichen Tätigkeit fließende Vermögen beschränkt bleiben.

196 Art. 24 des Satzungsentwurfs, abgedr. in: Research in International Law, S. 121, lautet wie folgt: „A receiving state may refuse to accord the privileges and immunities provided for in this Convention to a member of a mission or to a member of his family who engages in a business or who practices a profession within its territory, other than that of the mission, with respect to acts done in connection with that other business or profession." In Ermangelung einer entsprechenden gewohnheitsrechtlichen Regelung erscheint es zutreffender, insofern von einer „Fortentwicklung des internationalen Rechts" anstatt von einer „Kodifikation" zu sprechen.

197 *McClanahan* (Fn. 117), S. 130 f.; *Hardy* (Fn. 126), S. 62; *Wilson* (Fn. 134), S. 126; a. A. *Cahier* (Fn. 117), S. 260, der das Festhalten an dieser Ausnahmeregelung im Hinblick auf Art. 42 WÜD als „peu logique" und „surcroît de précaution" bewertet.

WÜD hinwegsetzt und einem Gläubiger in Ermangelung dieser Vorschrift die Möglichkeit der Rechtsdurchsetzung generell entzogen wäre[198].

Festzuhalten bleibt, dass mittels Art. 31 Abs. 1 lit. c WÜD allein diejenigen gewerblichen Tätigkeiten des Diplomaten von der Immunität ausgeschlossen werden sollen, die außerhalb seiner offiziellen Aufgaben liegen, von einer gewissen Dauer und Beständigkeit und auf die Erzielung eines persönlichen Profits gerichtet sind. Eine entsprechende Auslegung der Vorschrift verdeutlicht, dass sie weder Geschäfte des täglichen Lebens im Empfangsstaat noch gemeinnützige Betätigungen des diplomatischen Vertreters erfasst[199]. Ob das Gleiche auch für literarische und kulturelle Aktivitäten eines Diplomaten gilt, ist umstritten. Während *Fischer/Köck* die Ansicht vertreten, dass nach allgemeiner Auffassung literarische und künstlerische Tätigkeiten ebenso wie die Erteilung von Unterricht vom Verbot der auf persönlichen Gewinn gerichteten Tätigkeit ausgenommen sind[200], stellten die Vertreter Spaniens, Frankreichs, Großbritanniens und Sri Lankas auf der Wiener Konferenz primär darauf ab, ob die entsprechende Handlung lukrativen oder nicht lukrativen Charakters ist[201]. Selbst eine üblicherweise entrichtete und angemessene Bezahlung für z. B. das Halten einer Vorlesung sollte danach zum Ausschluss der Immunität führen[202].

b) Zivilklagen aus Verkehrsunfällen

Wenngleich letztlich nur die in Art. 31 Abs. 1 lit. a–c WÜD aufgeführten Ausnahmefälle Eingang in das WÜD fanden, wurde doch im Rahmen der Wiener Konferenz noch eine Reihe anderer Lebenssachverhalte diskutiert, in denen nach Ansicht zumindest eines Teils der Staaten die Notwendigkeit einer Immunitätsgewährung nicht gegeben war.

Erwähnenswert sind in diesem Zusammenhang die Bestrebungen der Niederlande, die aus Verkehrsunfällen resultierenden Zivilverfahren gegen Diplomaten von der Immunität auszunehmen[203], um einer Schlechterstellung des geschädigten Unfallgegners vorzubeugen.

Die Aufnahme einer entsprechenden Ausnahmevorschrift scheiterte letzten Endes an der von der Mehrzahl der Staaten vertretenen Auffassung, den Interessen des Geschädigten werde am besten durch die Aufhebung der diplomatischen Immunität im konkreten Fall Rechnung getragen[204]. Darüber hinaus schütze auch die in den meis-

---

198 So schon die ILC, die in diesem Zusammenhang ausgeführt hat, dass „nevertheless, persons with whom the agent has had professional or commercial relations cannot be deprived of the ordinary remedies“, YBILC 1958 II, S. 58.

199 Vgl. *Denza* (Fn. 136), S. 250 ff.; *Murty* (Fn. 66), S. 356.

200 *Fischer/Köck*, Allgemeines Völkerrecht, 4. Aufl. 1994, S. 199.

201 UN Doc. A/Conf. 20/14, S. 212 f.

202 So ausdrücklich der kolumbianische Vertreter auf der Wiener Konferenz, Official Records (UN Doc. A/Conf. 20), Vol. 1, Committee of the Whole, 36. Meeting, S. 212.

203 Official Records, Committee of the Whole, 28. Meeting, S. 170 ff.

204 *Wood/Serres*, Diplomatic Ceremonial and Protocol, 1970, S. 56 f.; *Murty* (Fn. 66), S. 358.

ten Empfangsstaaten bestehende Versicherungspflicht der Diplomaten[205] die Betroffenen vor Nachteilen.

Diese Argumentation ist zwar insoweit zutreffend, als sich die Kraftfahrzeughaftpflichtversicherungen nicht auf die Immunität ihrer Versicherungsnehmer berufen dürfen – eine Verweigerung des Schadensausgleichs allein aus Gründen der privilegierten Stellung des Diplomaten mithin ausgeschlossen ist[206]. Sie erscheint aber insbesondere vor dem Hintergrund zweifelhaft, dass einige Rechtssysteme neben der Klage gegen die Versicherungsgesellschaft gleichzeitig auch deren Erhebung gegen den Versicherungsnehmer, hier den Diplomaten, zwingend vorschreiben[207]. In jedem Fall impliziert eine allein gegen den Haftpflichtversicherer gerichtete Schadensersatzklage die Möglichkeit einer „Beweiserleichterung" für den Diplomaten, da er – z.B. nach deutschem Zivilprozessrecht – als nicht am Verfahren beteiligte Partei als Zeuge in Frage in kommt[208].

III. Befreiung von der Zeugnispflicht

Ein weiterer wesentlicher Schutz des Diplomaten besteht darin, dass er nach Art. 31 Abs. 2 WÜD von der Zeugnispflicht befreit ist.

Diese Befreiung beinhaltet, dass der Diplomat zwar rechtlich nicht zu einer Zeugenaussage gegenüber dem Empfangsstaat verpflichtet ist[209], es ihm aber zumindest in Absprache mit seinem Entsendestaat unbenommen bleibt, freiwillig zur Klärung eines Rechtsstreits beizutragen[210]. Darüber hinaus kann nach Ansicht der ILC in besonders brisanten Fällen aber auch eine moralische Obliegenheit des Diplomaten zur Aussage bestehen[211]. Ein Recht des Empfangsstaates, den diplomatischen Vertreter aus Anlass einer Aussageverweigerung zur persona non grata zu erklären, ist heute auf Grund der Vorschrift des Art. 31 Abs. 2 WÜD ausgeschlossen[212].

---

205 Eine Übersicht über die Regelung in den verschiedenen Ländern findet sich in: Department of State, Digest of United States Practice in International Law 1978, S. 589f.

206 Vgl. *Wood/Serres* (Fn. 204), S. 56f., sowie die Entscheidung des Handelsgerichts Brüssel vom 23. November 1970, ILR Bd. 69, S. 280; zweifelnd, aber im Ergebnis wohl ebenso *Sen* (Fn. 154), S. 114.

207 In den USA hat erst der Diplomatic Relations Act von 1978 die Möglichkeit geschaffen, den Versicherer allein zu verklagen, AJIL 72 (1978), S. 632.

208 Zur Zeugnispflicht bzw. -befreiung der Diplomaten vgl. unter III.

209 Vgl. *Satow* (Fn. 58), S. 127, Rn. 15.18

210 *Denza* (Fn. 136), S. 260.

211 YBILC 1958 II, S. 98; so auch *Nascimento e Silva* (Fn. 117), S. 125.

212 Im Jahre 1856 wurde ein in Washington tätiger niederländischer Minister trotz seiner Bereitschaft, eine schriftliche Zeugenaussage abzugeben, zur persona non grata erklärt, nachdem das Gericht eine solche Aussage als unzulässigen Beweis bewertet hatte, vgl. hierzu *Satow* (Fn. 58), S. 127, Rn. 15.18.

IV. Befreiung von Zwangsvollstreckungsmaßnahmen

Der Diplomat ist nicht nur von der Gerichtsbarkeit befreit, sondern darüber hinaus auch von Zwangsvollstreckungsmaßnahmen des Empfangsstaates. Eine entsprechende Regelung enthält Art. 31 Abs. 3 WÜD, der Zwangsvollstreckungsmaßnahmen nur in den drei in Abs. 1 lit. a–c normierten Ausnahmefällen zulässt, vorausgesetzt, sie sind ohne eine Beeinträchtigung der Unverletzlichkeit des Diplomaten und seiner Wohnung durchführbar. Danach kann z. B. selbst der zu dienstlichen Zwecken benötigte Pkw eines Diplomaten beschlagnahmt werden, sobald der Diplomat die Garage seines Hauses verlassen hat, vorausgesetzt, der Vollstreckungsmaßnahme liegen Schulden aus z. B. gewerblicher Tätigkeit zu Grunde. Denn da der PKW eines Diplomaten Bestandteil dessen Vermögens bildet[213] und Letzteres nach Art. 31 Abs. 3 WÜD gerade nicht vor Eingriffen geschützt ist, bestehen gegen die Zulässigkeit dieser Maßnahme keinerlei Bedenken.

V. Verzicht auf die Immunität

Art. 32 Abs. 1 WÜD räumt dem Entsendestaat die Möglichkeit ein, auf die Immunität seiner Diplomaten zu verzichten, gleichgültig, ob Zivil-, Verwaltungsgerichts- oder Strafverfahren in Frage stehen. Die Vorschrift trägt damit dem bereits von *de Vattel*[214] anerkannten Grundsatz Rechnung, dass es sich bei der diplomatischen Immunität letztlich nicht um ein persönliches Vorrecht des Diplomaten, sondern um das seines Heimatstaates handelt. Letzterem bleibt es jedoch unbenommen, die Befugnis zur Abgabe der Verzichtserklärung zu übertragen. Wird der Verzicht von einem Botschafter geäußert, wird gewohnheitsrechtlich das Einverständnis des Entsendestaates unterstellt[215]. Überschreitet der Botschafter seine Befugnisse, gibt er also die Erklärung ohne Rücksprache mit seinem Heimatstaat oder entgegen dessen Weisung ab, handelt es sich allein um ein im Innenverhältnis zwischen dem Entsendestaat und dem Diplomaten zu klärendes Problem; die einmal ausgesprochene Aufhebung der Immunität bleibt von dieser Pflichtverletzung unberührt[216].

1. Ausdrückliche Verzichtserklärung

Ausweislich des Art. 32 Abs. 2 WÜD hat die Abgabe der Verzichtserklärung stets ausdrücklich zu erfolgen. Trotz dieses an und für sich eindeutigen Wortlauts treten auch im Umgang mit dieser Regelung immer wieder Schwierigkeiten auf, da aus

---

213 Vgl. insofern die Ausführungen oben unter C. I. 2.d.

214 Vgl. *de Vattel* (Fn. 65), S. 356, Chap. VIII., § 111.

215 *Sen* (Fn. 154), S. 163; *Satow* (Fn. 58), S. 128 f., Rn. 15.21; ähnlich bereits *Hurst,* RdC 12 (1926 II), S. 119, 249, 251. Der Diplomatic Privileges Act 1964 bestimmt insoweit, dass „a waiver by the head of mission of any state or any person for the time being performing his functions shall be deemed to be a waiver by the state."

216 *Nascimento e Silva* (Fn. 117), S. 128 f.; *Cahier* (Fn. 117), S. 270 f.; a. A. *Denza* (Fn. 136), S. 274, die allein dem Entsendestaat die Aufhebung zubilligt, um Missbräuchen vorzubeugen – vor allem unter Berücksichtigung des Aspekts der Unwiderruflichkeit der Aufhebung.

speziellen vom Diplomaten vorgenommenen Handlungen häufig Rückschlüsse auch auf eine Verzichtserklärung gezogen werden.

So ist z. B. auch heute noch umstritten, inwieweit die Klageerhebung eines Diplomaten gleichzeitig dessen Verzicht auf die Immunität beinhaltet[217]. Im Umkehrschluss aus Art. 32 Abs. 3 WÜD, der bestimmt, dass sich ein Diplomat, der ein Gerichtsverfahren anstrengt, in Bezug auf eine mit der Hauptklage in unmittelbarem Zusammenhang stehende Widerklage nicht auf die Immunität von der Gerichtsbarkeit berufen kann, ließe sich folgern, den Immunitätsschutz des Diplomaten bei Klageerhebungen als fortbestehend anzunehmen. Diese Schlussfolgerung ist allerdings insofern unbefriedigend, als die diplomatische Immunität in diesen Fällen der Beitreibbarkeit z. B. eines gesetzlich vorgeschriebenen Gebührenvorschusses oder einer Sicherheitsleistung entgegenstehen würde[218].

Ferner beinhalten häufig die Allgemeinen Geschäftsbedingungen insbesondere von Kauf- und Wohnraummietverträgen eine Unterwerfungsklausel unter die örtliche Gerichtsbarkeit. Auch hier drängt sich bei der Unterzeichnung des Vertrages durch den Diplomaten die Frage auf, ob und inwieweit er allein mit der Unterschriftsleistung auf seine Immunität verzichtet hat[219].

2. Besondere Verzichtserklärung in Bezug auf Zwangsvollstreckungsmaßnahmen

Art. 32 Abs. 4 WÜD regelt ausdrücklich, dass eine vom Entsendestaat abgegebene Verzichtserklärung in Bezug auf die Immunität von der Zivil- und Verwaltungsgerichtsbarkeit nicht auch gleichzeitig einen Verzicht auf die Immunität von der Urteilsvollstreckung beinhaltet; vielmehr bedarf es für Zwangsvollstreckungsmaßnahmen in Verwaltungs- und Zivilrechtsstreitigkeiten stets einer besonderen Verzichtserklärung.

Ob Gleiches auch für die Vollstreckung von Strafgerichtsurteilen zu gelten hat, ist fraglich, da das WÜD insofern eine Art. 32 Abs. 4 WÜD vergleichbare Vorschrift vermissen lässt. Unter Berücksichtigung der Tatsache, dass sich die Befreiung von Zwangsvollstreckungsmaßnahmen als eine logische Konsequenz der in Art. 29, 30 WÜD normierten Unverletzlichkeit des Diplomaten in Bezug auf seine Person, seine Residenz und sein Vermögen darstellt[220], ohne eine Verletzung gerade dieser Vorrechte insbesondere eine Vollstreckung von Strafgerichtsurteilen aber gar nicht

---

217 Bejahend: *Giuliano*, RdC 100 (1960 II), S. 108; *Sen* (Fn. 154), S. 164; *Cahier* (Fn. 117), S. 271; *Dembinski* (Fn. 103), S. 212, hält die Gerichte des Empfangsstaates auf Grund der diplomatischen Immunität bereits für *ratione personae* unzuständig, gleichgültig, ob der Diplomat aktiv oder passiv am Prozess beteiligt ist.

218 Vgl. zu dieser Thematik bereits *Hurst,* RdC 12 (1926 II), S. 119 ff., 244; ähnlich *Sen* (Fn. 154), S. 131 f.

219 Vgl. zu diesem Problemkreis *Satow* (Fn. 58), S. 129, Rn. 15.22; *Nascimento e Silva* (Fn. 117), S. 130; *Cahier* (Fn. 117), S. 271.

220 Vgl. *Denza* (Fn. 136), S. 285.

möglich ist[221], muss auch hier von der Notwendigkeit einer besonderen Verzichtserklärung ausgegangen werden[222].

VI. Träger und Umfang der Immunitäten

Neben den Diplomaten räumt das WÜD einer Reihe weiterer Personen Vorrechte und Befreiungen ein, die jedoch vom Ausmaß her erheblich differieren.

1. Staatsangehörige des Empfangsstaates

Eine wesentliche Einschränkung der in Art. 29–36 WÜD bezeichneten Vorrechte und Immunitäten enthält das WÜD für die Diplomaten, die Staatsangehörige des Empfangsstaates sind oder aber dort ihren ständigen Wohnsitz[223] haben. Diese genießen die Unverletzlichkeit und die Immunität von der Gerichtsbarkeit lediglich in Bezug auf „in Ausübung ihrer dienstlichen Tätigkeit vorgenommene Rechtshandlungen", Art. 38 Abs. 1 WÜD. Dabei ist die Formulierung „in Ausübung ihrer dienstlichen Tätigkeit vorgenommenen Handlungen" eng auszulegen. Sie umfasst allein solche Handlungen, die in den spezifischen Aufgabenbereich eines Diplomaten fallen[224]. Ein Diplomat kann sich auf Grund dessen z. B. wegen eines von ihm begangenen Verkehrsverstoßes nicht auf seine Immunität berufen, da die Teilnahme am Straßenverkehr nicht zu den eigentlichen diplomatischen Aufgaben zählt[225], und zwar selbst dann nicht, wenn der Diplomat sich auf der Fahrt zu einer Dienstbesprechung befunden hat[226]. Dem Empfangsstaat bleibt es allerdings unbenommen, den Umfang der zu gewährenden Immunitäten freiwillig zu erweitern[227].

---

221 So führt die Vollstreckung einer Geldbuße in jedem Fall zu einem Eingriff in das Vermögen des Diplomaten, die Vollstreckung einer Freiheitsstrafe zu einer Verletzung seiner persönlichen Unverletzlichkeit.

222 So auch *Ipsen K.* (Fn. 37), S. 497, § 35 Rn. 50; *Denza* (Fn. 136), S. 285. Kritik an den Ausführungen *Denza*'s ist insofern zu üben, als sie zur Begründung ihrer Meinung u. a. auf Art. 32 Abs. 2 WÜD abhebt, der bestimmt: „The waiver must always be express." *Denza* übersieht in diesem Zusammenhang, dass auf Grund des Aufbaus von Art. 31 WÜD dessen Abs. 2 als eine Ergänzung des Abs. 1 angesehen werden muss. Da Letzterer allein auf die Immunität von der *Gerichtsbarkeit* Bezug nimmt, behandelt auch Abs. 2 allein die Verzichtserklärung in Bezug auf die Gerichtsimmunität. Von daher kann Art. 31 Abs. 2 WÜD nicht zur Beantwortung einer die Befreiung von Zwangsvollstreckungsmaßnahmen betreffenden Frage herangezogen werden.

223 Eine Definition des Begriffs „ständiger Wohnsitz" enthält das WÜD nicht, so dass es insofern der Staatenpraxis überlassen bleibt, hier eine Regelung zu treffen. Nach einem am 27. Januar 1969 von Großbritannien erarbeiteten Leitfaden ist vornehmlich auf den Grad der Integration des Diplomaten abzustellen, also ob er Steuern bezahlt, in das soziale Netz des Empfangsstaates eingegliedert ist oder Grundeigentum erwerben kann, vgl. ausführlich hierzu *Sen* (Fn. 154), S. 149 f.

224 *Denza* (Fn. 136), S. 342.

225 *Zemanek*, Die Wiener Diplomatische Konferenz 1961, ArchVR 9 (1961/62), S. 398, 420; vgl. Urteil des niederländischen Obersten Gerichtshofs vom 15. September 1975, NYIL 7 (1976), S. 338 f.

226 Vgl. *Denza* (Fn. 136), S. 342.

Im WÜD nicht geregelt ist die Frage, wie die Rechtslage bei doppelter Staatsangehörigkeit eines Diplomaten zu beurteilen ist. Ob in diesen Fällen ausschließlich auf die Staatsangehörigkeit des Empfangsstaates abgehoben werden sollte und inwieweit eine entsprechende Vorgehensweise unter dem Gesichtspunkt der Sicherung der Unabhängigkeit als effektiv angesehen werden kann, soll an dieser Stelle lediglich als Problem aufgezeigt werden.

2. Familienmitglieder

Neben den Diplomaten genießen auch ihre zum Haushalt gehörenden Familienmitglieder, soweit sie nicht Angehörige des Empfangsstaates sind, die in Art. 29–36 WÜD normierten Immunitäten, Art. 37 Abs. 1 WÜD.

Schwierigkeiten bereitet im Einzelfall oftmals die Bestimmung des Personenkreises der „Familienmitglieder“. Von den Staaten generell akzeptiert werden insofern die Ehepartner und minderjährigen Kinder[228]. Inwieweit aber auch getrennt lebende Ehepartner und ältere Kinder, die ein Internat besuchen oder studieren, aber zumindest die Ferien im Haushalt des Diplomaten verbringen, zu diesem Personenkreis zu zählen sind, wird in der Staatenpraxis unterschiedlich beantwortet[229].

3. Missionspersonal ohne diplomatischen Status

Das WÜD hat den Immunitätsschutz des Personals einer diplomatischen Mission gegenüber dem Völkergewohnheitsrecht erweitert, indem es diplomatische Immunitäten für das gesamte Missionspersonal vorsieht, wenn auch vom Umfang her nach Tätigkeiten differenziert. Das WÜD ist damit der mit dem Kodifikationsentwurf befassten ILC gefolgt, die die Ansicht vertreten hat, eine Mission nehme ihre Funktion immer nur als Einheit wahr[230].

Die Mitglieder des Verwaltungs- und technischen Personals der Mission sowie die zu ihrem Haushalt gehörenden Familienmitglieder genießen die gleichen Vorrechte wie die Diplomaten, vorausgesetzt, sie sind weder Angehörige des Empfangsstaates noch ständig in demselben ansässig. Während ihnen somit die Immunität von der Strafgerichtsbarkeit uneingeschränkt gewährt wird, erfolgt eine Befreiung von der Zivil- und Verwaltungsgerichtsbarkeit dagegen nur, soweit es sich nicht um „acts performed outside the course of their duties“ handelt, Art. 37 Abs. 2 WÜD. Der Schutzbereich dieser Vorschrift geht damit weiter als derjenige des Art. 38 Abs. 1 WÜD, da er alle innerhalb des Dienstbetriebes vorgenommenen Handlungen erfasst und nicht speziell auf die eigentlichen „diplomatischen“ Aufgaben abstellt. Verkehrsverstöße, die Mitglieder des Verwaltungs- und technischen Personals während

---

227 Einige Staaten, wie z. B. der Sudan und Venezuela, haben es demgegenüber abgelehnt, ihren Staatsangehörigen überhaupt Immunitäten zu gewähren.

228 Vgl. *Denza* (Fn. 136), S. 323; *Satow* (Fn. 58), S. 143 f., Rn. 17.3, der ausdrücklich darauf hinweist, dass die Volljährigkeit von Staat zu Staat unterschiedlich festgelegt sein kann.

229 *Denza* (Fn. 136), S. 323; *Sen* (Fn. 154), S. 187; *Satow* (Fn. 58), S. 143 f., Rn. 17. 3.

230 YBILC 1958 II, S. 101; diese Ansicht stieß allerdings auf heftige Kritik einer Vielzahl von Staaten, vgl. insofern die Übersicht von *Denza* (Fn. 136), S. 330 ff.

einer Autofahrt zu einer dienstlichen Veranstaltung begehen, können somit im Hinblick auf Art. 37 Abs. 2 WÜD nicht verfolgt werden[231].

Bezahlt allerdings ein Mitglied dieser Personengruppe z. B. eine Reparaturkostenrechnung für einen privat genutzten Pkw nicht, nimmt es also eine außerhalb des Schutzbereiches von Art. 37 Abs. 2 WÜD liegende Handlung[232] vor, so ist zwar die Möglichkeit der Klageerhebung gegeben. Als „diplomatic agent" i. S. v. Art. 31 Abs. 3 WÜD[233] besteht aber in jedem Fall Schutz vor Vollstreckungsmaßnahmen[234].

Die Mitglieder des dienstlichen, vom Entsendestaat angestellten Hauspersonals – wie Chauffeur, Koch, Gärtner etc. – genießen demgegenüber in allen Gerichtszweigen – also auch hinsichtlich der Strafgerichtsbarkeit – nur in Bezug auf die in Ausübung ihrer dienstlichen Tätigkeit vorgenommenen Handlungen Immunität, Art. 37 Abs. 3 WÜD.

Noch weiter eingeschränkt sind die Immunitäten zu Gunsten der privaten Hausangestellten von Mitgliedern der Mission, denen Vorrechte nur in dem vom Empfangsstaat zugelassenen Umfang gewährt werden. Allerdings bestimmt Art. 37 Abs. 4 WÜD, dass der Empfangsstaat seine Hoheitsgewalt über diese Personen nur so ausüben darf, dass er die Mission bei der Wahrnehmung ihrer Aufgaben nicht ungebührlich behindert[235]. Diese Schranke besteht auch gegenüber den Mitgliedern des Personals der Mission, die Angehörige des Empfangsstaates sind oder dort ihren ständigen Wohnsitz haben und deren Immunitätsumfang grundsätzlich vom Empfangsstaat festzulegen ist, Art. 38 Abs. 2 WÜD.

VII. Geografischer Geltungsbereich der Immunitäten

1. Gerichtsbarkeit des Entsendestaates

Ausweislich Art. 31 Abs. 4 WÜD beinhaltet die diplomatische Immunität von der Gerichtsbarkeit des Empfangsstaates nicht auch gleichzeitig die Immunität von der Gerichtsbarkeit des Entsendestaates – der Diplomat bleibt also der Hoheitsgewalt seines Heimatstaates unterworfen[236].

Art. 31 Abs. 4 WÜD trägt damit dem Interesse des Empfangsstaates Rechnung, auf Grund der Immunität entstandene Lücken in der Rechtsanwendung zu schließen,

231 Vgl. *Denza* (Fn. 136), S. 335 f.; *Satow* (Fn. 58), S. 149, Rn. 17.14., der auch das Anmieten privater Unterkünfte des Personals von Art. 37 Abs. 2 WÜD erfasst wissen will.

232 Dabei ist unter Handlung auch eine Unterlassung zu verstehen.

233 Dies ergibt sich aus Art. 1 lit. f. i. V. m. Art. 1 lit. e WÜD.

234 So auch *Denza* (Fn. 136), S. 335, und dieser folgend *Hildner* (Fn. 166), S. 95.

235 In Kenntnis einer im Hause des Diplomaten aus beruflichen Gründen stattfindenden Dinnerparty ist z. B. die Verhaftung dessen privaten Kochs am gleichen Tage im Hinblick auf Art. 37 Abs. 4 WÜD unzulässig.

236 Ausgehend von der Tatsache, dass die Immunität nicht den persönlichen Interessen der Diplomaten, sondern allein dem Schutz ihrer Entsendestaaten dient, drückt die Regelung im Verhältnis zum Heimatstaat lediglich eine den allgemeinen Völkerrechtsgrundsätzen entsprechende Selbstverständlichkeit aus, vgl. *Wilson* (Fn. 134), S. 30; *Murty* (Fn. 66), S. 358.

allerdings nur, soweit die Lücken im Hinblick auf die Ausgestaltung der Rechtsordnung des Entsendestaates aufgefangen werden können[237].

So erfassen z. B. manche Strafrechtssysteme Auslandstaten nicht, da sie nicht dem Personalitätsprinzip folgen[238]. Auch im Zivilrecht mangelt es den Rechtsordnungen der Entsendestaaten oftmals an die Zuständigkeit der eigenen Gerichte begründenden Normen, so dass auch hier nicht immer alle immunitätsbedingten Rechtslücken geschlossen werden können. Neben der Möglichkeit, die Zuständigkeit vom letzten Wohnsitz des Diplomaten abhängig zu machen[239], kann die Zivilprozessordnung eines Entsendestaates u. a. für bestimmte Rechtsgebiete einen ausschließlichen Gerichtsstand bestimmen, demzufolge ein Tätigwerden der eigenen Gerichte unmöglich wird[240].

Im Ergebnis bleibt festzuhalten, dass auch Art. 31 Abs. 4 WÜD in der letzten Konsequenz keine lückenlose Rechtsanwendung gegenüber Diplomaten garantieren kann. Aus diesem Grund sehen die Rechtsordnungen einiger Entsendestaaten einen besonderen Gerichtsstand für Diplomaten vor[241], um auf diesem Weg insbesondere den Belangen der ansonsten schutzlosen Privatpersonen des Empfangsstaates Geltung zu verschaffen, die den Diplomaten weder zur persona non grata erklären noch sonstige Gegenmaßnahmen gegenüber dem Entsendestaat ergreifen können.

2. Befreiung der Diplomaten in Drittstaaten

Die Funktionsfähigkeit der Diplomatie in ihrer Gesamtheit erfordert nicht nur die Regelung der Rechtsstellung des Diplomaten im Empfangs- und im Entsendestaat, sondern auch in Drittstaaten[242]. Aus diesem Grund bestimmt Art. 40 Abs. 1 WÜD, dass der Staat, den ein Diplomat durchreist, um sein Amt anzutreten oder um auf seinen Posten oder in seinen Heimatstaat zurückzukehren, ihm Unverletzlichkeit und alle sonstigen für seine sichere Durchreise erforderlichen Immunitäten zu gewähren hat[243]. Da die Vorschrift selbst dem Diplomaten allerdings kein Recht auf Durchreise gewährt, hängt der Immunitätsschutz primär davon ab, ob der Drittstaat ihm die Einreise gestattet[244].

---

237 So auch *Hildner* (Fn. 166), S. 81.

238 So z. B. das Strafrecht Großbritanniens und der USA, YBILC 1957 I, S. 113 f., mit Anmerkungen von *Sir G. Fitzmaurice* und *M. Liang*.

239 Zu den Gründen im Einzelnen vgl. *Cahier* (Fn. 117), S. 272 ff.

240 § 29a ZPO begründet z. B. einen ausschließlichen Gerichtsstand für Mietsachen.

241 So z. B. die niederländische Regelung, vgl. NYIL 16 (1985), S. 457.

242 *Ipsen K.* (Fn. 37), S. 509, § 35 Rn. 79.

243 Diese Formulierung unterstreicht nach Ansicht *Zemanek's,* ArchVR 9 (1961–62) S. 398, 425, das funktionelle Element besonders stark; a. A. *Sen* (Fn. 154), S. 203, der die Gewährung von Immunitäten im Durchreisestaat zu Unrecht aus dem Grund nicht durch die Funktionstheorie gerechtfertigt wissen will, weil der Diplomat dort keinerlei mit seiner Mission in Zusammenhang stehende Funktionen zu erfüllen hat.

244 Vgl. *Seidenberger,* Die diplomatischen und konsularischen Immunitäten und Privilegien, Schriften zum Staats- und Völkerrecht, Bd. 55, 1994, S. 122; *Denza* (Fn. 136), S. 367. Bei dem auf Gegenseitigkeit gerichteten Verhalten speziell in der Diplomatie ist aber da-

Wenngleich die Vorschrift des Art. 40 Abs. 1 WÜD eine Spezifizierung der im Einzelnen zu gewährenden Befreiungen vermissen lässt, so beinhaltet das Recht des Diplomaten auf eine sichere Durchreise in jedem Fall dessen Schutz vor Inhaftierung oder Festnahme durch den Drittstaat. Die Frage, ob und inwieweit die Diplomaten darüber hinaus auch im Drittstaat von der Gerichtsbarkeit befreit sind, wird im Schrifftum überwiegend dahingehend beantwortet, dass zwar die diplomatische Unterwerfung unter die Strafgerichtsbarkeit des Drittstaates ausgeschlossen ist[245], diejenige unter die Zivil- und Verwaltungsgerichtsbarkeit aber bestehen bleibt[246], soweit diese Verfahren nicht ausnahmsweise eine Festnahme zur Folge haben[247].

Zutreffend dürfte die Ansicht sein, derzufolge den Diplomaten bei der dienstlichen Reise durch einen Drittstaat die gleichen Immunitäten zu gewähren sind wie im Empfangsstaat. Denn da Art. 40 WÜD die Gewährung der Immunitäten davon abhängig macht, ob der Drittstaat die Durchreise gestattet hat, liegt es allein in seiner Entscheidungskompetenz, ob er eine privilegierte Personengruppe auf seinem Territorium zulassen will oder nicht. Hat der Drittstaat einmal die Durchreise bewilligt, muss ihn im Interesse eines wirksamen Funktionsschutzes konsequenterweise die Verpflichtung treffen, den Diplomaten absolute Immunität zu gewähren[248].

Demgegenüber wird zum Teil in der Literatur die Auffassung vertreten, dass sich ein Diplomat, der eine Dienstreise aus privaten Gründen im Durchreisestaat über einen längeren Zeitraum unterbricht[249] oder sich aus persönlichen Gründen, z. B. zu Erholungszwecken, im Drittstaat aufhält, nicht auf Art. 40 Abs. 1 WÜD berufen kann[250]. Das Gleiche soll nach *Denza* selbst dann gelten, wenn der Aufenthalt in irgendeiner Form auch dienstlichen Zwecken dient[251].

Diese Ansicht kann insofern nicht überzeugen, als sich die Immunität der Diplomaten ratione materiae im Ergebnis als Immunität des Entsendestaates erweist[252], die nicht nur in dem von einem Diplomaten durchreisten Drittstaat – unabhängig von einer Unterbrechung gleich aus welchem Grund – zu gewähren ist, sondern wegen der Wirkung der diplomatischen Immunität erga omnes, also generell Drittstaaten

---

von auszugehen, dass grundsätzlich eine Gestattung der Durchreise erfolgen wird, so bereits die ILC, YBILC 1957 I, S. 91 ff.

245 *Cahier* (Fn. 117), S. 326; *Ipsen K.* (Fn. 37), S. 509, § 35 Rn. 79; *Satow* (Fn. 58), S. 153, Rn. 18. 6.

246 Vgl. *Ipsen K.* (Fn. 37), S. 509, § 35 Rn. 81; *Cahier* (Fn. 117), S. 326; a. A. wohl *Sen* (Fn. 154), S. 204, der allgemein „immunity from jurisdiction" vom Recht der sicheren Durchreise erfasst wissen will.

247 Diese Möglichkeit ist aber heute wohl speziell in Bezug auf Zivilverfahren in allen Ländern ausgeschlossen, *Denza,* Diplomatic Law, 1. Aufl. 1976, S. 259.

248 So im Ergebnis auch *Doehring* (Fn. 7), S. 287, § 12 IV Rn. 680.

249 Eine lediglich kurze Unterbrechung der Dienstreise im Drittstaat soll demgegenüber nicht zwingend zum Immunitätsverlust führen, so z. B. wenn die Unterbrechung dem Kurrieren einer aufgetretenen Krankheit dient, vgl. *Sen* (Fn. 154), S. 204, 209; ebenso bereits *Hurst,* RdC 12 (1926 II), S. 119, 283.

250 *Cahier* (Fn. 117), S. 325; YBILC 1958 II, S. 127 f.

251 Fn. 136, S. 371.

252 Vgl. hierzu die Ausführungen unter VIII. 2.

gegenüber, auch bei Aufenthalten dort ohne dienstlichen Zweck[253]. Denn anderenfalls wäre es der Entsendestaat, dessen Immunität iure imperii missachtet würde, obwohl er sie nach allgemeinem Völkerrecht jeder nationalen Gerichtsbarkeit gegenüber innehat.

VIII. Dauer der Immunität

1. Grundsätze des Art. 39 WÜD

Art. 39 WÜD knüpft hinsichtlich der Dauer der Immunität an den Zeitraum der Ausübung der dienstlichen Tätigkeit des Diplomaten an.

Nach Abs. 1 beginnt der Immunitätsschutz des diplomatischen Vertreters mit dessen Einreise in den Empfangsstaat zwecks Aufnahme seiner amtlichen Tätigkeit oder aber, sollte er sich bereits im Empfangsstaat aufhalten, bei Mitteilung seiner Bestellung dem Auswärtigen Amt gegenüber. Dementsprechend endet der Immunitätsschutz grundsätzlich mit der Ausreise des Diplomaten aus dem Empfangsstaat, spätestens aber mit dem Ablauf einer für die Ausreise gewährten angemessenen Frist, Abs. 2 Satz 1, die allerdings weder näher präzisiert noch im Ergebnis präzisierbar ist. Denn da die Lebensumstände der Diplomaten von Fall zu Fall variieren, ist es nicht möglich, im Voraus eine feste Zeitvorgabe für die Ausreise zu bestimmen[254].

2. Unterscheidung zwischen funktioneller und persönlicher Immunität

Mit Beendigung der Amtsperiode des Diplomaten gewinnt die Tatsache an Bedeutung, dass in seiner Person zwei Immunitätsarten zusammentreffen: die funktionelle Immunität für Amtshandlungen und die persönliche für private Tätigkeiten. Je nach Art der Immunität ist die Befreiung des diplomatischen Vertreters von der Gerichtsbarkeit zeitlich begrenzt oder auch nicht[255]. Diesem Umstand wurde auch im WÜD Rechnung getragen, indem Art. 39 Abs. 2 Satz 2 WÜD ausdrücklich klarstellt, dass die Immunität für amtliche Handlungen unbegrenzt bestehen bleibt.

Das Festhalten an der funktionellen Immunität auch nach Beendigung der diplomatischen Tätigkeit findet seine Rechtfertigung in der Tatsache, dass sich die Amtshandlungen eines Diplomaten als Handlungen des Staates darstellen und daher diesem, aber nicht dem diplomatischen Vertreter unmittelbar zuzurechnen sind[256]. Eine

---

253 *Doehring* (Fn. 7), § 12 IV Rn. 680; zur Erga-omnes-Wirkung der diplomatischen Immunität allgemein vgl. *Doehring/Ress*, Diplomatische Immunität und Drittstaaten, ArchVR 37 (1999), S. 69–98.

254 Zu der Vielzahl der die diplomatische Ausreise beeinflussenden Faktoren vgl. *Sen* (Fn. 154), S. 200; *Denza* (Fn. 136), S. 359 f.; *Hardy* (Fn. 126), S. 82 f. *Cahier* (Fn. 117), S. 321, um Konkretisierung bemüht, erachtet *einige Wochen* als eine zur Ausreise angemessene Frist. Auch er räumt damit im Ergebnis ein, dass die Angemessenheit der Ausreisefrist stets vom Einzelfall abhängig sein wird.

255 Vgl. *Cahier* (Fn. 117), S. 252; *Ipsen K.* (Fn. 37), S. 493, § 35 Rn. 42.

256 *Kunz*, AJIL 41 (1947) S. 828, 838: „Their exemption from local jurisdiction for their official acts has nothing to do with diplomatic privileges and immunites; their official acts

gegen den diplomatischen Vertreter in Bezug auf eine Amtshandlung erhobene Klage käme von daher einem Unterwerfen des Entsendestaates unter die Gerichtsbarkeit des Empfangsstaates gleich. Die funktionelle Immunität ist insoweit keine persönliche Immunität des Diplomaten, sondern diejenige seines Staates im diplomatischen Verkehr[257], die auch gewährt werden müsste, wenn dem Diplomaten keine persönlichen Vorrechte zustünden[258]. *Perrenoud* bringt diesen Gedanken deutlich zum Ausdruck, indem er ausführt: „... si un diplomate est appelé en justice pour un de ses actes de fonction, la partie au procès n'est pas la personne de l'agent, mais l'État qu'il représente et que l'exception qui rend l'action irrecevable est celle qui dérive non de l'immunité diplomatique de l'agent, mais de l'immunité de jurisdiction de l'État represénte."[259]

Demgegenüber handelt es sich bei der eigentlichen diplomatischen, nämlich der persönlichen Immunität um ein an die persönliche Stellung des Diplomaten geknüpftes, seine freie und ungehinderte Aufgabenerfüllung ermöglichendes Vorrecht[260], welches nach Beendigung der diplomatischen Funktion erlischt.

Straftaten, unerlaubte Handlungen und Rechtsgeschäfte des Diplomaten privaten Charakters sind auf Grund dessen einer nachträglichen Beurteilung durch die Gerichte und Behörden des früheren Aufenthaltsstaates zugänglich. Die Respektierung der ausländischen Hoheitsgewalt bleibt gleichwohl gewahrt, da das Verfahren nicht gegen den Diplomaten in amtlicher Eigenschaft eingeleitet wird.

Kriterien für die Abgrenzung von Amtshandlungen und privaten Tätigkeiten hat das WÜD nur unzureichend festgelegt. Denn Art. 39 Abs. 2 Satz 2 hebt hinsichtlich der funktionellen Immunität allein darauf ab, ob eine Handlung „in Ausübung der dienstlichen Tätigkeit" vorgenommen worden ist, ohne jedoch den Begriff der „Amtshandlung" konkret zu definieren. Auf Grund der Staatenpraxis ist heute davon auszugehen, dass unter den Immunitätsschutz nicht nur die eigentlichen Amtshandlungen fallen, sondern auch die in engem Zusammenhang mit der Amtshandlung stehenden Tätigkeiten[261].

Diese Ansicht hat auch das US-Außenministerium im *Abisinito*-Fall vertreten. *Abisinito,* Botschafter Papua-Neuguineas, verursachte in den USA infolge Alkohol-

---

are ‚acts of State' and are legally imputed not to them but to the sending State." Ähnlich auch *Denza* (Fn. 136), S. 361 f.

257 *Doehring* (Fn. 7), S. 287, § 12 IV Rn. 679, der darauf hinweist, dass der Terminus „diplomatische Immunität" insoweit nicht exakt ist.

258 *Verdross* (Fn. 55), S. 332; ähnlich *Ipsen K.* (Fn. 37), S. 493 f., § 35 Rn. 42; *Satow* (Fn. 58), S. 131, Rn. 15.27.

259 *Perrenoud* (Fn. 116), S. 68.

260 *Kunz*, AJIL 41 (1947), S. 828, 838; *Dahm* (Fn. 55), S. 325; vgl. auch *Kiesgen*, Sachliche Indemnität der Staaten, internationalen Organisationen und ihrer Organe, Diss. 1970, S. 175.

261 Vgl. *Sen* (Fn. 154), S. 154; so bereits *van Panhuys*, In the Borderland between Act of State Doctrine and Questions of Jurisdictional Immunities, ICLQ 13 (1964), S. 1193, 1208; a. A. *Dinstein*, Diplomatic Immunity from Jurisdiction Ratione Materiae, ICLQ 15 (1966) S. 76, 82, der nur Amtshandlungen im eigentlichen Sinn von der funktionellen Immunität erfasst wissen will.

genusses einen Autounfall, bei dem zwei US-Bürger verletzt wurden. Auf die geplante Anklageerhebung reagierte Papua-Neuguinea mit einem diplomatischen Protest, auf den die USA mit einer Note vom 22. Juni 1987[262] wie folgt erwiderten: „... exept for actions or prosecutions arising *in connection* with the exercise of their functions, all jurisdictional immunities that such persons previously enjoyed expire at the completion of this period ... The department of State does not consider that, under the circumstances, Ambassador *Abisinito's* driving at the time of the automobile accident may be characterized as, an act performed ... in the exercise of his functions as a member of the mission."[263]

D. Immunitäten der Ad-hoc-Diplomaten

I. Bedeutung der Konvention über Spezialmissionen

Erst mit der vor allem seit dem Zweiten Weltkrieg zunehmenden internationalen Verflechtung der Staaten gewann auch die Ad-hoc-Diplomatie wieder an Bedeutung[264]. Im Vergleich zu den Ständigen Vertretungen ermöglicht sie die direktere Kontaktaufnahme und dient von daher der schnelleren und effektiveren Krisenbewältigung[265]. Darüber hinaus stellt sie das einzige Kommunikationsmittel zwischen Staaten dar, die keine diplomatischen Beziehungen unterhalten. Es überrascht daher nicht, dass die Ad-hoc-Diplomatie heute einen wesentlichen Bereich des diplomatischen Verkehrs bildet[266]. Trotz dieser hervorgehobenen Stellung hat erstmals die ILC mit dem von der Generalversammlung der Vereinten Nationen am 8. Dezember 1969 angenommenen Kodifikationsentwurf[267] den Versuch unternommen, „to draw up minimum rules for application to all special missions regardless of their level, their duties and duration"[268].

Eine universelle Geltung kommt der erst am 21. Januar 1985 in Kraft getretenen Konvention allerdings nicht zu, da sie bis September 1990 lediglich von 24 Staaten ratifiziert worden ist[269]. Die Frage, inwieweit sie gewohnheitsrechtlich als allgemei-

---

262 Die Note ist abgedr. in AJIL 81 (1987), S. 938.

263 Vgl. in diesem Zusammenhang die rechtliche Bewertung *Larschan's*, ColJTL 26 (1987/88), S. 283-295.

264 *Przetacznik,* RDI 59 (1981), S. 109ff.

265 Vgl. *Bockslaff/Koch*, The Tabatabai Case: The Immunity of Special Envoys and the Limits of Judical Review, GYIL 25 (1982), S. 538, 548.

266 *Hardy* (Fn. 126), S. 89f.; *Ryan*, The Status of Agents on Special Missions in Customary International Law, CanYIL 16 (1978), S. 157ff., 157; YBILC 1967 II, S. 6f.

267 Die Convention on Special Missions, UN Doc/Res. 2530 (XXIV), ist abgedr. in: ArchVR 16 (1973), S. 60ff.; ILM 9 (1970), S. 127; kommentierte Artikelentwürfe vgl. YBILC 1967 II, S. 347–368.

268 Vgl. die Ausführungen von Mr. *Ago* im Verlaufe des 4. Berichts über Spezialmissionen, YBILC 1967 I, S. 4, 7 para. 43.

269 Vgl. *Quarch*, Die völkerrechtliche Immunität der Sondermissionen, 1996, S. 56. Voraussetzung für ein In-Kraft-Treten der Konvention war die Ratifikation durch 22 Staaten, Art. 53.

ne Regel des Völkerrechts Anwendung finden kann, ist insbesondere im Zusammenhang mit dem *Tabatabai*-Fall[270] im Jahre 1983, also noch vor In-Kraft-Treten der Konvention, diskutiert worden und heute noch umstritten.

Während das Auswärtige Amt schon im Verfahren gegen *Tabatabai* von einer gewohnheitsrechtlichen Geltung der in Betracht kommenden Entwurfsbestimmungen ausgegangen ist[271], hat sich *Doehring*[272] in seinem im gleichen Zusammenhang erstellten Rechtsgutachten mangels einer eine allgemeine Rechtsüberzeugung hervorrufenden Wirkung der Konvention dagegen ausgesprochen[273].

Wenngleich heute wohl zumindest hinsichtlich der in Art. 1–3 der Konvention geregelten Anforderungen an eine Spezialmission ein Minimalkonsens der Staaten angenommen werden darf[274], muss insbesondere bei der Frage nach der gewohnheitsrechtlichen Geltung der Immunitätsvorschriften auch heute noch, 18 Jahre nach der Urteilsverkündung im *Tabatabai*-Fall, der Rechtsauffassung *Doehring's* gefolgt werden. Dass sich die Staaten gerade in diesem Bereich einen Gestaltungsspielraum belassen wollen, um Art und Umfang der zu gewährenden Immunitäten an der jeweiligen Funktion der Sondermission, dem politischen Klima der beteiligten Parteien und anderen vergleichbaren Faktoren auszurichten[275], zeigt die geringe Zahl der Konventionsratifikationen.

Die Möglichkeit, den in der Konvention enthaltenen Immunitätsregeln neue Erkenntnisse im Hinblick auf den Untersuchungsgegenstand der vorliegenden Arbeit

---

270 Am 8. Januar 1983 wurde der unter Ajatollah Chommeini mit hohen Regierungsfunktionen betraute iranische Staatsangehörige *Dr. Sadegh Tabatabai* bei seiner Einreise in die BRD wegen Opiumfundes in seinem Gepäck festgenommen. Er berief sich daraufhin auf seinen Status als Sonderbotschafter. Das einen völkerrechtlichen Immunitätsschutz verneinende LG Düsseldorf verurteilte *Tabatabai* am 10. März 1983 wegen Einfuhr von Betäubungsmitteln zu einer Freiheitsstrafe von drei Jahren (das Urteil ist abgedr. in EuGRZ 10 (1983), S. 440 ff.; GYIL 25 (1982), S. 573 ff.). Dieses Urteil hielt der von *Tabatabai* eingelegten Revision auf Grund der vom BGH angenommenen Befreiung von der deutschen Gerichtsbarkeit nicht stand, vgl. insofern den Beschluss des BGH vom 27. Februar 1984, abgedr. in NJW 1984, S. 2048 ff. In der letzten Konsequenz werden im Fall *Tabatabai* wohl stets begründete Zweifel eines Missbrauchs der ad-hoc-diplomatischen Immunität bestehen bleiben, vgl. insofern die Urteilsanmerkung von *Engel*, JZ 1983 S. 627 ff., 629, und im Ergebnis auch *Wolf*, Die völkerrechtliche Immunität des Ad-hoc-Diplomaten, EuGRZ 10 (1983), S. 403.

271 Vgl. dazu die Ausführungen des LG Düsseldorf, Urteil vom 10. März 1983, abgedr. in EuGRZ 10 (1983), S. 440, 444.

272 Vgl. insofern die Ausführungen des LG Düsseldorf, Urteil vom 10. März 1983, abgedr. in GYIL 25 (1982), S. 573, 574; im Anschluss an *Doehring* später auch *Wolf*, Die völkerrechtliche Immunität des Ad-hoc-Diplomaten, EuGRZ 10 (1983), S. 401, 403; a. A. zum Teil die im Auftrag des Angeklagten tätig gewordenen Professoren *Wolfrum*, *Bothe* und *Delbrück*, vgl. dazu GYIL 25 (1982), S. 574.

273 So schon im Ergebnis *Ryan*, CanYIL 16 (1978), S. 157, 195 f.

274 So bereits *Bockslaff/Koch*, GYIL 25 (1982), S. 539, 551 m. w. N., S. 547 Fn. 29; a. A. vgl. *Zuck*, Immunität eines Sonderbotschafters, Urteilsanmerkung, EuGRZ 10 (1983), S. 162, 163.

275 So bereits der 4. Bericht der ILC, YBILC 1967 II, S. 17 para. 119; vgl. auch *Przetacznik*, RDI 59 (1981), S. 111 ff.

entnehmen zu können, macht es gleichwohl notwendig, im Folgenden die wesentlichsten Vorschriften darzustellen.

II. Immunitäten zu Gunsten der Ad-hoc-Diplomaten

Die Immunitätsvorschriften zu Gunsten der Ad-hoc-Diplomaten lehnen sich, von wenigen Ergänzungen abgesehen, stark an den Wortlaut des WÜD an[276].

Die Unverletzlichkeit der Ad-hoc-Diplomaten regeln die Art. 29 und 30 ÜMS. Da hinsichtlich der Unverletzlichkeit der Unterkunft auf den Schutz der Räumlichkeiten der Sondermission verwiesen wird, ergibt sich insofern gegenüber dem WÜD eine Abweichung, als z. B. beim Ausbruch eines Feuers oder bei einer ähnlichen Katastrophe die Zustimmung zum Betreten des Gebäudes vermutet wird, vorausgesetzt, die ausdrückliche Zustimmung des Chefs der Spezialmission oder aber der Ständigen Mission konnte nicht eingeholt werden, Art. 25 Abs. 1 Satz 3 ÜMS.

Hinsichtlich der Immunität von der Zivilgerichtsbarkeit beinhaltet Art. 31 Abs. 1 lit. d ÜMS insofern eine Einschränkung gegenüber dem WÜD, als aus Verkehrsunfällen resultierende Schadensersatzklagen zulässig sind, sofern ein Kraftfahrzeug von Mitgliedern der Sondermission außerhalb ihrer dienstlichen Funktion genutzt wird.

Die den Familienangehörigen der Ad-hoc-Diplomaten, dem Dienst- und Hauspersonal, den Staatsangehörigen des Empfangsstaates sowie den Familienangehörigen der letztgenannten Personengruppen zu gewährenden Immunitäten entsprechen in Art und Umfang den Vorschriften des WÜD[277].

Grundsätzlich treffen auch einen Drittstaat, den ein Ad-hoc-Diplomat bzw. ein Mitglied seines diplomatischen Personals durchreist, die gleichen Verpflichtungen wie bei Anwendung des WÜD. Eine Bindung an diese Obliegenheit tritt – ähnlich wie im Diplomatenrecht[278] – erst unter der Bedingung ein, dass der Drittstaat vorab von der Durchreise informiert wurde und keine Einwendungen erhoben hat, Art. 43 Abs. 4 ÜMS.

Zusammenfassung

Der vorstehende Überblick veranschaulicht, dass die im Bereich der Staatenimmunität eingetretene Versachlichung und Funktionalisierung nicht ohne Einfluss auf die Entwicklung des diplomatischen Immunitätsrechts geblieben ist.

---

276 *Donnarumma*, La convention sur les missions speciales, RevBelgeDI 8 (1972), S. 34, 56 ff.; *Przetacznik*, RDI 59 (1981), S. 109, 142 ff.

277 Der Hinweis *Satow's* (Fn. 58), S. 159 f., Rn. 19.10, ein Familienangehöriger eines Adhoc-Diplomaten könne sich dann auf die Immuniät berufen, wenn er sich in Begleitung eines Mitglieds der Spezialmission befinde, ist unzutreffend. Denn diese Einschränkung bezieht sich lediglich auf das Vorrecht der Zollfreiheit in Bezug auf persönliches Gepäck, Art. 35 Abs. 2 der Konvention der Spezialmissionen.

278 Hier ist die Gewährung von Immunitäten im Drittstaat davon abhängig, dass der Diplomat – sofern vom Drittstaat gefordert – ein Visum beantragt.

Zwar hat das WÜD an der unbeschränkten Immunität der Diplomaten als einem persönlichen Vorrecht festgehalten[279], Einschränkungen des Immunitätsschutzes sind gleichwohl nicht zu übersehen.

Im Gegensatz zur Immunität der Staaten ist die den Diplomaten gewährte Befreiung von der Gerichtsbarkeit nicht auf in amtlicher Eigenschaft vorgenommene Handlungen beschränkt; vielmehr sind allein die in Art. 31 Abs. 1 lit. a–c WÜD festgelegten Tätigkeiten privatrechtlicher Natur von der Immunität ausgeschlossen. Darüber hinaus bleibt nach Beendigung der diplomatischen Tätigkeit allein die funktionelle Immunität bestehen, während die Immunität für Privathandlungen erlischt, der Diplomat also insofern nachträglich zur Verantwortung gezogen werden kann. Das Fortwirken der Immunität ratione materiae erklärt sich daraus, dass sie sich – ebenso wie die acta iure imperii im Rahmen der Staatenimmunität – im Ergebnis als eine Immunität des Entsendestaates erweist.

Zurückzuführen sind diese restriktiven Tendenzen auf den heute allgemein als Grundlage für die Gewährung diplomatischer Immunität anerkannten Grundsatz der unabhängigen Funktionserfüllung[280], der in der Präambel des WÜD verankert ist : „… in der Erkenntnis, dass diese Vorrechte und Immunitäten nicht dem Zwecke dienen, einzelne zu bevorzugen, sondern zum Ziel haben, den diplomatische Missionen als Vertretungen von Staaten die wirksame Wahrnehmung ihrer Aufgaben zu gewährleisten“.

Unbestritten ist, dass sich aus dem Prinzip des Funktionsschutzes in jedem Fall die Immunität für Amtshandlungen ergibt[281]. Denn die Staatenimmunität würde weitgehend ausgehöhlt, bestünde die Möglichkeit, die die Amtshandlungen vornehmenden Staatsorgane persönlich verantwortlich machen zu können. In der letzten Konsequenz beruht die sachliche Immunität daher allein auf der Respektierung der ausländischen Hoheitsgewalt, nicht aber auf der Person des Vertreters[282].

Demgegenüber ist die Notwendigkeit einer Immunitätserstreckung auch auf Privathandlungen immer wieder mit der Begründung in Frage gestellt worden, das Prinzip des wirksamen Funktionsschutzes „would limit immunity strictly to the exercise of official duties“[283]. Die hier nur aufgezeigte Problemstellung bleibt einer eingehenden Untersuchung in Teil 7 vorbehalten, dort aber speziell bezogen auf den Umfang der internationalen Richtern zu gewährenden Vorrechte.

---

279 YBILC 1957 II, S. 94 ff.; *Kanithasen* (Fn. 128), S. 61.

280 So bereits *de Vattel* (Fn. 65), S. 324 f., Chap. VII, § 92. Die Funktionstheorie ist zwar an die Stelle der erstmals von *Grotius* (Fn. 190), Chap. XVIII, IV. 5. S. 443, vertretenen Exterritorialitätstheorie getreten, sie wird aber auch heute noch durch die Repräsentationstheorie ergänzt. Vgl. allgemein zu den die diplomatische Immunität begründenden Theorien *Fischer/Köck* (Fn. 200), S. 188 f.; *Wilson* (Fn. 134), S. 1–25.

281 *Cahier* (Fn. 117) , S. 253.

282 *Adatci* und *de Visscher*, Travaux Préparatoires de la Session de Vienne Août 1924, Examen de l'Organisation et des Statuts de la Société des Nations, in: Annuaire de l'Institut de Droit International 1924, S. 9 f.; *Kelsen*, Principles of International Law, 2. Aufl. 1967, S. 235.

283 Vgl. *Ogdon* (Fn. 117), S. 180, 182 f.

Teil 4 Immunitäten zu Gunsten internationaler Funktionäre

Angesichts der Vielschichtigkeit und Vielgestaltigkeit der internationalen Organisationen kann weder von einem geschlossenen „Recht der internationalen Organisationen" noch von einem einheitlichen Immunitätsrecht zu Gunsten der im Dienste dieser Organisationen tätigen Funktionäre die Rede sein. Die Darstellung der Immunitätsvorschriften zu Gunsten internationaler Funktionäre erfordert auf Grund dessen eine gewisse Systematisierung, die vorliegend durch die Klassifizierung der internationalen Organisationen nach dem räumlichen Wirkungsbereich (universal oder regional) und nach dem sachlichen Wirkungsbereich (generell oder speziell) vorgenommen werden soll. Allerdings erhebt die nachfolgende Studie keinen Anspruch auf Vollständigkeit, vielmehr beschränkt sie sich auf eine beispielhafte Darstellung der Immunitäten zu Gunsten der bei den hauptsächlichen internationalen Organisationen tätigen internationalen Funktionären, sofern sich nicht im Einzelnen erhebliche Abweichungen ergeben[284].

A. Immunitäten zu Gunsten internationaler Funktionäre im Dienste universaler internationaler Organisationen

I. Mit genereller Zielsetzung

Die Darstellung der Immunitäten zu Gunsten der Funktionäre des Völkerbundes sowie dessen Nachfolgers, der Vereinten Nationen, bietet sich als Einstieg des zu behandelnden Themenkreises an, da es sich bei den genannten Organisationen zum einen um die einzigen internationalen Organisationen handelt, die bisher als generell und zugleich universal bezeichnet werden können. Zum anderen wird insoweit auch der Chronologie der Entstehungszeitpunkte internationaler Organisationen Rechnung getragen.

1. Vorrechte zu Gunsten der Völkerbund-Beamten

Nachdem erstmals mit der Errichtung des Völkerbundes internationale Bedienstete als internationale Funktionsträger neben die Diplomaten getreten waren, begann auch die Diskussion um deren Rechtsstellung. Die schon von *van Bynkershoek*[285] und *de Vattel* für die Diplomaten geforderte Freiheit in der Ausübung ihrer Amtstätigkeit, das traditionelle „ne impediatur legatio", wurde letztlich in der angepassten

---

284 Einen ausführlichen Überblick über die Immunitäten der für internationale Organisationen tätigen Funktionäre gibt *Wenckstern*, Handbuch des internationalen Zivilverfahrensrechts, Bd. II/1, Die Immunität internationaler Organisationen, 1994, S. 166ff., Kap. I Rn. 525ff.

285 Fn. 140, Kapitel VIII, S. 44.

Form des „ne impediantur officia“[286] auch auf die Völkerbund-Funktionäre angewendet und fand seinen Niederschlag in der völkerrechtlichen Regelung von Immunitäten.

a) Völkerbund-Satzung

Die Immunitäten wurden in Art. 7 Abs. 4 der Völkerbund-Satzung wie folgt bestimmt:

„Die Vertreter der Bundesmitglieder und die Beauftragten des Bundes genießen in der Ausübung ihres Amtes die Vorrechte und die Unverletzlichkeit der Diplomaten.“[287]

Auch wenn die ausdrückliche Kennzeichnung der den Völkerbund-Funktionären verliehenen Immunitäten als „diplomatische“ auf Grund des Entwicklungsstandes des Immunitätsrechts zum Zeitpunkt der Gründung des Völkerbundes durchaus nahe lag, wurde die Effizienz des Art. 7 Abs. 4 Völkerbund-Satzung sehr schnell in Frage gestellt. Kritik wurde nicht nur auf Grund der Tatsache geübt, dass die diplomatischen Vorrechte für Völkerbund-Funktionäre ohne Abstufungen festgelegt waren, obgleich das Prinzip des „ne impediantur officia“ eine unterschiedliche, an der Bedeutung der Amtsgeschäfte ausgerichtete Behandlung der Funktionäre erfordert hätte. Darüber hinaus gab die Formulierung des Art. 7 Abs. 4 Völkerbund-Satzung keine eindeutige Antwort auf die Frage, ob die Beamten nur in Bezug auf ihre Amts- oder auch hinsichtlich ihrer Privathandlungen bevorrechtigt sein sollten. Die größten Schwierigkeiten entstanden im Hinblick auf die Rechtsstellung der Völkerbundbeauftragten gegenüber ihren Heimatstaaten, da das diplomatische Immunitätsrecht auch zum damaligen Zeitpunkt nur das Verhältnis des Diplomaten zum Empfangsstaat regelte, aber keine zwingenden Rechtssätze für den Fall enthielt, dass – wie auch beim sog. „agent diplomatique régnicole“ – der Empfangsstaat zugleich der Heimatstaat war.

b) Modi vivendi zwischen dem Völkerbund und der Schweiz

Auf Grund der Erfahrung, dass ohne die Verleihung von Vorrechten ein reibungsloses Funktionieren einer internationalen Organisation nicht gewährleistet werden kann, bedurfte das Problem der Rechtsstellung des internationalen Funktionärs gegenüber seinem Heimatstaat zunächst in der Schweiz als dem Sitzstaat des Völkerbundes einer vordringlichen Regelung. In dem im Rahmen der Sitzverlegung des Völkerbundsekretariats von London nach Genf zwischen dem Völkerbund und dem eidgenössischen politischen Department geschlossenen „modus vivendi“ vom 19. Juni 1921, ergänzt durch den „modus vivendi“ von 1926, wurden daher erstmals die den Völkerbund-Funktionären speziell in der Schweiz zu gewährenden Vor-

286 Erstmals erwähnt von *Strupp*, Beiträge zur Reform und Kodifikation des völkerrechtlichen Immunitätsrechts, Zeitschrift für Völkerrecht, Erg. Heft zu Bd. XIII, S. 83.

287 *Schücking/Wehberg* (Fn. 94), S. 584.

rechte ausdrücklich festgelegt, diejenigen der schweizerischen Staatsangehörigen eingeschlossen[288].

aa) Modus vivendi von 1921

Dieses provisorische Abkommen enthielt folgende Bestimmungen:

„The staff of the Secretariat of the League of Nations and the International Labor office shall be accorded the same prerogatives and immunities as are conferred by international law and practice on the staff of diplomatic missions; it shall accordingly be placed on the same footing, *mutatis mutandis*, as the members of diplomatic missions accredited to the Confederation. For the purposes of this arrangement the staff is divided into two distinct categories, each of which is in a different situation.“[289]

Auf Grund der Gleichstellung der Völkerbundbeamten mit den in der Schweiz akkreditierten Mitgliedern der diplomatischen Missionen wurde folgerichtig auch eine Zweiteilung des Völkerbund-Personals vorgenommen. Die erste Kategorie umfasste dasjenige Personal, das nach Stellung und Funktionen öffentlichen Beamten gleichzustellen war, wie der Generalsekretär des Völkerbunds, sein Stellvertreter, Direktoren des Generalsekretariats etc. Dieses sog. „exterritoriale“ Personal genoss, ebenso wie das diplomatische Korps und die Kanzleichefs in Bern, alle Vorrechte und Befreiungen, die die Praxis unter dem Begriff „Exterritorialität“ zusammenfasste, und damit die Vorrechte der Unverletzlichkeit und der Befreiung von der Zivil- und Strafgerichtsbarkeit sowohl für in amtlicher Eigenschaft vorgenommene Handlungen als auch für Privatakte mit umfasste[290].

Der zweiten, nicht exterritorialen Kategorie wurde das technische und Aushilfspersonal des Völkerbunds zugeordnet. Die diesem Personal angehörenden Beamten genossen keine Unverletzlichkeit[291]. Darüber hinaus wurde ihnen lediglich eine eingeschränkte Befreiung von der Gerichtsbarkeit gewährt, da der *modus vivendi von 1921* insofern festlegte:

„They will enjoy complete immuntiy in respect of acts performed by them in their official capacity and within the limits of their duties. They will, however, be subject to local laws and jurisdiction in respect of acts performed by them in their private capacity.“[292]

---

288 Der gesamte Schriftverkehr zwischen dem Generalsekretär und dem eidgenössischen politischen Department einschließlich der modi vivendi sind vollständig abgedr. bei *Hill* (Fn. 100), S. 121 ff., und *Schücking/Wehberg* (Fn. 94), S. 593 ff.

289 *King* (Fn. 87), S. 88; *Hill* (Fn. 100), S. 121.

290 Vgl. insofern ausführlich *Hill* (Fn. 100), S. 130 ff.; *Preuss*, Diplomatic Privileges and Immunities of Agents Invested with the Functions of an International Interest, AJIL 25 (1931), S. 694, 704 ff.

291 *Egger* (Fn. 89), S. 93; ähnlich *Perrenoud* (Fn. 116), S. 68; *Posega*, Die Vorrechte und Befreiungen der internationalen Funktionäre, Diss. 1929, S. 39.

292 *King* (Fn. 87), S. 103.

In Bezug auf Angehörige der internationalen Funktionäre bestimmte der *modus vivendi von 1921*, dass Frauen und Kindern der Beamten, die mit diesen in einem gemeinsamen Haushalt lebten und keinen Beruf ausübten, die gleichen Vorrechte wie den Beamten selbst zu gewähren waren[293].

Die dargestellten Immunitätsregelungen zu Gunsten der Völkerbund-Beamten der ersten und zweiten Kategorie sollten allerdings nach einer „Note" des schweizerischen Bundesrats auf die schweizerischen Völkerbund-Beamten im Hinblick auf ihre von dieser Personengruppe zu unterscheidende Rechtsposition keine Anwendung finden[294].

bb) Modus vivendi von 1926

Der modus vivendi vom 18. September 1926[295], der eine Zusammenfassung und Vervollständigung, aber keine Aufhebung der 1921 getroffenen Vereinbarung darstellte[296], sah gegenüber dem *modus vivendi von 1921* folgende wesentliche Ergänzungen vor: Personell auf die Völkerbund-Beamten der ersten Kategorie und sachlich auf die Befreiung von der Gerichtsbarkeit beschränkt, war nunmehr die Möglichkeit der Immunitätsaufhebung durch den Generalsekretär des Völkerbunds vorgesehen. Damit wurde nicht nur das dem Völkerbund-Funktionär durch den modus vivendi 1921 erteilte Recht, selbst auf seine Immunität verzichten zu können, ausgeschaltet[297], sondern vielmehr gleichzeitig der Tatsache Rechnung getragen, dass es sich bei der dem Funktionär gewährten diplomatischen Immunität ausschließlich um ein zu seinem Amt gehörendes Sonder-, nicht aber um ein persönliches Vorrecht handelte[298].

Hinsichtlich der Völkerbund-Beamten mit schweizerischer Staatsangehörigkeit war nunmehr ausdrücklich festgelegt:

> „Officials of Swiss nationality may not be sued before the local courts in respect of acts performed by them in their official capacity and within the limits of their official duties."[299]

293 Vgl. *Hill* (Fn. 100), S. 123, 125.

294 Vgl. Circular Nr. 316 vom 28. Oktober 1922, abgedr. bei *Hill* (Fn. 100), S. 153;

295 *Hill* (Fn. 100), S. 138 ff.

296 *Schücking/Wehberg* (Fn. 94), S. 596.

297 So hatte sich z. B. der Gerichtshof in Genf in einem 1923 verkündeten Scheidungsurteil auf das Abkommen von 1921 gestützt, nachdem ein in Genf wohnhafter Funktionär I. Kategorie des IAA Scheidung eingereicht hatte und der Gerichtshof auf Grund dessen annehmen konnte, der Funktionär habe auf seine Immunität verzichtet, vgl. *Egger* (Fn. 89), S. 82, Fn. 187.

298 Vgl. das an die Mitglieder des Völkerbund-Sekretariats gerichtete Zirkular vom 30. Januar 1927, abgedr. bei *Hill* (Fn. 100), S. 190 ff.

299 *Hill* (Fn. 100), S. 140; *Schücking/Wehberg* (Fn. 94), S. 598.

2. Immunitäten zu Gunsten der Funktionäre der UNO

Mit dem In-Kraft-Treten der Charta der Vereinten Nationen am 24. Oktober 1945 begann für die Rechtsstellung internationaler Funktionäre ein neuer Entwicklungsabschnitt. Denn die Auseinandersetzungen der 20er Jahre, letztlich eine Folge der missverständlichen Formulierung „diplomatische Vorrechte und Immunitäten", führten zur Abkehr von einer Art. 7 Abs. 4 Völkerbund-Satzung vergleichbaren Bestimmung. Der für die Vorrechte und Befreiungen der UNO-Beamten maßgebliche Art. 105 Abs. 2 UN-Charta hat nunmehr folgenden Wortlaut:

> „Vertreter der Mitglieder der Vereinten Nationen und Bedienstete der Organisation genießen ebenfalls die Vorrechte und Immunitäten, deren sie bedürfen, um ihre mit der Organisation zusammenhängenden Aufgaben in voller Unabhängigkeit wahrnehmen zu können."[300]

Zum Zwecke der Präzisierung der Immunitäten hat die Generalversammlung von ihrem in Art. 105 Abs. 3 UN-Charta normierten Recht Gebrauch gemacht und am 13. Februar 1946 das generelle Abkommen über die Vorrechte und Immunitäten der Vereinten Nationen[301] angenommen, das in Anlehnung an die *modi vivendi* zwischen dem Völkerbund und der Schweiz eine Einteilung der UN-Funktionäre in zwei Kategorien vornimmt. § 18 des Allgemeinen Abkommens bestimmt, dass „officials of the United Nations shall: a) be immune from legal process in respect of words spoken or written and all acts performed by them in their official capacity". Damit wird den Bediensteten der UNO weitgehende Jurisdiktionsimmunität garantiert. Darüber hinaus werden dem Generalsekretär, seinen Stellvertretern, den Ehegatten und minderjährigen Kindern die diplomatischen Gesandten nach internationalem Recht zustehenden Immunitäten gewährt, § 19 des Allgemeinen Abkommens. In § 20 des Abkommens ist klargestellt, dass die Vorrechte und Immunitäten den Bediensteten lediglich im Interesse der Vereinten Nationen und nicht zu ihrem persönlichen Vorteil gewährt werden. Der Generalsekretär ist berechtigt und verpflichtet, die einem Bediensteten gewährte Immunität in allen Fällen aufzuheben, in denen sie nach Auffassung des Generalsekretärs verhindern würde, dass der Gerechtigkeit Genüge geschieht, und in denen sie ohne Schädigung der Interessen der Organisation aufgehoben werden kann. Zur Aufhebung der Immunität des Generalsekretärs ist der Sicherheitsrat berechtigt[302].

300 BGBl. 1973 II, S. 439, 497.

301 United Nations, Journal of the General Assembly, First Session, No. 34, 7. März 1946, S. 687 ff.

302 Da alle im Folgenden darzustellenden Immunitätsvorschriften eine § 20 des Allgemeinen Abkommens entsprechende Regelung enthalten, wird zukünftig auf einen speziell auf diese Bestimmung verweisenden Hinweis verzichtet.

II. Mit spezieller Zielsetzung

Als universale internationale Organisationen mit spezieller Zielsetzung sind die Sonderorganisationen der Vereinten Nationen anzuführen, die die Hauptorgane der UNO von unpolitischen Aufgaben entlasten sollen.

1. Entwicklung und Koordination der Immunitätsvorschriften

Da die Sonderorganisationen zu unterschiedlichen Zeitpunkten und unter verschiedenen Bedingungen gegründet worden sind, überrascht es nicht, dass hinsichtlich der Rechtsstellung ihrer Beamten zunächst nicht auf eine einheitliche Regelung zurückgegriffen werden konnte.

Während die Satzungen der beiden ältesten, durch multilaterale Staatsverträge errichteten Organisationen, UPU (1874) und ITU (1865), bis 1947 keinerlei Bestimmungen über die ihren Funktionären zu gewährenden Vorrechte enthielten[303], sahen die Abkommen der FAO[304] und der ICAO[305] die ersten, wenn auch vagen Immunitätsvorschriften zu Gunsten der im Dienste dieser Organisationen tätigen Funktionäre vor[306].

Das In-Kraft-Treten der Charta der Vereinten Nationen wirkte sich sodann auch auf die Rechtsstellung der Beamten der Sonderorganisationen aus. Zwar konnten die in den vorbezeichneten Verträgen enthaltenen Immunitätsvorschriften nicht als Rechtsgrundlage für die den Funktionären der Spezialorganisationen zu gewährenden Vorrechte herangezogen werden, da insoweit die vorbereitende Kommission eine Anwendung des Art. 105 UN-Charta ausdrücklich ausgeschlossen hatte[307].

Im Ergebnis fungierten die Artt. 104, 105 UN-Charta jedoch als Vorbild für die Immunitätsvorschriften fast aller nach 1945 gegründeten Spezialorganisationen. Mit mehr oder weniger gleichem Wortlaut bestimmen ihre jeweiligen Satzungen in einer generellen Vorschrift, dass die Vertreter der Mitgliedstaaten und die Funktionäre der Organisationen diejenigen Vorrechte und Befreiungen genießen, die für ihre unab-

303 *Ahluwalia*, The Legal Status, Privileges and Immunities of the Specialized Agencies of the United Nations and Certain Other International Organizations, 1964, S. 51.

304 *Peaslee*, Vol. I, S. 495; I.O.I., I.B. 1. 3.

305 *Peaslee*, Vol. II, S. 64; I.O.I, I.B. 1. 6.

306 Bereits die Gründungsakte der FAO aus dem Jahre 1943 enthielt in Art. VIII Ziff. 4 die folgende Bestimmung: „Jeder Mitgliedstaat verpflichtet sich, soweit es ihm sein verfassungsrechtliches Verfahren gestattet, dem Generaldirektor und den höheren Beamten diplomatische Vorrechte und Immunitäten zu gewähren und den anderen Mitgliedern des Personals die gleichen Erleichterungen und Immunitäten wie dem nicht-diplomatischen Personal der diplomatischen Missionen zu gewähren; oder aber alternativ diesen anderen Mitgliedern des Personals die gleichen Immunitäten und Erleichterungen zu gewähren, wie diese in der Folge den gleichgestellten Mitgliedern des Personals anderer zwischenstaatlicher Organisationen gewährt werden."

307 *King* (Fn. 87), S. 221.

hängige Aufgabenerfüllung notwendig sind, und dass die notwendigen Immunitäten und Privilegien in einem späteren Abkommen im Einzelnen zu definieren sind[308].

Die verstärkt nach 1945 auftretenden rechtlichen Koordinationsbestrebungen, die eine Vereinheitlichung der Vorrechte der UNO und der Spezialorganisationen sowie deren Funktionäre zum Ziel hatten, sind eine Folge der in Artt. 57 und 63 UN-Charta normierten Forderung, die Spezialorganisationen mit den Vereinten Nationen in Verbindung zu bringen.

Am 21. November 1947 wurde von der Generalversammlung das vom Sekretariat der UNO ausgearbeitete Allgemeine Abkommen über die Vorrechte und Befreiungen der Sonderorganisationen[309] gebilligt.

2. Immunitäten nach dem Allgemeinen Abkommen über die Vorrechte und Befreiungen der Sonderorganisationen von 1947

Das Allgemeine Abkommen besteht aus zwei Teilen, die in ihrer Gesamtheit die Vorrechte und Befreiungen der Spezialorganisationen und ihrer Funktionäre definieren[310]. Der erste Teil ist allgemeinen Charakters und bestimmt in Form von „standard clauses“ diejenigen Vorrechte und Befreiungen, die für die Funktionsfähigkeit aller Spezialorganisationen für notwendig erachtet werden und daher einheitlich auf sie Anwendung finden sollen. Der zweite Teil des Abkommens enthält Sonderregelungen in Form von Anhängen, wobei für jede Sonderorganisation entsprechend ihren Bedürfnissen ein spezieller Nachtrag besteht[311].

Da die Immunitätsvorschriften zu Gunsten der Bediensteten der Spezialorganisationen ausschließlich in den „standard clauses“ des Allgemeinen Abkommens geregelt sind, mithin für diesen Bereich auf in den Nachträgen enthaltene Modifikationen bewusst verzichtet wurde, kann die vorliegende Untersuchung auf ihre Darstellung beschränkt werden.

Eine detaillierte Betrachtung erübrigt sich allerdings insofern, als die „standard clauses“ ihrem Wortlaut nach den generellen Bestimmungen des Allgemeinen Abkommens der UNO folgen und von daher auf die vorstehenden Ausführungen unter I. 2. verwiesen werden kann.

Im Ergebnis lässt sich festhalten, dass die Bediensteten der Spezialorganisationen ebenso wie die UNO-Beamten Jurisdiktionsimmunität hinsichtlich ihrer Amtshandlungen einschließlich ihrer schriftlichen und mündlichen Äußerungen genießen (Art. VI, 19a). Dem Leiter jeder Sonderorganisation, seinem Ehegatten und seinen

308 So z. B. Artt. 67 b, 68 WHO-Satzung (I.O.I., I.B. 1. 5.; *Peaslee*, Vol. II, S. 788, 800), Art. 40 ILO-Satzung (*Peaslee*, Vol. II, S. 231 ff.; I.O.I., I.B. 1. 2.a.) und Art. 27 b WMO-Satzung (I.O.I., I.B. 1. 9.); *Peaslee*, Vol. II, S. 812 ff. Demgegenüber sah Art. XII der UNESCO-Verfassung vom 16. November 1945 eine analoge Anwendung der Art. 104, 105 UN-Charta vor, I.O.I., I.B. 1. 4.

309 BGBl. 1954 II, S. 640 ff.; zur Entwicklung vgl. *Egger* (Fn. 89), S. 139 ff.; *Liang*, AJIL 42 (1948), S. 900 f.

310 *King* (Fn. 87), S. 219; *Egger* (Fn. 89), S. 141.

311 *Egger* (Fn. 89), S. 141.

minderjährigen Kindern werden zusätzliche diplomatische Immunitäten gewährt (Art. VI, 21). Ferner sind die Beamten der Sonderorganisationen berechtigt, die Passierscheine der UNO zu verwenden.

B. Immunitäten zu Gunsten internationaler Funktionäre im Dienste regionaler internationaler Organisationen

I. Mit genereller Zielsetzung

1. Vorrechte zu Gunsten der Funktionäre des Europarats

Nach dem Vorbild der UN-Charta enthielt auch der Gründungsvertrag des Europarats zunächst eine allgemeine, auf dem Funktionsprinzip basierende Immunitätsvorschrift[312].

Eine Umschreibung der in den Mitgliedstaaten anerkannten Privilegien erfolgte sodann in einem allgemeinen Abkommen über die Vorrechte und Befreiungen des Europarats vom 2. September 1949[313], zu dessen Abschluss sich die Mitglieder auf Grund von Art. 40 b Satzung des Europarats[314] verpflichtet hatten.

Dieses Abkommen bestimmt in Art. 18[315] die Jurisdiktionsimmunität der Beamten des Europarats, und zwar hinsichtlich der „in amtlicher Eigenschaft und innerhalb ihrer Befugnisse vorgenommenen Handlungen einschließlich der mündlichen und schriftlichen Äußerungen". Daneben werden dem Generalsekretär, seinem Stellvertreter, den Ehegatten und minderjährigen Kindern diejenigen Immunitäten eingeräumt, die nach dem Völkerrecht diplomatischen Vertretern gewährt werden.

2. Vorrechte zu Gunsten der Funktionäre der OAS und der Arabischen Liga

Die Charta der OAS in ihrer geänderten Fassung vom 27. Februar 1967[316] bestimmt in Art. 140 generell, dass dem Generalsekretär und dessen Stellvertreter die Immunitäten zu gewähren sind, die ihrer Position entsprechen und die für die unabhängige Aufgabenerfüllung notwendig sind[317].

---

312 Art. 40 a Satzung des Europarats, BGBl. 1950 I, S. 263, 271.

313 BGBl. 1954 II, S. 494 ff.

314 Diese Vorschrift stellt insofern eine Abweichung von Art. 105 Abs. 2 UN-Charta dar, als die Art der Regelung den Mitgliedern freigestellt blieb.

315 BGBl. 1954 II, S. 498.

316 I.O.I., II.E. 1. d.; ILM 6 (1967), S. 310 ff.

317 Die ursprüngliche Satzung vom 30. April 1948 enthielt eine fast wortgleiche Bestimmung in Art. 104, ausgenommen die Klausel, „die ihrer Position entsprechenden Immunitäten zu gewähren". Die Rechtsstellung der Beamten der Panamerikanischen Union sollte in jedem Fall durch besondere Vereinbarung zwischen der Organisation und dem betroffenen Staat geregelt werden, Art. 105; vgl. insofern *Peaslee,* Vol. II, S. 545 ff.; Inter-American Juridical Yearbook 1948, S. 328 ff.

Während Art. 14 des Paktes der Liga der Arabischen Staaten vom 22. März 1945[318] hinsichtlich der zu gewährenden Vorrechte noch allgemein auf die diplomatischen Privilegien und Immunitäten verwies, erfolgte durch die Konvention über die Privilegien und Immunitäten vom 10. Mai 1953[319] die notwendige Präzisierung. Art. 20 bestimmt nunmehr ausdrücklich, dass allen Beamten – ohne Rücksicht auf ihre Staatsangehörigkeit – Jurisdiktionsimmunität hinsichtlich in amtlicher Eigenschaft vorgenommener Handlungen zu gewähren ist. Darüber hinaus sollen der Generalsekretär, sein Stellvertreter, übergeordnete Funktionäre, die Ehegatten und minderjährigen Kinder die den diplomatischen Vertretern vergleichbaren Ranges nach dem Völkerrecht zustehenden Immunitäten genießen.

II. Mit spezieller Zielsetzung

Im Rahmen der Darstellung der Immunitäten zu Gunsten der im Dienste regionaler internationaler Organisationen mit spezieller Zielsetzung tätigen Funktionäre sollen allein die in den Satzungen bzw. Gründungsverträgen der ökonomischen und wissenschaftlich-technologischen Organisationen enthaltenen Vorrechte Berücksichtigung finden. Demgegenüber wird von einer Wiedergabe der Immunitätsvorschriften zu Gunsten der für Finanz- und sicherheitspolitische Organisationen[320] tätigen Funktionäre abgesehen, da hier Zielsetzung und Aufgabenbereich erheblich von der- bzw. demjenigen der übrigen internationalen Funktionäre, insbesondere aber der internationalen Richter, abweichen[321] und sie darüber hinaus gegenüber den im Folgenden noch darzustellenden Vorrechten keine wesentlichen Abweichungen bzw. Neuerungen enthalten[322].

1. Vorrechte zu Gunsten der für Wirtschaftsorganisationen tätigen Funktionäre

Von den im Folgenden zu behandelnden Wirtschaftsorganisationen hebt sich die Europäische Union durch ihre Supranationalität[323], ihre Möglichkeit zur Rechtssetzung mit einer die Mitgliedstaaten und deren Bürger verpflichtenden Wirkung ab[324], so

318 I.O.I., II.G. 1. a.; UNTS 70 (1950), No. 241, S. 248 ff.

319 Documents Revue Égyptienne de Droit International 11 (1955), S. 220 ff.; allgemein zur Konvention vgl. *Reiff*, Agreement on the Privileges and Immunities of the League of Arab States, ebenda, S. 146 ff.

320 Eine Zusammenfassung der wesentlichsten Immunitätsvorschriften ist nachzulesen bei *Jenks*, The Headquarters of International Institutions, 1949, S. 102 ff.; ausführlicher *Michaels*, International Privileges and Immunities: A Case for a Universal Statute, 1971, S. 143 ff.

321 *Lalive*, RdC 84 (1953 III), S. 365.

322 Ausführlich zu den Immunitätsvorschriften zu Gunsten „internationaler Banker" vgl. *Michaels* (Fn. 320), S. 134 ff.

323 Allgemein zum Begriff der Supranationalität vgl. *Ipsen H.-P.*, in: FS Scheuner (Fn. 42), S. 211–225.

324 Vgl. *Siebert* (Fn. 43), S. 37.

dass aus diesem Grund mit der Darstellung der Vorrechte zu Gunsten der EU-Funktionäre begonnen werden soll.

a) Immunitäten zu Gunsten der EU-Funktionäre

Nach In-Kraft-Treten des Amsterdamer Vertrages vom 2. Oktober 1997 bildet Art. 291 EGV die rechtliche Grundlage der den Funktionären der EU zu gewährenden Immunitäten[325]. Durch die Vorschrift wurde der bis dahin geltende Art. 28 Satz 1 des Fusionsvertrages vom 8. April 1965[326] nahezu wortgleich in den EGV eingefügt. Art. 291 EGV trifft – ebenso wie zuvor Art. 28 Abs. 1 des Fusionsvertrages – selbst keine inhaltliche Regelung in Bezug auf die erforderlichen Vorrechte und Befreiungen, sondern verweist hinsichtlich deren genaueren Ausgestaltung auf das Protokoll vom 8. April 1965 über die Vorrechte und Befreiungen der Europäischen Gemeinschaften[327], das integraler Bestandteil des Fusionsvertrages und nunmehr des EGV ist[328].

Art. 291 lautet – soweit hier von Interesse – wie folgt:

„Die Gemeinschaft genießt im Hoheitsgebiet der Mitgliedstaaten die zur Erfüllung ihrer Aufgabe erforderlichen Vorrechte und Befreiungen nach Maßgabe des Protokolls vom April 1965 über die Vorrechte und Befreiungen der Europäischen Gemeinschaften …"

Auch wenn auf Grund des Wortlauts der Vorschrift ihr Anwendungsbereich allein auf die Gemeinschaften selbst beschränkt zu sein scheint, so ergibt sich doch aus der Verweisung auf das genannte Protokoll, dass auch die Organe, Mitglieder und Beamten mit erfasst werden.

Nach Art. 12a des Protokolls über die Vorrechte und Befreiungen der EG vom 8. April 1965 ist den Beamten der Europäischen Gemeinschaft Jurisdiktionsimmunität zu gewähren, und zwar ohne Rücksicht auf die Staatsangehörigkeit und auch nach Beendigung der Amtstätigkeit für die „in amtlicher Eigenschaft vorgenommenen Handlungen, einschließlich der mündlichen und schriftlichen Äußerungen"[329]. Da den Funktionären diese Vorrechte ausschließlich im Interesse der Gemeinschaft ge-

325 Ausführlich zu den Immunitäten der EU-Funktionäre *Henrichs*, Die Vorrechte und Befreiungen der Beamten der Europäischen Gemeinschaften, EuR 22 (1987), S. 75–92.

326 BGBl. 1965 II, S. 1454 ff.

327 ABl. EG 1967 Nr. 152, S. 13.

328 *Röttinger*, in: Lenz (Hrsg.), EG-Vertrag Kommentar, 2. Aufl. 1999, Art. 291 Rn. 1.

329 Soweit Art. 12a des Protokolls die Befreiung von der Gerichtsbarkeit vorbehaltlich der persönlichen Haftung der Beamten gegenüber der Gemeinschaft nach dem Beamtenstatut vorsieht, erfolgt hierdurch keine Einschränkung der Jurisdiktionsimmunität. Denn zum einen normiert Art. 22 des Beamtenstatuts (VO Nr. 259/68 des Rats vom 29. Februar 1968, ABl. L 56/1) allein die Amtshaftung des Beamten gegenüber der Gemeinschaft, also nur im Innenverhältnis. Seine bevorrechtigte Stellung gegenüber Dritten bleibt unberührt (vgl. auch *Lageard*, in: Lenz (Hrsg.), EG-Vertrag Kommentar, 2. Aufl. 1999, Art. 288 Rn. 41). Zum anderen befreit die den EU-Beamten gewährte Immunität lediglich von der nationalen Gerichtsbarkeit, während über Streitigkeiten betreffend die Haftung des Beamten ein internationales Gericht, der EuGH, zu entscheiden hat (Art. 22 Abs. 3 Beamtenstatut).

währt werden, sind sie aufzuheben, wenn die Gemeinschaftsinteressen es zulassen (Art. 18 des Protokolls).

Im Ergebnis stellt sich daher die Rechtsstellung der Beamten der EU nicht anders dar als zum Zeitpunkt der Verträge von Rom, da der Fusionsvertrag und damit auch Art. 219 EGV lediglich die zuvor in den Gründungsverträgen von EGKS[330], EWG[331] und Euratom[332] nebst den zwar für jede dieser Regionalorganisationen separat bestehenden, so doch wortgleichen Protokollen[333] geregelten Immunitätsvorschriften in einen einheitlichen Vertrag zusammengefasst haben, ohne sie inhaltlich umzuformen.

b) Immunitäten zu Gunsten der Funktionäre von EFTA und OECD

Während die Immunitätsvorschriften zu Gunsten der Funktionäre der EFTA[334] denjenigen der Beamten der UNO und deren Spezialorganisationen entsprechen, verweist das ergänzende Protokoll Nr. 2 der OECD-Satzung[335] hinsichtlich der zu gewährenden Immunitäten auf das 1. Protokoll zum Abkommen der OEEC vom 16. April 1948[336]. Danach kommen die Beamten hinsichtlich „things done by them in their official capacity" auch nach Amtsenthebung in den Genuss der Gerichtsimmunität (Art. 14a). Darüber hinaus regelt Art. 15, dass der Generalsekretär neben seiner Ehefrau und seinen Kindern unter 21 Jahren diejenigen Immunitäten genießt, die dem Leiter einer diplomatischen Mission nach dem Völkerrecht zustehen. Seinen Stellvertretern kommt der Status diplomatischer Vertreter vergleichbaren Ranges zu.

c) Immunitäten zu Gunsten der Funktionäre afrikanischer und lateinamerikanischer Wirtschaftsorganisationen

Nach dem Vorbild der EFTA und der Europäischen Gemeinschaften ist sowohl in Afrika als auch in Lateinamerika eine Reihe von Freihandelszonen und Wirtschaftsgemeinschaften entstanden, deren Satzungen lediglich sehr vage, überwiegend am Prinzip des Funktionserfüllung orientierte Immunitätsvorschriften beinhalten.

Während das Abkommen über die Gründung eines lateinamerikanischen Wirtschaftssystems (SELA) vom 17. Oktober 1975[337] in Art. 37 bestimmt, dass den Beamten in den Mitgliedstaaten die zu ihrer Funktionserfüllung notwendigen Immunitäten gewährt werden sollen, bezieht sich diese Verpflichtung gegenüber dem Gene-

---

330 Art. 76 EGKS-Vertrag, BGBl. 1952 II, S. 445, 471.

331 Art. 128 EWG-Vertrag, BGBl. 1957 II, S. 766, 890.

332 Art. 191 Eurotom-Vertrag, BGBl. 1957 II, S. 1014, 1114.

333 Vgl. Art. 11 a des Protokolls über die Vorrechte und Befreiungen der EGKS (BGBl. 1952 II, S. 479, 480), der EWG (BGBl. 1957 II, S. 1182, 1188) und Euratom (BGBl. 1957 II, S. 1212, 1218).

334 UNTS Vol. 394, No. 5667, 1961, S. 38 ff.

335 I.O.I., B.II. 7. a.ii; BGBl. 1961 II, S. 1151 ff.

336 UNTS 888 (1973), No. 12735, S. 161 ff.

337 I.O.I., II.E. 3. a.; UNTS 1292 (1982), No. 21295, S. 310 ff.

ralsekretär des ASEAN-Sekretariats und dessen Personal allein auf das Gastland (Art. XI der Vereinbarung über die Gründung eines ASEAN-Sekretariats[338]).

Demgegenüber verweist Art. 53 der Satzung der LAIA[339] vom 12. August 1980 nicht nur allgemein auf die diplomatischen, sondern auch auf andere Immunitäten, die zur Aufgabenerfüllung der Funktionäre unerlässlich sind.

Die Satzungen der afrikanischen Organisationen[340] enthalten keine wesentlichen Abweichungen zu den bislang erörterten Immunitätsvorschriften.

2. Vorrechte der zu Gunsten wissenschaftlich-technologischer Organisationen tätigen Funktionäre

Mit eindeutigem Schwerpunkt in Europa sind verschiedene internationale Organisationen entstanden, die die Lösung von Fragen u. a. in den Bereichen Weltraumforschung und Kommunikation zum Ziel haben.

Diese erst ca. 30 Jahre nach der UNO gegründeten Organisationen enthalten in ihren Gründungsabkommen eine Reihe von Immunitätsvorschriften, die die zuvor dargestellten Regelungen zum Teil ergänzen und modifizieren, zum Teil aber auch einige Neuerungen beinhalten.

a) Immunitäten zu Gunsten der Funktionäre von ESRO, EWO und ESO

In Art. 16 der Verordnung über die Vorrechte und Befreiungen der ESRO[341] ist geregelt, dass die Mitglieder des Personals der Organisation auch nach ihrem Ausscheiden aus dem Dienst der Organisation Immunität von der Gerichtsbarkeit hinsichtlich der in Ausübung ihres Amtes vorgenommenen Handlungen einschließlich ihrer mündlichen und schriftlichen Äußerungen haben; diese Immunität gilt jedoch nicht im Fall eines Verstoßes gegen die Straßenverkehrsordnung durch ein Mitglied des Personals der Organisation oder des Schadens, der durch ein ihm gehörendes oder von ihm geführtes Motorfahrzeug verursacht wurde, Art. 16 lit. a. Ferner genießen sie Unverletzlichkeit aller ihrer amtlichen Schriftstücke und Urkunden, Art. 16 lit. c.

Darüber hinaus sind dem Generaldirektor der Organisation und dessen Stellvertreter die gleichen Vorrechte und Befreiungen wie Diplomaten vergleichbaren Ranges zu gewähren (Art. 15), es sei denn, sie sind eigene Angehörige eines Mitgliedstaates (Art. 24). In diesem Fall genießt der Generaldirektor – unabhängig von der Tatsache, dass der Mitgliedstaat nicht zur Gewährung diplomatischer Immunitäten verpflichtet ist – ebenso wie die übrigen Beamten die in Art. 16 lit. a und c normierten Immunitäten. Diese Schlussfolgerung ist einem Umkehrschluss aus Art. 24 zu entnehmen, der Diskriminierungen allein in Bezug auf im Rahmen dieser Arbeit nicht zu berücksichtigende Privilegien statuiert[342].

---

338 I.O.I., II. F. 2. e.; UNTS 1331 (1983), No. 22342, S. 243 ff.

339 I.O.I., II.E. 6. a.; ILM 20 (1981), S. 672 ff.; die Latin American Integration Association ersetzt die 1960 gegründete Latin American Free Trade Association (LAFTA), ILM 4 (1965), S. 682.

340 Vgl. z. B. die Satzung der OCAM, I.O.I., II.H. 2.

341 BGBl. 1965 II, S. 1353 ff., 1358.

Gleichlautende Immunitätsvorschriften enthält die Anlage 1 über Vorrechte und Befreiungen der Europäischen Weltraumorganisation, allerdings mit der auf den ersten Blick eher unerheblichen Abweichung, dass die Gerichtsimmunität dann keine Geltung haben soll, wenn Schäden durch *Kraft-*, nicht aber durch Motorfahrzeuge verursacht wurden[343].

Eine wortgleiche Vorschrift normiert Art. 16 Abs. 2 des Protokolls über die Vorrechte und Befreiungen der ESO vom 13. August 1974[344]. Allerdings ist die Gewährung der Immunität „von jeder gerichtlichen Belangung" nach Art. 16 Abs. 1 davon abhängig, ob die Handlungen der Mitglieder des Personals sowohl „in Ausübung ihres Amtes" als auch „im Rahmen ihrer Befugnisse" vorgenommen wurden.

Daneben enthält Art. 15 des Protokolls hinsichtlich der dem Generaldirektor und dessen Stellvertreter zusätzlich zu gewährenden Immunitäten eine neuartige Formulierung. Den genannten Personen werden während ihrer Amtszeit die Vorrechte und Immunitäten eingeräumt, die das Wiener Übereinkommen vom 18. April 1961 über diplomatische Beziehungen den Diplomaten vergleichbaren Ranges gewährt, vorausgesetzt, sie sind nicht eigene Angehörige eines Vertragsstaates oder haben ihren ständigen Wohnsitz in seinem Hoheitsgebiet, Art. 22.

b) Immunitäten zu Gunsten der Funktionäre der EUMETSAT

Generell entsprechen die in Art. 10 lit. a und c des Protokolls über die Vorrechte und Immunitäten der EUMETSAT[345] normierten Vorrechte zu Gunsten der Funktionäre denjenigen der zuvor erörterten, in Art. 16 lit. a und c der ESRO-Verordnung festgelegten Immunitäten. Darüber hinaus bestimmt Art. 11 des Protokolls in Abweichung zu allen bislang vorgestellten Vorschriften im Einzelnen definierte Immunitäten, die allein dem Direktor der EUMETSAT zusätzlich zu den in Art. 10 lit. a und c vorgesehenen Vorrechten gewährt werden sollen. Nach Art. 11 lit. a genießt der Direktor Immunität von Festnahme und Haft, außer wenn er auf frischer Tat angetroffen wird. Des Weiteren wird ihm Immunität von der Zivil- und Verwaltungsgerichtsbarkeit und Vollstreckung gewährt, die Diplomaten genießen, außer im Fall von Schäden, die durch ein ihm gehörendes oder von ihm geführtes Fahrzeug oder sonstiges Verkehrsmittel verursacht wurden[346], sowie volle Immunität von der Strafgerichtsbarkeit, außer im Fall eines Verkehrsverstoßes gegen Verkehrsvorschriften durch ein ihm gehörendes oder von ihm geführtes Fahrzeug oder sonstiges Verkehrsmittel, vorbehaltlich des Buchstabens a. Dieser Zusatz hat zur Folge, dass gegen den Direktor der EUMETSAT zwar wegen eines Verkehrsverstoßes keine Gefängnis-, jedoch eine empfindliche Geldstrafe verhängt werden kann.

342 „Ein Mitgliedstaat ist nicht verpflichtet, seinen eigenen Angehörigen die in den Artikeln 14, 15 und Artikel 16 Buchstaben b, e und g … bezeichneten Vorrechte und Befreiungen zu gewähren."

343 Zur unterschiedlichen Terminologie in diesem Zusammenhang vgl. auch die Ausführungen in Teil 7 B. II. 2.f.bb.

344 BGBl. 1975 II, S. 395, 398 f.

345 BGBl. 1989 II, S. 702, 706.

346 Art. 11 lit. b des Protokolls.

c) Immunitäten zu Gunsten der Funktionäre der EUTELSAT

Abweichend zum Protokoll über die Vorrechte der EUMETSAT ist die Immunität eines Funktionärs der EUTELSAT bei Verkehrsunfallschäden, die durch ein einem Bediensteten gehörendes oder von ihm geführten Motorfahrzeug oder durch ein anderes Verkehrsmittel verursacht wurden, allein in Bezug auf Zivil-, nicht aber auch bezogen auf Strafverfahren aufgehoben, Art. 9 Abs. 1 lit. a EUTELSAT-Protokoll[347].

Neben der Gerichtsimmunität, die allen Beamten hinsichtlich der von ihnen bei der Wahrnehmung ihrer amtlichen Aufgaben vorgenommenen Handlungen einschließlich ihrer mündlichen und schriftlichen Äußerungen expressis verbis auch nach Amtsbeendigung eingeräumt wird, besteht Unverletzlichkeit aller amtlicher Papiere und Dokumente, die sich auf die amtliche Tätigkeit der EUTELSAT beziehen (Art. 9 § 1 c).

Der Generaldirektor genießt darüber hinaus seinem für die EUMETSAT tätigen Kollegen vergleichbare Immunitäten[348], Art. 10 Abs. 1 des Protokolls.

Ebenso wie in der Verordnung über die Vorrechte der ESRO bestimmt Art. 10 Abs. 2 des Protokolls, dass die Vertragsparteien zwar nicht verpflichtet sind, ihren eigenen Staatsangehörigen oder Personen mit ständigem Aufenthalt in ihrem Hoheitsgebiet die in diesem Artikel vorgesehenen Immunitäten zu gewähren. Es verbleibt aber ausweislich Art. 9 Abs. 4 ungeachtet der Staatsangehörigkeit eines Bediensteten – gleich welcher Kategorie – in jedem Fall bei der in Abs. 1 lit. a normierten Gerichtsimmunität und der in Abs. 1 c bestimmten Unverletzlichkeit der amtlichen Schriftstücke.

d) Immunität zu Gunsten der Funktionäre der INTELSAT

Wiederum ein Novum gegenüber den letztgenannten Immunitätsvorschriften weist das Protokoll über die Vorrechte der INTELSAT auf[349]. Denn die Gerichtsimmunität hinsichtlich der im Rahmen der Befugnisse vorgenommenen Amtshandlungen, ausgenommen Verkehrsverstöße und Autounfälle[350], und die Unverletzlichkeit der amtlichen Schriftstücke und Papiere im Zusammenhang mit der Wahrnehmung der Aufgaben der Tätigkeit der INTELSAT werden den Mitgliedern des Personals ebenso wie dem Generaldirektor, d. h. ohne die Bewilligung zusätzlicher Immunitäten, gewährt, Art. 7. Allerdings erfolgt über Art. 1 lit. g insofern eine Einschränkung, als klargestellt wird, dass unter dem Begriff „Mitglieder des Personals“ allein der Generaldirektor und diejenigen Mitglieder des geschäftsführenden Organs von mindestens einem Jahr Beschäftigungsdauer zu verstehen sind, ausgenommen Hausbedienstete der INTELSAT.

---

347 Das Protokoll vom 13. Februar 1987 ist vollständig abgedr. in BGBl. 1989 II, S. 253 ff.

348 Allerdings ist die auf Verkehrsunfälle bezogene Ausnahmevorschrift des Art. 10 Abs. 1 lit. b EUTELSAT-Protokoll insofern unklar formuliert, als sich ihr nicht zweifelsfrei entnehmen lässt, ob die Unterwerfung unter die Gerichtsbarkeit eines Mitgliedstaates allein auf Zivil- oder auch auf Strafverfahren bezogen ist.

349 BGBl. 1980 II, S. 706 ff.

350 Vgl. insofern auch die wortgleiche Bestimmung des Protokolls der EUTELSAT.

C. Immunitäten internationaler Funktionäre nach den Sitzstaatabkommen

Im Verhältnis zwischen einer internationalen Organisation und ihrem Sitzstaat ergibt sich die spezielle Situation, dass das Territorium, auf dem der Sitz der internationalen Organisation begründet wird, weiterhin Teil des souveränen Staates bleibt[351]. Im Rahmen ihrer Funktionsausübung tritt die Organisation auf Grund dessen in ständigen Kontakt mit der Territorialhoheit des Sitzstaates, der auf Grund seiner „Nähe" zur Organisation gegenüber den übrigen Mitgliedstaaten eine gesteigerte Möglichkeit der Einflussnahme und Druckausübung hat. Im Interesse der Wahrung einer unabhängigen Funktionserfüllung sind daher heute die rechtlichen Beziehungen zwischen einer internationalen Organisation und ihrem Sitzstaat in Anlehnung an die *modi vivendi* zwischen dem Völkerbund und der Schweiz[352] eigens in bilateralen Abkommen, den so genannten Sitzstaatabkommen, geregelt[353].

Die nachfolgende Darstellung beschränkt sich auf die Wiedergabe der Sitzstaatabkommen zwischen der UNO und der USA sowie zwischen den Spezialorganisationen und ihren Tätigkeitsstaaten. Weitere „Headquarter Agreements" finden nur insoweit Eingang in diese Untersuchung, als sie Abweichungen zu den bereits angeführten Abkommen enthalten[354].

I. Sitzstaatabkommen zwischen der UNO und den USA

Auf Grund der Tatsache, dass die rechtliche Natur der *modi vivendi* heftig umstritten war, sie von jeder „Vertrags"-partei zu jedem Zeitpunkt problemlos aufgegeben werden konnten und ihnen auf Grund dessen „fails to afford a solid legal foundation for the permanent independance of the international organization"[355], hat die Regelung der rechtlichen Beziehungen zwischen der UNO und den USA im „Headquarter Agreement" vom 21. November 1947[356] ihren Niederschlag gefunden. Allerdings enthält das Abkommen keinerlei Bestimmungen über die Immunitäten der UNO-Beamten, so dass in Ermangelung des Beitritts der USA zum Allgemeinen Abkommen über Vorrechte und Befreiungen die Rechtsstellung der Funktionäre speziell in den USA dem US International Organizations Immunities Act von 1945 entnom-

351 *Ahluwalia* (Fn. 303), S. 73. Die Rechtsstellung einer internationalen Organisation im Sitzstaat ist auf Grund dessen mit derjenigen von Botschaften im Empfangsstaat vergleichbar.

352 Vgl. hierzu die Ausführungen in diesem Kapitel unter A.I. 1.b.

353 Die u.a. von *Kelsen*, The Old and the New League: The Convenant and the Dumbarton Oaks Proposals, AJIL 39 (1945), S. 45, 81, und *Jenks* (Fn. 320), S. 47 f., geforderte Exterritorialität der internationalen Organisationen konnte sich nicht durchsetzen.

354 Eine ausführliche Studie über die Sitzstaatabkommen zwischen internationalen Organisationen und ihren Sitzstaaten wurde von *Cahier*, Étude des accords de siège conclus entre les Organisations Internationales et les États où elles résident, 1959, erstellt.

355 *Jenks* (Fn. 320), S. 46.

356 UNTS 11 (1947), No. 147, S. 11 ff.

men werden muss[357]. Art. 7b bestimmt insofern, dass „all officials of international Organizations including American citizens, ... would be granted immunity from suit and legal process relating to acts performed by them in their official capacities and within the limits of their functions, except insofar as such immunity may be waived by the foreign government or international organization concerned“[358].

II. Sitzstaatabkommen zwischen den Spezialorganisationen und ihren Tätigkeitsstaaten

Die meisten bilateralen Abkommen der Spezialorganisationen mit ihren Sitzstaaten entsprechen hinsichtlich der Vorschriften über die Gerichtsimmunität den Bestimmungen des Allgemeinen Abkommens der UNO (Art. 19) und der Spezialorganisationen (Art. 21)[359]. Über die persönliche Unverletzlichkeit der internationalen Funktionäre und ihrer Residenzen enthalten die Sitzstaatabkommen demgegenüber keinerlei Bestimmungen. Lediglich das Sitzstaatabkommen der FAO mit Italien regelt in Abschnitt 27a, dass die Bediensteten in Bezug auf eine vorbeugende Festnahme Immunität genießen. Eine Ausnahme von dieser Regelung besteht lediglich in den Fällen, in denen Bedienstete offensichtlich eine Straftat begangen haben, die eine Gefängnisstrafe nicht unter zwei Jahren vorsieht[360].

Zusätzlich ist die Immunität von der Beschlagnahme des persönlichen und amtlichen Gepäcks der Funktionäre in Abschnitt 27b FAO-Sitzstaatabkommen und in Abschnitt 38b IAEA-Sitzstaatabkommen vorgesehen.

Wiederum in Übereinstimmung mit Art. 19 des Allgemeinen Abkommens der UNO sowie Art. 21 des Allgemeinen Übereinkommens der Spezialorganisationen gewährt der überwiegende Teil der Sitzstaatabkommen den Generaldirektoren, ihren Stellvertretern, Ehefrauen und minderjährigen Kindern diplomatische Vorrechte in Übereinstimmung mit dem internationalen Recht[361]. Eine Spezifizierung trifft insofern Art. 19 Abs. 3 des Abkommens der UNESCO mit Frankreich vom 2. Juli 1954[362], in dem ausdrücklich festgelegt ist, dass, soweit hohen Funktionären diplomatische Vorrechte und Immunitäten gewährt sind, einem Beamten französischer

---

357 Vgl. *Bowett* (Fn. 105), S. 355 Fn. 93; allgemein zum US Immunities Act vgl. *Preuss,* AJIL 40 (1946), S. 332ff.

358 Comments by *Eifler*, Michigan Law Review 46 (1948), S. 381ff., 383f.

359 So u.a. Abschnitt 27 lit. c FAO-Sitzstaatabkommen, Art. 22 lit. a UNESCO-Sitzstaatabkommen, Abschnitt 15 lit. a UPU-Sitzstaatabkommen, vgl. insofern *Ahluwalia* (Fn. 303), S. 107. Art. IV Abschnitt 19, 20, 21 des Abkommens zwischen der ICAO und Canada vom 14. April 1951, UNTS, Vol. 96 (1951), No. 1335, S. 155, 168f.; Art. 10 des Abkommens zwischen der ICAO und Frankreich vom 14. März 1947, UNTS Vol. 94 (1951), No. 1306, S. 60ff., 65.

360 *Cahier* (Fn. 354), S. 299; *Ahluwalia* (Fn. 303), S. 114.

361 Z.B. Art. IV Abschnitt 19 des Abkommens zwischen der ICAO und Canada, UNTS Vol. 96 (1951), No. 1335, S. 155, 168.

362 UNTS Vol. 357 (1960), No. 5103, S. 3, 18.

Nationalität bezogen auf private Handlungen keine Immunität von der Gerichtsbarkeit in Frankreich zu gewähren ist[363].

Nennenswert ist das Sitzstaatabkommen der WHO mit Frankreich vom 14. März 1967[364], das folgende Immunitätsbestimmungen zu Gunsten der Funktionäre enthält:

„Article XV

The Director of the Agency shall be accorded during the period of his functions the privileges and immunities accorded to diplomatic agents.

Article XVI

Officials of the Agency ... shall enjoy:

(a) immunity from legal process, even after cessation of their functions, in respect of all acts done by them in the exercise of their functions and within the limits of their responsibilities. This immunity shall not apply in the case of infringement of the regulations concerning motor vehicle traffic by officials of the Agency, or of damage caused by a motor vehicle belonging to or driven by them; ...[365]

The Government of the French Republic is not bound to accord to its own nationals, or to permanent residents in France, the privileges and immunities referred to in Articles: ... XV, XVI, sub-paragraphs (c), (d), (e) and (f)...

In the exercise of their functions with the Agency, French nationals and permanent residents in France shall nonetheless be accorded, even after the cessation of their functions, immunity from legal process in respect of acts, including words spoken and written, done by them in the exercise of their functions and within the limits of their responsibilities.

Article XIX

The provisions of this agreement shall in no way affect the right of the Government of the French Republic to adopt all measures it may consider appropriate in the interest of the security of France and the maintenance of public order.“

---

363 *Jenks* (Fn. 320), S. 115. Der in diesem Zusammenhang von *Egger* (Fn. 89), S. 165, vertretenen Auffassung, das Abkommen behandele einheimische und ausländische Funktionäre gleich, kann auf Grund dessen nicht gefolgt werden. Denn während ein Funktionär französischer Staatsangehörigkeit sich wegen privater Handlungen bereits im Verlaufe seiner Amtszeit nicht auf seine Immunität berufen, er also unmittelbar rechtlich verfolgt werden kann, ist sein ausländischer Kollege bis zum Ablauf seiner Amtszeit wegen vergleichbarer Akte geschützt.

364 UNTS Vol. 743 (1970), No. 10667, S. 62, 71 f.

365 In Article XVI lit. b–f sind im Rahmen dieser Untersuchung nicht berücksichtigte Privilegien aufgeführt.

Im Fall eines Missbrauchs der Immunitäten sehen auch die Sitzstaatabkommen die Möglichkeit der Immunitätsaufhebung vor[366].

III. Weitere nennenswerte Sitzstaatabkommen zwischen internationalen Organisationen und ihren Tätigkeitsstaaten

Ebenso wie die Headquarter Agreements zwischen den Spezialorganisationen und ihren Tätigkeitsstaaten nimmt auch der überwiegende Teil der Sitzstaatabkommen zwischen den übrigen internationalen Organisationen und ihren Sitzstaaten hinsichtlich der den Funktionären vor Ort zu gewährenden Vorrechte Bezug auf die in den Gründungssatzungen bzw. den angehängten Protokollen oder Allgemeinen Abkommen festgelegten Immunitäten, ohne diese zu modifizieren.

Eine Ausnahme enthält insofern das Abkommen zwischen der Liga der Arabischen Staaten und der Vereinigten Arabischen Republik vom 20. Februar 1954, das die Anwendung von Art. 22 der Konvention und damit die Gewährung der nach dem Völkerrrecht für diplomatische Vertreter vorgesehenen Immunitäten in Bezug auf höhere Funktionäre, deren Ehegatten und minderjährige Kinder ausschließt[367].

Anzuführen ist in diesem Zusammenhang auch das Sitzstaatabkommen zwischen der Lateinamerikanischen Integrationsorganisation und Urugay vom 11. November 1982[368]. Art. 16 des Abkommens sieht für den Generalsekretär, dessen Stellvertreter sowie die hohen Funktionäre die den diplomatischen Vertretern zu gewährenden Immunitäten vor. Die übrigen Funktionäre genießen neben der persönlichen Unverletzlichkeit auch Jurisdiktionsimmunität, und zwar von Straf-, Zivil- und Verwaltungsverfahren, hinsichtlich ihrer in amtlicher Eigenschaft vorgenommenen Handlungen einschließlich ihrer mündlichen und schriftlichen Äußerungen. Diese Vorrechte bestehen nach Amtsbeendigung fort (Art. 18 lit. a). Art. 20 stellt klar, dass die Regierung Urugays nicht verpflichtet ist, eigenen Staatsangehörigen die in Art. 16 und 18 normierten Immunitäten zu gewähren mit Ausnahme der vollumfänglich einzuräumenden Jurisdiktionsimmunität hinsichtlich der in amtlicher Eigenschaft vorgenommenen Handlungen[369] sowie der Unverletzlichkeit amtlicher Schriftstücke und Dokumente (Art. 20 lit. c).

Ausführlich geregelt ist die Rechtsstellung der Mitglieder des Personals des Europäischen Laboratoriums für Molekularbiologie, die auch nach ihrem Ausscheiden aus dem Dienst des Laboratoriums Immunität von der Gerichtsbarkeit hinsichtlich

---

366 Sitzstaatabkommen: Art. 20 WMO; Abschnitt 29 lit. a FAO; Abschnitt 25 ICAO und Canada; Art. 12 ICAO und Frankreich; Art. 24 UNESCO; Abschnitt 40 lit. a IAEA, vgl. *Ahluwalia* (Fn. 303), S. 144.

367 Annex zu Art. 38 der Konvention, Revue Égyptienne de Droit International 11 (1955), S. 220, 229. Insoweit ist die Darstellung *Michaels* (Fn. 320), S. 119, unzutreffend, da er diesbezüglich ausführt, „the Regulation, as it is called, does not modify or abridge any of the provisions of the League Convention pertaining for the privileges or status of the international functionaries of the League of Arab States".

368 Sintesis Aladi 1982, S. 30 ff.

369 Art. 20 lit. a entspricht dem Wortlaut des Art. 18 lit. a.

der von ihnen in amtlicher Eigenschaft und im Rahmen ihres Amtes vorgenommenen Handlungen einschließlich ihrer mündlichen und schriftlichen Äußerungen genießen. Diese Immunität gilt jedoch nicht im Fall eines Verstoßes gegen die Straßenverkehrsvorschriften durch ein Mitglied des Personals des Laboratoriums oder in einem Schadensfall, der von einem dem Mitglied gehörenden oder von ihm geführten Motorfahrzeug verursacht wurde. Darüber hinaus genießen die Mitglieder des Personals Unverletzlichkeit aller ihrer amtlichen Schriftstücke und Urkunden, Art. 18 Abs. 1 lit. a und c des Gesetzes zu der Sitzstaatvereinbarung vom 10. Dezember 1974 zwischen der Regierung der BRD und dem Europäischen Laboratorium für Molekularbiologie[370]. Diese angeführten Immunitäten sind nach Art. 18 Abs. 2 auch den Mitgliedern des Personals, die deutsche Staatsangehörige sind, zu gewähren.

Ergänzend ist für den Generaldirektor in Art. 19 festgelegt, dass er, sofern es sich nicht um einen deutschen Staatsangehörigen handelt, außer den Vorrechten und Immunitäten, die Mitgliedern des Personals gewährt werden, gleiche Vorrechte und Immunitäten wie Diplomaten im Sinn von Art. 1 lit. e des Wiener Übereinkommens über diplomatische Beziehungen genießt.

Vergleichbare Regelungen enthalten auch die Sitzstaatabkommen der ESO und der EUMETSAT mit der BRD[371], allerdings mit der Ausnahme, dass auf Grund von Art. 10 lit. a dem EUMETSAT Bediensteten Gerichtsimmunität auch dann zugewähren ist, wenn eine Handlung nicht im Rahmen der Befugnisse vorgenommen sein sollte.

Zusammenfassung

Die vorstehende Untersuchung der den Amtsträgern internationaler Organisationen eingeräumten Immunitäten macht eine Beeinflussung des Immunitätsrechts internationaler Funktionäre durch das diplomatische Immunitätsrecht als einem der ältesten Rechtsgebiete des Völkerrechts offensichtlich. Denn in der Regel entspricht nicht nur die Rechtsstellung der höchsten Ränge der Hierarchie, der Leiter und stellvertretenden Leiter einer Organisation, derjenigen der Diplomaten, indem hinsichtlich der ihnen zu gewährenden Vorrechte auf das diplomatische Immunitätsrecht verwiesen wird. Darüber hinaus leiten sich auch die den mittleren und unteren Beamten ratione materiae eingeräumten Vorrechte trotz ihrer grundsätzlichen Beschränkung nur auf Amtshandlungen letztlich aus der den Diplomaten bis heute ratione personae gewährten absoluten Immunität ab.

Stellt sich das diplomatische Immunitätsrecht somit als ein die Fundamentalprinzipien des Immunitätsrechts schlechthin verkörperndes Recht dar[372], so lässt diese Er-

370 BGBl. 1975 II, S. 933, 940 f.

371 Art. 10 i.V.m. Art. 1 lit. e des Sitzstaatabkommens zwischen der BRD vom 31. Januar 1979, BGBl. 1979 II, 170 ff., und Art. 11 i.V.m. Art. 1 lit. b des Sitzstaatabkommens zwischen der EUMETSAT und der BRD vom 7. Juni 1989, BGBl. 1991 II, 295 ff.

372 Vgl. *Aufricht*, The Expansion of the Concept of Sovereign Immunity: With Special Reference to International Organizations, in: Proceedings of the American Society of International Law, 1952, S. 86: „There can hardly be any doubt that the new substantive rules of

kenntnis den Schluss zu, die diplomatische Immunität als allgemeines Immunitätsrecht zu qualifizieren, dessen älterer Zweig das Diplomatenrecht und dessen jüngere Form das Recht der internationalen Funktionäre bildet[373].

Augenscheinlich ist im Rahmen der Entwicklung der „international privileges and immunities“[374] insbesondere der Einfluss des „modus vivendi“ aus dem Jahre 1926 zwischen dem Völkerbund und der Schweiz, der in der Folge nicht nur für die Gruppenbildung der Beamten in Funktionäre höheren und niederen Ranges maßgeblich war. Auf ihn ist vor allem auch die Diskriminierung eigener Staatsangehöriger zurückzuführen. Denn indem das provisorische Abkommen die Immunität eigens der schweizerischen Funktionäre auf in amtlicher Eigenschaft und im Rahmen ihrer Dienstobliegenheit vorgenommene Handlungen beschränkte, erfolgte eine Schlechterstellung gegenüber ihren ausländischen Kollegen, denen weiterhin nicht nur generell für ihre amtlichen Handlungen, sondern auch für ihre privaten Akte Immunität gewährt wurde. Wenn nicht bereits in den Gründungssatzungen, so enthalten doch heute die Sitzstaatabkommen in der Regel die eigenen Staatsangehörigen benachteiligende Immunitätsvorschriften[375].

---

international law relating to the immunities and privileges of international organizations are in many respects similar to, if not identical with, traditional rules of international custom and comity relating to the immunities and privileges of diplomatic agents.“ Vgl. auch *Hammarskjöld,* Les immunités des personnes investies de fonctions internationales, RdC 56 (1936 II), 111 ff., 183 ff.; *Basdevant,* Les fonctionnaires internationaux, 1931, S. 300 ff.

373 Im Ergebnis ebenso *Kiesgen* (Fn. 260), S. 194; vgl. auch *Dahm,* Völkerrechtliche Grenzen der inländischen Gerichtsbarkeit gegenüber ausländischen Staaten, in: FS Nikisch, 1958, S. 174.

374 Vgl. *Crosswell,* Protection of International Personnel Abroad: Law and Practice Affecting the Privileges and Immunities of Internatioanl Organizations, 1952, S. v-vi, der zwischen „diplomatic privileges and immunities“ einerseits und „international privileges and immunities“ andererseits unterscheidet.

375 Auf diesen zentralen Punkt der vorliegenden Untersuchung wird ausführlich in Teil 7 D. I. eingegangen.

Teil 5 Immunitäten zu Gunsten internationaler Richter

A. Historische Entwicklung der internationalen Gerichtsbarkeit

Obgleich sich die Praxis der gerichtlichen Streitbeilegung völkerrechtlicher Konflikte – wenn auch in Form der Schiedsgerichtsverfahren – bis ins Mittelalter zurückverfolgen lässt[376], so stellt doch die Errichtung ständiger internationaler Gerichtshöfe ein Phänomen des letzten Jahrhunderts dar[377].

Die erstmals nach den Haager Friedenskonferenzen von 1899 und 1907 zu verzeichnenden Bestrebungen der internationalen Gemeinschaft, neben dem auch heute noch bestehenden Ständigen Schiedshof einen ständigen internationalen Gerichtshof zu errichten, blieben zunächst erfolglos. Zwar konnte auf der Haager Friedenskonferenz von 1907 die Konvention eines internationalen Prisenhofs verabschiedet werden, eine Ratifizierung scheiterte aber in Ermangelung einer die Unabhängigkeit der Richter zufriedenstellend schützenden Regelung[378].

Der im Jahre 1908 auf regionaler Ebene errichtete Zentralamerikanische Gerichtshof musste seine Tätigkeit bereits 1918 einstellen, nachdem auch dieser Vertrag in Ermangelung adäquater, die Unabhängigkeit des Gerichts sichernder Mittel nicht erneuert wurde[379].

Das erste Gericht mit universaler Gerichtsbarkeit wurde mit der Errichtung des StIGH durch den Völkerbund im Jahre 1921 geschaffen. An dessen Stelle trat nach dem Zweiten Weltkrieg der IGH, der seine Eröffnungssitzung am 18. April 1946 hielt. Wenngleich zwar der IGH nicht als Rechtsnachfolger seines Vorgängers konzipiert war, wurde doch ein gewisses Maß an Kontinuität zwischen dem alten und dem neuen Gerichtshof sichergestellt, indem das Statut des StIGH mit geringfügigen Änderungen übernommen und durch entsprechende Vorschriften im neuen Statut die bestehende Zuständigkeit des StIGH auf den neuen Gerichtshof teilweise übergeleitet wurde[380].

---

376 Schon die Stadtstaaten des antiken Griechenland verfügten, insbesondere durch die Delphi Amphictyonies, über ein gut entwickeltes System der Streitbeilegung durch unparteiische Dritte. Vgl. allgemein *Ralston*, International Arbitration from Athens to Locarno, 1929, S. 153f.

377 Zur Entwicklung internationaler Gerichte allgemein vgl. *Hudson*, International Tribunals, 1944, S. 3ff.; *Anand*, International Courts and Contemporary Conflicts, 1974, S. 11ff., und *Tomuschat*, Judical Settlement of International Disputes (Fn. 24), S. 285, 313.

378 *Rosenne*, The World Court, what it is and how it works, 4. Aufl. 1989, S. 21.

379 *Rosenne* (Fn. 378).

380 Artt. 92 bis 96 UN-Charta; dazu Statut des IGH und seine Verfahrensordnung, beide wiedergegeben in: *Oellers-Frahm/Wühler* (Hrsg.), Dispute Settlement in Public International Law, 1984, S. 21, 31ff.

Neben dem IGH ist auf der Grundlage der Bestimmungen der Seerechtskonvention von 1982 im Jahr 1997 der Seegerichtshof in Hamburg als weiterer ständiger Gerichtshof errichtet worden, allerdings mit spezieller Judikatur[381]. Die Einrichtung eines ständigen internationalen Strafgerichtshofs ist geplant[382].

Daneben existiert eine Reihe weiterer internationaler Gerichte, deren Tätigkeiten nicht nur regional, sondern – mit Ausnahme des EuGH[383] – auch auf die Ausübung einer Spezialgerichtsbarkeit beschränkt sind. Zu nennen sind in diesem Zusammenhang der Europäische Gerichtshof für Menschenrechte[384], der Interamerikanische Gerichtshof für Menschenrechte[385] sowie der EFTA-Gerichtshof[386].

Erwähnenswert ist in diesem Zusammenhang, dass der Europarat auf seiner Sitzung im Oktober 1997 mit dem 11. Protokoll zur EMRK[387] vom 11. April 1994 wegen der ständig zunehmenden Anzahl der Mitgliedstaaten und der daraus resultierenden Arbeitsüberlastung des alten, für die Bedürfnisse von zehn bis zwölf Mitgliedstaaten geschaffenen EuGHMR die Errichtung eines neuen ständigen Gerichtshofs für Menschenrechte beschlossen hat. Dieser neue Gerichtshof, der am 1. 11. 1998 seine Tätigkeit aufgenommen hat, ersetzt das bisherige duale System beim Europarat, d. h., er ist an die Stelle der Kommission[388] und des alten Gerichtshofs getreten.

---

381 Artt. 279–296 SRÜ vom 10. 12. 1982 (BGBl. 1994 II, S. 1799, dazu Anlage VI mit Statut des Seegerichtshofs und Verfahrensordnung (abgedr. in: Max Planck Yearbook of United Nations Law, Vol. 2, 1998, S. 505-570).

382 Rom-Statut vom 17. Juli 1998, BT-Drucks. 14/2682 vom 14. Februar 2000, S. 5 ff. Nachdem zum Zeitpunkt der Drucklegung der Arbeit bereits sechsundsechzig Staaten des Statut ratifiziert hatten, tritt der IStGH am 1. Juli 2002 in Kraft (UNIC/473, 12. April 2002); vgl. auch Fn. 48.

383 EGV vom 25. März 1957 (BGBl. 1957 II, S. 766 mit späteren Änderungen), Art. 168–188; Verfahrensordnung des Gerichtshofs der EG vom 19. 6. 1991 (ABl. 1991 Nr. L 176, S. 7 ff. vom 4. Juli 1991) i.d. F. vom 21. Februar 1995 (ABl. 1995 Nr. L 44, S. 61 ff.) sowie Gerichtshof der Europäischen Gemeinschaften, zusätzliche Verfahrensordnung vom 4. Dezember 1974 (ABl. 1974 Nr. L 350, S. 29 ff. i.d. F. ABl. 1987 Nr. L 165, S. 4 ff.); Protokoll über die Satzung des Gerichtshofs der EG vom 17. April 1957 (BGBl. 1957 II, S. 1166) i. d. F. des Beschlusses 94/993 des Rats vom 22. Dezember 1994 zur Änderung des Protokolls über die Satzung des Gerichtshofs der EG (ABl. 1994 Nr. L S. 1 ff.).

384 11. Protokoll zur EMRK vom 11. April 1994; Verfahrensordnung des Gerichtshof, in Kraft seit dem 1. November 1998 (Fundstelle: http://www.ahues.de/europarat.htm).

385 Statut des Inter-Amerikanischen Gerichtshofs für Menschenrechte, Res. No. 448 der OAS, 1979, ergänzt durch Res. Nr. 625, 1987; Verfahrensordnung des Gerichtshofs vom 18. Januar 1991 in der am 20. September 1996 durch die 34. Sitzung des Gerichts angenommenen geänderten Fassung, in Kraft getreten am 1. Januar 1997 (Fundstelle: http// www. 1. umn.edu/humanrts/iachr/rule1-97.htm).

386 Statut des EFTA-Gerichtshofs, normiert im 5. Protokoll zum Abkommen zwischen den EFTA-Staaten und dem Gerichtshof; Verfahrensordnung des EFTA-Gerichtshofs (Fundstelle: http://www.efta.int/docs/Court/LegalTexts/frmain.htm); 7. Protokoll des ESA/Gerichtshofsübereinkommens über die Vorrechte und Immunitäten des EFTA-Gerichtshofs (Fundstelle: http://www.efta.int.docs/Court/LegalTexts/Proto7.htm).

387 Vgl. Art. 19 des 11. Protokolls zur EMRK. Das Protokoll ist abgedr. in BGBl. 1995 II, S. 579 ff.

388 Sie hat noch bis Oktober 1999 getagt, um die Überprüfung der bereits für zulässig erklärten Klagen anzuerkennen.

B. Immunitäten zu Gunsten internationaler Richter

Wie die vorstehende Übersicht der Historie internationaler Gerichtshöfe verdeutlicht, hat sich die Errichtung ständiger internationaler Gerichtshöfe erst während des letzten Jahrhunderts langsam entwickelt. Die Vollständigkeit der vorliegenden Untersuchung erfordert auf Grund dessen neben der Darstellung der Vorrechtsregelungen zu Gunsten der an den gegenwärtigen internationalen Gerichten tätigen Richter auch ein Eingehen auf die in den Konventionen und Gerichtshofstatuten enthaltenen Immunitätsvorschriften der vor 1921 bestehenden Gerichtshöfe. Denn nur so lässt sich eine möglicherweise im Laufe der Jahre gewandelte Auffassung der Staaten hinsichtlich Erfordernis und Umfang der den Richtern zu gewährenden Immunitäten aufzeigen.

I. Immunitätsvorschriften in den Konventionen und Gerichtshofstatuten bis 1921

Art. 24 Abs. 8 der Schiedsgerichtskonvention vom 29. Juli 1899, bestätigt durch Art. 46 der „Convention pour le règlement pacifique des conflits internationaux" vom 18. Oktober 1907, regelte die Rechtsstellung der Richter des Ständigen Schiedshofes wie folgt: „Les membres du Tribunal dans l'exercise de leur fonctions et en dehors de leur pays, jouissent des privilèges et immunités diplomatiques."[389]

Die nicht ratifizierte Konvention über die Errichtung eines internationalen Prisenhofs sah in Art. 13 Abs. 1 vor, dass die Richter und Hilfsrichter während der Ausübung ihres Amtes und außerhalb ihres Heimatlandes die an ihrem jeweiligen, im Territorium eines Vertragsstaates gelegenen Aufenthaltsort üblichen diplomatischen Vorrechte und Befreiungen genießen sollten[390].

Hiervon abweichend beinhaltete die den Friedensvertrag von Washington vom 20. Dezember 1907 begleitende Konvention über die Schaffung eines Gerichtshofs die folgenden Bestimmungen[391]:

Art. IX: „The regular and substitute Justices shall take oath or make a legal declaration before the authority that may have appointed them, and from the moment they shall enjoy the immunities and prerogatives which the present Convention confers upon them …"

Art. X: „Whilst they remain in the country of their appointment the regular and substitute Justices shall enjoy the personal immunity which the respective laws grant to the magistrates of the Supreme Court of Justice, and in the other contracting Republics they shall have the privileges and immunities of diplomatic agents."

---

389 *Strupp*, Documents pour servir à l'histoire du droit des gens, Bd. II, 2. Aufl. 1923, S. 669, 678.

390 *Pohl*, Deutsche Prisengerichtsbarkeit, 1911, S. 132.

391 *Strupp* (Fn. 389), Bd. II, S. 777 ff., 779.

In Anlehnung an die Satzung des Völkerbundes wurde Art. 19 des Statuts des StIGH vom 13. Dezember 1920 wie folgt gefasst: „Les Membres de la Cour jouissent dans l'exercise de leurs fonctions des privilèges et immunités diplomatiques.“[392]

II. Immunitätsvorschriften zu Gunsten der Richter gegenwärtiger internationaler Gerichtshöfe nach den Gerichtshofstatuten

Wie bereits in Teil 1 A. angezeigt, beschränkt sich die vorliegende Untersuchung auf eine detaillierte Auseinandersetzung mit den Immunitätsvorschriften zu Gunsten der Richter von IGH, ISGH, IStGH, EuGHMR, IAGHMR und EuGH. Auf die Rechtsstellung der am Jugoslawien-Tribunal und am EFTA-Gerichtshof tätigen Richter wird nur im Bedarfsfall eingegangen.

1. Vorrechte der Richter von IGH, ISGH, IAGHMR und IStGH

In Anlehnung an Art. 19 StIGH-Statut bestimmt auch Art. 19 IGH-Statut, dass die Mitglieder des Gerichtshofs bei der Wahrnehmung ihres Amtes diplomatische Vorrechte und Immunitäten genießen.

Zwar wurde die Vorschrift des Art. 19 IGH-Statut wortgleich in Art. 10 des Annex VI der Seerechtskonvention vom 10. Dezember 1982[393] übernommen. Doch erfolgte durch die Annahme des „Agreement on the Privileges and Immunities of the International Tribunal for the Law of the Sea“[394] am 23. Mai 1997 eine Präzisierung der Rechtsstellung der Richter wie folgt:

„Art. 13

1. Members of the tribunal shall, when engaged on the business of the Tribunal, enjoy the privileges, immunities, facilities and prerogatives accorded to the heads of diplomatic missions in accordance with the Vienna Convention[395].

2. Members of the Tribunal and members of their families forming part of their households shall be accorded every facility for leaving the country where they may happen to be and for entering and leaving the country where the Tribunal is sitting. On journeys in connection with the exercise of their functions, they shall in all countries through which they may have to pass enjoy all the privileges, immunities and facilities granted by these countries to diplomatic agents in similar circumstances.

3. If Members of the Tribunal, for the purpose of holding themselves at the disposal of the Tribunal, reside in any country other than that of which they are nationals or permanent residents, they shall, together with the members of their families forming

392 *Strupp* (Fn. 389), Bd. IV, S. 613 ff., 617.

393 Official Records of the Third United Nations Conference on the Law of the Sea, Vol. XVII, Doc. A/CONF. 62/122 and. Corr. 1–11.

394 Abgedr. in Max Planck Yearbook of United Nations Law, Vol. 2, 1998, S. 411–427.

395 Nach Art. 1 lit. h bedeutet „Vienna Convention“ die Wiener Konvention für diplomatische Beziehungen vom 18. April 1961.

part of their households, be accorded diplomatic privileges, immunities and facilities during the period of their residence there ...[396]

5. Members of the Tribunal shall have insurance coverage against third-party risks in respect of vehicles owned or operated by them, as required by the laws and regulations of the State in which the vehicle is operated.

6. Paragraphs 1 to 5 of this article shall apply to Members of the Tribunal even after they have been replaced if they continue to exercise their functions in accordance with article 5, paragraph 3, of the Statute.[397]

7. In order to secure, for the Members of the Tribunal, complete freedom of speech and independence in the discharge of their functions, the immunity from legal process in respect of words spoken or written and all acts done by them in discharging their functions shall continue to be accorded, notwithstanding that persons concerned are no longer Members of the Tribunal or performing those functions."

Speziell bezogen auf Staatsangehörige und Personen mit ständigem Wohnsitz bestimmt Art. 18 darüber hinaus, dass – sofern nicht der Mitgliedstaat zusätzliche Immunitäten gewährt – diese Personen in dem jeweiligen Mitgliedstaat Immunität von der Gerichtsbarkeit und Unverletzlichkeit in Bezug auf ihre schriftlichen und mündlichen Äußerungen sowie in Bezug auf all ihre in amtlicher Eigenschaft vorgenommenen Handlungen genießen, und zwar auch nach Beendigung ihrer Tätigkeit für den Gerichtshof. Diese Vorrechte werden den Richtern nicht zu ihrem persönlichen Vorteil gewährt, sondern ausschließlich im Interesse einer unabhängigen Funktionserfüllung, Art. 19 Abs. 1. Die Richter haben ungeachtet der ihnen gewährten Immunitäten nach Art. 19 Abs. 2 die nationale Rechtsordnung des Staates zu beachten und sich nicht in dessen innere Angelegenheiten einzumischen.

Auch Art. 48 Abs. 2 Halbs. 1 des Rom-Statuts verweist hinsichtlich der Rechtsstellung der Richter am IStGH auf diejenige der Diplomaten, allerdings beschränkt auf die Wahrnehmung der Geschäfte des Gerichtshofs oder in Bezug auf diese. In Halbsatz 2 ist ausdrücklich festgelegt, dass den Richtern nach Ablauf ihrer Amtszeit weiterhin Immunität von der Gerichtsbarkeit in Bezug auf ihre in amtlicher Eigenschaft vorgenommenen Handlungen, einschließlich ihrer mündlichen und schriftlichen Äußerungen, gewährt wird. Diese Vorrechte und Immunitäten können nach Art. 48 Abs. 5 des Statuts von den Richtern mit absoluter Mehrheit aufgehoben werden.

Art. 70 der AMRK[398]/Art. 15 IAGHMR-Statut[399] sehen vor, dass den Richtern die für diplomatische Vertreter nach internationalem Recht geltenden Immunitäten zu gewähren sind, und zwar vom Zeitpunkt ihrer Wahl an und während ihrer gesamten Amtszeit. Ergänzend sollen den Richtern in der Ausübung ihres Amtes die zur Erfüllung ihrer Pflichten erforderlichen diplomatischen Vorrechte gewährt werden,

396 Abs. 4 behandelt hier nicht näher interessierende Privilegien.

397 Art. 5 Abs. 3 ISGH-Statut lautet: „The members of the Tribunal shall continue to discharge their duties until their places have been filled. Though replaced, they shall finish any proceedings which they have begun before the date of their replacement."

398 Die AMRK ist abgedr. in AJIL 65 (1971), S. 679 ff.; ILM 9 (1970), S. 673 ff.

399 EuGRZ 7 (1980), S. 435 ff.; ILM 19 (1980), S. 634 ff.

Art. 70 Abs. 1 Satz 2 der Konvention/Art. 15 Abs. 1 Satz 2 des Statuts. Insbesondere dürfen sie zu keinem Zeitpunkt für Entscheidungen oder Stellungnahmen, die sie in Ausübung ihres Amtes abgegeben haben, zur Verantwortung gezogen werden[400].

Eine ähnliche Regelung enthält auch das Statut des Jugoslawien-Tribunals vom 3. Mai 1993[401], das in Art. 30 Abs. 2 normiert, dass die Richter die Vorrechte, Immunitäten, Befreiungen und Erleichterungen genießen, die Diplomaten nach dem Völkerrecht eingräumt werden. Darüber hinaus findet nach Abs. 1 auch das Übereinkommen vom 13. Februar 1946 über die Vorrechte und Immunitäten der Vereinten Nationen Anwendung.

2. Vorrechte der Richter am EuGHMR

Die Rechtsstellung der Richter am EuGHMR ist nach Art. 51 des 11. Protokolls zur EMRK dahingehend geregelt, dass sie für Amtshandlungen die Immunitäten genießen, die in Art. 40 der Satzung des Europarats und den auf Grund jenes Artikels geschlossenen Übereinkünften vorgesehen sind.

Die Mitglieder des Europarats haben erstmals am 2. September 1949 von ihrer in Art. 40 b EuRat-Satzung eingeräumten Befugnis Gebrauch gemacht und in Paris ein Allgemeines Abkommen über die Vorrechte und Befreiungen des Europarats unterzeichnet[402]. Dieses Allgemeine Abkommen konkretisiert die lediglich sehr global gehaltene Vorschrift des Art. 40 a EuRAT-Satzung, nach der den Funktionären im Gebiet der Mitglieder die für ihre Amtsausübung notwendigen Immunitäten zustehen.

Das Allgemeine Abkommen wurde letztmals durch das 6. Protokoll vom 5. März 1996[403] ergänzt, welches speziell die Vorrechte und Befreiungen des neuen einheitlichen EuGHMR festlegt. Dessen Art. 1 verweist zunächst auf Art. 18 des Allgemeinen Abkommens über die Privilegien und Immunitäten des Europarats, der die Immunität der Funktionäre in Bezug auf ihre schriftlichen und mündlichen Äußerungen sowie in Bezug auf ihre in amtlicher Eigenschaft und innerhalb ihrer Befugnisse vorgenommenen Handlungen normiert. Ergänzend verweist Art. 1 des 6. Protokolls für die Richter, ihre Ehegatten und minderjährigen Kinder auf die Vorrechte, Immunitäten, Befreiungen und Erleichterungen, die nach dem Völkerrecht diplomatischen Vertretern gewährt werden. Um den Richtern bei der Ausübung ihres Amtes volle Redefreiheit und Unabhängigkeit zu sichern, wird ihnen nach Ablauf ihrer Amtszeit Immunität von der Gerichtsbarkeit in Bezug auf ihre mündlichen und schriftlichen Äußerungen sowie die von ihnen in Ausübung ihres Amtes vorgenommenen Handlungen gewährt.

400 Art. 70 Abs. 2 Konvention/Art. 15 Abs. 2 Statut.

401 Res. des Sicherheitsrats Nr. 827 v. 23. 5. 1993 mit Statut des Tribunals.

402 UNTS 250 (1956), No. 3515, S. 12 ff.; mit Zusatzprotokoll vom 6. November 1952, BGBl. 1954 II, S. 494.

403 ETS No. 162.

Darüber hinaus sind ausweislich Art. 6 Abs. 1 des 6. Protokolls Papiere und Schriftstücke des Gerichtshofs, der Richter und der Kanzlei unverletzlich, soweit sie sich auf die Tätigkeit des Gerichtshofs beziehen. Auch der amtliche Schriftwechsel und die sonstigen amtlichen Mitteilungen des Gerichtshofs, seiner Mitglieder und der Kanzlei dürfen nicht zurückgehalten werden und unterliegen nicht der Zensur, Abs. 2.

Art. 4 Satz 1 des 6. Protokolls bestimmt ausdrücklich, dass die Vorrechte und Befreiungen den Richtern nicht zu ihrem persönlichen Vorteil gewährt werden, sondern um die unabhängige Ausübung ihres Amtes zu gewährleisten. Nur das Plenum des Gerichtshofs ist befugt, die Immunität von Richtern aufzuheben; es hat nicht nur das Recht, sondern auch die Pflicht, die Immunität eines Richters in allen Fällen aufzuheben, in denen sie nach Auffassung des Plenums verhindern würde, dass der Gerechtigkeit Genüge geschieht, und in denen sie ohne Beeinträchtigung des Zwecks, für den sie gewährt wird, aufgehoben werden kann, Art. 4 Satz 2 des 6. Protokolls.

3. Vorrechte der Richter am EuGH

Nach Art. 3 der Satzung des EuGH genießen die Richter und Generalanwälte folgende Befreiungen:

„Die Richter sind keiner Gerichtsbarkeit unterworfen. Hinsichtlich ihrer in amtlicher Eigenschaft vorgenommenen Handlungen, einschließlich ihrer mündlichen und schriftlichen Äußerungen, steht ihnen diese Befreiung auch nach Abschluß ihrer Amtstätigkeit zu.

Der Gerichtshof kann die Befreiung durch Plenarentscheid aufheben.

Wird nach der Aufhebung der Befreiung ein Strafverfahren gegen einen Richter eingeleitet, so darf dieser in jedem Mitgliedstaat nur vor ein Gericht gestellt werden, das für ein Verfahren gegen Richter der höchsten Gerichte dieses Mitgliedstaates zuständig ist."

Neben Artikel 3 EuGH-Satzung gelten für die Mitglieder des Gerichtshofs die Artikel 12 bis 15 und 18 des Protokolls über die Vorrechte und Befreiungen der Europäischen Gemeinschaften, Art. 21 Halbs. 1 des Protokolls. Sie enthalten überwiegend Regelungen betreffend Einreise und Aufenthalt, Ein- und Ausfuhr von Hausrat und Fahrzeugen, d. h. hier nicht näher interessierende Privilegien. Soweit sie die Befreiung von der Gerichtbarkeit betreffen[404], kommt nach Art. 21 Halbs. 2 des Protokolls Art. 3 der EuGH-Satzung der Vorrang zu.

Die vorbezeichnete Rechtsstellung der Richter des Gerichtshofs hat auch Gültigkeit für die Richter des dem EuGH durch Beschluss des Rats vom 24. Oktober 1988 bei-

404 Von Interesse ist vor allem Art. 12 lit. a des Protokolls, der bestimmt, den Richtern stehen „im Hoheitsgebiet jedes Mitgliedstaates ohne Rücksicht auf ihre Staatsangehörigkeit folgende Vorrechte und Befreiungen zu: a) Befreiung von der Gerichtsbarkeit bezüglich der von ihnen in amtlicher Eigenschaft vorgenommenen Handlungen, einschließlich ihrer mündlichen und schriftlichen Äußerungen, ... Diese Befreiung gilt auch nach Beendigung ihrer Amtstätigkeit ..."

geordneten „Gerichts erster Instanz der Europäischen Gemeinschaften“[405]. Dieses Gericht ist dem Gerichtshof als eigener Spruchkörper beigeordnet[406] und dient der Verbesserung des Rechtsschutzes durch Beschleunigung des Verfahrens, der Entlastung des EuGH und der Verbesserung der Tatsachenfeststellung[407]. Auf Grund der globalen Verweisung auf die den Gerichtshof betreffenden Immunitätsbestimmungen in Art. 168a Abs. 3 EU-/EG-Vertrag stehen auch den am EuG tätigen Richtern nicht nur die in Art. 21 des Protokolls über die Vorrechte und Befreiungen genannten Rechte zu[408]. Vielmehr finden auch die Vorschriften der Protokolle über die Satzung des Gerichtshofs, und hier vor allem Art. 3, entsprechende Anwendung[409]. Eine gesonderte Darstellung der Immunitätsvorschriften erübrigt sich insofern.

III. Vorrechte der Richter nach den Sitzstaatabkommen

Ebenso wie zwischen den internationalen Organisationen und ihren Sitzstaaten wurden auch zwischen den internationalen Gerichtshöfen und ihren Tätigkeitsstaaten „Headquarter Agreements“ vereinbart. Da deren inhaltlicher Ausgestaltung maßgeblicher Einfluss auf die noch zu erörternde Frage der richterlichen Immunität gegenüber dem Heimatstaat zukommt, bleibt ihre Darstellung einer gesonderten Behandlung in Teil 7[410] dieser Untersuchung vorbehalten.

Zusammenfassung

Die vorstehende Übersicht über die den Richtern an den unterschiedlichen internationalen Gerichtshöfen verliehenen Immunitäten veranschaulicht, dass in Bezug auf die Gewährleistung ihrer unabhängigen Aufgabenerfüllung nicht auf einheitliche Vorrechtsregelungen zurückgegriffen werden kann. Während die Satzungen bzw. Protokolle von IGH, IStGH und IAGHMR generell auf das diplomatische Immunitätsrecht Bezug nehmen, weist der Wortlaut der Vorrechtsregelungen in den Statuten des EuGH sowie des ISGH und des EuGHMR – trotz des ergänzenden Verweises auch auf die diplomatische Immunität in den beiden Letztgenannten – gewisse Parallelen zu den Immunitätsvorschriften zu Gunsten internationaler Funktionäre auf. „Vorbild“ der Immunitätsvorschriften zu Gunsten internationaler Richter sind daher die „diplomatic privileges and immunities“ einerseits und die „international privileges and immunities“ andererseits. Auch wenn somit unter Zugrundelegung des im 4. Kapitel erarbeiteten Ergebnisses das Dipomatenrecht letztlich das Fundament der derzeitigen Vorrechtsregelungen zu Gunsten internationaler Richter bildet, handelt

405 Art. 2 Abs. 5 des Beschlusses des Rats vom 24. Oktober 1998, Anhang IV zu Art. 188.

406 Beschluss des Rats vom 24. Oktober 1988, ABl. L 319 vom 25. November 1988, S. 1, zuletzt geändert durch Beschluss vom 1. Januar 1995, ABl. L 1 vom 1. Januar 1995, S. 1; vgl. allgemein zum Gericht erster Instanz *Jung*, Das Gericht erster Instanz der Europäischen Gemeinschaften, 1991.

407 *Neye*, Das neue europäische gericht erster Instanz, DB 1988, S. 2393–2395.

408 Art. 2 Abs. 5 BGEI.

409 Art. 44 EG-Satzung.

410 Vgl. insofern die Ausführungen in Teil 7 D. I. dieser Untersuchung.

es sich doch in ihren materiellen Auswirkungen um nicht unerheblich voneinander differierende Immunitätsregelungen zweier unterschiedlicher Immunitätsträger[411].

Zur Verdeutlichung der elementaren und die Rechtsstellung der Richter am einschneidendsten berührenden Unterschiede sei an dieser Stelle auf zwei zentrale, das Ergebnis der vorliegenden Untersuchung maßgeblich beeinflussende Aspekte hingewiesen, auf die zu einem späteren Zeitpunkt der Abhandlung näher eingegangen werden soll.

Im Gegensatz zu den den Diplomaten gleichgestellten Richtern an IGH, IAGHMR und IStGH, die auch in Bezug auf ihre privaten Handlungen grundsätzlich Befreiung von der Gerichtsbarkeit genießen, ist die Immunität der am EuGH tätigen Richter auf ihre Amtshandlungen beschränkt. Entsprechendes müsste auf Grund des Verweises in Art. 1 des 6. Protokolls über die Vorrechte und Befreiungen des EuGHMR auf Art. 18 des Allgemeinen Abkommens über die Immunitäten des Europarats auch für die Richter am EuGHMR gelten. Den internationalen Richtern werden somit, je nachdem, an welchem Gerichtshof sie tätig sind, zwei unterschiedliche Immunitätsarten gewährt: zum einen die Immunität ratione personae und zum anderen die Immunität ratione materiae.

Hinzu kommt, dass sich – wie noch ausführlich darzustellen sein wird – die Richter der letztgenannten Gerichtshöfe auch gegenüber ihren Heimatstaaten auf die Immunität berufen können, während dies den Richtern am ISGH nach Art. 18 des Übereinkommens über die Immunitäten – zumindest teilweise – verwehrt ist. Letzteres müsste wegen der diplomatischen Immunität als Maßstab eigentlich generell auch in Bezug auf die Richter an IGH und IAGHMR angenommen werden. Denn Art. 31 Abs. 4 WÜD untersagt die Gewährung der Vorrechte im Heimatstaat.

Die vorstehenden Erkenntnisse werfen folgende Fragen auf: Ist die unterschiedliche Rechtsstellung der an internationalen Gerichtshöfen tätigen Richter erforderlich, und welche der Immunitätsarten ist geeignet, den Richtern eine unabhängige Aufgabenerfüllung zu garantieren? Die Beantwortung dieser Fragen ist Gegenstand des nachfolgenden Kapitels.

411 Auf die Frage, ob und inwieweit darüber hinaus auch formelle Unterschiede bestehen, wird in Teil 6 B. I. 1. dieser Untersuchung gesondert eingegangen.

Teil 6 Effizienz der zu Gunsten internationaler Richter bestehenden Immunitätsvorschriften

A. Notwendigkeit einer differierenden Behandlung der an den unterschiedlichen internationalen Gerichtshöfen tätigen Richter

Bevor die Effizienz der zu Gunsten internationaler Richter bestehenden Immunitätsvorschriften im Einzelnen zu untersuchen ist, bedarf vorab die Frage der Klärung, inwiefern die aufgezeigte unterschiedliche Behandlung der an den verschiedenen Gerichtshöfen tätigen Richter denn notwendig ist.

Die Beantwortung dieser Frage hängt im weiteren Sinn maßgeblich von den den internationalen Gerichten übertragenen Funktionen und im engeren Sinn davon ab, in welchem Umfang die Gerichtshöfe und ihre Mitglieder im Hinblick auf diese ihre Funktionen im Spannungsfeld zwischen Recht und Politik stehen. Denn je fundamentaler die auszuübenden Funktionen der Gerichte und je größer das politische Gewicht ihrer zu treffenden Entscheidungen, desto umfassender ist zum einen die Unabhängigkeit der Richter zu wahren und desto notwendiger erscheint es beim Auftreten erheblicher Diskrepanzen in diesen Beziehungen, den Unterschieden insbesondere durch speziell am jeweiligen Tätigkeitsbereich der Richter ausgerichtete Immunitätsregelungen Rechnung zu tragen. Wenngleich auch eine entsprechende Betrachtungsweise zwangsläufig die Aufgabe des seit 1945 immer wieder von namhaften Völkerrechtlern[412] geäußerten Wunsches nach Vereinheitlichung der Immunitäten zur Folge hätte, müsste dieses Verlangen einer allein am Zweck der Immunitätsgewährung orientierten und damit sachgerechten Lösung weichen.

Wenn *Kiesgen*[413] in seinen Schlussbemerkungen allgemein darauf abstellt, dass „es sich bei allen Immunitäten um verschiedene Erscheinungsformen desselben Prinzips, nämlich der Achtung vor der Unabhängigkeit des fremden Staates, der internationalen Organisation und Gewährleistung der unabhängigen Funktionserfüllung, handelt“ und es ihm aus diesem Grund als gerechtfertigt erscheint, „zukünftig diese Erscheinungen dogmatisch und systematisch zusammen und einheitlich zu behandeln“, so verkennt er, dass gerade die Funktionen der einzelnen Immunitätsträger erheblich differieren können und diese Andersartigkeit ein unterschiedliches Maß an zu gewährenden Immunitäten erforderlich machen kann[414].

Wenngleich sich auch die Ausführungen *Kiesgen's* auf verschiedene Immunitätsträger, auf Staaten und internationale Organisationen nebst ihren jeweiligen Organen

412 *Kiesgen* (Fn. 260), S. 296.
413 Fn. 260, S. 296.
414 Vgl. insofern die Zusammenfassung zu Teil 4 der Untersuchung.

beziehen, so behält die zuvor geübte Kritik auch für die hier allein interessierende Frage nach der Immunität nur eines Immunitätsträgers, des internationalen Richters, auf Grund des gegebenenfalls bestehenden divergierenden politischen Gewichts der von den internationalen Gerichten im Einzelnen ausgeübten Funktionen im Rahmen unterschiedlich ausgereifter Rechtssysteme gleichwohl ihre Berechtigung.

I. Streitbeilegungs- und Gutachterfunktion der internationalen Richter unter besonderer Berücksichtigung der zu Grunde liegenden Rechtssysteme

Allein eine Übereinstimmung der von den internationalen Richtern ausgeübten Streitbeilegungs- und Gutachterfunktion – wie sie im Folgenden aufgezeigt wird – lässt noch nicht den zwingenden Schluss der Forderung einer einheitlichen Immunitätsregelung zu ihren Gunsten zu. Denn da die Möglichkeit der Einflussnahme auf die Rechtsentscheidungen in dem Maße zunimmt, in dem die Struktur der Rechtsordnung abnimmt, kann der Umfang der zu gewährenden Vorrechte nicht losgelöst von dem Entwicklungsstand der Rechtssysteme beurteilt werden, innerhalb deren die Richter ihre Aufgaben auszuüben haben.

1. Funktionen der internationalen Richter im Allgemeinen

Nach Art. 7 Abs. 1 UN-Charta zählt der IGH zu den Hauptorganen der Vereinten Nationen, dessen „Hauptrechtsprechungsorgan“ er ist, Art. 92 UN-Charta. Dem IGH sind zwei grundlegend unterschiedliche Funktionen übertragen: Zum einen erstattet er für die Organe der Vereinten Nationen, insbesondere die Generalversammlung und den Sicherheitsrat, Rechtsgutachten (Art. 96 Abs. 1 UN-Charta), zum anderen entscheidet er Rechtsstreitigkeiten zwischen den Staaten, die nach Art. 36 Abs. 3 UN-Charta auch vom Sicherheitsrat geltend gemacht werden können[415]. Während das Gericht durch seine Gutachterfunktion die einem Verfassungsgerichtshof in den nationalen Rechtssystemen vergleichbare Rolle ausübt[416], wird es in seiner streitentscheidenden Funktion als Rechtsprechungsorgan der Staatengemeinschaft tätig[417].

Der ISGH entscheidet sowohl über Streitigkeiten, die die Auslegung und Anwendung des Seerechtsübereinkommens betreffen (Art. 288 Abs. 1 SRÜ), als auch über Streitigkeiten, die ihm auf Grund einer mit den Zielen des SRÜ zusammenhängenden internationalen Übereinkunft in Übereinstimmung mit dem SRÜ unterbreitet werden (Art. 288 Abs. 2). Fragen, die sich aus Teil XI des SRÜ, d.h. aus der Erforschung und Ausbeutung der Ressourcen des Meeresbodens und des Meeresunter-

---

415 Der Sicherheitsrat hat bislang erst ein Mal, im *Corfu Channel Case*, von dieser Möglichkeit Gebrauch gemacht.

416 Mr. *Dupuy*, Beiträge zum ausländischen und öffentlichen Recht und Völkerrecht, Bd. 62, 1974, S. 76f.; *Seidl-Hohenveldern,* Der IGH und das Ideal eines weltweiten Richterstaates, in: FS Marcic, Bd. 1, 1974, S. 675, 676.

417 Mr. *Dupuy* (Fn. 416).

grundes, ergeben und nach Maßgabe des SRÜ außerhalb nationaler Hoheitsbefugnisse fallen, unterliegen der Zuständigkeit einer speziellen Kammer für Meeresbodenstreitigkeiten[418], die ein eigenständiger judikativer Körper innerhalb der Struktur des ISGH ist[419]. Eine weitere ausschließliche Zuständigkeit der Kammer für Meeresbodenstreitigkeiten besteht in ihrer gutachterlichen Funktion. Sind die in Artt. 191 und 159 Abs. 10 SRÜ gegebenen Voraussetzungen erfüllt, kann die Kammer Gutachten an die Versammlung oder den Rat der Internationalen Meeresbodenbehörde abgeben.

Der IStGH soll Gerichtsbarkeit über die schwersten Verbrechen ausüben, die die internationale Gemeinschaft als Ganzes berühren[420].

In den Tätigkeitsbereich des EuGH fallen in der als Rechtsgemeinschaft ausgestalteten Europäischen Union u. a. die Aufgaben eines Verfassungs-, Verwaltungs- und Arbeitsgerichts und seit der Gründung des Gerichts erster Instanz auch die Obliegenheiten eines Rechtsmittelgerichts[421].

Dem EuGHMR kommt heute in seiner Grundrechte anwendenden und auslegenden Tätigkeit die Funktion eines europäischen Verfassungsgerichts zu[422], das neben der streitigen Gerichtsbarkeit – ebenso wie IGH und EuGH – für die Erstellung von Gutachten zuständig ist[423].

Auch die Amerikanische Menschenrechtskonvention überträgt dem IAGHMR zwei unterschiedliche gerichtliche Funktionen. Zum einen ist der Gerichtshof nach Art. 62 der Konvention im Fall des gegen einen Vertragsstaat erhobenen Vorwurfs, die Konvention verletzt zu haben, zur Ausübung der streitigen Gerichtsbarkeit befugt. Zum anderen übt er mehr als jedes andere internationale Gericht eine umfassende Gutachtertätigkeit aus, indem er die Konvention und andere den Schutz der Menschenrechte in den amerikanischen Staaten betreffende Verträge nicht nur auf Antrag eines Konventionsmitglieds, sondern eines jeden Mitgliedstaates der OAS auslegt, Art. 64 der AMRK.

Zusammenfassend ist daher festzuhalten, dass den internationalen Richtern ebenso wie ihren nationalen Kollegen in erster Linie eine Streitbeilegungsfunktion zukommt, sie darüber hinaus aber auch eine Gutachtertätigkeit ausüben.

---

418 *Bernhardt,* Law of the Sea, Settlements of Disputes, EPIL, Instalment 3, 1997, S. 173 ff.

419 *Nordquist*, UNCLOS 1982: A Commentary, Vol. V, 1989, S. 402.

420 Vgl. die Präambel des Gerichtshof-Statuts.

421 Hierzu und zu sonstigen Aufgaben und Zuständigkeiten des EuGH vgl. *Beutler/Bieber/Pipkorn/Streil*, Die Europäische Union – Rechtsordnung und Politik, 5. Aufl. 2001, S. 283 f., Rn. 510 ff., 514.

422 Vgl. *Mosler*, ZaöRV 20 (1959/60), S. 415; *Walsh*, The European Court of Human Rights, Connecticut Journal of International Law 2 (1986/1987), S. 271, 277; allgemein zu dieser Thematik *Weidmann*, Der Europäische Gerichtshof für Menschenrechte auf dem Weg zu einem europäischen Verfassungsgericht, 1985.

423 2. Zusatzprotokoll zur EMRK.

2. Entwicklung der Rechtssysteme

Die zuvor dargestellten Funktionen üben die internationalen Richter bezogen auf ein Rechtsgebiet aus, das auch heute noch in seiner Entwicklung und Kodifikation weit hinter dem nationalen Recht zurückbleibt und darüber hinaus keine Legislative kennt[424].

a) Struktur der Rechtsordnungen

Gem. Art. 38 Abs. 1 IGH-Statut haben die Richter am IGH internationale Übereinkommen, Völkergewohnheitsrecht, allgemeine, in den Rechtssystemen „zivilisierter Nationen" übereinstimmend geltende Rechtsprinzipien sowie – subsidiär – richterliche Entscheidungen und Lehren bedeutender Völkerrechtsautoren anzuwenden. Infolge der Vielzahl der angeführten, zudem der Verbalauslegung bedürfenden Rechtsquellen[425] kann lediglich von einer nur grob skizzierten, unscharfe Konturen aufweisenden Rechtsordnung die Rede sein, innerhalb deren der IGH seine Streitbeilegungs- und Gutachterfunktion auszuüben hat.

Entsprechendes hat auch für die Richter an ISGH und IStGH, denen als Entscheidungsgrundlage sowohl die Vorschriften des SRÜ bzw. des Gerichtsstatuts als auch sonstige völkerrechtliche Verträge, Völkergewohnheitsrecht und allgemeine Grundsätze, solange sie nicht mit dem SRÜ bzw. mit dem Statut unvereinbar sind, dienen[426], ebenso zu gelten wie für die Richter an EuGHMR und IAGHMR. Letztgenannte haben in erster Linie die gegenüber Grundrechtskatalogen staatlicher Verfassungen oder Gesetze noch weniger präzise formulierte Europäische bzw. Interamerikanische Menschenrechtskonvention anzuwenden[427]. Neben diesen meist vagen Vertragstexten haben die Richter im Rahmen ihrer Tätigkeit auch geltendes Völkergewohnheitsrecht und allgemeine Rechtsgrundsätze[428] sowie weitere, den Schutz von Menschenrechten beinhaltende Verträge und Konventionen der Mitgliedstaaten zu berücksichtigen[429].

---

424 Eine Ausnahme bildet insofern der Rat der Gemeinschaft als Gesamtheit der Regierungen, dem es aber bislang nicht möglich gewesen ist, seine Funktion als Gesetzgeber der Gemeinschaft wahrzunehmen und über die Vielzahl der ihm vorliegenden Vorschläge der Kommission zu entscheiden.

425 Vgl. zu dieser Problematik, insbesondere zu den bei der Verbalauslegung des Art. 38 IGH-Statut festzustellenden Widersprüchen *Doehring*, Die Rechtsprechung als Quelle des Völkerrechts, in: FS Ruprecht-Karls-Universität Heidelberg, 1986, S. 541 ff.

426 Art. 293 Abs. 1 SRÜ; Art. 21 Statut des IStGH.

427 *Bernhardt,* in: FS Ruprecht-Karls-Universität Heidelberg (Fn. 13), S. 530 f. Allgemein auf die wenig strukurierten Rechtsordnungen verweisend, innerhalb derer die Richter an den Gerichtshöfen für Menschenrechte ihre Aufgaben wahrzunehmen haben, vgl. *Golsong*, The European Commission of Human Rights, Connecticut Journal of International Law, 2 (1986/87), S. 285, 287, 293, bezogen auf den EuGHMR und *Davidson*, The Inter American Court of Human Rights, 1992, S. 2, bezogen auf den IAGHMR.

428 Für eine entsprechende Anwendung dieser Rechtsquellen auch im Rahmen der richterlichen Tätigkeit am EuGHMR trotz Fehlens eines entsprechenden Hinweises im Konventionstext ausdrücklich *Bernhardt*, in: FS Ruprecht-Karls-Universität Heidelberg (Fn. 13), S. 531, und diesem folgend dann wohl auch für die Entscheidungen des IAGHMR.

429 Art. 64 der amerikanischen Menschenrechtskonvention vom 22. November 1969, in Kraft getreten am 18. Juli 1978, ILM 9 (1979), S. 673; AJIL 65 (1965), S. 679; Art. 60 der Europäischen Menschenrechtskonvention.

Demgegenüber werden die Richter am EuGH innerhalb eines klar definierten Rechtsgerüstes, der Gemeinschaftsrechtsordnung, tätig. Auf Grund dieser ausgeprägteren Rechtsstruktur erscheint es nach Auffassung *Michaels'* gerechtfertigt, den Richtern am EuGH gegenüber ihren übrigen internationalen Kollegen lediglich Vorrechte in vermindertem Umfang zu gewähren. *Michaels* stützt seine Ansicht insbesondere auf die Tatsache, dass in Art. 3 EuGH-Statut offensichtlich der Verweis auf die diplomatischen Immunitäten zu Gunsten der Richter vermieden und damit vorrangig auch dem supranationalen Charakter des EuGH Rechnung getragen wurde[430].

Dieser Argumentation ist entgegenzuhalten, dass ungeachtet der gegenüber den anderen internationalen Rechtsordnungen präzisierten Struktur des Gemeinschaftsrechts auch die Richter dieses supranationalen Gerichtshofs im Ergebnis auf der Grundlage einer von vornherein auf Wandel angelegten Verfassung[431] zu judizieren und die – verglichen mit dem nationalen Recht – noch immer mehr oder weniger unbestimmten und unvollständigen Grundsätze des Gemeinschaftsrechts durch eine am „effet utile" orientierte Auslegung zu berücksichtigen haben[432]. Letztlich wendet daher der EuGH primäres und sekundäres Gemeinschaftsrecht an, und zwar in seiner Ausformung durch die allgemeinen Grundsätze, die den Verfassungstraditionen der Mitgliedstaaten entsprechen, sowie das Völkerrecht in Gestalt von völkerrechtlichen Verträgen, die von der Gemeinschaft abgeschlossen wurden, und zwar unabhängig davon, ob sie in die vertragsrechtliche Rechtsstellung der Mitgliedstaaten eingetreten ist oder den Vertrag in eigener Zuständigkeit abgeschlossen hat[433].

Zusammenfassend ist daher festzuhalten, dass die internationalen Rechtsordnungen, wenn auch mit graduellen Unterschieden, so doch in der letzten Konsequenz ihrer Natur nach offen und auf Weiterentwicklung angelegt sind[434], ein Fazit, das die Notwendigkeit einer einheitlichen Regelung der Immunitätsfrage rechtfertigt – zumindest so lange, wie der EuGH seine tendenzielle Entwicklung in Richtung eines bundesstaatlichen Gerichtshofs noch nicht abgeschlossen hat.

---

430 *Michaels* (Fn. 320), S. 132 f.

431 Besonders anschaulich hierzu *H.-P. Ipsen*, Die Verfassungsrolle des Europäischen Gerichtshofs für die Integration, in: Der Europäische Gerichtshof als Verfassungsgericht und Rechtsschutzinstanz, 1983, S. 29, 50 f., der von der EG-Verfassung als einer „Wandel-Verfassung" spricht.

432 Vgl. *Stein*, in: FS der Ruprecht-Karls-Universität Heidelberg (Fn. 43), S. 619, 621. Ähnlich auch *Nicolaysen*, Der Gerichtshof: Funktion und Bewährung der Judikative, EuR 7 (1972), S. 375, 381, der ausführt: „Die Verträge sind mehr oder weniger Produkte aus der Retorte. In Verhandlungen ad hoc konzipiert im Hinblick auf gesetzte Zwecke, sind sie das Gegenteil einer ‚gewachsenen Rechtsordnung'. Ihnen fehlt weiterhin der Unterbau einer Dogmatik, wie Rechtsprechung und Lehre sie in ‚alten' Rechtsgemeinschaften entwickelt haben."

433 *Krück*, in: Groeben/Thiesing/Ehlermann, Kommentar zum EU-/EG-Vertrag, Bd. IV, 5. Aufl. 1997, Art. 164 Rn. 22 ff., 40 ff.

434 So im Ergebnis auch *Bernhardt*, in: FS der Ruprecht-Karls-Universität Heidelberg (Fn. 13), S. 527, 530 f.

b) Fehlen einer Legislative im internationalen Recht

Neben der Tatsache, dass die den Rechtsentscheidungen zu Grunde liegenden Vertragstexte im internationalen Recht meist vage und allgemein gefasst sind, existiert hier im Unterschied zum nationalen Recht auch keine Legislative[435], also kein Organ, das gegebenenfalls im Recht bestehende Lücken schließt und die Rechtslage den gewandelten Lebensverhältnissen und -anschauungen anpasst. Dies hat zur Konsequenz, dass der internationale Richter nicht nur aufgerufen ist, das internationale Recht auszulegen und anzuwenden, sondern darüber hinaus auch fortzubilden[436], um so die bestehenden Normendefizite auszugleichen. Dabei unterscheidet sich die Rechtsentwicklung durch den IGH insofern von der der übrigen internationalen Gerichte, als Letztere eine evolutive, dynamische Interpretation der Verträge bzw. der Konventionen praktizieren[437], sie also weniger auf die Intentionen der ursprünglichen Vertragsschöpfer als auf die objektive Bedeutung des Vertragsinhalts in seiner aktuellen Bedeutung abstellen. Während die dynamische Auslegungsmethode in Bezug auf den EuGH darauf ausgerichtet ist, die Entwicklung des Gemeinschaftsrechts voranzutreiben[438], ist die evolutive Auslegung durch den EuGHMR darauf beschränkt, die tatsächliche Entwicklung in den Vertragsstaaten nachzuzeichnen, um so zu verhindern, dass die Konvention von dieser tatsächlichen Entwicklung überholt wird[439]. Demgegenüber hat es zumindest bei oberflächlicher Betrachtung zunächst den Anschein, als ob sich der IGH u. a. auch „rechtsschöpferisch" betätigt. Denn im Rahmen ihrer Streitbeilegungsfunktion ist es den Richtern durchaus nicht fremd, Rechtssätze des Völkerrechts erstmalig zu formulieren[440]. Auch in diesem Zusammenhang darf aber nicht außer Acht gelassen werden, dass selbst ein solcher Rechtssatz letztlich die Rechtsauffassung der Staatengemeinschaft widerspiegelt, da er nie zu Beginn, sondern immer nur am Ende eines Rechtsbildungsprozesses steht, der von der Praxis der Staaten und der entsprechenden

---

435 Vgl. Fn. 424.

436 Speziell für den EuGH *Kutscher*, Über den Gerichtshof der Europäischen Gemeinschaften, EuR 16 (1981), S. 392, 399 ff.; *Stein,* in: FS Ruprecht-Karls-Universität Heidelberg (Fn. 43), S. 619 ff.; speziell für den IGH *Gormley*, in: FS Singh (Fn. 36), S. 309, 324; speziell für den IAGHMR *Davidson* (Fn. 427), S. 143, 155 ff.; vgl. allgemein zu dieser Thematik, *Bernhardt,* in: FS Ruprecht-Karls-Universität Heidelberg (Fn. 13), S. 527 ff.

437 *Bernhardt,* in: FS Ruprecht-Karls-Universität (Fn. 13), S. 535, bezogen auf den EuGHMR und IAGHMR; bezogen auf den EuGHMR: *Golsong*, Connecticut JIL 2 (1986/87), S. 285, 287, mit Beispielen aus der Rechtsprechung des EuGHMR; *Villiger*, Handbuch der Europäischen Menschenrechtskonvention – unter besonderer Berücksichtigung des schweizerischen Rechts, 1993, Rn. 156, 157; bezogen auf den EuGH vgl. *Stein,* in: FS Ruprecht-Karls-Universität Heidelberg (Fn. 43), S. 626.

438 *Kutscher*, EuR 16 (1981), S. 392, 393; speziell zur Frage der richterlichen Rechtsfortbildung durch die Richter des EuGH vgl. *Bleckmann*, Die Rolle der richterlichen Rechtsschöpfung im Europäischen Gemeinschaftsrecht, in: Rechtsvergleichung, Europarecht und Staatenintegration, Gedächtnisschrift für Constantinesco, 1983, S. 61 ff.

439 *Bernhardt,* in: FS Ruprecht-Karls-Universität Heidelberg (Fn. 13), S. 527, 535 f.; ähnlich *Golsong*, Connecticut JIL 2 (1986/87), S. 285, 291.

440 Ausführlich zu der Frage, inwieweit die Rechtsprechung des IGH eine Rechtsquelle des Völkerrechts bildet, *Doehring*, in: FS Ruprecht-Karls-Universität Heidelberg (Fn. 425), S. 541–554.

Rechtsüberzeugung bestimmt wurde[441]. Nach der hier vertretenen Auffassung kommt damit in der letzten Konsequenz auch dem IGH eine lediglich rechtsfortbildende, nicht aber eine sich hiervon deutlich unterscheidende rechtserzeugende Funktion zu[442], so dass zumindest unter dem Gesichtspunkt des Modus der Funktionsausübung keine Bedenken gegen eine einheitliche Immunitätsregelung zu Gunsten aller internationalen Richter bestehen.

II. Politische Tragweite der Funktionen der internationalen Gerichtshöfe im Einzelnen

Da – wie eingangs dieses Kapitels dargestellt – die Forderung nach einer einheitlichen Immunitätsregelung trotz übereinstimmender Funktionserfüllung der Richter nicht unabhängig von deren politischer Tragweite erhoben werden kann, ist dieser Fragestellung im Folgenden nachzugehen.

1. Politische Tragweite der Funktionen des IGH[443]

Ausweislich Art. 102 Abs. 3 der IGH-Satzung soll der Gerichtshof sowohl seine Streitbeilegungs- als auch seine Gutachterfunktion nur in Bezug auf „legal questions pending between two ore more states" ausüben. Wenngleich insofern zwar der Anschein erweckt wird, dass allein Streitfälle „rechtlicher Natur" einer Entscheidung durch das Gericht zugänglich sind und auch die Richter am IGH teilweise die Ansicht vertreten, dass das Gericht die Beantwortung von Rechtsfragen mit „politischem Charakter" verweigern sollte[444], so trifft die Annahme, dass die gerichtlichen Entscheidungen auf einer entpolitisierten Basis getroffen werden, auf internationaler Ebene noch weit weniger zu als auf nationaler[445]. Im Ausgangspunkt ist insofern *Mosler* zuzustimmen, nach dessen Ansicht „this distinction is more a pragmatic one than a logical one: Legal disputes always have a greater or smaller political dimension"[446],

---

441 Vgl. *Doehring*, in: FS Ruprecht-Karls-Universität Heidelberg (Fn. 425), S. 541, 544.

442 So im Ergebnis auch *Doehring,* in: FS Ruprecht-Karls-Universität (Fn. 425), S. 541, 552 f., der sich eingehend mit der Auslegung des Art. 38 Abs. 1 lit. d IGH-Statut auseinandersetzt.

443 Allgemein zur politischen Funktion des IGH *Rosenne,* The Law and Practice of the International Court (Fn. 15), S. 90–95.

444 Vgl. insofern die Ausführungen von *Lachs*, ehemaliger Präsident am IGH, The Development and General Trends of International Law in Our Time, RdC 169 (1980 IV), S. 9, 228.

445 *Weeramantry,* Leiden Journal of International Law 10 (1997), S. 309, 327.

446 *Mosler*, The Area of Justiciability: Some Cases of Agreed Delimination in the Submission of Disputes to the International Court of Justice, in: FS Lachs, 1984, S. 409, 415; *Lauterpacht*, The Function of Law in the International Community, 1933, S. 153; *Lachs,* RdC 169 (1980 IV), S. 9, 228, scheint seine diesbezügliche Ansicht hier wiederum einzuschränken, da er nunmehr ausführt, dass „there is no political dispute which does not have a legal element, and most legal disputes have a political element. In a world of continous change, of political, economic and social development, law cannot be hermetically closed and detached from politics".

und allein die Tatsache „of finding a case more or less predominantly political or legal would amount to a political choice“[447].

Konkret lässt sich die „Politisierung“ des IGH an zwei unterschiedlichen Aspekten festmachen. Es handelt sich hierbei zum einen um den Einfluss politischer Faktoren bei der Entscheidungsfindung durch das Gericht. Insbesondere nach seinem zweiten Urteil im Süd-West-Afrika-Fall im Jahre 1966[448], das einen gewissen Widerspruch zu seinem Urteil vom 21. Dezember 1962 bildete[449], im Ergebnis aber einer Genehmigung der von Südafrika geübten Apartheidpolitik auch über das Mandatsgebiet Süd-West-Afrikas gleichkam[450], war der Gerichtshof insbesondere den heftigen Vorwürfen der Dritte-Welt-Staaten ausgesetzt, eine politische Entscheidung getroffen zu haben[451]. Die gleiche Kritik äußerten später die USA hinsichtlich der Nicaragua-Urteile von 1984 und 1986, obgleich es sich ungeachtet aller politischen Implikationen bei der vom IGH zu beantwortenden Frage nach der Verletzung des völkerrechtlichen Gewaltverbotes ausschließlich um eine Rechtsfrage handelte[452]. Zum anderen ist die Einwirkung politischer Motive auf die von den Außenministerien – zumeist in Übereinstimmung mit den jeweiligen nationalen Interessen – vorzunehmende Nominierung der für das Richteramt in Frage kommenden Kanditaten nicht von der Hand zu weisen[453]. Nachdem aber die Wahlberechtigten auf Grund von Art. 9 UN-Charta in jedem Fall darauf zu achten haben, dass die Richter „in ihrer Gesamtheit eine Vertretung der großen Kulturkreise und der hauptsächlichen Rechtssysteme der Welt gewährleisten“, kann heute zwar von einem zumindest „regionalen“ Gleichgewicht der verschiedenen Rechtsformen und Gesellschaftsordnungen, m. a. W. von einer Bildung sog. Subgruppen der Mitglieder des IGH, ausgegangen werden[454]. Die gerade aus dieser Subgruppenentwicklung resultierende ideologische Vielschichtigkeit auf der Richterbank[455] lässt den IGH aber immer wieder in ein politisches Spannungsfeld rücken. Denn gerade auf Grund ihrer unterschiedlichen Rechtskulturen gelangen die Vertreter des IGH nicht immer zu einem überzeugenden gemeinsamen Ausspruch[456], wie die bereits oben erwähnten Urteile im Süd-West-Afrika-Fall so-

447 *Mosler*, Political and Justiciable Legal Disputes: Revival of an Old Controversy, in: Contemporary of International Law: Essays in Honour of Georg Schwarzenberger, 1988, S. 216, 229.

448 ICJ Reports 1966, S. 6.

449 Obgleich das Urteil von 1962, ICJ Reports 1962, S. 319, Vorfragen im gleichen Streitfall betraf, sah sich der Gerichtshof, dessen Zusammensetzung sich in der Zwischenzeit geändert hatte, 1966 außer Stande, ein Sachurteil auszusprechen.

450 *Mc Whinney*, Judical Settlement of Disputes: Jurisdiction and Justiciability, RdC 221 (1990 II), S. 19, 174.

451 *Mc Whinney*, RdC 221 (1990 II), S. 19, 40, 173–176; *Seidl-Hohenveldern*, in: FS Marcic (Fn. 416), S. 679.

452 *Mc Whinney*, RdC 221 (1990 II), S. 19, 154.

453 *Mc Whinney*, RdC 221 (1990 II), S. 19, 154.

454 Ähnlich *Mc Whinney*, RdC 221 (1990 II), S. 19, 192; *Prott*, Der internationale Richter im Spannungsfeld der Rechtskulturen, 1975, S. 69 ff., 71 ff.

455 *Steinberger*, in: Judical Settlemet of International Disputes (Fn. 11), S. 193, 263.

456 *Bernhardt*, Europa-Archiv 1, Beiträge und Berichte, 28 (1973), S. 363, 366; verhaltener, im Ergebnis aber wohl zustimmend *Elias* (Fn. 22), S. 37.

wie die Entscheidung im Teheraner Geisel-Fall veranschaulichen. Spätestens seit dem Gutachten im Namibia-Fall 1971[457] erkennt heute auch die Mehrzahl der Mitglieder des IGH in zunehmendem Maße ihre „new, community policy-making, legislative role" an[458].

Zur Überwindung der zweifelsohne in Entscheidungen mit politischer Tragweite liegenden Schwächen regt *Bernhardt* den Ausbau einer geografisch beschränkten, nur Staaten mit besonderer politischer Affinität vereinenden Regionalgerichtsbarkeit an, wie sie bisher nur in Europa zu finden ist[459]. Der Frage, inwieweit diese Idee einer Regionalgerichtsbarkeit in der letzten Konsequenz zur Folge haben könnte, dass das internationale Recht in einzelne Fragmente zerfallen und damit seine Einheit zerstört werden könnte, soll an dieser Stelle nicht näher nachgegangen, sondern lediglich als Problem aufgezeigt werden.

2. Politische Tragweite der Funktionen des ISGH

Bereits das Anliegen, einen internationalen Seegerichtshof überhaupt zu schaffen, verdeutlicht dessen starke politische Dimension. Denn mit der Kodifizierung des gesamten internationalen öffentlichen Seerechts, soweit es sich um Friedensrecht handelt, verbanden die Entwicklungsstaaten auch die Forderung nach diesem neuen internationalen Gericht, dessen Besetzung nicht von politischen Organen kontrolliert und nicht von „westlichen" Richtern dominiert werden sollte. Hintergrund dieser Forderung waren die insbesondere auf dem Nominierungsverfahren der Richter des IGH beruhenden Ablehnungsgründe der Dritte-Welt-Staaten diesem Gerichtshof gegenüber, das durch die Mitwirkung des Sicherheitsrats im Ergebnis eine Gewähr für die Anwendung traditionellen europäisch-abendländischen Völkerrechts auf Streitfälle biete[460]. Es überrascht nicht, dass demgegenüber die Industriestaaten erhebliche Bedenken gegen eine Unterzeichnung des SRÜ hegten, das in wesentlichen Zügen von den politischen Zielvorstellungen der Entwicklungsländer gekennzeichnet ist[461] und die Schaffung eines Gerichtshofs bestimmt, der auch als „Gerichtshof der Dritten Welt" bezeichnet wird[462]. Nicht zuletzt das in Teil XI festgelegte Meeresbodenregime, in dem die Regelungsmechanismen der freien Marktwirtschaft durch wirtschaftslenkende Maßnahmen ersetzt wurden, die Errichtung einer Meeresbodenbehörde (Artt. 156ff.) sowie u.a. die Festlegung der Grenzen der Küstengewässer (Artt. 3ff.) und die Etablierung einer ausschließlichen Wirtschaftszone (Art. 55ff.) sind Ausdruck einer neuen Weltwirtschaftsord-

---

457 ICJ Reports 1971, S. 16.

458 *Mc Whinney,* Legislative Role of the World Court in an Era of Transition, in: Völkerrecht als Rechtsordnung, Internationale Gerichtsbarkeit, Menschenrechte, FS Mosler (Beiträge zum ausländischen öffentlichen Recht und Völkerrecht, Bd. 81), 1983, S. 567, 578.

459 Europa-Archiv, Teil 1, Beiträge und Berichte, 28 (1973), S. 363, 366f.

460 *Wasum*, Der internationale Seegerichtshof im System der obligatorischen Streitbeilegungsverfahren der Seerechtskonvention, 1984, S. 55.

461 *Treves*, The Law of the Sea Tribunal: Its Status and Scope after November 16, 1994, ZaöRV 55 (1995), S. 421–451.

462 *Wasum* (Fn. 460), S. 258.

nung, wie sie von den Entwicklungsländern gefordert wurde[463]. Dass eine derartige neue Weltwirtschaftsordnung und die hieraus resultierenden Streitigkeiten wegen der sich verändernden Machtstrukturen ein Politikum schlechthin darstellen, ist augenscheinlich.

3. Politische Tragweite der Funktionen des IStGH

Auch die außerordentliche politische Dimension eines aktiven IStGH liegt auf der Hand[464]. Denn ihm wird es obliegen, sicherheitspolitisches und in der letzten Konsequenz militärisches Handeln der Staaten sowie aller militärischen Akteure strafrechtlich zu kontrollieren und zu beurteilen. Im Kern bilden nicht nur politische Machtfragen den Hintergrund der Aktionen, die zukünftig ein Tätigwerden des Gerichtshofs überwiegend auslösen werden. Sie sind auch ausschlaggebend für die Bereitschaft der Staaten, die militärische Umsetzung ihrer Sicherheitspolitik justiziabel zu machen, zumal das Rom-Statut die Legitimationsgrundlage einer internationalen Strafrechtsschöpfung bildet[465].

4. Politische Tragweite der Funktionen des EuGH

Wenngleich auch der EuGH im Rahmen seiner ihm umfassend übertragenen rechtsprechenden Aufgaben immer wieder berufen wird, grundlegende wirtschaftspolitische Probleme zu entscheiden, bewegt er sich weit weniger im Spannungsfeld zwischen Recht und Politik als der IGH.

Denn während die Mitglieder des IGH die juristische Elite einer heterogenen internationalen Gesellschaft verkörpern, stammen die Vertreter des EuGH aus Gesellschaftssystemen, die über eine gemeinsame abendländische Kultur, über vergleichbare Sozialverhältnisse und mit wachsender Zusammenarbeit auch über eine Annäherung der Rechtssysteme, insbesondere zwischen dem Common-Law-Präjudizienrecht und dem kontinentalen kodifizierten Recht, verfügen[466]. Ungeachtet der gleichwohl bestehenden Eigenarten eines jeden nationalen Rechtssystems ist heute unbestreitbar, dass die Richterbank des EuGH mit einer homogenen Gruppe von Richtern besetzt ist, die mittels einer gemeinschaftsfreundlichen Rechtsprechung ein gemeinsames Ziel verfolgen: die Förderung der europäischen Integration[467].

---

463 Allgemein hierzu *Wolfrum*, Die UN-Seerechtskonvention der Perspektive der neuen Weltwirtschaftsordnung, in: Delbrück (Hrsg.), Das neue Seerecht, 1984, S. 97–118.

464 Vgl. *Roggemann*, Der Ständige Internationale Strafgerichtshof und das Statut von Rom 1998, Neue Justiz 52 (1998), S. 505, 506.

465 Ähnlich auch *Roggemann,* Neue Justiz 52 (1998), S. 505, 507; zur progressiven Entwicklung des internationalen Strafrechts durch den Gerichtshof vgl. auch *Janis*, The Utility of International Criminal Courts, Connecticut JIL 12 (1997) 2, S. 161, 167 ff.

466 *Prott* (Fn. 454), S. 151, 227 ff.

467 So schon *Riese*, Über den Rechtsschutz innerhalb der Europäischen Gemeinschaften, EuR 31 (1966), S. 26, und *Rieben*, der bereits auf die „puissance silencieuse de la force intégrante du droit“ vertraute.

Konsequenz dieser dem EuGH als „Integrationsorgan" zukommenden Funktion[468] ist insbesondere die Verminderung der Gefahr einer Blockbildung der verschiedenen Vertreter des EuGH und damit der Einfluss politischer Faktoren auf die Entscheidungsbildung.

Diese Entwicklung scheinen bereits die Väter der Verträge beim Entwurf der Satzung des EuGH antizipiert zu haben. Denn im Gegensatz zum Statut des IGH beinhaltet diese keine die Nationalität der Richter bestimmende Vorschrift – eine Tatsache, die nicht nur auf die Supranationalität des Gerichts hinweist, sondern auch ein Indiz dafür ist, dass die nationale Herkunft eines Richters grundsätzlich auf dessen Nominierung für den EuGH keinen Einfluss haben sollte[469]. In der Praxis wird allerdings stets ein nationaler Proporz beachtet, um die mitgliedstaatliche Repräsentation im Interesse der Rechtspflege durch die Vereinigung der verschiedenen Kulturen und Rechtsordnungen im Gerichtshof zu wahren[470].

Wenn dem Gericht trotz dieser integrierenden Funktion immer wieder der Vorwurf eines „gouvernement des juges" entgegengebracht wird[471], so geschieht dies überwiegend in Verkennung der Tatsache, dass sich der EuGH – ebenso wie auf nationaler Ebene das Bundesverfassungsgericht – als Teil eines politischen Systems nicht ausschließlich auf eine rechtliche Betrachtungsweise zurückziehen kann[472]. Wegen der Natur des Verfassungsrechts als das „spezifische Recht für das Politische" haben die die Verfassung konkretisierenden Entscheidungen stets auch politischen Charakter[473], der wegen der vergleichsweise lückenhaften Rechtsordnung der in fortschreitender Integration befindlichen Gemeinschaft im Rahmen der Rechtsprechung des EuGH noch deutlicher zum Ausdruck kommt als bei den nationalen Verfassungsgerichten. Dies bedeutet gleichwohl nicht, dass der EuGH die Grenze zur politischen Gerichtsbarkeit überschritten hat, d.h. politische Entscheidungen fällt. Denn stets bleibt die Interpretation eines Vertragstextes eine Rechtsfrage und sind darauf ergangene Entscheidungen rechtliche und nicht politische[474]. Zumindest

---

468 Dazu insbesondere *H.-P. Ipsen*, Europäisches Gemeinschaftsrecht, 1972, S 373 f. Zur richterlichen Rechtsfortbildung durch den EuGH vgl. die Europäische Strukturkommission, in: W. Weidenfeld (Hrsg.), Europa '96: Reformprogramm für die Europäische Union, S. 39 f., die inzwischen eine zurückhaltendere, stärker auf die föderale Ausrichtung der Gemeinschaft zielende Auslegung anmahnt.

469 *Bächle*, Die Rechtsstellung der Richter am Gerichtshof der Europäischen Gemeinschaften, 1961, S. 44; *van Bogaert*, Le caractère juridiques de la Cour de Justice des Communautés Européennes, in: Mélange offerts à H. Rolin, 1964, S. 449, 458 f.

470 *Siebert* (Fn. 43), S. 106 f.; *Oppermann,* Europarecht, 2. Aufl. 1999, S. 149, § 5 Rn. 373.

471 So der diesen Begriff im Zusammenhang mit dem EuGH prägende *Colin*, Le gouvernement des juges dans les Communautés Européennes, 1966; *Dänzer-Vanotti*, Unzulässige Rechtsfortbildung des Europäischen Gerichtshofs, RIW 1982, 733–742.

472 *Everling*, Das europäische Gemeinschaftsrecht im Spannungsfeld von Politik und Wirtschaft, in: Europäische Gerichtsbarkeit und nationale Verfassungsgerichtsbarkeit, FS zum 70. Geburtstag von Hans Kutscher, 1981, S. 155, 185.

473 *Leibholz,* Der Status des Bundesverfassungsgerichts (1963), in: Bundesverfassungsgericht (Hrsg.) Das Bundesverfassungsgericht, 1963, S. 61, 64.

474 *Nicolaysen*, EuR 7 (1972) S. 375, 377; *Donner*, Die politische Funktion des Richters, AöR 106 (1981), 1–14.

muss insoweit skeptischen Betrachtungen entgegengehalten werden, dass das Politische insofern begrenzt bleibt, als es sich am vorgegebenen Rechtsmaßstab, der gegenständlich begrenzten Funktion des Vertrages und der entsprechend abgefassten Texte orientieren muss[475] und damit der rechtlichen Beurteilung der Streitigkeiten Vorrang verschaffen wird.

Zusammenfassend ist festzuhalten, dass der EuGH „wegen des politischen Charakters der verfassungsrechtlichen Streitigkeiten und der hervorragenden und prägenden Bedeutung seiner Rechtsprechung für die gesamte Gemeinschaftsrechtsordnung auch als ein an der politischen Leitung der Gemeinschaft teilhabendes Verfassungsorgan bezeichnet werden kann“[476].

Inwieweit das politische Element auch in nicht verfassungsrechtlichen Streitigkeiten zukünftig in Entscheidungen des EuGH mit einfließen wird, hängt maßgeblich davon ab, ob sich der Gerichtshof auch nach dem Ende des Kalten Krieges weiterhin als homogenes internationales Gericht wird behaupten können. Es geht damit vorrangig um die Frage, wie schnell eine Angleichung auch der die Aufnahme in die Union anstrebenden osteuropäischen Staaten gelingen wird. Denn in dem Maße, wie unterschiedliche nationale Rechtsordnungen und politische Ideologien in der Besetzung des EuGH zusammentreffen, besteht sicherlich ein Risiko zunehmender Politisierung auch der Entscheidungen in nicht verfassungsrechtlichen Streitigkeiten dieses Gerichtshofs[477].

5. Politische Tragweite der Funktionen des EuGHMR

Waren es in der ersten Dekade der Tätigkeit des Gerichtshofs überwiegend schwerwiegende Menschenrechtsverletzungen, insbesondere im Bereich von Inhaftierungen, die den Richtern zur Entscheidung vorgelegt wurden, so haben sich diese mit wachsender Sensibilisierung der Öffentlichkeit für Grundrechtsprobleme heute überwiegend mit gesellschaftlichen und politisch-soziologischen Problemen auseinanderzusetzen[478]. Ungeachtet der damit zunehmenden Bedeutung der sich immerhin auch politisch auswirkenden Entscheidungen konnte bis zum Ende des Kalten Krieges auch in Bezug auf die Urteile des EuGHMR nicht von politischen Entscheidungen im typischen Sinne die Rede sein – eine Folge der sich zunächst relativ homogen

475 Vgl. *Everling*, Die Rolle des Europäischen Gerichtshofs, in: W. Weidenfeld (Hrsg.), Reform der Europäischen Union, 1995, S. 256, 260.

476 *Siebert* (Fn. 43), S. 62 f.; ähnlich auch *Donner*, AöR 106 (1981), S. 1, 10 f.; *Nicolaysen*, Europarecht 7 (1972), S. 375, 378, der ausdrücklich auf die politische Rolle der Fortentwicklung des institutionellen Systems des Gerichtshofs verweist.

477 Ähnlich – allerdings allgemein auf die eine Erweiterung der Gemeinschaft umfassenden Gefahren abstellend – *Nicolaysen*, EuR 7 (1972), S. 375, 386; *Weidenfeld,* Die Bilanz der Europäischen Integration 1998/99, in: Weidenfeld/Wessels (Hrsg.), Jahrbuch der Europäischen Integration 1998/99, S. 13, 22.

478 *Mosler*, Der Europäische Gerichtshof für Menschenrechte nach zwanzig Jahren, in: Recht als Prozess und Gefüge, FS Huber, 1981, S. 595, 597. Die Bandbreite des Entscheidungskatalogs reicht von Bildungsfragen über geheime Abhörmaßnahmen bis zum Eigentumsschutz.

darstellenden Richterbank[479]. Mit dem Eintritt[480] bzw. mit dem Bestreben auch der Ostblockstaaten, in den Europarat aufgenommen zu werden, ist bzw. wird diese Homogenität, insbesondere was die Stellung und Wertigkeit von Menschenrechten anbelangt, zunehmend in Frage gestellt. Denn es kann nicht erwartet werden, dass diese Staaten „über Nacht" ihre bislang vertretenen Ansichten aufgeben und den Stellenwert der Menschenrechte „in einem neuen Licht" würdigen. Erschwerend kommt hinzu, dass gerade in diesen ehemals totalitär regierten Ländern nicht ausgeschlossen werden kann, dass Sympatisanten des alten, gegen fundamentale Menschenrechte verstoßenden Regimes einflussreiche Positionen innehaben, die weder den Willen noch ein Interesse an Koordinierung und Angleichung der nationalen Standards im Grundrechtsschutz haben. Wie konträr Menschenrechte je nach politischem System gehandhabt werden, veranschaulicht der Fall *Mazilu* besonders deutlich[481].

Nachdem das 11. Protokoll zur EMRK in Artt. 20, 22 vorschreibt, dass sich der Gerichtshof aus jeweils einem Angehörigen eines Mitgliedstaates des Europarats zusammenzusetzen hat, kommt nicht nur der Nationalität der Mitglieder dieses Rechtsprechungsorgans eine erhebliche Bedeutung zu. Vielmehr resultiert hieraus eine ideologische Vielschichtigkeit der Richter und damit die Möglichkeit der Blockbildung und die Gefahr politischer Entscheidungen.

6. Politische Tragweite der Funktionen des IAGHMR

Dem IAGHMR gleich seinem „europäischen Pendant" bereits heute die Funktion eines inter-amerikanischen Verfassungsgerichts zuzusprechen, erscheint in Ermangelung eines derzeit noch nicht bestehenden inter-amerikanischen Standards von Menschenrechten verfrüht. Zurückzuführen ist diese gegenläufige Entwicklung der beiden Menschenrechtsgerichtshöfe im Wesentlichen auf die Tatsache, dass sich die Menschenrechte in Europa in einem politisch homogenen Umfeld konstituieren konnten, während die weitgehende Politisierung dieses Themas bislang die Bildung eines inter-amerikanischen Systems zum Schutz der Menschenrechte verhindert hat[482]. Denn ebenso wie der EuGHMR entscheidet auch der IAGHMR nicht abstrakt über die Menschenrechte, sondern stets in Verbindung mit den vorgegebenen soziopolitischen Rahmenbedingungen[483], die zwischen Lateinamerika, Zentralamerika und der Karibik erheblich differieren.

---

479 Ähnlich *Bernhardt*, in: FS der Ruprecht-Karls-Universität Heidelberg (Fn. 13), S. 527, 540.

480 Z. B. Ungarn (November 1990), Tschechoslowakei (Februar 1991).

481 Vgl. hierzu ausführlich den International Court of Justice: Advisory Opinion on the Applicability of Article VI Section 22 of the Convention on the Privileges and Immunities of the United Nations, ILM 29 (1990), S. 98–122.

482 Ähnlich *Kokott*, Das interamerikanische System zum Schutz der Menschenrechte, Beiträge zum ausländischen öffentlichen Recht und Völkerrecht, Bd. 92, 1986, S. 1; *Buergenthal*, The Inter-American Courts of Human Rights, AJIL 76 (1982), S. 231, 245; *Dwyer*, The Inter-American Court of Human Rights: Towards Establishing an Effective Regional Contentious Jurisdiction, Boston College Int.&Comp. Law Review, 13 (1990), S. 127, 140, 164.

483 *Davidson* (Fn. 427), S. 184.

Die politische Instabilität der Region, die oft mit Gewalt verbundenen Wechsel zwischen Demokratie und Militärdiktatur, sowie die aus den kulturellen Diskrepanzen der amerikanischen Staaten resultierende unterschiedliche Wertschätzung der Menschrechte hat ein Übriges dazu beigetragen, dem politischen Element bei der Entscheidungsfindung durch das Gericht immer wieder den Vorrang vor dem Recht einzuräumen[484].

Zwischenergebnis zu A.

Während die eigentlichen rechtsprechenden Funktionen der im Rahmen der vorliegenden Untersuchung behandelten internationalen Gerichtshöfe keine wesentlichen Unterschiede aufweisen, lassen sich die Gerichte hinsichtlich des Ausmaßes der politischen Tragweite dieser Funktionen in zwei Blöcke einteilen: IGH, ISGH, IAGHMR und der IStGH als diverse Kulturkreise verbindende Gerichtshöfe einerseits, die sich politischen Einflüssen kaum entziehen können, sowie EuGH und EuGHMR als eine homogene Rechtsgemeinschaft repräsentierende Gerichte andererseits, die politischer Abstinenz eher zugänglich sind.

Insbesondere unter dem Gesichtspunkt der Homogenität erschien es zumindest bis zum Wandel der politischen Verhältnisse in den osteuropäischen Staaten gerechtfertigt, eine innerhalb dieser zwei „Gerichtsgruppen" unterschiedliche Regelung der Immunitätsfrage vorzunehmen. Die mit dem Ende des Kalten Krieges zum Teil bereits erfolgte, zum Teil noch ausstehende Aufhebung dieser zunächst bestehenden Gleichartigkeit auf der Richterbank des EuGH und des EuGHMR gibt nicht nur Anlass, eine Anpassung der Immunitätsregeln zu Gunsten der Richter von EuGH und EuGHMR an die geänderten politischen Verhältnisse zumindest zu überdenken. Sie rechtfertigt vielmehr auch eine einheitliche Festlegung der Immunitätsvorschriften zu Gunsten der Richter aller internationalen Gerichtshöfe. Denn ungeachtet der Tatsache, dass die politischen Elemente bei der Entscheidungsfindung von Gericht zu Gericht Nuancen aufweisen können, kommt es letztlich entscheidend darauf an, dass neben den Entscheidungen von IGH und IAGHMR auch denjenigen von EuGH und EuGHMR im Ergebnis politisches Gewicht zukommt – eine Tatsache, die die Gleichbehandlung der Richter aller internationalen Gerichtshöfe nicht nur möglich macht, sondern grundsätzlich fordert.

B. Effizienz der bestehenden Immunitätsvorschriften im Einzelnen

Wie bereits in Teil 5 der Untersuchung erarbeitet, orientieren sich die Immunitätsvorschriften zu Gunsten internationaler Richter derzeit – je nachdem, an welchem internationalen Gerichtshof sie tätig sind – an den „diplomatic privileges and immunities" einerseits und den „international privileges and immunities" anderer-

484 Allgemein hierzu *Madlener,* Die Justiz als Garantin der Menschenrechte in Lateinamerika: Die Unabhängigkeit der Justiz und der Richter, in: Ahrens/Nolte (Hrsg.), Rechtsformen und Demokratieentwicklung in Lateinamerika, 1999, S. 152, 168–170.

seits[485]. Auch wenn sich damit – das Ergebnis von Teil 5 der Arbeit zu Grunde gelegt – die richterliche Immunität in der letzten Konsequenz als eine aus der diplomatischen Immunität im weiteren Sinn abgeleitete Form der Sonderstellung darstellt[486], differiert sie je nach Anwendung der einen oder anderen Immunitätsart auf Grund der dargestellten Verschiedenartigkeit in der materiellen Auswirkung nicht unerheblich. Die Forderung nach einer einheitlichen Immunitätsregelung zu Gunsten internationaler Richter allgemein lässt auf Grund dieser Diskrepanzen bereits hier den zwingenden Schluss der Ungeeignetheit eines Teils der bestehenden Immunitätsvorschriften zu. Die Frage, ob und gegebenenfalls welche der aktuellen Regelungen sachdienlich sind, um die unabhängige Funktionserfüllung der Richter zu gewährleisten, bedarf ihrer detaillierten Untersuchung.

I. Effizienz der Immunitätsvorschriften zu Gunsten der IGH-Richter – eine Analyse des Art. 19 IGH-Statut

Auch wenn die Übertragung des diplomatischen Immunitätsrechts – wie sie in Art. 19 IGH speziell für die am IGH tätigen Richter statuiert ist – einheitlich auf alle internationalen Richter den Zugriff auf ein kodifiziertes, sich in der praktischen Anwendung bereits bewährtes Recht ermöglichen und vereinfachen würde, gilt es doch primär, eine sachgerechte, die freie und ungehinderte Amtsausübung der Richter garantierende Lösung anzustreben. Ob und inwieweit Art. 19 IGH-Statut dieser Anforderung gerecht wird, hängt zum einen von der Frage der formalen Gleichheit von Richtern und Diplomaten sowie vom materiellen Inhalt des Art. 19 IGH-Statut ab.

1. Formelle Gleichbehandlung von Diplomaten und internationalen Richtern

Ein genereller Verweis auf die Diplomatenimmunität, wie ihn Art. 19 IGH-Statut vorsieht, setzt voraus, dass sich Richter und Diplomaten sowohl hinsichtlich ihres Status, ihrer Funktionen und daraus resultierend ihrer Interessenlagen als auch in Bezug auf die rechtliche Begründung ihrer Immunitäten weitestgehend entsprechen und diese Übereinstimmung im Ergebnis auch ihre materielle Gleichbehandlung rechtfertigen müsste.

a) Motive der Immunitätsgewährung

Sowohl die rechtliche Begründung der diplomatischen Immunität als auch die Motive für die den internationalen Richtern gewährten Vorrechte waren – wie es aufzuzeigen gilt – im Laufe der Jahre nicht unerheblichen Veränderungen unterworfen[487].

485 Vgl. die Zusammenfassung zu Teil 5 der Untersuchung.

486 So ausdrücklich für die Vorrechtsstellung der europäischen Beamten *Kern,* Die Rechtsstellung des europäischen Beamten, in: Kordt/Gaudemet/Kern (Hrsg.), Der europäische Beamte, 1955, S. 49, 82.

487 Ausführlich zu den einzelnen die diplomatische Immunität begründenden Theorien *Wilson* (Fn. 134), S. 1–25; *Cahier* (Fn. 117), S. 183–194; Denkschrift des Sekretariats der Vereinten Nationen für die Völkerrechtskommission „Diplomatic Intercourse and Immunities“, YBILC 1956 II, S. 157 ff.

aa) Rechtliche Begründung der diplomatischen Immunität

Ursprünglich wurde die Immunität der Diplomaten mit der auf *Grotius* zurückzuführenden Exterritorialitätstheorie[488] begründet. Diese Theorie fingierte den Aufenthaltsort der Staatenvertreter als territoriale Exklave des Entsendestaates und entzog damit die Diplomaten der Rechtsordnung des Empfangsstaates[489] im Sinn des Territorialitätsprinzips.

Nicht erklärt werden konnten mittels dieser Theorie allerdings die den Diplomaten treffende Verpflichtung zur Beachtung der nationalen Gesetze des Empfangsstaates, die Möglichkeit der Immunitätsaufhebung und die Obliegenheit des Empfangsstaates, den Diplomaten zu schützen. Infolge dieser erheblichen Unzulänglichkeiten überrascht es daher nicht, dass der Begriff „Exterritorialität" zwar heute noch gelegentlich verwendet, die gleichnamige Theorie aber nicht mehr als Begründung der diplomatischen Sonderstellung vertreten wird[490].

Nach der erstmals in der Renaissance vertretenen, sich auf den Grundsatz „par in parem non habet iudicium" stützenden Repräsentationstheorie nahmen die Gesandten als Vertreter ihrer Souveräne für alle ihre Handlungen an deren persönlicher Immunität teil[491]. Die neuere, mit der Entwicklung der republikanischen Prinzipien notwendig werdende Version dieser Theorie betont die Stellung des Diplomaten als Repräsentant eines souveränen Staates und lässt ihn bei der Wahrnehmung seiner Aufgaben an dessen Souveränität und damit Immunität teilhaben[492]. Kritik scheint an der Repräsentationstheorie insofern berechtigt, als sie weder geeignet ist, den Immunitätsschutz der Familienangehörigen des Diplomaten zu begründen noch die – trotz der vorgenommenen Beschränkung der Staatenimmunität auf Amtshandlungen[493] – weiterhin bestehende persönliche Immunität des Diplomaten zu rechtfertigen.

Die Präambel des WÜD erläutert heute die Zielsetzung diplomatischer Immunitäten in Abs. 4 wie folgt:

„Realizing that the purpose of such privileges and immunities is not to benefit individuals but to ensure the efficient performance of the functions of diplomatic missions as representing States."[494]

---

488 Allgemein zur Exterritorialitätstheorie *Adair*, The Exterritoriality of Ambassadors in the Sixteenth and Seventeenth Centuries, 1929.

489 *Grotius* (Fn. 190), Chap. XVIII, IV. 5., S. 443.

490 Vgl. *Cahier* (Fn. 117), S. 188; *Dembinski* (Fn. 103), S. 154.

491 Vgl. *Montesquieu*: „Ils (les ambassadeurs) sont la parole du prince qui les envoie et cette parole doit étre libre ..."

492 *Sen* (Fn. 154), S. 97; *Ipsen K.* (Fn. 37), S. 490, § 35 Rn. 34.

493 Vgl. insofern die Ausführungen in Teil 2 A. III.

494 Die deutsche Übersetzung lautet: „In der Erkenntnis, dass diese Vorrechte und Immunitäten nicht dem Zweck dienen, einzelne zu bevorzugen, sondern zum Ziel haben, den diplomatischen Missionen als Vertretungen von Staaten die wirksame Wahrnehmung ihrer Aufgaben zu gewährleisten."

Damit liegt dem WÜD die erstmals von *de Vattel*[495] 1830 vertretene, später von der *Harvard Law School*[496] und der *ILC*[497] übernommene Theorie der funktionalen Notwendigkeit zu Grunde[498]. Dieser zufolge macht die Gewährleistung einer effiktiven, den Einflüssen des Empfangsstaates entzogene Aufgabenerfüllung der Diplomaten die Verleihung von Immunitäten erforderlich.

Neben der Funktionstheorie soll im Hinblick auf den in der Präambel enthaltenen Hinweis auf den Charakter der diplomatischen Missionen als Vertretungen von Staaten die Repräsentationstheorie subsidiär in den Fällen zur Anwendung kommen, in denen die Funktionstheorie zur Begründung eines Vorrechts unzureichend ist[499]. Ob allerdings der Repräsentationstheorie überhaupt ein solch lückenausfüllender Charakter zukommen kann, erscheint äußerst fraglich. Denn da sich mittels der Funktionstheorie alle den Umfang und den personellen Geltungsbereich der diplomatischen Immunität betreffenden Fragen beantworten lassen, ist die Repräsentationstheorie im Hinblick auf ihre bereits angeführten Unzulänglichkeiten nicht geeignet, zusätzliche, von der Funktionstheorie nicht erfasste Vorrechte zu begründen. Sie kann allenfalls zur Erläuterung gewisser, die gesellschaftliche und zeremonielle Stellung des Diplomaten beeinflussender Privilegien herangezogen werden[500], nicht aber den konkreten Umfang der diplomatischen Immunitäten maßgeblich mitbestimmen.

bb) Rechtliche Begründung der richterlichen Immunität

Wenn auch das Motiv für die Gewährung der diplomatischen Immunität erst verhältnismäßig spät in der Notwendigkeit des Funktionsschutzes gesehen wurde, erscheint diese Begründung für die Immunität der internationalen Richter als die allein mögliche. Denn im Gegensatz zum Diplomaten „repräsentiert" der internationale Richter keinen Staat, von dem er seine Immunität ableiten könnte, sondern vielmehr die inter-

---

495 Vgl. *de Vattel* (Fn. 65), S. 325, Chap. VII, § 92.

496 Havard Law School, Research in International Law I., Diplomatic Privileges and Immunities, 1932, S. 26.

497 Bericht der ILC, 10. Sitzung, 28. April – 4. Juli 1958, S. 47.

498 So u. a. *Cahier* (Fn. 117), S. 191; *Sen* (Fn. 154), S. 97 ff.; *Kiesgen* (Fn. 260), S. 169 f.; *Ahluwalia* (Fn. 303), S. 46, 47; *Dembinski* (Fn. 103), S. 154.

499 Vgl. *Ipsen K.* (Fn. 37), S. 490, § 35 Rn. 34; ebenso *Hildner* (Fn. 166), S. 90 f., und wohl auch der IGH, wenn auch implizit, im Teheraner Geisel-Fall, in dem er ausführte: „ … and whereas the obligations thus assumed, notably those for assuring the personal safety of diplomats and their freedom of prosecution, are essential, unqualified, and inherent in their representative character and their diplomatic function.", ICJ Reports 1979, S. 19; speziell zum lückenausfüllenden Charakter der Repräsentationstheorie vgl. *Suy,* La Convention de Vienne sur les Relations Diplomatiques, ÖZöRV 12 (1962/63), S. 86, 91; a. A. *Bindschedler*, Die Wiener Konvention über die diplomatischen Beziehungen, SchwJB 18 (1961), S. 29, 34, der beide Theorien als gleichrangig nebeneinanderstehend behandelt wissen will.

500 Z. B. das Führen von Flagge und Hoheitszeichen des Entsendestaates an Residenz oder Beförderungsmittel des Missionschefs, Art. 20 WÜD; nach *de Nascimento e Silva* (Fn. 117), S. 157, drückt sich die Repräsentationstheorie in Art. 14 Abs. 2 WÜD aus.

nationale Rechtsgemeinschaft[501]. Diese Internationalität der Richter wäre missachtet, würden entweder die Repräsentationstheorie oder Prinzipien wie Würde und Achtung als Motive für die dieser Personengruppe verliehenen Immunitäten herangezogen und damit ihre Tätigkeit vom Willen einzelner Staaten abhängig gemacht.

Während noch im Rahmen der 1. Haager Friedenskonferenz als Motiv der Immunitätsgewährung ausschließlich auf die Erhöhung des richterlichen Prestiges und damit auf formelle Gründe abgestellt[502] und diese Thematik auch bei der Gründung des StIGH weiterhin durchaus kontrovers diskutiert wurde[503], besteht heute die einhellige Auffassung, die Notwendigkeit der funktionellen Unabhängigkeit der Richter von nationaler Kontrolle und Einflussnahme als das einzige die Immunitätsstellung der Richter rechtfertigende Kriterium anzuerkennen, ohne die eine freie und unparteiische Funktionserfüllung nicht gewährleistet wäre[504].

Sofern *Michaels* in diesem Zusammenhang ausdrücklich nicht auf die erstmals von *Strupp* angeführte Theorie der „ne impediantur officia"[505], der freien und ungehinderten Amtsausübung, sondern allein auf die „utilitarian purposes" abstellt[506], verkennt er in eklatanter Weise Sinn und Zweck der den internationalen Richtern gewährten Vorrechte, wenn er die Immunitätsgewährung längst nicht mehr maßgeblich mitgestaltende Aspekte wie Ansehen, Prestige und Courtoisie für wesentlich hält[507]. Möglich wäre aber auch, dass er als Kriterium der Immunitätsgewährung eine selbstständig neben der Funktionstheorie bestehende „Nützlichkeitstheorie" zu Grunde gelegt wissen will. In diesem Fall wäre *Michaels* ein in der Sache unergiebiger Formalismus vorzuhalten, da seine Theorie dann als eine lediglich einen Teilaspekt der Funktionstheorie darstellende These gewertet werden müsste. Im Ergebnis ist seine abweichende Ansicht auf keinen Fall geeignet, die auf das Kriterium der wirksamen Funktionserfüllung abstellende Begründung der richterlichen Immunitäten aus den Angeln zu heben. Inwieweit sich diese allerdings direkt Art. 19 IGH-Statut entnehmen lässt, bleibt den Ausführungen unter 2. vorbehalten.

---

501 Vgl. hierzu *Genet,* Un problème de préséance, Revue des droit international et de législation comparée 60 (1933), S. 254, 277.

502 Zitiert bei *Frei*, De la situation juridiques des représentants des membres de la Société des Nations et de ses agents juridique, 1929, S. 19; vgl. auch *Posega* (Fn. 291), S. 62.

503 *Lienau,* Stellung und Befugnisse des Präsidenten des Ständigen Internationalen Gerichtshofs, Diss. 1938; für die Funktionstheorie bereits in Bezug auf den StIGH vgl. *Hudson,* The Permanent Court of Justice 1920–1942, 1943, S. 50 f.; *van Vollenhoven*, Diplomatic Immunities of Non-Diplomats, AJIL 19 (1925), S. 469, 470.

504 *Posega* (Fn. 291), S. 62; ebenso implizit auch *Kiesgen* (Fn. 260), S. 207. Vgl. auch die Urteilsbegründung im Fall Scott v. Stanfield aus dem Jahr 1868: „It is essential in all courts that the judges who are appointed to administer the law should be admitted to administer it under protection of the law independently and freely, without favor and without fear. This provision of the law is not for the protection or benefit of a malicious or corrupt judge, but for the benefit of the public, whose interest it is that the judge shall be at liberty to exercise their function with independance and without fear of consequences, Scott v. Stansfield L.R. 3 Ex. 220 per Kelly, C.B. S. 223", zitiert nach *Jenks* (Fn. 320), S. 93.

505 Fn. 286.

506 *Michaels* (Fn. 320), S. 50.

507 So noch das Haager Juristen-Komitee, zitiert bei *Lienau* (Fn. 503), S. 62.

b) Rechtsstatus von Richtern und Diplomaten[508]

Wenngleich es sich sowohl bei den Diplomaten als auch bei den Richtern um internationale Funktionsträger handelt, die beide ihre Tätigkeit auf dem Territorium von Staaten ausüben, denen weder der Dienstherr des Diplomaten – der Entsendestaat – noch der des internationalen Richters – der jeweilige internationale Gerichtshof – untergeordnet ist, so bestehen doch hinsichtlich der Rechtsstellung von Diplomaten und internationalen Richtern elementare Unterschiede.

aa) Anstellungsverhältnis

Wie bereits ausgeführt, repräsentiert der Diplomat auf fremdem Hoheitsgebiet seinen Heimatstaat, bei dem er gleich einem nationalen Beamten nach innerstaatlichem Recht angestellt ist. Aus diesem Anstellungsverhältnis folgt nicht nur, dass der Diplomat in Bezug auf seine Amtshandlungen allein dem Heimatstaat verantwortlich und dessen Weisungen unterstellt ist. Im Umkehrschluss ergibt sich hieraus vielmehr auch die völkerrechtliche Verantwortlichkeit des Entsendesstaates für seinen Vertreter und daraus dessen Berechtigung, den Diplomaten im Fall der Zuwiderhandlung gegen Staatsinteressen jederzeit abberufen zu können[509].

Im Gegensatz zu den Diplomaten versehen die internationalen Richter ihr Amt im Dienst der aus den Vertragsstaaten der Gerichtshofstatuten konstituierten Staatengemeinschaft. Allein maßgeblich für ihre Anstellung ist das insofern speziell in den Satzungen vorgesehene, von der Organisation selbst erlassene „internationale" Beamtenrecht, das sich materiell grundsätzlich nicht von den nationalen Beamtenrechten unterscheidet[510].

bb) Doppelte Loyalität des internationalen Richters?

Während der Diplomat ausschließlich seinem Heimatstaat gegenüber verantwortlich ist, drängt sich in Bezug auf den internationalen Richter die Frage auf, ob und inwieweit er neben seinem internationalen Dienstherrn weiterhin auch dem nationalen Dienstherrn gegenüber zur Loyalität verpflichtet bleibt. Letztlich geht es somit um die Gefahr der Kollision nicht nur verschiedener, sondern konträrer Loyalitätsverpflichtungen, die die Wahrung der Unabhängigkeit des Richters von mitgliedstaatlichen Einflüssen von vornherein in Frage stellen könnte.

Obgleich der internationale Richter bei seiner Ernennung an einen der Gerichtshöfe grundsätzlich von den nationalen Dienstpflichten suspendiert wird[511], bleibt er dennoch bis zu einem gewissen Grad den innerstaatlichen Bindungen auch weiterhin

---

508 Vgl. zum Unterschied zwischen Diplomaten und internationalen Funktionären allgemein *Egger* (Fn. 89), S. 62 f.; *Hill* (Fn. 100), S. 8 f.; *Michaels* (Fn. 320), S. 28.

509 *Egger* (Fn. 89), S. 62 f.; *Michaels* (Fn. 320), S. 28.

510 Jede Organisation besitzt naturgemäß ein Recht, das im Wesentlichen auch jeder Behörde im Rahmen einer innerstaatlichen Rechtsordnung zukommt, nämlich das Recht, ihren internen Verwaltungsbetrieb selbst zu organisieren, sog. Organisationsgewalt.

511 Vgl. z. B. für den IGH *Strupp/Schlochauer* (Fn. 37), S. 99; ähnlich für den EuGH *Bächle* (Fn. 469), S. 128 f.

verhaftet. Diese Bindungen resultieren überwiegend aus der Tatsache, dass die Befreiung der Richter von nationalen Dienstpflichten nicht auch gleichzeitig die Einstellung ihrer Verpflichtungen aus dem nationalen Beamtenverhältnis zur Folge hat, sie also trotz ihres neuen internationalen Pflichtenkreises weiterhin gegenüber dem Staat, seiner Verfassung und seinen Gesetzen zur Loyalität angehalten sind[512]. Eine solche Verbundenheit ergibt sich häufig auch aus der den Richtern vor ihrer Ernennung durch den Heimatstaat erteilten Zusage, nach Beendigung ihrer „internationalen" Tätigkeit ihre frühere Stellung wieder einnehmen zu können[513]. Ob es in Anbetracht dieser unterschiedlichen Loyalitätsbindungen letztlich tatsächlich gerechtfertigt erscheint, von einem Nebeneinander der Loyalitätsverpflichtungen aus dem nationalen und dem internationalen Dienstverhältnis und damit von einer Gefahr eines Loyalitätskonflikts der internationalen Richter zu sprechen, gilt es im Folgenden zu erörtern.

Bezogen auf internationale Beamte allgemein wird im Schrifttum heute überwiegend die Auffassung vertreten, dass der Entsendung eines Beamten stets die Gefahr einer doppelten, gespaltenen Loyalität immanent ist[514].

Ohne schon hier näher auf die Frage eingehen zu wollen, ob die internationalen Richter grundsätzlich als „internationale Beamte" im eigentlichen Wortsinn bezeichnet werden können[515], erscheint es zweifelhaft, die in Bezug auf diese Personengruppe vertretene Ansicht bedenkenlos auf die internationalen Richter zu übertragen. Denn im Gegensatz zu den die verschiedenen Organe der internationalen Organisationen formierenden Funktionären verkörpern die internationalen Richter die jeweiligen Gerichtshöfe als solche. In dieser Position sind sie primär und zuvorderst „Diener des internationalen Rechts"[516] und als solche ausschließlich der internationalen Rechtsgemeinschaft verantwortlich und verpflichtet[517]. Da die Heimatstaaten

---

512 Die Erörterung der Frage nach der Konzeption des Beamtenrechts in den großen Rechtssystemen würde nicht nur den Rahmen der vorliegenden Untersuchung sprengen, sondern hätte auch keinen maßgeblichen Einfluss auf das Ergebnis der angesprochenen Thematik, da sie lediglich über den Grad des Loyalitätskonflikts, aber nicht über die Loyalitätsspaltung als solche Aufschluss geben könnte.

513 So bereits *de Bustamente y Sirven*, La Cour Permanente de Justice Internationale, 1925, S. 26, 27. Ohne ein entsprechendes Zugeständnis wäre im Übrigen kein zum internationalen Richter befähigter Jurist bereit, sein Tätigkeitsfeld für eine ggf. ungewisse Zukunft aufzugeben.

514 Vgl. insofern die theoretische Abhandlung von *Guetzkow*, Multiple Loyalities: Theoretical Approach to a Problem in International Organization, 1955. Ausführlich zu dieser Thematik – allerdings speziell auf die zur EG entsandten Beamten der Mitgliedstaaten bezogen – *Herzog*, Doppelte Loyalität, 1975, S. 69, 91 ff.; a. A. *Schultze*, Die Rechtsstellung des internationalen Beamten gegenüber dem Heimatstaat, 1961, der zu dem Ergebnis kommt, dass internationale Beamte allgemein in dienstlicher Hinsicht ausschließlich „Diener der internationalen Organisation" sind und sie bei vorurteilsfreier und unparteiischer Ausübung der ihnen übertragenen Funktionen zugleich dem richtig verstandenen Interesse ihres Mitgliedstaates als Mitglied der internationalen Organisation dienen.

515 Vgl. insoweit die Ausführungen unten IV. 1.

516 Ähnlich bereits *Schücking/Wehberg* (Fn. 94), S. 402.

517 So bereits *Genet*, Revue de droit international et de législation comparée 60 (1933), S. 254, 277; *Michaels* (Fn. 320), S. 48; wenn *Prott* (Fn. 454), S. 46, in diesem Zusam-

zudem – im Unterschied zur Bestallung der Diplomaten – auf die Ernennung der Richter kein Recht und zumeist auch keinen Einfluss haben[518] und diese darüber hinaus sowohl im Rahmen ihrer internationalen als auch ihrer nationalen Tätigkeit unabsetzbar und unversetzbar sind[519], besteht die richterliche Unabhängigkeit nicht nur gegenüber der Organisation, die sie berufen hat[520], sondern auch gegenüber ihren Heimatstaaten. Ein aus einer zweifachen Bindung resultierender Loyalitätskonflikt kann auf Grund dessen in Bezug auf die Person des internationalen Richters ausgeschlossen werden.

Die Frage nach der Rechtsstellung internationaler Richter wurde erstmals ausdrücklich im 11. Protokoll der EMRK geregelt, das in Abschnitt II Art. 21 Abs. 2 bestimmt, dass die Richter dem Gerichtshof in ihrer persönlichen Eigenschaft angehören. Damit ist klargestellt, dass sie weder ihren Heimatstaat repräsentieren noch im Übrigen Abhängigkeiten und Loyalitätskonflikte bestehen.

Ungeachtet dieses Ergebnisses sollte aber keinesfalls außer Acht gelassen werden, dass in der letzten Konsequenz auch Bindungen der internationalen Richter an ihre Heimatstaaten nie ganz ausgeschaltet werden können, da die Richter auch während der Ausübung ihrer internationalen Tätigkeit weiterhin Staatsangehörige ihres Heimatstaates bleiben, persönliche Beziehungen sowie politische und religiöse Überzeugungen fortbestehen und infolgedessen stets nur von einem Höchstmaß an Loyalität gegenüber der internationalen Rechtsgemeinschaft die Rede sein kann.

Zwischenergebnis zu b)

Zusammengefasst ergeben sich folgende elementare Unterschiede hinsichtlich der Rechtsstellung von internationalen Richtern und Diplomaten:

– Der Richter ist als Mitglied des Spruchkörpers eines überstaatlichen Organs der internationalen Rechtsprechung und damit auf Grund seines „internationalen Rechtsstatus" – anders als der Diplomat – keinerlei Weisungen, weder des Heimatstaats noch der internationalen Organisation noch einer anderen Stelle außerhalb

---

menhang ausführt, der Richter solle sich loyal gegenüber dem Gerichtshof verhalten, so verkennt er insofern die Sonderstellung des Richters, der eben nicht nur ein Spruchkörper des Gerichtshofs ist, sondern diese Institution auch verkörpert.

518 So werden z. B. die Richter am IGH durch übereinstimmende Mehrheitsbeschlüsse der Generalversammlung der UNO und des Sicherheitsratss ernannt, diejenigen des EuGHMR durch Mehrheitsmehrbeschluss der Parlamentarischen Versammlung und die Richter des EuGH durch einstimmigen Beschluss der Regierungen der Mitgliedstaaten.

519 Vgl. insofern Art. 7 EuGH-Statut und Art. 18 IGH-Statut, die nur für den Ausnahmefall, dass ein Richter nach einstimminger Auffassung der übrigen Mitglieder die erforderlichen Voraussetzungen nicht mehr erfüllt, die Absetzung vorsehen. Art. 24 des 11. Protokolls zur EMRK sieht vor, dass eine Entlassung eines Richters wegen Nicht-Erfüllung der erforderlichen Voraussetzungen mit einer Zweidrittelmehrheit des Gerichts verfügt werden kann. Nach Art. 21 IAGHMR-Statut kann ein Richter entlassen werden, wenn der Gerichtshof der Auffassung ist, dass eine ordentliche Amtsausübung nicht zu erwarten ist.

520 So auch *Seidl-Hohenveldern/Loibl* (Fn. 55), S. 206, Rn. 1390 f.

der Organisation, unterworfen. Das gilt jedenfalls uneingeschränkt für seine rechtsprechende Tätigkeit.

Selbst bei konträrer bzw. geänderter Auffassung seines Heimatstaates in Bezug auf eine internationale Angelegenheit, z. B. Apartheidpolitik, internationaler Terrorismus, Nuklearpolitik etc., ist es dem internationalen Richter untersagt, den von ihm zu dieser Frage eingenommenen Rechtsstandpunkt aufzugeben; er ist vielmehr verpflichtet, sich unbeeinflusst von einer eventuell divergierenden Ansicht seines Heimatstaates sein eigenes Urteil zu bilden und dieses zu vertreten[521]. Demgegenüber muss ein Diplomat als „Sprachrohr"[522] des Entsendestaates dessen Ansicht – ungeachtet seiner persönlichen Überzeugung – übernehmen und – nach außen – kritiklos vertreten.

– Darüber hinaus ist dem Diplomaten eine Einmischung in die inneren Angelegenheiten des Empfangsstaates strikt untersagt, während das Urteil eines internationalen Richters, dessen Aufgabe es gerade nicht ist, zwischenstaatliche Beziehungen aufrechtzuhalten[523], sich durchaus – wenn auch nur mittelbar – im Sitzstaat des jeweiligen Gerichtshofs auswirken kann, indem es z. B. eine neue politische Entscheidung des in Anspruch genommenen Staates erforderlich macht[524].

– Der diplomatische Verkehr beruht auf dem Grundsatz der Gegenseitigkeit (Reziprozität), eine Eigenschaft, die der internationale Gerichtshof den Mitgliedstaaten nicht zu gewähren imstande ist.

– Die völkerrechtliche Verantwortlichkeit für den Diplomaten trägt der entsendende Staat, dessen Gerichtsbarkeit der Diplomat auch bei Ausübung seiner Funktion unterworfen bleibt[525]. Demgegenüber gibt es keinen Entsendestaat des internationalen Richters; dieser wird vielmehr von einer Internationalgemeinschaft „gesandt". Da diese jedoch nicht über eigene Exekutivbehörden und demzufolge über keine Gerichtsbarkeit verfügt, wäre letztlich ein Rechtsschutz gegen die Richter nicht durchsetzbar. Die im Rahmen der vorliegenden Untersuchung zentrale Frage, wie diese Lücke im Recht zu schließen ist, soll an dieser Stelle lediglich aufgeworfen und erst zu einem späteren Zeitpunkt dieser Studie näher erörtert werden[526].

c) Funktionen

Die den Diplomaten obliegenden Aufgaben sind – wenn auch nur beispielhaft – in Art. 3 Abs. 1 WÜD katalogisiert[527]. Danach lassen sich ihre diplomatischen Ver-

---

521 *Rosenne,* The Law and Practice of the International Court of Justice (Fn. 15), S. 91.

522 Ähnlich *Sen* (Fn. 154), S. 56, der vom Diplomaten als „the mouthpiece of his government" spricht.

523 Vgl. *Hurst*, BYIL 10 (1929), S. 1, 6.

524 *Rosenne,* The Law and Practice of the International Court (Fn. 15), S. 607.

525 Art. 31 Abs. 4 WÜD.

526 Vgl. die Ausführungen in Teil 7 F.

527 Ausführlich zu den diplomatischen Funktionen im Einzelnen und deren Bedeutung *Sen* (Fn. 154), S. 56–94; *Salmon*, Fonctions diplomatiques, consulaires et internationales, 2 Bde, 3. Aufl. 1976/77; vgl. auch *Wood/Serres* (Fn. 204), S. 9–17.

pflichtungen in drei Grundfunktionen zusammenfassen, auf die alle im Übrigen genannten Aufgaben zurückzuführen sind[528].

Zu den vorrangigen Verpflichtungen der Diplomaten gehört die Vertretungs- und Schutzfunktion, wobei sich Letztere sowohl auf den Entsendestaat als auch auf dessen Staatsangehörige konzentriert[529]. Die Vertretungsfunktion umfasst neben der protokollarischen Präsenz des Diplomaten die Abgabe und Entgegennahme von Erklärungen sowie die Verhandlungsführung. An zweiter Stelle kommt den diplomatischen Vertretern eine Kommunikationsfunktion zwischen dem Entsende- und dem Empfangsstaat zu. Dieser Tätigkeitsbereich impliziert insbesondere die Obliegenheit des Diplomaten, sich über die politischen, wirtschaftlichen, kulturellen und sonstigen Vorgänge im Empfangsstaat in zulässiger Weise zu informieren und dem Entsendestaat darüber zu berichten. Als dritte der drei Grundfunktionen weist Art. 3 Abs. 1 WÜD auf die Förderungsfunktion der Diplomaten für die Beziehungen der beteiligten Staaten hin.

Dieser Überblick veranschaulicht bereits, dass der den Diplomaten obliegende Aufgabenbereich vielschichtig, nicht konkret eingrenzbar und mit zunehmender wirtschaftlicher und politischer Verflechtung der Staaten darauf angelegt ist, auch in Zukunft noch erweitert zu werden.

Völlig andersartig stellt sich demgenüber die von den internationalen Richtern auszuübende Tätigkeit dar, die auf einen Einzelzweck beschränkt ist: die Beilegung von internationalen Rechtsstreitigkeiten. Im Rahmen dieser Streitbeilegungsfunktion haben die Richter nach dem Völkerrecht zum einen Rechtsgutachten zu erstellen und zum anderen über Rechtsstreitigkeiten zu entscheiden[530].

In Bezug auf die auszuübenden Funktionen stehen sich damit im Ergebnis die Universalität der von den Diplomaten zu verrichtenden Aufgaben und die Spezialisierung der von den internationalen Richtern ausgeübten Tätigkeit gegenüber[531].

d) Rang

Seit der Gründung des StIGH immer wieder heftig diskutiert, jedoch bis heute unbeantwortet blieb die Frage nach dem Rang der internationalen Richter[532]. Auch die vorliegende Untersuchung wird insofern nicht zu einer Lösung des Problems beitragen, als die Frage des Rangs nur in Hinsicht auf die Eingliederung des Richters in die Ordnung des diplomatischen Corps bei offiziellen Anlässen von Bedeutung

528 *Ipsen K.* (Fn. 37), S. 483, § 35 Rn. 13.

529 Streng genommen lässt sich die Schutzfunktion gegenüber den Staatsangehörigen auch aus der Vertretungsfunktion des Diplomaten ableiten, da diese Verpflichtung in erster Linie den Entsendestaat als solchen trifft.

530 Vgl. insofern die Ausführungen in Teil 6 A. I. 1.

531 *Posega* (Fn. 291), S. 19.

532 Lediglich aufgeworfen, aber unbeantwortet gelassen hat die Frage auch *de Bustamente*, The World Court, 1983, S. 138 f.; vgl. zur Praxis des StGH *Egger* (Fn. 89), S. 222 ff., und *Lienau* (Fn. 503), S. 74 f. Der StIGH selbst vertrat insoweit die Ansicht, dass den Richtern vor dem diplomatischen Corps – Botschafter allein ausgenommen – der Vorrang gebühre, vgl. die Ausführungen bei *Schücking/Wehberg* (Fn. 94), S. 600.

ist[533]. Denn Gebräuche der internationalen Courtoisie verkörpern lediglich ein neben den Immunitäten bestehendes Privileg, aber kein den Umfang der den beiden Personenkreisen zu gewährenden Vorrechte maßgeblich mitbestimmendes Kriterium.

Zwischenergebnis zu 1.

Die vorstehenden Ausführungen verdeutlichen, dass formell eine Übereinstimmung zwischen internationalen Richtern und Diplomaten letztlich nur insofern besteht, als beide internationale Funktionsträger sind, die ihre Tätigkeit in einem Staat ausüben, dessen Staatsgewalt sie nicht unterliegen[534]. Darüber hinaus leiten sowohl der Richter als auch der Diplomat die ihnen gewährten Immunitäten im Ergebnis aus dem gleichen rechtlichen Motiv ab, dem Funktionsschutz. Alle übrigen eine Gleichbehandlung rechtfertigenden Aspekte, wie die von Richtern bzw. Diplomaten zu vertretenden Interessen, ihre Rechtsstellung, das für ihre Anstellung maßgebliche Recht und insbesondere die von ihnen ausgeübten Funktionen, sind so grundlegend voneinander verschieden, dass bereits diese rein formalen Gesichtspunkte eine Gleichstellung der internationalen Richter und der Diplomaten mittels eines generellen Verweises auf die diplomatische Immunitäten zur Bestimmung der richterlicher Vorrechte nicht rechtfertigen[535].

Zudem veranschaulichen insbesondere der *Haya de la Torre*-Fall im Jahre 1950[536] und später der Teheraner Geisel-Fall[537], dass sich die Rechtsprechungsfunktion des IGH auch auf die Anwendung und Auslegung des Diplomatenrechts erstreckt. Ein genereller Verweis auf die diplomatische Immunität hätte somit zur Folge, dass den Richtern am IGH die Möglichkeit eingeräumt würde, über eine im Rahmen des diplomatischen Immunitätsrechts zu treffende Entscheidung ihre eigenen Vorrechte sowie diejenigen ihrer internationalen Kollegen mittelbar festlegen, zumindest beeinflussen zu können.

2. Materieller Inhalt des Art. 19 IGH-Statut

Ungeachtet der sich bereits aus formalen Gesichtspunkten ergebenden Ungeeignetheit eines generellen Verweises auf das Diplomatenrecht zur Regelung der richterlichen Vorrechtsstellung ist der Vollständigkeit halber im Folgenden die Sachdien-

---

533 So bereits die Ansicht des StIGH, zitiert bei *Deak*, Classification, immunités et privilèges des agents diplomatiques, Revue de Droit International et de Législation Comparée 55 (1928), S. 173 ff.

534 So im Ergebnis bereits *Basdevant* (Fn. 372), S. 290.

535 Wenn auch ohne nähere Begründung, so doch im Ergebnis auch gegen eine Gleichbehandlung von Diplomaten und internationalen Richtern, Colloque d'Aix-en-Provence, 1984, S. 26. Allgemein zur Fehlerhaftigkeit der Übertragung der Gesandtschaftskonstruktion auf das Privilegien- und Immunitätsrecht der internationalen Organisationen und ihrer Funktionäre vgl. *Kern* (Fn. 486), S. 82; ähnlich *Basdevant* (Fn. 372), S. 303.

536 Während eines Militärputsches wurde einem peruanischen politischen Führer in der kolumbischen Botschaft in Lima Asyl gewährt, vgl. ICJ Reports 1950, S. 274.

537 ICJ Reports 1980, S. 42.

lichkeit der inhaltlichen Ausgestaltung des Art. 19 IGH-Statut, wenn auch nicht im Detail, so doch in wesentlichen Grundrastern zu betrachten.

a) Immunität der Richter – absolut oder auf Amtshandlungen beschränkt?

Eine Erörterung des materiellen Inhalts der den internationalen Richtern nach Art. 19 IGH-Statut zu gewährenden Vorrechte setzt vorab die Klärung der Frage voraus, welche Immunitätsart – ratione materiae oder ratione personae – den Richtern letztlich auf Grund von Art. 19 IGH-Statut gewährt wird und ob diese im Folgenden durch Auslegung zu ermittelnde Art geeignet, aber auch erforderlich ist, die ungehinderte Funktionserfüllung zu gewährleisten.

aa) Auslegung des Passus „Wahrnehmung ihres Amtes"

Entsprechend dem Wortlaut des Art. 19 IGH-Statut werden den Richtern bei der Wahrnehmung ihres Amtes diplomatische Immunitäten und Vorrechte gewährt.

Diese Formulierung birgt bereits insofern Missverständnisse in sich, als der Begriff „diplomatische Immunitäten" grundsätzlich Vorrechte sowohl für Amts- als auch für private Handlungen umfasst, der Passus *bei Wahrnehmung ihres Amtes*[538] jedoch auf eine Einschränkung der richterlichen Immunität ausschließlich auf Akte der gerichtlichen Tätigkeit, auf eine bloß funktionelle Immunität hindeutet und Art. 19 IGH-Statut damit im Ergebnis ein Widerspruch in sich immanent wäre[539].

Klarheit verschafft letztlich nur eine Einbeziehung auch des englischen Textes, der in Bezug auf die hier fragliche Formulierung wie folgt lautet: *when engaged in the business of the Court.* Erst diese Wortwahl verdeutlicht, dass die Formel *bei Wahrnehmung ihres Amtes* nicht einschränkend als „bei Gelegenheit der Ausübung des Amtes", sondern als „während der richterlichen Tätigkeit" zu lesen ist. Demnach unterliegen die Immunitäten der Richter lediglich einer zeitlichen, nicht aber einer sachlichen Einschränkung[540].

bb) Notwendigkeit der absoluten Immunitätsgewährung

Die detaillierte Darstellung der den internationalen Richtern im Einzelnen obliegenden Aufgaben lässt eine Reihe von Parallelen zu den von seinen nationalen Kollegen ausgeübten Tätigkeiten erkennen, infolge deren man bei vordergründiger Betrach-

---

538 Diese Formulierung deckt sich mit der französischen *„dans l'exercise de leur fonction".*

539 So *Doehring* (Fn. 7), S. 472, § 22 V Rn. 1101.

540 *Seidl-Hohenveldern/Loibl* (Fn. 55), S. 286 f., Rn. 1921; ebenso *Schücking/Wehberg* (Fn. 94), S. 599, in Bezug auf die vom Wortlaut her identische Immunitätsvorschrift zu Gunsten der Richter des StIGH. Aus einer entsprechenden Auslegung des Art. 19 IGH-Statut ergibt sich implizit, dass der Vorschrift die rechtliche Begründung der richterlichen Vorrechte, der Gesichtspunkt des Funktionsschutzes, gerade nicht zu entnehmen ist. Diese Antwort auf die bereits unter B. I. 1.a) bb) aufgeworfene Frage überrascht insofern nur wenig, als Art. 19 StIGH-Statut bei der Gründung des IGH wortgetreu übernommen wurde, zum Zeitpunkt der Errichtung des StIGH aber noch keine gefestigte Rechtsüberzeugung zu dieser Frage bestand und insofern eine Aufnahme des der richterlichen Immunitätsgewährung zu Grunde liegenden Motivs ausgeschlossen war.

tung geneigt sein könnte, eine rein funktionale Immunität als durchaus für den Funktionsschutz eines internationalen Richters ausreichend zu betrachten. Auch die Tatsache, dass die internationalen Richter die jeweiligen Gerichtshöfe in ihrer Person verkörpern und infolge des funktionellen Charakters der Rechtspersönlichkeit jeder internationalen Organisation[541] alle ihre Handlungen eng mit ihrem Organisationszweck in Verbindung stehen müssen, böte sich als weiteres Argument für eine restriktive Immunitätsgewährung an.

Eine intensive Auseinandersetzung mit dieser Thematik vergegenwärtigt aber doch, dass ein wirksamer Funktionsschutz nicht nur eng mit den spezifischen Aufgaben der Richter als solchen verknüpft ist, sondern darüber hinaus nicht losgelöst von der Frage betrachtet werden kann, in welchem Ausmaß im Rahmen dieser Funktionserfüllung die Möglichkeit der Einflussnahme auf die Richter besteht, vor der diese doch gerade geschützt werden sollen. Dabei ist in diesem Zusammenhang unter dem Begriff der „Einflussnahme" allerdings nicht die wohl unausweichliche, *unbeabsichtigte* Einwirkung von Erziehung, Kultur und nationalen Rechtssystemen auf die richterliche Entscheidung zu verstehen[542], sondern vielmehr die bewusste Einwirkung speziell im Interesse und/oder zum Vorteil eines Mitgliedstaates auf Grund irgendeiner Art von Druckausübung als Nötigung im weitesten Sinn.

(1) Möglichkeiten der Einflussnahme auf die Rechtsentscheidungen

Die Beantwortung der Frage nach der Beeinflussbarkeit der Richter und damit seiner Rechtsentscheidungen hängt entscheidend von dem Ineinandergreifen der den Richtern übertragenen Aufgaben und der Struktur der Rechtsordnungen ab, innerhalb derer diese Kompetenzen auszuüben sind. Denn gleichgültig, ob Rechtsfindung, -auslegung oder -fortbildung betroffen sind, erhöht sich die Gefahr einer Beeinflussung der Richter und damit die Notwendigkeit eines umfassenden Immunitätsschutzes stets in dem Maß, in dem die normative Struktur der Rechtsordnungen abnimmt. Denn je ausgefeilter ein Rechtssystem, desto weniger Spielraum bleibt dem Richter letztlich bei seiner Funktionserfüllung und desto weniger kann er beeinflusst werden. Demgegenüber eröffnet ein lediglich in Grundrastern festgelegtes „Rechtssystem" mit einer Vielzahl von Auslegungsalternativen die Möglichkeit, selbst abwegige Entscheidungen immer noch vertretbar begründen zu können, ohne dass sich der Richter in der letzten Konsequenz dem Vorwurf der Rechtsbeugung ausgesetzt sehen muss.

(a) Rechtsstruktur

Wie bereits in diesem Kapitel unter A. dargelegt, bleibt das internationale Recht auch heute noch in seiner Entwicklung und Kodifikation weit hinter dem nationalen

541 *Seidl-Hohenveldern/Loibl* (Fn. 55), S. 48, Rn. 0309.

542 Um insofern eine Ausgewogenheiten der unterschiedlichen Rechtssysteme zu erzielen, schreiben bis auf den EuGH alle Gerichtshofstatuten einen bestimmten Nationalproporz vor. Zutreffend insoweit die Ausführungen von Richter *Caneiro* in seiner Dissenting opinion im anglo-iranischen Öl-Fall, ICJ Reports 1952, S. 93, 161. Zum Einfluss der nationalen Rechtssysteme auf richterliche Entscheidungen allgemein *Prott* (Fn. 454), S. 209 ff.

Recht zurück, wenn auch mit graduellen Unterschieden, was die Struktur der der Rechtsprechung der jeweiligen internationalen Gerichtshöfe im Einzelnen zu Grunde liegenden Rechtsordnungen anbelangt. Allen internationalen Rechtssystemen ist aber in der letzten Konsequenz gemein, dass die von den Richtern in erster Linie anzuwendenden internationalen Vertragstexte meist vage und relativ allgemein gefasst sind[543]. Neben diesen Unklarheiten des normativen Rechts bestehen darüber hinaus auch Unsicherheiten bei der Feststellung von Völkergewohnheitsrecht und allgemeinen Rechtsgrundsätzen, die bei den Entscheidungen durch die Gerichte herangezogen werden müssen[544], wenn Verträge entweder nicht bestehen oder ihre Regeln zur Streitentscheidung nicht ausreichen.

(b) Möglichkeit der Beeinflussung des Rechts durch den Richter

Wie zuvor aufgezeigt, obliegt den internationalen Richtern – ebenso wie ihren nationalen Kollegen – vorrangig die Anwendung des Rechts und dabei auch die Auslegung unbestimmter Rechtsbegriffe. Dieser Aufgabenbereich ist allerdings gegenüber demjenigen des nationalen Richters auf Grund der Diversität der Rechtsquellen komplexer und zum anderen problematischer, da der internationale Richter „den Willen der souveränen Staaten, der das Völkerrecht auch heute noch wesentlich bestimmt, respektieren soll; zugleich lassen ihn die Staaten bei der Formulierung der Völkerrechtssätze oft im Stich, indem sie ihm unklare Normen an die Hand geben“[545].

Im Rahmen dieser als Primärfunktion zu bezeichnenden Rechtsanwendung haben die Richter als Erstes das anwendbare Recht aufzufinden – eine Aufgabe, die unter Berücksichtigung der Komplexität der anzuwendenden Rechtsquellen und der diesen infolge der Vielzahl unbestimmter Rechtsbegriffe immanenten Notwendigkeit der Auslegung bereits ein erhebliches Maß an Einflussnahme ermöglicht.

Neben der Rechtsfindung sind die internationalen Richter zum anderen auch berechtigt, für die Entscheidung notwendige Fakten selbst zu ermitteln, d. h. von Amts wegen entscheidungserhebliche, den Sachverhalt erhellende Beweise zu erheben[546].

---

543 So auch *Bernhardt*, in: FS der Ruprecht-Karls-Universität Heidelberg (Fn. 13), S. 527, 530 f.

544 So ausdrücklich für den IGH Art. 38 IGH-Statut und für den EuGH die Auslegung des Art. 164 EGV = Art. 220 EGV-Amsterdamer Vertrag, vgl. hierzu die Ausführungen in Teil 6 A. I. 2.a) m.w. N. in Fn. 433. Für eine entsprechende Anwendung dieser Rechtsquellen auch im Rahmen der richterlichen Tätigkeit am EuGHMR trotz Fehlens eines entsprechenden Hinweises im Konventionstext ausdrücklich *Bernhardt,* in: FS der Ruprecht-Karls-Universität (Fn. 13), S. 531, und diesem folgend dann wohl auch für die Entscheidungen des IAGHMR.

545 *Bernhardt*, in: FS der Ruprecht-Karls-Universität (Fn. 13), S. 527, 531.

546 Vgl. Art. 41 Abs. 1 EuGHMR und Art. 47 EuGH-VerfO; wenngleich auch eine entsprechende Vorschrift nicht im IGH-Statut enthalten ist und lediglich Art. 53 Abs. 2 für den Fall des Nichterscheinens einer Partei zur mündlichen Verhandlung bestimmt, dass der Gerichtshof „ … sich vergewissern muß, daß die Anträge sachlich und rechtlich begründet sind“, so wird ihm diese Kompetenz gleichwohl eingeräumt, vgl. *W. F. Foster*, Fact Finding and the World Court, CanYIL 7 (1969), S. 150, 188 ff.

Die im Rahmen dieser „Fact-finding"-Funktion z. B. durch die Nicht-Erhebung eines Beweises möglichen Manipulationen einer Entscheidung sind ebenfalls eine nicht von der Hand zu weisende Gefahr, der die Rechtsprechung unterliegen könnte[547].

Als weitere der internationalen Gerichtsbarkeit inhärente Maxime ist das Prinzip der sog. „Kompetenz-Kompetenz" anzuführen[548]. Hierunter ist die Berechtigung der Richter zu verstehen, die Frage ihrer Zuständigkeit selbst zu bestimmen. Im Rahmen dieser Kompetenz-Kompetenz sind die Richter befugt, zum einen die Natur des Rechtsstreits und damit die Frage nach dessen rechtlichem oder politischem Charakter zu überprüfen[549]. So hat sich z. B. der IGH im *Haya de la Torre*-Fall geweigert, eine von der Unterwerfungserklärung beider Parteien erfasste Frage zum diplomatischen Asyl zu entscheiden, da diese nach Ansicht des Gerichts nicht Teil der den Richtern allein obliegenden rechtsprechenden Funktion gewesen sei[550].

Zum anderen haben die Richter durch Auslegung der zur Verfügung stehenden Vertragstexte und Konventionen festzustellen, ob sich die Staaten der internationalen Gerichtsbarkeit auch tatsächlich unterworfen haben[551]. Von dieser speziellen Kompetenz ist der EuGH allerdings infolge der innerhalb der EU bestehenden obligatorischen Gerichtsbarkeit ausgenommen.

Im Zusammenhang mit der *Kompetenz-Kompetenz* sollte zwar nicht außer Acht gelassen werden, dass es sich auch bei dieser Befugnis der Richter nicht um eine absolute, sondern lediglich um eine relative handelt[552]. Denn – wie der IGH selbst unmissverständlich zum Ausdruck gebracht hat – „there are inherent limitations on the exercise of the judical function which the court, as a court of justice, can never ignore"[553]. Da die Bestimmung dieser Grenzen aber wiederum in den alleinigen Auf-

---

547 Dass die Tätigkeit der Faktenermittlung in jedem Fall geeignet ist, den Richter ins Kreuzfeuer der Kritik zu bringen, veranschaulicht der Nicaragua-Fall besonders deutlich. Hier wurde dem IGH primär vorgeworfen, die dem Urteil zu Grunde liegenden, von ihm ermittelten Fakten würden auf einem Missverständnis und einer falschen Auslegung der tatsächlichen Gegebenheiten beruhen, insbesondere was die von den USA behaupteten Handlungen seitens Nicaraguas anbelangt. Vgl. insofern *Sohn*, The International Court of Justice and the Scope of the Right of Self-Defence and the Duty of Non-Intervention, in: International Law at a Time of Perplexity, FS Rosenne, 1989, S. 869 ff.

548 *Rosenne*, The Law and Practice of the International Court (Fn. 15), S. 439; ausführlich zu dieser Thematik *Shihata* (Fn. 28).

549 *Shihata* (Fn. 28), S. 33.

550 ICJ Reports 1951, S. 71, 79; vgl. insoweit auch den Cameroon-Fall, ICJ Reports 1963, S. 37, indem der IGH seine Entscheidung wie folgt erklärte: „It was not its <the court's> function merely to provide a basis for political action if no question of actual legal rights was involved."

551 So geschehen z. B. im Fall der USA gegen Teheran, in dem das Gericht über die persönliche Unverletzlichkeit des als Geisel genommenen diplomatischen und konsularischen Personals der USA in Teheran zu entscheiden hatte, das auf Herausgabe der Geisel lautende Urteil aber vom Iran nicht akzeptiert wurde, vgl. *Przetacznik*, Protection of Officials of Foreign States according to International Law, 1983, S. 276 ff.

552 *Rosenne,* The Law and Practice of the International Court (Fn. 15), S. 441.

553 ICJ Reports 1963, S. 29.

gabenbereich der Gerichtshöfe fällt[554], ist die Möglichkeit der Einflussnahme gleichwohl auch in diesem sehr elementaren, da die internationale Streitbeilegung erst ermöglichenden Bereich nicht auszuschließen.

(c) Funktion und Status der internationalen Richter als oberste Rechtsprechungsorgane der Staatengemeinschaft

Die internationalen Richter sind, im Gegensatz zu ihren nationalen Kollegen, nicht Überwacher eines in sich geschlossenen Rechtssystems, sondern die höchsten an der Spitze der gesamten Weltjudikative stehenden Rechtsprechungsorgane – m. a. W. „die letzte Instanz“ gleichberechtigter, souveräner Staaten. Diese Tatsache macht nicht nur die untrennbare Verknüpfung von Funktion und Status speziell bezogen auf die internationalen Richter transparent; sie könnte darüber hinaus auch für den Umfang der Vorrechte von maßgeblicher Bedeutung sein.

Als höchste Rechtsprechungsorgane sind die internationalen Richter ausschließlich Vollzieher des internationalen Rechts. Um sicherzustellen, dass die Richter ihre Funktion auch tatsächlich nur im gemeinsamen Interesse der internationalen Rechtsgemeinschaft sachlich, unparteiisch und neutral ausüben, müssen insbesondere die diese Gemeinschaft formierenden Staaten bestrebt sein, die Unabhängigkeit der Richter zu festigen. Dies gilt umso mehr, wenn man berücksichtigt, dass, wie Richter *Lachs* zutreffend ausgeführt hat, die meisten die Interessen der Staaten trennenden Probleme sowohl eine rechtliche als auch eine politische Komponente beinhalten[555]. Durch die Anrufung der internationalen Gerichtshöfe und die, wenn auch nur für Einzelfälle, abgegebenen Unterwerfungserklärungen unter die internationale Gerichtsbarkeit geben die Staaten auf Grund des den Rechtsentscheidungen immanenten politischen Elements[556] nicht nur die Beurteilung über diese fundamentalen Fragen aus der Hand. Sie geben vielmehr auch einen Teil ihrer Souveränität preis[557], indem sie das wichtigste die gesellschaftliche und politische Ordnung ihrer Staaten formende Instrumentarium, das Recht, vom nationalen auf den internationalen Richter übertragen. Da es zudem infolge des nicht ausgereiften Entwicklungsstandes des internationalen Rechts weitgehend an einer hinreichenden Voraussehbarkeit des juristischen Prozesses mangelt[558] und eine Korrektur der Entscheidungen auf Grund der nicht vorhandenen Legislative ausgeschlossen ist, erscheint die Be-

554 *Shihata* (Fn. 28), S. 6.

555 *Lachs*, RdC 169 (1980 IV), S. 228.

556 Vgl. insofern die Ausführungen in Teil 6. A. II.

557 *Shihata* (Fn. 28), S. 189; im Ergebnis ähnlich *Bernhardt*, Europa-Archiv, Teil 1, Beiträge und Berichte, 28 (1973), S. 363, 366; dies muss insbesondere für den EuGH gelten, da auf Grund der vom Gerichtshof praktizierten dynamischen Anwendung und Auslegung des Gemeinschaftsrechts häufig die Frage aufgeworfen wurde, ob die Mitgliedstaaten noch „Herren der Verträge“ sind, vgl. *Everling*, Sind die Mitgliedstaaten der Europäischen Gemeinschaft noch Herren der Verträge?, Zum Verhältnis von Europäischem Gemeinschaftsrecht und Völkerrecht, in: Völkerrecht als Rechtsordnung, Internationale Gerichtsbarkeit, Menschenrechte, FS Mosler (Beiträge zum ausländischen öffentlichen Recht und Völkerrecht, Bd. 81), 1983, S. 173, 178.

558 *Gross* (Fn. 29), S. 315; *Shihata* (Fn. 28), S. 188.

schränkung der Immunität nur auf Amtshandlungen wenig sachdienlich, die Richter ihrer Funktion und ihrem Status entsprechend vor Einflussnahme zu schützen und das Vertrauen der Staaten in eine unabhängige Gerichtsbarkeit zu stärken. Denn auch aus Privathandlungen resultierende Verantwortlichkeiten sind durchaus geeignet, den Richter an der Funktionsausübung zu hindern, zumal nicht ausgeschlossen werden kann, dass gegen die Richter im Ergebnis unhaltbare Klagen oder Verdächtigungen, gestützt auf vermeintlich begangene Privatakte, erhoben werden.

Ein weiteres, für die Gewährung einer absoluten Immunität auch an die internationalen Richter sprechendes Argument ist die Tatsache, dass die Staaten bereit sind, diese umfassende Immunität sowohl Diplomaten als auch internationalen Spitzenfunktionären einzuräumen. Denn wenn die Staaten für sich selbst, ihre Repräsentanten und die Spitzenfunktionäre der internationalen Organisationen besonderen Wert auf Respektierung der Unabhängigkeit legen, können sie die Autonomie und Unparteilichkeit der höchsten richterlichen Instanzen der Welt wohl nicht geringer achten als ihre eigene Stellung und die der Spitzenfunktionäre[559]. Es wäre schlechte internationale Politik, für die internationalen Richter einen geringeren Immunitätsschutz zu akzeptieren als ihn die Regierungen selbst für sich und die leitenden Funktionäre der internationalen Organisationen in Anspruch nehmen. Dies hat umso mehr zu gelten, als die Staaten zu Gunsten der Richter, letztlich zu Gunsten der Funktionalität der internationalen Gerichtshöfe als den einzigen mit einer Spezialaufgabe universalen Charakters betrauten internationalen Institutionen Abstriche von ihrer eigenen staatlichen Souveränität in Kauf nehmen müssen.

(2) Bestimmung des amtlichen oder privaten Charakters einer Handlung

Neben Funktion und Status der internationalen Richter sprechen für die Einräumung der absoluten Immunität auch Praktikabilitätsgründe.

Eine Beschränkung der richterlichen Vorrechte auf in amtlicher Eigenschaft vorgenommene Handlungen würde die derzeit nur in Bezug auf internationale Bedienstete der 2. und 3. Kategorie aufgeworfene Streitfrage übernehmen, wann eine Tätigkeit als öffentlich und wann als privat bezeichnet werden kann und welche Institution über diese Problematik zu entscheiden befugt ist[560]. Eine für die später mit dem Rechtsstreit befassten nationalen Gerichte bindende Bestimmung des amtlichen oder privaten Charakters der Handlung durch das oberste Organ der betreffenden Organisation – wie für internationale Funktionäre vorgeschlagen[561] – erschiene bezogen auf die Richter wenig sachgerecht, da die Richter selbst die obersten Organe

559 Ähnlich, wenn auch allgemein auf internationale Organisationen bezogen, *Jenks* (Fn. 320), S. 168, der insofern schon die Auffassung vertreten hat, „What is at issue is not the relative privileges of individuals but the status of the international organisation as an organ of the world community in relation to its members."

560 Geregelt ist diese Thematik innerhalb der EU, wo der Gerichtshof über diese Fragen im Vorabentscheidungsverfahren entscheidet (EuGH 11. 7. 1968, 5/68, Slg. XIV S. 590).

561 *Seidl-Hohenveldern/Loibl* (Fn. 55), S. 287, Rn. 1922; ähnlich *Liang*, The Legal Status of the United Nations in the United States, The International Law Quarterly 2 (1948), S. 577, 590, der eine Überprüfung der nationalen Gerichte durch die betreffende Organisation fordert.

der Gerichtshöfe verkörpern und auch eine u. U. alleinige Entscheidung durch den jeweiligen Präsidenten des fraglichen Gerichtshofs als einem dem Spruchkörper zugehörigen Mitglied erneute Zweifel an der Unparteilichkeit aufkommen lassen könnten.

Eine Übertragung der Entscheidungsgewalt allein auf die nationalen Gerichte[562] würde im Ergebnis eine internationale Angelegenheit der nationalen Kontrolle und dem nationalen Ermessen überlassen, wodurch der Schutz der Richter vor Einflussnahme illusorisch und ihre Unabhängigkeit entschieden in Frage gestellt, wenn nicht sogar aufgehoben würde[563].

Zudem ist in diesem Zusammenhang nicht außer Acht zu lassen, dass derzeit auch keine einheitliche Definition des Begriffs „Amtshandlung" zur Verfügung steht. Zwar wird heute überwiegend die Auffassung vertreten, dass nur Amtshandlungen im engeren Sinn von der funktionellen Immunität geschützt sind[564], während nach anderer Ansicht auch Handlungen, die in engem Zusammenhang mit den öffentlichen Tätigkeiten stehen, unter diesen Immunitätsschutz fallen sollen[565]. Ebenso wie das Stadtgericht von New Rochelles im Fall *Ranallo*[566] hat auch der EuGH anlässlich einer Rechtsstreitigkeit, in der ein Funktionär einen Verkehrsunfall verursacht hatte, während er in Ausführung eines Dienstauftrags seinen privaten PKW steuerte, dargelegt, dass die Befreiung nur solche Handlungen umfasst, die *unmittelbar* der Erfüllung einer Gemeinschaftsaufgabe dienen[567]. Dies verneinte der EuGH im konkreten Fall, da das Führen eines Kraftfahrzeugs nur in denjenigen Ausnahmefällen als eine in amtlicher Eigenschaft vorgenommene Handlung anzusehen ist, „in denen diese Tätigkeit auf keine andere Weise als unter der Hoheit der Gemeinschaft und durch deren Bedienstete ausgeübt werden kann"[568].

---

562 So aber im Ergebnis *Kunz*, AJIL 41 (1947), S. 838, 862, der seine Ansicht aus der Tatsache ableitet, dass Abschnitt 18 des Allgemeinen Übereinkommens die Möglichkeit der Immunitätsaufhebung durch die internationalen Organsationen, speziell bezogen auf Privathandlungen der Funktionäre, nicht vorsieht.

563 So auch im Ergebnis, allerdings ausschließlich bezogen auf internatonale Funktionäre *Egger* (Fn. 89), S. 172 f.; *Seidl-Hohenveldern/Loibl* (Fn. 55), S. 287, Rn. 1922.

564 *Seidl-Hohenveldern/Loibl* (Fn. 55), S. 282, Rn. 1908.

565 So auch der Rechtsberater der UNO, Schachter, im *Ranallo-Fall*, nach dessen Ansicht sich Ranallo in Ausübung seines Amtes eine Gesetzesübertretung hatte zu Schulden kommen lassen, auf Grund derer ihm Immunität zu gewähren sei. Ausführlich zu diesem Fall *Preuss*, Immunities of Officials and Employees of the United Nations for Official Acts: The Ranallo Case, AJIL 41 (1947), S. 555–578.

566 Das Gericht hob darauf ab, „ … the immunity of the United Nations does not extend to employees who merely contribute to the personal convenience and comfort of officials of the United Nations, but only the employees whose functions are necessary for the actual operations of the United Nations.", vgl. New York University Law Quarterly Review, 1947, S. 504.

567 EuGH – Sayag a. E./Leduc a. E., 5/68 – Slg. 1986, 590.

568 EuGH – Sayag a. E./Leduc a. E., 5/68 – Slg. 1986, 600.

Zwischenergebnis zu bb)

Die aufgezeigte enge Verknüpfung von Funktion und Status internationaler Richter als den höchsten, weil keinem Staat verantwortlichen, internationalen Rechtsprechungsorganen, die Vielfältigkeit der ihnen übertragenen Aufgaben im Sinn der Anwendung des gesamten Völkerrechts sowie nicht zuletzt die fragile Struktur der internationalen Rechtsordnungen vergegenwärtigen deutlich die Mannigfaltigkeit von selbstständigen Einflussmöglichkeiten des Richters auf die Rechtsentscheidung bei Streitigkeiten zwischen souveränen Staaten, ohne dass die tatsächlichen und ihre Ansicht tragenden Motive nachprüfbar wären.

Die erhebliche Gefahr der Druckausübung auf die Richter lässt sich auf Grund dieser besonderen Position nicht leugnen, zumal sich die Urteile häufig auf die territoriale Integrität der Staaten[569], ihre nationale Rechtsprechung[570] sowie ihre wirtschaftlichen, politischen und militärischen Zielvorstellungen auswirken können, diese also häufig ein gesteigertes Interesse am Ausgang eines Rechtsstreits haben werden.

Die vorstehenden Ausführungen verdeutlichen, dass die Verleihung der absoluten Immunität an Richter nicht nur geeignet, sondern geradezu unerlässlich ist, ihre ungehinderte Funktionsausübung zu gewährleisten und das Vertrauen der Staaten in ihre Unabhängigkeit zu festigen.

Gegen eine nur funktionale Immunität der Richter sprechen darüber hinaus auch die dargelegten Abgrenzungsschwierigkeiten in Bezug auf den Charakter einer Handlung sowie die Tatsache, dass die internationalen Richter infolge der restriktiven Auslegung des Begriffs „Amtshandlung" durch nationale und internationale Gerichte selbst bei einer in engem Zusammenhang mit der öffentlichen Tätigkeit stehenden Handlung sehr schnell der Gefahr ausgesetzt wären, durch z. B. Schadensersatzklagen u. ä. in der unabhängigen Ausübung ihrer rechtsprechenden Funktion beeinträchtigt zu werden.

Die Regelung des Art. 19 IGH-Statut entspricht daher, zumindest bezogen auf den Teilaspekt der zu gewährenden Immunitätsart, den an einen funktionsgerechten Immunitätsschutz zu stellenden Anforderungen.

b) Bestimmbarkeit der zu gewährenden Vorrechte

Die Tatsache, dass der Wortlaut des Art. 19 IGH-Statut letztlich aus dem Jahre 1919 herrührt, wirft die Frage nach der Bestimmbarkeit des materiellen Inhalts der diplomatischen und damit auch der den Richtern zu gewährenden Immunitäten auf. Denn

---

569 Beispielhaft sind hier die folgenden Entscheidungen des IGH anzuführen: Durchreiserecht über indianisches Gebiet, ICJ Reports 1960, S. 4; Tempel-von-Preah-Vihear-Fall, ICJ Reports 1962, S. 6.

570 So allgemein *Buergenthal,* International Tribunals and National Courts: The Internationalization of Domestic Adjudication, in: Recht zwischen Umbruch und Bewahrung, FS Bernhardt (Beiträge zum ausländischen öffentlichen und Völkerrecht, Bd. 120), 1995, S. 687 ff.; Entscheidungen des EuGHMR führten zu zahlreichen Gesetzesänderungen in den Mitgliedstaaten. So passte u. a. Österreich sein Strafrecht hinsichtlich der Behandlung von Häftlingen in Krankenhäusern an; Dänemark ergänzte sein Gesetz über das Sorgerecht für außerehelich geborene Kinder.

zum damaligen Zeitpunkt hatte der Begriff der „diplomatischen Immunität“ in den Staaten mangels Kodifizierung noch keine einheitliche Bedeutung[571]; größtenteils wurde – wie oben bereits ausgeführt – noch die absolute Immunitätstheorie vertreten, von der erst mit dem In-Kraft-Treten des WÜD langsam Abstand genommen wurde. Anhaltspunkte dafür, inwieweit der seit 1919 erfolgte Wandel des diplomatischen Immunitätsrechts Einfluss auch auf den Umfang der den Richtern zu gewährenden Vorrechte haben sollte, lassen sich dem Art. 19 IGH-Statut nicht entnehmen. Es wäre insofern sicherlich begrüßenswert gewesen, bei der Übernahme von Art. 19 StIGH in das IGH-Statut zumindest den Passus „in accordance with international law“ hinzuzufügen, um so deutlicher hervorzuheben, dass auch in Bezug auf die an das diplomatische Immunitätsrecht angelehnten Vorrechte der Richter die Möglichkeit der Anpassung an geänderte Rechtsauffassungen besteht[572].

In der letzten Konsequenz wäre aber auch an dieser Formulierung Kritik zu üben gewesen. Denn die Richter hätten nicht in jedem Falle die ihnen eingeräumten Immunitäten im Voraus bestimmen können, da das internationale Recht ständig im Wandel begriffen ist, eine Tatsache, die die Entwicklung vom Völkerbund bis heute verdeutlicht[573].

c) Geografischer Ausdehnungsbereich der Immunitäten

Art. 19 IGH-Statut gibt des Weiteren keinen eindeutigen Aufschluss über den geografischen Ausdehnungsbereich der Immunitäten, insbesondere deren Anwendbarkeit in den jeweiligen Heimatstaaten der internationalen Richter.

aa) Immunitätsschutz in den Heimatstaaten?

Aus dem Verweis auf das materielle Immunitätsrecht der Diplomaten läge insofern der Schluss nahe, gleichermaßen den Richtern in analoger Anwendung des Art. 31 Abs. 4 WÜD die Vorrechte in ihren Heimatstaaten zu versagen. Auch wenn diese Regelung bezogen auf die Diplomaten durchaus folgerichtig ist, da hier die Ausübung der heimatstaatlichen Gerichtsbarkeit die Souveränität des Entsendestaates nicht in Frage stellt, so begegnet ein entsprechendes Fazit bereits insofern Bedenken, als es im Fall der internationalen Richter keinen Entsendestaat gibt, sondern die Richter ausschließlich im Interesse einer Internationalgemeinschaft tätig werden und sie auch nicht die Staatsangehörigkeit des von ihnen „repräsentierten“ Gerichtshofs besitzen. Die Internationalität der Richter und der ihrer Immunitätsgewährung zu Grunde liegende Gedanke des wirksamen Funktionsschutzess scheinen daher für eine Vorrechtsstellung auch in ihren Heimatstaaten zu sprechen[574]. Wenn *Seidl-*

---

571 *Michaels* (Fn. 320), S. 163.

572 Vgl. insofern Art. 70 AMRK, der bestimmt: Judges enjoy immunities and privileges accorded to diplomatic agents *under international law.*

573 *Sahovic*, The Concept of International Law at the end of the Twentieth Century, in: International Law in Transition, FS Singh, 1992, S. 87 ff.; *Dhokalia*, International Law Making, in: International Law in Transition, FS Singh, 1992, S. 203, 204 ff., 217 ff.

574 Ausführlich zur Frage des Immunitätsschutzes der Richter gegenüber ihren Heimatstaaten in Teil 7 D. I.

Hohenveldern allerdings in diesem Zusammenhang die volle Immunitätsgewährung der Richter auch in ihren Heimatstaaten unter Hinweis auf eine entsprechende Interpretation der den Spitzenfunktionären der internationalen Organisationen eingeräumten Immunitäten ableitet[575], so ist dieser Argumentation im Ergebnis nicht zu folgen. Ungeachtet der Frage, ob seine Interpretation der ebenfalls auf das Diplomatenrecht verweisenden Immunitätsvorschriften zu Gunsten der Spitzenfunktionäre internationaler Organisationen im Interesse einer zu vermeidenden Schlechterstellung gegenüber den Funktionären der II. Kategorie zu befürworten ist oder nicht, lässt sie sich nicht ohne weiteres auf die Rechtsstellung der am IGH tätigen Richter übertragen. Denn im Gegensatz zu den Satzungen der internationalen Organisationen sieht das IGH-Statut gerade keine Möglichkeit der Immunitätsaufhebung vor[576] mit der Folge, dass sich die Richter in einem völlig rechtsfreien Raum bewegen könnten. Eine derartige Sonderstellung der Richter einerseits und der mangelnde Rechtsschutz der übrigen Bürger andererseits muss sich zwangsläufig zulasten der internationalen Rechtsgemeinschaft auswirken, also der Gemeinschaft, deren „Repräsentation“ dem Richter obliegt.

Es überrascht daher nicht, dass auch die in diesem Zusammenhang von *Doehring* geäußerte Anregung, eine solche generelle Klausel wie Art. 19 IGH-Statut sinngemäß auszulegen „mit dem Ergebnis der Annahme auch einer Immunität gegenüber dem Heimatstaat“, mit der Forderung einer Immunitätsaufhebung verbunden ist[577]. Diesem Ansinnen kommt unter Berücksichtigung der Tatsache gesteigerte Bedeutung zu, dass ein Mitglied des IGH nicht zur persona non grata durch den Sitzstaat erklärt und damit zur Ausreise gezwungen werden kann – ein im Diplomatenrecht fest verankertes Korrelat im Fall des Missbrauchs des Immunitätsschutzes auf die Richter somit gerade keine Anwendung findet. Denn die Internationalität der von der Generalversammlung der UNO und dem Sicherheitsrat auf Grund einer Vorschlagsliste gewählten Richter sowie ihr Status als „Vertreter“ der internationalen Rechtsgemeinschaft würde ad absurdum geführt, hätte der Sitzstaat die Möglichkeit, den Richter durch die Erklärung zur persona non grata an dessen Funktionserfüllung zu hindern[578].

bb) Immunitätsschutz in Drittstaaten?

Wie in Teil 3 C. VII. 2. ausgeführt, wirkt die im WÜD kodifizierte diplomatische Immunität für amtliches Handeln erga omnes, also gegenüber allen Mitgliedern der Staatengemeinschaft, mithin auch gegenüber Drittstaaten. Auf Grund des generellen Verweises auf die Diplomatenimmunität müsste daher bei wortgetreuer Anwendung die Erga-omnes-Wirkung auch in Bezug auf den geografischen Geltungsbereich der richterlichen Immunitäten Beachtung finden.

Die Konsequenz, eine Verpflichtung auch der Nichtmitgliedstaaten, den Richtern die Immunität ratione materiae gewähren zu müssen, veranschaulicht einmal mehr

575 *Seidl-Hohenveldern/Loibl* (Fn. 55), S. 286 f., Rn. 1921.
576 Hierzu im Einzelnen in Teil 7 F. II. 1.
577 Völkerrecht (Fn. 7), S. 290, § 12 VI Rn. 689.
578 Vgl. zu dieser Thematik auch *Doehring* (Fn. 7), S. 291, § 12 VI Rn. 691.

die Unvollkommenheit der derzeitigen Immunitätsregelung zu Gunsten der Richter des IGH. Denn während die Annahme einer Erga-omnes-Wirkung der Immunität der Diplomaten für amtliches Handeln ihre Rechtfertigung in dem völkerrechtlichen Grundsatz der souveränen Gleichheit aller Staaten findet, kann diese Maxime, bezogen auf internationale Gerichtshöfe und ihre Spruchkörper, gerade keine Anwendung finden. Ihr Rechtsstatus basiert allein auf internationalen Verträgen und Statuten, die ausschließlich die Mitgliedstaaten, nicht aber die gesamte Staatengemeinschaft binden können.

d) Dauer der Immunitäten

Unzulänglichkeiten eines generellen Verweises auf das diplomatische Immunitätsrecht zur Regelung des Rechtsstatus internationaler Richter ergeben sich ferner aus den unterschiedlichen Erfordernissen an die Dauer der Vorrechte.

aa) Beginn der Immunitäten

Art. 39 Abs. 1 WÜD legt in Bezug auf die diplomatischen Immunitäten fest, dass sie entweder mit der Einreise des Gesandten in den Empfangsstaat zwecks offiziellen Amtsantritts beginnen oder aber, soweit sich der Diplomat bereits im Empfangsstaat aufhält, mit der Mitteilung seiner Bestellung gegenüber dem Auswärtigen Amt. Bereits die 2. Alternative dieser Vorschrift verdeutlicht erneut die Ungeeignetheit der derzeit bestehenden Immunitätsregel zu Gunsten internationaler Richter, da sich der Immunitätsbeginn eines Funktionsträgers einer internationalen Institution wegen der Unvereinbarkeit mit dessen Internationalität offensichtlich nicht von der Mitteilung der Ernennung an ein nationales Organ abhängig machen lässt. Eine demnach allenfalls im übertragenen Sinn mögliche Anwendung des Art. 39 Abs. 1 WÜD wiederum lässt offen, ob hinsichtlich des Beginns des Immunitätsschutzes auf die Mitteilung der Bestellung eines internationalen Richters an den jeweiligen Gerichtshof oder aber auf dessen offizielle Anstellung abzustellen ist.

Auch wenn es sich darüber hinaus bei der Ernennung eines Diplomaten generell um eine freie Entscheidung des Entsendestaates handelt, hat dieser gleichwohl nach Art. 4 Abs. 1 WÜD zuvor das Agrément des Empfangsstaates einzuholen, welches Letzterer selbst ohne Angabe von Gründen versagen kann, Art. 4 Abs. 2 WÜD. Zudem besteht für den Empfangsstaat die Möglichkeit, unmittelbar nach Mitteilung der Bestellung eines sich bereits im Empfangsstaat aufhaltenden Diplomaten diesen, z. B. wegen eines mittlerweile gegen ihn anhängigen Verfahrens, zur persona non grata zu erklären mit der Folge, dass zum einen unter Hinweis auf Art. 39 Abs. 2 WÜD der Empfangsstaat die Gewährung von Immunitäten von vornherein verweigern kann[579]. Zum anderen hat der Entsendestaat das Amt des Diplomaten neu zu besetzen. Besteht demnach kein Rechtsanspruch des Entsendestaats auf die Akzeptanz eines bestimmten von ihm ernannten diplomatischen Vertreters durch den Empfangsstaat und ist auf Grund dessen das Amt eines Diplomaten grundsätzlich nicht zwingend an eine bestimmte Person gebunden, so ist eine Funktionsbeein-

579 So *Denza*, Diplomatic Law, 1. Aufl. 1976, S. 245.

trächtigung und damit die Notwendigkeit eines Immunitätsschutzes – wie in Art. 39 Abs. 1 WÜD vorgesehen – auch frühestens unmittelbar vor der eigentlichen Amtsaufnahme erforderlich. Demgegenüber ist das Amt eines internationalen Richters bereits mit dessen Wahl bzw. Ernennung an eine bestimmte Person geknüpft, so dass hier – wie noch aufzuzeigen sein wird – der Immunitätsschutz früher Anwendung zu finden hat.

bb) Ende der Immunitäten

Nach Art. 39 Abs. 2 WÜD werden Vorrechte und Immunitäten einer Person, deren dienstliche Tätigkeit beendet ist, normalerweise im Zeitpunkt der Ausreise oder aber des Ablaufs einer hierfür gewährten angemessenen Frist hinfällig.

Bei lediglich vordergründiger Betrachtung könnte man geneigt sein, diese maßgeblich auf die Ausreise nach Amtsbeendigung abstellende Vorschrift kritiklos auch auf internationale Richter anzuwenden, da sie geeignet scheint, auch diese Personengruppe über die gesamte Dauer ihrer Tätigkeit vor Übergriffen des Sitzstaates zu schützen und damit den an einen effektiven Funktionsschutz zu stellenden Anforderungen gerecht zu werden. Ob sich der in Art. 39 Abs. 2 WÜD normierte Zeitpunkt tatsächlich bedenkenlos auf die Richter übertragen lässt, bedarf vor allem vor dem Hintergrund der dieser Vorschrift zu Grunde liegenden Motive einer differenzierten Betrachtung.

(1) Die der Regelung des Art. 39 Abs. 2 WÜD zu Grunde liegenden Motive

Bereits im Gewohnheitsrecht hatte sich die heute in Art. 39 Abs. 2 WÜD kodifizierte Übung der Staaten durchgesetzt, die diplomatische Immunität im Zeitpunkt der innerhalb einer angemessenen Frist vorzunehmenden Ausreise enden zu lassen, um den Diplomaten auf diese Art und Weise die Möglichkeit zu geben, den Heimatstaaten auch noch nach Amtsende Rechenschaft über ihre Mission ablegen zu können. Schon *de Vattel* hat in diesem Zusammenhang ausgeführt: „... ses fonctions cessent: mais ses privilèges et ses droits n'expirent point des ce moment: il les conserve jusqu'à son retour auprès du maître à qui il doit rendre compte de son ambassade. Sa sûreté, son indépendance et son inviolabilité ne sont pas moins nécessaires au succès de l'ambassade, dans le départ que dans le venue."[580]

(2) Übertragbarkeit auf internationale Richter

Wenn auch die Notwendigkeit der persönlichen Berichterstattung als für den Beendigungszeitpunkt der diplomatischen Immunitäten maßgebliches Kriterium durchaus gerechtfertigt erscheint, so kann dieser Begründung bezogen auf internationale Richter keine Gültigkeit zukommen. Denn in diesem Zusammenhang gewinnt erneut die unterschiedliche Rechtsstellung von Diplomaten als Repräsentanten ihres Heimatstaates und internationalen Richtern als Funktionsträgern der internationalen Rechtsgemeinschaft an Bedeutung. Während im Diplomatenrecht dem legitimen Interesse des jeweiligen Entsendestaats Rechnung zu tragen ist, in einem persönlichen

580 Fn. 65, S. 373, Chap. IX. § 125.

Gespräch mit seinem Staatsvertreter über die bilateralen Beziehungen nach dessen unmittelbarem Ausscheiden aus dem Amt umfassend informiert zu werden, hat der internationale Richter als im Interesse der Mitgliedstaaten eines Gerichtshofs berufenes Rechtsprechungsorgan nach dem Ende seiner Amtszeit niemandem, insbesondere nicht seinem Heimatstaat gegenüber Rechenschaft über seine Tätigkeit abzulegen, sondern vielmehr der ihm obliegenden Schweigepflicht weiterhin Folge zu leisten. Kann daher selbst eine unmittelbar nach Beendigung der richterlichen Tätigkeiten erhobene Klage oder eine vorgenommene Verhaftung eines Richters das unabhängige Funktionieren eines Gerichtshofs nicht mehr in Frage stellen, so besteht keine Notwendigkeit, die zeitliche Ausdehnung der richterlichen Vorrechte bis zum Zeitpunkt ihrer Ausreise aus dem Sitzstaat zu erstrecken. Die derzeit auch für die Dauer der richterlichen Immunitäten maßgebliche Vorschrift des Art. 39 Abs. 2 WÜD gewährt den Richtern demnach in zeitlicher Hinsicht mehr als das, was auf der Basis des Prinzips des wirksamen Funktionsschutzes tatsächlich erforderlich und gerechtfertigt ist.

Zusammenfassung

Im Ergebnis ist festzuhalten, dass auf Grund des generellen Verweises auf die diplomatische Immunität Art. 19 IGH-Statut zwei Personengruppen gleich behandelt, die bereits aus formalen Erwägungen heraus nicht gleich zu behandeln sind. Bei der Vielzahl von elementaren Unterschieden zwischen internationalen Richtern und Diplomaten, insbesondere was ihre differierenden Funktionen und die sich daraus ergebenden andersartigen Immunitätsbedürfnisse anbelangt, wird mit der in Art. 19 statuierten Gleichbehandlung das der richterlichen Immunitätsgewährung zu Grunde liegende Motiv des Funktionsschutzes ad absurdum geführt.

Zudem ist Art. 19 IGH-Statut das Ausmaß der den Richtern zu gewährenden Immunitäten nicht konkret zu entnehmen, so dass wesentliche Fragen, wie z.B. der geografische Geltungsbereich der Vorrechte sowie deren Dauer, der Interpretation der die Immunitätsvorschrift anwendenden Staaten überlassen werden. Die mechanische Übernahme der diplomatischen Immunitätsvorschriften birgt somit über die rein formalen Beanstandungen hinausgehende Auslegungsschwierigkeiten und Gefahren, so dass Art. 19 IGH-Statut als insgesamt unzulänglich bewertet werden muss, die unabhängige Funktionserfüllung der Richter des Weltgerichtshofs tatsächlich zu gewährleisten.

II. Funktionalität der Immunitätsvorschriften zu Gunsten der Richter am ISGH

Die Tatsache, dass in Art. 10 des Annex VI der Seerechtskonvention vom 10. Dezember 1982[581] die Vorschrift des Art. 19 IGH-Statut wortgleich übernommen wurde, spricht für eine entsprechende Geltung der in Bezug auf die Effektivität dieser Vorschrift unter I. gemachten Ausführungen. Eine andere Beurteilung könnte sich

---

581 Vgl. Fn. 391.

hier allenfalls auf Grund präziserer, im Übereinkommen über die Vorrechte und Befreiungen des ISGH vom 23. 5. 1997 enthaltener Regelungen ergeben.

1. Analyse der in Art. 13 des Übereinkommens über die Vorrechte zu Gunsten der Richter des ISGH gewährten Befreiungen

Auch Art. 13 Abs. 1 des Übereinkommens verweist – ebenso wie Art. 10 des Statuts des Gerichtshofs – zunächst nur allgemein auf die den Diplomaten gewährten Immunitäten, insofern allerdings mit dem Zusatz „in Übereinstimmung mit der Wiener Konvention für diplomatische Beziehungen vom 18. 4. 1961". Auch wenn damit gegenüber dem IGH-Statut eine Verbesserung der richterlichen Rechtsstellung insofern erfolgt ist, als auf Grund der Rückgriffsmöglichkeit auf das kodifizierte Diplomatenrecht eine Bestimmbarkeit der den Richtern zu gewährenden Vorrechte gewährleistet ist, verbleibt es doch bei den bereits dargestellten wesentlichen Unzulänglichkeiten dieses generellen Verweises auf die diplomatischen Immunitäten. Dieser Feststellung stehen insbesondere nicht die detaillierten Immunitätsvorschriften in Art. 13 Abs. 2, 6 und 7 entgegen. Abs. 2 verweist hinsichtlich der Rechtsstellung der Richter auf Dienstreisen durch Drittstaaten erneut auf die diplomatische Immunität; Abs. 7 bestimmt ausdrücklich, dass den Richtern – um ihnen Redefreiheit und vollständige Unabängigkeit bei der amtlichen Funktionserfüllung zu garantieren – die Immunität von der Gerichstbarkeit für Amtshandlungen auch über die Amtszeit hinaus gewährt wird. Beide Vorschriften geben im Ergebnis somit nur Vorrechte wieder, die den Richtern auf Grund des generellen Verweises auf die diplomatische Immunität in Art. 13 Abs. 1 ohnedies gewährt werden müssen. Ihnen kommt daher allenfalls eine erläuternde, klarstellende Funktion zu.

In Bezug auf Abs. 7 stellt sich die Frage, ob diese Norm gegenüber dem Diplomatenrecht nicht insofern eine Einschränkung bedeutet, als die Richter hinsichtlich ihrer Amtshandlungen nach Amtsende nur von der Gerichtsbarkeit befreit bleiben, während die Immunität der Diplomaten für ihre in Funktionserfüllung vorgenommenen Handlungen nach Ablauf ihrer Amtszeit generell bestehen bleibt, d.h. sowohl ihre persönliche Unverletzlichkeit als auch diejenige ihrer amtlichen Papiere und Korrespondenz weiterhin garantiert ist. Bei einer entsprechend restriktiven, am Wortlaut der Vorschrift orientierten Auslegung ergäbe sich ein weiterer, die Effektivität des Übereinkommens in Frage stellender Gesichtspunkt, da die Möglichkeit einer auch ohne vorangegangenes Gerichtsverfahren denkbaren vorläufigen Festnahme oder Inhaftierung den Richter auch schon während seiner Amtszeit beeinflussen kann. Die Gefahr der Beschlagnahme amtlicher Schriftstücke und Korrespondenz besteht nach Amtsende beim Richter allerdings nicht, da er – anders als der Diplomat – nach Beendigung seiner Amtstätigkeit niemandem gegenüber Bericht erstatten muss[582] und die amtliche Korrespondenz am Gerichtshof verbleibt, sich also nicht in seinem persönlichen Gewahrsam befinden sollte.

Auch wenn Abs. 6 regelt, dass die in Art. 13 Abs. 1–5[583] eingeräumten Vorrechte auch auf diejenigen Richter Anwendung finden, die bereits ersetzt wurden, sofern

582 Vgl. oben I. 2. d) bb) (2).

583 Vgl. zum genauen Wortlaut Teil 5 B. II. 1.

sie weiterhin ihrer Funktionsausübung in Übereinstimmung mit Art. 5 § 3 des Statuts nachkommen, so trägt diese Vorschrift zwar – was zu begrüßen ist – den Besonderheiten der Verfahrensordnung des Gerichts in Art. 17 ausdrücklich Rechnung[584]. Eine Klärung der bereits oben unter I. 2.d) angeführten Fragen in Bezug auf die Dauer der richterlichen Immunitäten ist die Vorschrift allerdings nicht geeignet herbeizuführen.

2. Verpflichtung der Staaten, die nicht Heimatstaaten sind, zur Immunitätsgewährung an dort lebende Richter

Ein Novum gegenüber sämtlichen bereits dargestellten Immunitätsregelungen beinhaltet die Vorschrift des Art. 13 Abs. 3. des Übereinkommens. Sie gewährt den Richtern, die, um sich zur Verfügung des Gerichts zu halten, in einem Staat leben, der nicht ihr Heimatstaat ist, während dieser Zeit der Residenz die diplomatischen Immunitäten und Erleichterungen. Entsprechendes gilt auch für die in ihrem Haushalt lebenden Familienangehörigen.

Ob das Streben nach einem wirksamen Funktionsschutz internationaler Richter tatsächlich so weit gehen kann und darf, alle Staaten, die nicht Heimatstaaten sind, zur Immunitätsgewährung zu verpflichten, wenn sie einen internationalen Richter „beheimaten", ist für die Fälle eindeutig zu verneinen, in denen es sich bei den Residenzstaaten nicht um Mitgliedstaaten handelt. Denn multilaterale Verträge binden grundsätzlich nur die Mitgliedstaaten. Ein Staat, der die Institution „ISGH" nicht anerkannt hat, kann auf Grund des im Völkerrecht einschlägigen Prinzips der konstitutiven Anerkennung nicht gezwungen werden, den Richtern und ihren Familienangehörigen auf seinem Territorium diplomatische Immunitäten zu gewähren[585]. Art. 13 Abs. 3 beinhaltet somit einen sowohl nach nationalem als auch nach internationalem Recht unzulässigen Vertrag zulasten Dritter.

3. Generell nur funktionelle Immunität der Richter in ihren Heimatstaaten

Der auch auf die Richter Anwendung findende Art. 18 des Übereinkommens über die Vorrechte des ISGH sieht ausdrücklich vor, dass den Richtern in Mitgliedstaaten, deren Staatsangehörige sie sind oder in denen sie ihren ständigen Wohnsitz haben, grundsätzlich nur Befreiung von der Gerichtsbarkeit und Unverletzlichkeit in Bezug auf ihre Amtshandlungen gewährt wird, sofern der jeweils betroffene Staat nicht freiwillig darüber hinausgehende Vorrechte einräumt. Je nachdem, ob man die Formulierung in Art. 13 des Übereinkommens „when engaged on the business of

---

584 Art. 17 VerfO des ISGH lautet wie folgt: „Members who have been replaced following the expiration of their terms of office shall continue to sit in a case until the completion of any phase in respect of which the Tribunal met in accordance with article 68." Art. 68 hat folgenden Wortlaut: „After the closure of the written proceedings and prior to the opening of the oral proceedings, the Tribunal shall meet in private to enable judges to exchange views concerning the written pleadings and the conduct of the case."

585 Bezogen auf internationale Organisationen ebenso *Doehring* (Fn. 7), S. 215, § 8 II Rn. 498.

the Tribunal“ als sachliche oder zeitliche Einschränkung versteht, beschneidet Art. 18 des Übereinkommens den Rechtsstatus der Richter in ihren Heimatstaaten nicht unerheblich. In jedem Fall räumt er aber den Heimatstaaten die Möglichkeit ein, den Umfang der richterlichen Immunitäten über das gesicherte Minimum hinaus selbst festzulegen mit der Konsequenz, dass nicht nur die Rechtsstellung der Richter je nach Staatenpraxis variieren kann. Vielmehr wird damit den Heimatstaaten auch ein Weg der Einflussnahme eröffnet, vor der der Richter aber gerade geschützt werden soll. Festzuhalten bleibt, dass sich die mangelnde Transparenz der Regelung sowie ihr Widerspruch zur Internationalität der Gerichtshöfe nicht mit der Forderung nach einem effektiven Funktionsschutz in Einklang bringen lässt. Hierauf wird zu einem späteren Zeitpunkt der Untersuchung zurückzukommen sein[586].

III. Funktionalität der Immunitätsvorschriften zu Gunsten der Richter am IAGHMR und am IStGH

Auch Art. 70 AMRK/Art. 15 IAGHMR-Statut verweisen zur Regelung der Rechtsstellung der am IAGHMR tätigen Richter auf die diplomatischen Immunitäten. Dies gilt nach Satz 1 für den Zeitpunkt ihrer Wahl und während ihrer gesamten Amtszeit. Ergänzend sollen nach Satz 2 den Richtern in der Ausübung ihres Amtes die zur Erfüllung ihrer Aufgaben erforderlichen diplomatischen Vorrechte gewährt werden. Diese Vorschriften lassen zum einen keinen eindeutigen Schluss darüber zu, ob den Richtern absolute oder lediglich funktionale Immunität zu gewähren ist. Während Satz 1 im Sinn einer absoluten Immunität zu verstehen ist, muss Satz 2 als in sich widersprüchlich beurteilt werden, da die Richter für Amtshandlungen diplomatische Immunitäten genießen sollen.

Auch wenn Art. 70 AMRK/Art. 15 IAGHMR-Statut den Beginn der Immunitätsgewährung genau bestimmen, geben sie doch keinen Aufschluss über deren Ende und damit konkret über die Dauer der Vorrechte. Wegen des generellen Verweises auf die diplomatische Immunität müssen im Ergebnis auch an dieser Stelle die Ausführungen zur Effektivität des Art. 19 IGH-Statut unter I. entsprechend gelten, m. a. W. die Vorschriften als für einen ausreichenden Schutz der richterlichen Unabhängigkeit ungeeignet bewertet werden.

Gleiches gilt auch für die Rechtsstellung der Richter am IStGH, die bei der Wahrnehmung der Geschäfte des Gerichtshofs oder in Bezug auf diese die gleichen Vorrechte und Immunitäten wie Chefs der diplomatischen Missionen genießen.

IV. Funktionalität des Protokolls über die Vorrechte zu Gunsten der Richter am EuGHMR

Die Immunitätsvorschriften zu Gunsten der am EuGHMR tätigen Richter, wie sie heute in Art. 51 des 11. Protokolls zur EMRK vom 11. April 1994 in Verbindung mit dem 6. Zusatzprotokoll zum Allgemeinen Abkommen über die Vorrechte und

586 Vgl. Teil 7 D. I. 1.e).

Immunitäten des Europarats normiert sind, räumen den Richtern eine Rechtsstellung ein, wie sie auch der Generalsekretär des Europarats und sein Stellvertreter innehaben. Die Immunitätsvorschriften spiegeln somit eine der Neuerungen gegenüber dem „alten" EuGHMR wider: Die Richter am „neuen" EuGHMR sind Bedienstete des Europarats[587]. Die Vollständigkeit dieser Untersuchung erfordert auf Grund dessen vorab eine Auseinandersetzung mit der Frage, inwieweit diese Nivellierung von internationalen Richtern und internationalen Funktionären formell gerechtfertigt ist, um hieran anschließend die materielle Geeignetheit der Vorschriften auf ihren die richterliche Unabhängigkeit schützenden Charakter hin zu überprüfen.

1. Der internationale Richter als internationaler Funktionär

Nach der einschlägigen Definition von *Basdevant* bezeichnet der Begriff „internationaler Funktionär" den folgenden Personentypus: *Est fonctionnaire international tout individu chargé par les représentants de plusieurs états ou par un organisme agissant en leur nom, à la suite d'un accord interétatique et sous le contrôle des uns ou de l'autre, d'exercer, en étant soumis a les règles juridiques spéciales, d'une façons continue et exclusive des fonctions dans l'intérêt de l'ensemble des états en question.*[588]

Ebenso wie Funktionäre werden auch die internationalen Richter auf der Grundlage überstaatlicher Verträge von einem Organ einer internationalen Organisation eingesetzt. Beide Personengruppen üben ihr Amt im Dienst einer Staatengemeinschaft aus, die Richter aber sind zugleich auch Repräsentanten des internationalen Rechts bzw. vertreten die internationale Rechtsgemeinschaft[589]. Wenngleich auch ihre rechtsprechende Tätigkeit nicht jeweils den Richtern als Individuen, sondern den Gerichtshöfen als zwischenstaatlichen Institutionen zugerechnet wird, sind sie doch frei von jeglicher Kontrolle und Überwachung[590] – eine logische Konsequenz ihrer Unabhängigkeit unter Berücksichtigung der Tatsache, dass die Richter letztlich die Gerichtshöfe als solche verkörpern und es auf Grund dessen nur eine Aufsicht geben kann, der sie unterstehen können – der Kontrolle ihres eigenen Gewissens, soweit es um den Inhalt der Entscheidung geht. Im Übrigen kontrolliert das Gericht sich selbst.

Nach der oben zitierten Definition von *Basdevant* liegt in dieser Unabhängigkeit der Richter der wesentliche Unterschied zu den internationalen Funktionären, die nicht nur der Kontrolle der jeweiligen Organisation unterliegen, sondern auch von dieser für ihre Handlungen zur Verantwortung gezogen werden können.

---

587 *Meyer-Ladewig,* Ein neuer ständiger Europäischer Gerichtshof für Menschenrechte, NJW 1995 II, S. 2813, 2814; *Oppermann* (Fn. 470), S. 46, § 2 Rn. 91, unter Verweis auf *Meyer-Ladewig,* a..a. O.

588 *Basdevant* (Fn. 372), S. 53; weitere Definitionsvorschläge vgl. *Hammarskjöld,* RdC 56 (1936 II), S. 111 ff.

589 *Genet,* Revue de Droit International et de Législation Comparée 60 (1933), S. 254, 277.

590 *King* (Fn. 87), S. 244.

Dieser aus der autonomen Stellung der Richter resultierende Unterschied zwischen internationalen Funktionären im Allgemeinen und Richtern rechtfertigt die Schlussfolgerung, Letztgenannte als einen eigenständigen Typus von Funktionsträgern zu charakterisieren[591].

Für dieses Ergebnis spricht zum einen die Tatsache, dass die Richter ihre Rechtsstellung aus speziell in den jeweiligen Statuten der Gerichtshöfe enthaltenen Vorschriften ableiten, z. B. Art. 19 IGH-Statut. Denn wäre ihre Klassifizierung als internationale Funktionäre entsprechend der obigen Definition problemlos möglich gewesen, hätten sich die Verfasser der Gerichtshofstatuten damit begnügen können, insbesondere in Bezug auf die den Richtern einzuräumenden Immunitäten auf die allgemeinen, in den Gründungsverträgen der Internationalgemeinschaften normierten Bestimmungen zu Gunsten der internationalen Funktionäre zu verweisen[592].

Zum anderen stimmt das vorstehende Ergebnis, den internationalen Richter als einen eigenständigen Typus innerhalb der Gattung „internationale Funktionsträger“ einzustufen, auch mit der Stellung internationaler Gerichtshöfe als eine für sich selbst stehende internationale Institution überein[593].

Im Hinblick auf die gleichwohl bestehende Vielzahl von Gemeinsamkeiten erscheint im Ergebnis, wenn auch keine Anpassung, so doch eine Annäherung der Rechtsstellung von internationalen Richtern und internationalen Funktionären zumindest so lange gerechtfertigt, wie gewährleistet ist, dass den Besonderheiten der richterlichen Funktion und damit im Ergebnis ihrer zuvor vorgenommenen Eingruppierung bei der Festlegung ihres Rechtsstatus Rechnung getragen wird.

2. Materielle Geeignetheit der Immunitätsvorschriften

Wie im Folgenden aufzuzeigen sein wird, stellen sich die Immunitätsvorschriften zu Gunsten der Richter am EuGHMR nicht nur aus den aufgezeigten formalen Gesichtspunkten, sondern darüber hinaus auch wegen unzulänglichen Regelungsgehalts als zur wirksamen Funktionserfüllung ungeeignet dar.

---

591 So im Ergebnis auch *Kunz*, AJIL 41 (1947), S. 828, 852; *Egger* (Fn. 89), S. 226; a. A. *Hudson*, The Permanent Court of International Justice (Fn. 503), S. 325, der zwecks Anwendung des Art. 7 der Völkerbund-Satzung die Richter als internationale Funktionäre des Völkerbundes klassifiziert wissen will.

592 So wohl auch – wenn auch bezogen auf den Völkerbund – *Secrétan*, Les privilèges et immunités diplomatiques des représentants des États membres et des des agents de la Société des Nations, Diss. 1928, S. 43 f., und *Frei* (Fn. 502), S. 35; im Ergebnis nicht überzeugend *King* (Fn. 87), S. 244 f., der die Richter des IGH als einen speziellen Typus des internationalen Funktionärs einstuft, die Vorschriften im Statut des Gerichtshofs aber nicht als die rechtliche Grundlage ihrer Immunitäten ansieht, sondern eine ihrer Stellung als internationale Funktionäre eigenen Typs Rechnung tragende Anwendung der in der UN-Charta normierten Bestimmungen.

593 *Egger* (Fn. 89), S. 215.

a) Beschränkung der Vorrechtsstellung auf Amtshandlungen?

Indem Art. 1 des 6. Protokolls zunächst auf Art. 18 des Allgemeinen Abkommens über die Privilegien und Immunitäten des Europarats verweist, der die Immunität der Funktionäre in Bezug auf ihre in amtlicher Eigenschaft und innerhalb ihrer Befugnisse vorgenommenen Handlungen bestimmt, um daran anschließend auf die diplomatischen Immunitäten zu Gunsten der Richter und ihrer Familienangehörigen zu verweisen, scheint den Richtern absolute Immunität zuerkannt zu sein, allerdings nur bezogen auf die Amtshandlungen. Dies bedeutet einen Widerspruch in sich, da die Diplomatenimmunität – wie oben ausgeführt – absolut und daher sowohl für Amts- als auch für Privathandlungen einzuräumen ist.

Ausgerichtet am Wortlaut der Vorschrift, nach der die Richter *außer* den in Art. 18 des Allgemeinen Übereinkommens vorgesehenen Immunitäten auch die diplomatischen Vertretern nach dem Völkerrecht zu gewährenden Befreiungen genießen, liegt die Auslegung nahe, dass die diplomatischen Vorrechte neben, im Sinn von ergänzend, den in Art. 18 des Allgemeinen Abkommens normierten Befreiungen eingeräumt werden. Diese Auslegung spricht für eine absolute Immunitätsgewährung, allerdings mit der Folge, dass der einleitende Verweis in Art. 1 auf Art. 18 des Allgemeinen Übereinkommens leer liefe und sich damit die Frage nach dem Grund für seine ausdrückliche Aufnahme in das Protokoll stellt.

Neben den bereits erörterten, sich aus dem generellen Verweis auf die diplomatischen Vorrechte in Bezug auf Dauer und geografischen Geltungsbereich der Befreiungen ergebenden Schwächen liegt die Unzulänglichkeit des Art. 1 des 6. Protokolls zur Sicherung der unabhängigen Funktionserfüllung somit auch in dem nicht eindeutig feststellbaren Umfang der richterlichen Immunitäten begründet.

Gegenüber dem 4. Protokoll über die Vorrechte und Befreiungen vom 16. Dezember 1961, das in Art. 2 lit. a die Jurisdiktionsimmunität nur für Amtshandlungen vorsah, hat sich die Rechtsstellung der Richter des neuen EuGHMR somit nicht verbessert. Vorteile durch das 6. Protokoll haben ausschließlich die Familienmitglieder des Richters, deren Status im 4. Protokoll nicht geregelt war.

b) Deklaratorische Bedeutung der Artt. 3 und 6 des 6. Protokolls

Artt. 3 und 6 des 6. Protokolls haben rein deklaratorische Bedeutung, da sie keine Vorrechte festlegen, die den Richtern nicht schon nach dem Diplomatenrecht zukommen. Es handelt sich zum einen um die Unverletzlichkeit der amtlichen Schriftstücke (Art. 6) und zum anderen um die auch in den Statuten des IStGH und ISGH vorgesehene Fortgeltung der Immunität für Amtshandlungen über die Amtszeit hinaus (Art. 3), wie sie ausdrücklich auch in Art. 39 Abs. 2 WÜD vorgesehen ist und wie sie sich bereits aus der Rechtsgrundlage der Immunitätsgewährung zwingend ergibt.

Erwähnenswert ist in diesem Zusammenhang, dass die Unverletzlichkeit der richterlichen Korrespondenz auf amtlichen Schriftverkehr beschränkt ist, während nach dem allgemeinen Verweis auf die Diplomatenimmunität in Art. 1 grundsätzlich auch die private Korrespondenz des Richters zu schützen wäre. Diese Widersprüchlichkeit innerhalb des Regelungswerks ließe sich allenfalls durch eine nur subsidiäre Anwendung des Art. 1 lösen, d. h. auf die Fälle beschränkt, in denen die Normen des Protokolls nicht einzelne Immunitäten ausdrücklich regeln.

V. Funktionalität der Immunitätsvorschriften zu Gunsten der EuGH-Richter

Wenn auch bei der Normierung der Immunitätsvorschriften zu Gunsten der EuGH-Richter wesentliche Mängel der zuvor analysierten Vorrechtsregelungen vermieden wurden, so bieten sie gleichwohl keinen vollständigen Funktionsschutz.

1. Absolute Immunität von der Gerichtsbarkeit

Nach Art. 3 EuGH-Satzung sind die Richter keiner Gerichtsbarkeit unterworfen. Da die Vorschrift abweichend von den Immunitätsvorschriften zu Gunsten der Richter am EuGHMR keine Unterscheidung nach dem Charakter einer Handlung trifft, muss von einem vollen Immunitätsschutz der Richter, d. h. sowohl für Amts- als auch für Privatakte, ausgegangen werden. Bestätigt wird diese Schlussfolgerung durch Satz 2 des Art. 3, der ergänzend bestimmt, dass die Befreiung hinsichtlich der von den Richtern in amtlicher Eigenschaft vorgenommenen Handlungen einschließlich ihrer mündlichen und schriftlichen Äußerungen auch nach Beeendigung der Amtstätigkeit besteht. Demnach wird der volle Immunitätsschutz nur während der Amtstätigkeit der Richter gewährt[594]. Art. 12 lit. a des Protokolls über die Vorrechte der EU, der nach Art. 21 des Protokolls auch auf die Richter Anwendung findet und den Immunitätsschutz auf Amtshandlungen beschränkt, steht insoweit nicht entgegen. Denn ausweislich Art. 21 Halbsatz 2 des Protokolls bleiben die Bestimmungen des Art. 3 der Satzung des EuGH von den Protokollvorschriften unberührt.

Unter Gerichtsbarkeit ist sicherlich jede Art der hoheitlichen Jurisdiktion zu verstehen, mit Ausnahme der Gerichtsbarkeit des Gerichtshofs selbst, Artt. 6 und 44 Satz 2 EuGH-Satzung. Gegen die Mitglieder des Gerichtshofs können daher weder Strafprozesse eingeleitet noch zivilrechtliche Klagen erhoben oder Anträge auf einstweiligen Rechtsschutz gestellt werden[595]. Dem Wortlaut des Art. 3 EuGH-Satzung nicht eindeutig zu entnehmen ist allerdings die Antwort auf die Frage, ob die EuGH-Richter neben der Immunität von der Rechtsprechungsgewalt auch von der allgemeinen Hoheitsgewalt befreit sind, d. h. ob sie Verwaltungs- oder behördlichen Zwangsmaßnahmen unterliegen können oder nicht. Wegen der insofern bestehenden Auslegungsmöglichkeiten des Begriffs „Gerichtsbarkeit"[596] und der daraus resultierenden Nichtvorhersehbarkeit des materiellen Umfangs der richterlichen Vorrechte ergeben sich auch an der Effizienz dieser Vorschrift Zweifel. Diese Bedenken verstärken sich vor dem Hintergrund, dass nach einer im Schrifttum vertretenen An-

594 Ebenso *Bächle* (Fn. 469), S. 115.

595 *Hackspiel*, in: Groeben (Hrsg.), Kommentar zum EU-/EG-Vertrag, Bd. IV, Art. 137–209a EGV, 5. Aufl. 1997, S. 4/715, Art. 3 EuGH-Satzung Rn. 5.

596 Hierzu im Einzelnen Teil 7 B. III. 2. a).

sicht die Regeln über die diplomatische Immunität zur Auslegung von Art. 3 in Einzelfragen ebenfalls herangezogen werden können, abhängig vom Einzelfall und mit Rücksicht auf die besondere Ausgestaltung und den Zweck der gemeinschaftlichen Regelung[597].

2. Geografischer Geltungsbereich der Immunitäten

Indem Art. 3 EuGH-Satzung generell die Befreiung von der Gerichtsbarkeit statuiert, ohne insoweit nach der Nationalität eines Richters zu unterscheiden, bedeute dies – nach einer in der Literatur vertretenen Ansicht – keine Gleichgültigkeit hinsichtlich der Staatsangehörigkeit. Vielmehr solle durch diesen Regelungsverzicht bezüglich der Nationalität gerade die Unabhängigkeit der Richter besonders zum Ausdruck gebracht werden[598]. Diese Interpretation erhellt sich allein unter Berücksichtigung von Art. 12 Vorrechte-Protokoll der EG-Beamten, der allerdings wegen des in Art. 21 des Protokolls normierten Vorrangs von Art. 3 EuGH-Satzung keine unmittelbare Anwendung findet. Denn hier ist in lit. a ausdrücklich vorgesehen, dass den Beamten die Immunitäten „ungeachtet ihrer Staatsangehörigkeit" in jedem Mitgliedstaat zu gewähren sind.

3. Mängel des Immunitätsschutzes

Abweichend zu den bereits analysierten Immunitätsvorschriften werden damit die Vorrechte zu Gunsten der EuGH-Richter zwar den Forderungen nach absolutem Immunitätsschutz und dessen Gewährung insbesondere auch in den Heimatstaaten der Richter gerecht. Neben den bereits angesprochenen Unzulänglichkeiten beschränken sich die Immunitätsvorschriften zu Gunsten der EuGH-Richter zudem allein auf die Exemtion von der Gerichstbarkeit; sie enthalten weder die für eine unabhängige Funktionserfüllung unerlässlichen Vorrechtsregelungen zu Gunsten der Familienangehörigen, noch sehen sie die Unverletzlichkeit der Richter und deren amtlicher Korrespondenz, wie im 6. Protokoll über die Vorrechte des EuGHMR normiert, vor.

a) Mangelnder Schutz der Familienmitglieder

Der Schutz der Familie ist ein elementares Menschenrecht, das, abgeleitet von „general principles of law recognized by cicilized nations", heute in Art. 16 der Universal Declaration on Human Rights wie folgt niedergelegt ist: „The family is the natural and fundamental group unit of society and is entitled to protection by society and the State." Nach der von Richter *Evensen* in seiner „Separate Opinion" im Fall *Mazilu* vertretenen Ansicht muss der Schutz der Familie auf Grund dessen als integraler Bestandteil der Vorrechte angesehen werden, die für die unabhängige Funktionserfüllung – hier speziell für Sachverständige im Dienste der UN – erforderlich sind. Aus diesem Grund plädiert *Evensen* dafür, die in Art. VI Abschnitt 22 festgelegten

597 *Hackspiel* (Fn. 595), S. 4/715, Art. 3 EuGH-Satzung Rn. 4.

598 Vgl. *Siebert* (Fn. 43), S. 109 m.w. N.; zu dieser Thematik vgl. auch Teil 7 D. I. 1.d).

Immunitäten zu Gunsten der Sachverständigen „in vernünftigem Umfang" auch auf deren Familienangehörige anzuwenden[599].

Da nicht nur Sachverständige, sondern allgemein internationale Funktionsträger und damit auch die internationalen Richter durch Druckausübung auf ihre Familienangehörigen in ihrer amtlichen Tätigkeit beeinflusst oder behindert werden können, kommt den Ausführungen *Evensen's* in diesem Zusammenhang generelle Gültigkeit zu. Allerdings erfordert die Gewähr einer unabhängigegn Funktionserfüllung klare, unmissverständliche Immunitätsvorschriften, so dass sich die Vorrechte zu Gunsten der am EuGH tätigen Richter auch in Ermangelung einer speziell die Befreiungen der Familienangehörigen festlegenden Vorschrift als ungeeignet erweisen.

b) Mangelnde Unverletzlichkeit des Richters und seiner amtlichen Korrespondenz

Da Festnahme oder Verhaftung eines Richters ebenso wie die Kenntnisnahme oder die Manipulation offiziellen Schriftwechsels eine Behinderung der richterlichen Amtstätigkeit zur Folge haben können, sind die persönliche Unverletzlichkeit der Richter ebenso wie der Schutz ihrer amtlichen Korrespondenz für eine freie Amtserfüllung unverzichtbar. In Ermangelung entsprechender ausdrücklicher Vorschriften in der EuGH-Satzung bzw. dem Privilegien-Protokoll zu Gunsten der EG-Beamten müssen im Ergebnis auch die Immunitätsvorschriften zu Gunsten der EuGH-Richter als für den vollständigen Schutz ihrer unabhängigen Funktionserfüllung unzureichend beurteilt werden.

Zusammenfassung

Wie die vorstehende Prüfung der derzeit zu Gunsten internationaler Richter bestehenden Immunitätsvorschriften veranschaulicht hat, enthalten zwar die jeweiligen Übereinkommen bzw. Protokolle einzelne die richterliche Unabhängigkeit gewährleistende Bestimmungen; ihnen mangelt es jedoch an einem vollständigen, in sich abgeschlossenen Immunitätenkatalog. Keine der Satzungen bzw. Protokolle ist daher für sich gesehen geeignet, dem internationalen Richter einen effizienten Schutz vor der Einflussnahme einzelner Mitgliedstaaten und damit eine freie und unabhängige Funktionserfüllung zu gewährleisten.

Besonders zu erwähnen ist in diesem Zusammenhang, dass sich zwar mit dem Übereinkommen über die Vorrechte zu Gunsten der Richter am ISGH das erste Mal in der Geschichte der Kodifizierung des internationalen Rechts ein multilateraler Vertrag ausschließlich mit dem Rechtsstatus eines unabhängigen internationalen Gerichts in dezidierter Form befasst hat, dieses umfassend vorbereitete und viel diskutierte Werk aber im Ergebnis ebenso wenig eine effektive Funktionserfüllung der Richter gewährleistet wie das fast 60 Jahre ältere Statut des IGH.

Im folgenden Kapitel sind daher auf der Basis des der richterlichen Immunität zu Grunde liegenden Prinzips sachdienliche, d.h. einen wirksamen Funktionsschutz garantierende Immunitätsvorschriften zu entwickeln, die sodann Eingang in einen zu entwerfenden Immunitätenkatalog finden sollen. Damit ist im Ergebnis der schon

599 Vgl. die Separate Opinion von Richter *Evensen* im Fall *Mazilu,* ILM 29 (1990), S. 117.

von *Jenks* vertretenen Auffassung zuzustimmen, dass die Entwicklung neuer Funktionsträger eine Neuorientierung der Immunitäten nach den jeweiligen Interessenlagen und Bedürfnissen erfordert[600], d.h. die Verwirklichung einer richterlichen Immunität, wie sie bereits von *Lienau* geltend gemacht wurde[601].

600 *Jenks* (Fn. 320), S. 151, 167; vgl. auch *Kern* (Fn. 486), S. 83.
601 Fn. 503, S. 63.

Teil 7 Die zum Schutz der internationalen Richter im Einzelnen notwendigen Immunitäten

Stellen sich die derzeit zu Gunsten internationaler Richter bestehenden Immunitätsvorschriften im Ergebnis als unzulänglich dar, deren unabhängige Funktionserfüllung wirksam zu schützen, so gilt es im Folgenden, präzise Vorrechtsregelungen zu entwickeln, deren innere Adäquanz mit der Funktion und dem Berufsbild der internationalen Richter übereinstimmt.

Als Diskussionsgrundlage bietet sich auf Grund seines Entwicklungsstandes das kodifizierte, letztlich auch die Grundlage der „international privileges and immunities" bildende diplomatische Immunitätsrecht in seiner materiellen Ausgestaltung an, zumal die hier in der Praxis aufgetretenen Anwendungs- und Auslegungsschwierigkeiten im Interesse einer Maximierung des Funktionsschutzes der Richter in die zu ihren Gunsten zu entwerfenden Vorrechtsregelungen einbezogen werden können. Im Rahmen dieser subtilen Erörterung wird im Bedarfsfall auf die speziell zu Gunsten internationaler Funktionäre bestehenden Immunitäten zurückzukommen sein.

A. Unverletzlichkeit der internationalen Richter

I. Persönliche Unverletzlichkeit

Ebenso wie im Diplomatenrecht stellt die die körperliche Integrität schützende persönliche Unverletzlichkeit ein für den wirksamen Funktionsschutz der internationalen Richter unerlässliches Vorrecht dar, ohne das auch diese Funktionsträger vor allem vor politisch oder wirtschaftlich einschneidenden Entscheidungen der Gefahr ausgesetzt wären, durch die Ausübung körperlicher Gewalteinwirkung des Sitzstaates in Form von Festnahme oder Haft an ihrer Funktionserfüllung gehindert zu werden. Umso mehr überrascht es, dass trotz dieser essentiellen Bedeutung gerade auch der persönlichen Unverletzlichkeit der Richter zwar in Art. 8 Abs. 1 lit. a des 7. Protokolls des ESA/Gerichtshofübereinkommen über die Immunitäten des EFTA-Gerichtshofs lediglich die Unverletzlichkeit der amtlichen Papiere, nicht aber auch diejenige der Richter bestimmt ist.

Nicht gefolgt werden kann in diesem Zusammenhang der von *Kauffmann* vertretenen Auffassung, dass die Unverletzlichkeit als ein in der Achtungspflicht begründeter erhöhter strafrechtlicher Rechtsschutzanspruch ein bei Nicht-Diplomaten und vor allem bei den internationalen Funktionären entbehrliches, sogar überflüssiges Vorrecht sei, da diese Personengruppe „zunächst ihrer Aufgabe gerecht werden"[602] müsse. *Kauffmann* verkennt hier in eklatanter Weise, dass die Unverletzlichkeit – entgegen seiner Auffassung – gerade nicht in der Hervorkehrung eines Ehrenstandpunktes begründet ist, sondern vielmehr in der – grundsätzlich auch von ihm anerkannten – Notwendigkeit des wirksamen Funktionsschutzes.

602 *Kauffmann,* Die Immunität der Nicht-Diplomaten, 1932, S. 93.

1. Zulässigkeit von Maßnahmen des Verwaltungszwangs

Die Unverletzlichkeit der internationalen Richter, der Schutz ihrer körperlichen Integrität und ihrer Bewegungsfreiheit ist allerdings dort in Frage zu stellen, wo es um die Zulässigkeit von Maßnahmen des Verwaltungszwangs geht.

Zwar beinhaltet die Ausübung unmittelbaren Zwangs die Einwirkung auf Personen oder Sachen durch körperliche Gewalt oder Hilfsmittel[603], vor der die Unverletzlichkeit die Richter gerade schützen soll. Ob dieser Schutz aber auch in den Fällen geboten ist, in denen z. B. die Zulässigkeit von Sicherheitskontrollen auf Flughäfen oder die Behandlung von Trunkenheitsfahrten in Frage stehen, erscheint zumindest zweifelhaft.

a) Sicherheitskontrollen an Flughäfen

Unproblematisch in der rechtlichen Würdigung ist das Durchschreiten elektronischer Schranken der Richter u. a. auf Flughäfen, da hierdurch die Unverletzlichkeit mangels eines körperlichen Bezugs nicht tangiert wird. Gleiches hat für die Kontrolle der Richter durch elektronische Geräte zu gelten, da auch hier eine unmittelbare Einwirkung auf den Körper nicht erfolgt.

Problematisch ist aber die Vornahme körperlicher Durchsuchungen der Richter, die wegen der hier gegebenen physischen Einwirkungen zunächst den Anschein der Unzulässigkeit erwecken.

Ausgehend vom Sinn und Zweck der Unverletzlichkeit der Richter, dem Schutz vor Übergriffen aus vis iniustia und damit der wirksamen Funktionserfüllung, erscheint es zumindest fraglich, eine Durchsuchung, die im Anschluss an einen durch den zulässigen Einsatz elektronischer Geräte ausgelösten Alarm durchgeführt wird, als unzulässig zu qualifizieren. Denn da sowohl elektronische Schranken wie auch elektronische Piepser grundsätzlich nur auf Metallkörper reagieren, lässt ein ausgelöster Alarm den Besitz von Waffen gleich welcher Art und damit die Gefährdung der mit den Flughafenkontrollen bezweckten Flugsicherheit vermuten. Es erscheint daher nicht nur gerechtfertigt, sondern auch geboten, die körperliche Durchsuchung auch der internationalen Richter zumindest nach Alarmauslösung durch elektronische Geräte zu gestatten.

In diesem Zusammenhang wird nicht verkannt, dass bei dem Einsatz elektronischer Geräte die Möglichkeit eines Fehlalarms nicht ausgeschlossen werden kann und der internationale Richter auf Grund der vorstehend erhobenen Forderung sodann zu Unrecht einer körperlichen Durchsuchung ausgesetzt wäre. Gleichwohl erscheint es nicht gerechtfertigt, den Schutz der Allgemeinheit im Flugverkehr allein wegen dieses Risikos gegenüber dem Schutz der körperlichen Integrität des Richters zurücktreten zu lassen[604]. Denn es ist nicht ersichtlich, dass die körperliche Durchsuchung

---

603 Z. B. der Einsatz von Waffen, Tränengas oder Hunden.

604 Sowohl die elektronische als auch die körperliche Durchsuchung von Diplomaten wird sowohl von Kanada (vgl. Schreiben des Legal Bureau vom 10. Dezember 1970, Can.YIL 9 (1971), S. 279 f.), Großbritannien (Rundnote vom 24. November 1982, BYIL 54 (1983), S. 439 f.) und den USA (Stellungnahme der US-Regierung von 1978, Department

als solche die Richter an der Ausübung der ihnen übertragenen Funktionen hindert. Dies gilt selbst in den Fällen, in denen im Rahmen einer körperlichen Durchsuchung Waffen bei einem Richter aufgefunden werden sollten, da – unter Beachtung des Verhälnismäßigkeitsgrundsatzes und des daraus resultierenden Einsatzes des mildesten Mittels zur Gefahrenabwehr – dem Richter lediglich Waffen oder Sprengstoff abgenommen werden dürfen, seine Verhaftung jedoch ausgeschlossen ist.

b) Einsatz von Drogenhunden

Auch der Einsatz von Drogenhunden im Kampf gegen den Drogenschmuggel ist mangels physischer Einwirkungen auf den Körper der Richter zulässig. Beim Anschlagen des Hundes hat nichts anderes zu gelten als das unter a) zum Auslösen eines Alarms durch den Einsatz elektronischer Geräte Ausgeführte.

c) Trunkenheitsfahrten

Ein weiteres, in der Praxis relevantes Problem ist die Behandlung von internationalen Richtern, die alkoholisiert ein Fahrzeug führen. Wegen Eingriffs in die körperliche Unversehrtheit ist zwar die zwangsweise Entnahme einer Blutprobe offensichtlich unzulässig. In jedem Fall sind die Behörden des Sitzstaates eines jeden internationalen Gerichtshofs aber berechtigt, den Beginn oder die Fortsetzung einer Trunkenheitsfahrt durch internationale Richter zu verhindern, indem sie ein Taxi rufen, einen Freund oder Verwandte benachrichtigen oder aber selbst den Richter befördern. Widersetzt sich dieser allerdings einer der vorbeschriebenen Maßnahmen, erscheint die vom Völkerrechtsbüro des österreichischen Außenministeriums in Bezug auf Diplomaten vertretene Rechtsauffassung verfehlt, die vorläufige Abnahme des Führerscheins sei bei offensichtlicher Fahruntüchtigkeit infolge übermäßigen Alkoholgenusses gerechtfertigt[605]. Denn allein die Abnahme der Papiere ist untauglich, die Inbetriebnahme eines Fahrzeugs zu verhindern, zumal die Anwendung dieses Mittels darüber hinaus auch gegen die nachfolgend darzustellende Unverletzlichkeit der richterlichen Papiere verstoßen würde.

Wenn *Fischer/Köck*[606] in diesem Zusammenhang vorschlagen, die Inbetriebnahme des Fahrzeugs könne durch Abnahme des Wagenschlüssels oder aber Fahruntauglichmachung des PKW durch Auslassen der Luft aus den Reifen unmöglich gemacht werden, so ist ihnen entgegenzuhalten, dass dem Auslassen der Luft aus den Reifen – je nach Eigentumsverhältnissen an dem PKW – ein offensichtlicher Verstoß gegen die Unverletzlichkeit des richterlichen Vermögens immanent sein könnte. Gegen die Möglichkeit der Abnahme der Fahrzeugschlüssel spricht, dass ein trotz Abmahnung in der Fortsetzung der strafbaren Handlung verharrender Richter kaum freiwillig zur Abgabe seiner Wagenschlüssel bereit sein wird.

---

of State, Digest of United States Practice in International Law 1978, S. 108 ff., 109 Nr. 2) als zulässig erachtet, zumindest aber toleriert.

605 *Hafner*, Die österreichische diplomatische Praxis zum Völkerrecht 1978/79, ÖZöRV 30 (1979), S. 368 ff.

606 *Fischer/Köck* (Fn. 200), S. 198.

Im Interesse der öffentlichen Sicherheit des Sitzstaates und dessen Staatsangehörigen erscheint es daher gerechtfertigt, den fahruntüchtigen, alkoholisierten Richter – notfalls unter kurzfristiger Gewaltanwendung – in einem Polizeiwagen nach Hause zu fahren, zumal durch diese Maßnahme eine Einschränkung der richterlichen Funktionsausübung nicht zu befürchten steht. Denn der Richter hat in der Folge keinerlei Sanktionen wegen Missachtung einer Verkehrsregel zu befürchten.

II. Unverletzlichkeit von Wohnung, Korrespondenz und Vermögen

Ein wirksamer Funktionsschutz der internationalen Richter setzt aber nicht nur voraus, dass die Rechtsprechungsorgane persönlich unantastbar sind, sondern erfordert darüber hinaus die Erstreckung der Unverletzlichkeitsgarantie auf Wohnung, Korrespondenz und Vermögen der Richter. Was den Vorrechtsumfang als solchen anbelangt, so ist dieser für jedes der vorerwähnten Rechtsgüter im Folgenden gesondert darzustellen.

1. Unverletzlichkeit der Wohnung des Richters

Zu schützen ist jede Art von Räumlichkeit, die dem Richter zu Wohnzwecken dient. Von der Unverletzlichkeit erfasst werden somit – unabhängig von der Eigentümerstellung – nicht nur die Privatwohnung des Richters im weiteren Sinn[607], sondern auch Hotelzimmer, Zweitwohnungen oder Campingwagen, selbst wenn Letztere vom Richter lediglich zu Erholungszwecken genutzt werden.

a) Generelle Unantastbarkeit

Materiell beinhaltet die Unverletzlichkeit der Wohnung zum einen die über das Verbot der reinen Substanzbeschädigung hinausgehende Unantastbarkeit, so dass nicht nur das Bemalen und Beschmutzen, sondern auch starke Geruchsbelästigung sowie die Installation und Inbetriebnahme von Abhör- und anderen zur Beobachtung des Lebens geeigneten Geräten grundsätzlich unzulässig sind. Auf Ausnahmen ist zurückzukommen.

aa) Einstellen der Strom-, Wasser- und Gasversorgung

Fraglich ist, ob nach dieser Definition auch das Einstellen der Strom-, Gas- und Wasserversorgung der richterlichen Wohnung sowie das Unterbrechen der Telefonleitung als Eingriff in die Unverletzlichkeit der Privatwohnung zu werten ist. Auch wenn diese Maßnahmen primär als Reaktion auf die Zahlungsunwilligkeit eines Richters und damit wegen Verstoßes gegen die auch diesen Personenkreis treffende Verpflichtung zur Beachtung der Rechtsvorschriften des Sitzstaates und der daraus resultierenden Zahlungsverpflichtung von Steuern, Gebühren und sonstigen Abgaben für erbrachte Dienstleistungen[608] ergriffen werden, ist nicht auszuschließen,

---

607 Von der Unverletzlichkeitsgarantie werden daher nicht nur die Wohnung des Richters erfasst, sondern auch sein Haus oder Apartment.

608 Eine entsprechende Zahlungsverpflichtung ist in Bezug auf Diplomaten ausdrücklich in Art. 34 Halbsatz 2 lit. e WÜD normiert.

dass durch die Nichtlieferung von Versorgungsleistungen die Benutzbarkeit der richterlichen Privatwohnung, z. B. wegen unzureichender Warmwasserversorgung oder Kochmöglichkeiten, erheblich eingeschränkt wird. Zwar ist diese Art der Einengung mangels Auswirkung auf die richterliche Funktionserfüllung grundsätzlich hinzunehmen. Da aber auch der internationale Richter – ebenso wie sein nationaler Kollege – seiner dienstlichen Tätigkeit nicht zwingend am Gerichtshof nachgehen muss, kann ihn die Einstellung der Versorgungsleistungen in der Wohnung auch in seiner Funktion als Rechtsprechungsorgan treffen. Z. B. könnte ein internationaler Richter bei Abschaltung des Stroms infolge unzureichender Lichtverhältnisse oder mangels Einsetzbarkeit eines Diktiergerätes oder Computers an der Vorbereitung einer Verhandlung oder der Abfassung eines Urteils gehindert werden. Ein Verstoß gegen das Unantastbarkeitsgebot ist aber gleichwohl nicht ersichtlich, da in vergleichbaren Fällen der Richter allein in der Ausübung der ihm grundsätzlich eingeräumten Auswahlmöglichkeit des Ortes seiner Funktionserfüllung eingeschränkt ist und damit in seiner von der Unverletzlichkeit nicht geschützten Willensbildung.

Inwieweit das Einstellen derartiger Versorgungsleistungen durch den Lieferanten nach den nationalen Rechtsordnungen überhaupt zulässig ist, da es sich zumindest bei der Lieferung von Strom, Wasser und Gas um solche der existenziellen Daseinsvorsorge handelt, ist eine von der Vereinbarkeit mit der Unverletzlichkeitgarantie unabhängige, hier nicht näher zu erörternde Frage.

bb) Zustellung von Schriftstücken

Die Zustellung eines Schrifstücks, z. B. einer Klage, ist – zumindest nach deutschem Recht – ein in gesetzlicher Form zu bewirkender und zu beurkundender Vorgang, der nur von hoheitlichen Organen ausgeführt werden kann. Wegen des fehlenden Zwangscharakters der Handlung geht es nicht um einen Problemfall der gerichtlichen Immunität. Vielmehr tangiert die Zustellung als Hoheitsakt der Gerichtsorgane des Sitzstaates die Unverletzlichkeit der richterlichen Wohnung, woraus sich ihre Unzulässigkeit ergibt[609].

Eine Ausnahme vom Verbot der Zustellung muss allerdings in denjenigen Fällen gelten, in denen keine richterliche Immunität besteht, wie z. B. bei den Ausnahmen von der Immunität von der Gerichtsbarkeit, auf die zurückzukommen ist. Denn ohne die Möglichkeit der Zustellung von Schriftstücken würden diese Ausnahmen mangels Durchführbarkeit eines Verfahrens leerlaufen.

b) Betretungsverbot

Neben dem Verbot der Substanzbeschädigungen ist auch das Betreten der richterlichen Privatwohnung im oben dargestellten weiteren Sinn zu untersagen, sofern kein Einverständnis des betroffenen Gerichtshofs vorliegt. Auf die Durchbrechung der

---

609 A. A. *de Nascimento e Silva* (Fn. 117), S. 97, nach dessen Ansicht es sich hier um ein Problem der gerichtlichen Immunität handelt. Differenzierend *Hildner* (Fn. 166), S. 132, der die Zustellung an den Diplomaten von der gerichtlichen Immunität erfasst wissen will. Demgegenüber soll die Zustellung an in seinem Haushalt lebende Personen die Unverletzlichkeit der Wohnung betreffen.

Unverletzlichkeit durch Einverständnis bzw. Verzicht sowie die Frage nach dem zuständigen Entscheidungsträger wird unter V. 4. gesondert eingegangen.

c) Vornahme von Hoheitsakten durch den Sitzstaat

Das grundsätzliche Betretungsverbot wird im WÜD ergänzt durch eine Befreiung von weiteren im Einzelnen aufgeführten Hoheitsmaßnahmen, indem Art. 30 Abs. 1 i. V. m. Art. 22 Abs. 3 die Wohnung, ihre Einrichtung, die sonstigen darin befindlichen Gegenstände sowie Beförderungsmittel von jeder Durchsuchung, Beschlagnahme, Pfändung und Vollstreckung freistellt.

(aa) Notwendigkeit und Regelungsgehalt einer die Richter vor Hoheitsakten schützenden Vorschrift

Auch wenn auf den ersten Blick nicht ersichtlich ist, inwieweit z. B. die Pfändung einer HIFI-Anlage[610] den Richter in seiner Funktionserfüllung beeinträchtigen können sollte und auf Grund dessen die Notwendigkeit einer Art. 30 Abs. 1 WÜD vergleichbaren Vorschrift eher zweifelhaft erscheint, so darf nicht verkannt werden, dass allein die Zulässigkeit der angeführten Hoheitsakte dem Sitzstaat die Möglichkeit des Missbrauchs und damit der Druckausübung auf den Richter eröffnen könnte, mithin eine Situation geschaffen würde, vor der die Richter gerade zu schützen sind.

Gleichwohl stellt sich bei einer dem Diplomatenrecht entsprechenden Vorschrift die Frage nach deren eigenständigem Regelungsgehalt. Denn da alle in Art. 22 Abs. 3 WÜD angeführten Hoheitsakte nicht ohne das Betreten der richterlichen Wohnung vorgenommen werden können, das Betreten aber unter Berücksichtigung der obigen Ausführungen allein mit Zustimmung des Gerichtshofs möglich ist, erscheint eine dem Art. 30 Abs. 1 WÜD entsprechende Bestimmung auf den ersten Blick überflüssig. Bei genauerer Betrachtung ergibt sich allerdings ihre klarstellende Funktion dahingehend, dass in Abweichung vom nationalen Recht inbesondere auch das Betreten der Privatwohnung eines Richters in Verfolgung einer gerichtlichen Anordnung zu untersagen ist[611]. Zudem bietet sie auch Schutz in den Fällen, in denen möglicherweise der Zutritt oder aber die Zustimmung des Gerichtshofs durch Vorspiegelung falscher Tatsachen erschlichen wird.

Stehen somit Notwendigkeit und Regelungsgehalt einer die Richter vor Hoheitsakten des Sitzstaates schützenden Immunitätsvorschrift fest, ist nunmehr der Schutzumfang einer entsprechenden Bestimmung zu definieren.

---

610 Selbst die Beschlagnahme eines in der Privatwohnung des Richters zu Dienstzwecken eingesetzten Diktiergerätes lässt eine Behinderung der amtlichen Tätigkeit im Ergebnis nicht erkennen, da der Richter lediglich die Möglichkeit, nicht aber einen Rechtsanspruch auf „Heimarbeit“ hat.

611 So bereits bezogen auf die Diplomaten der erste Entwurf der Völkerrechtskommission ILC YB 1958 II, S. 95.

(bb) Umfang des Schutzes vor Hoheitsakten

Indem Art. 22 Abs. 3 WÜD die unzulässigen Hoheitsakte im Einzelnen benennt, wird offensichtlich, dass die Vorschrift den Diplomaten nicht vor jedweder Art von Hoheitsakten schützt, sondern vielmehr eine abschließende Auflistung einzelner unzulässiger Hoheitsakte festlegt[612]. Untersagt sind hiernach lediglich Durchsuchung, Beschlagnahme, Pfändung oder Vollstreckung. Jede sonstige Form eines Eingriffs durch die vollziehende Gewalt, die Verwaltung, die Justiz oder die Gesetzgebung, wie sie ausdrücklich in Abschnitt 3 des Allgemeinen Übereinkommens über die Vorrechte und Immunitäten der Vereinten Nationen vom 13. Februar 1946 bezogen auf die Räumlichkeiten der Organisation untersagt wird, ist damit erlaubt.

Nach dem WÜD ist der Empfangsstaat auf Grund dessen berechtigt, nicht nur die im deutschen Verwaltungsrecht als dingliche Verwaltungsakte bezeichneten, die Nutzungsmöglichkeit der Räumlichkeiten beschränkenden Maßnahmen zu erlassen[613]. Zu denken ist hier vielmehr auch an das Stellen eines Gebäudes unter Denkmalschutz sowie an die Anordnung von Verstaatlichungen oder Enteignungen.

(1) Kein genereller Immunitätsschutz vor Hoheitsakten

Eine Übertragung dieses lediglich eingeschränkten Immunitätsschutzes vor Hoheitsakten auch auf die internationalen Richter begegnet grundsätzlich keinerlei Bedenken, da die Unverletzlichkeit der richterlichen Wohnung und damit auch die unabhängige Funktionserfüllung der Richter hierdurch nicht in Frage gestellt wird, zumal die Zulässigkeit entsprechender Maßnahmen stets voraussetzt, dass sie ohne Betreten der Räumlichkeiten vorgenommen werden können.

Speziell bezogen auf Fälle von Enteignungen ist festzuhalten, dass ein Richter, der nicht Eigentümer ist, ohnedies keinerlei Rechtsanspruch darauf hat, dass sein Vermieter Eigentümer bleibt. Es ist auf Grund dessen gleichgültig, ob eine Eigentumsübertragung privat- oder hoheitsrechtlich erfolgt. Aber selbst für den Fall, dass der Richter Eigentümer einer Wohnung oder eines Grundstücks ist, wird weder durch eine Umgestaltung der Eigentumsordnung des Sitzstaates eines Gerichtshofs noch durch eine Administrativenteignung für öffentliche Zwecke, wie den Straßenbau oder die öffentliche Daseinsvorsorge, die Nutzungsmöglichkeit der richterlichen Wohnung beeinträchtigt. Denn zulässig ist allein die enteignende Maßnahme als solche, gegen Vollstreckung und Räumung und damit gegen den Entzug der Nutzungsmöglichkeit der Wohnung ist der Richter in jedem Fall durch die Unverletzlichkeit geschützt.

Auch die Gefahr der erhöhten Beeinflussbarkeit der internationalen Richter wegen Beeinträchtigung ihrer finanziellen Interessen auf Grund der vorgenannten Maßnahmen besteht nicht, da auf Grund gewohnheitsrechtlicher Übung im internationalen Recht stets eine „angemessene Entschädigung" an den enteigneten Ausländer zu

612 Vgl. *Denza,* Diplomatic Law, 1. Aufl. 1976, S. 90; *Seidenberger* (Fn. 244), S. 267.

613 Zu dem Begriff vgl. *Peine,* Allgemeines Verwaltungsrecht, 4. Aufl. 1998, S. 104, § 7 IV Rn. 154, sowie *Papier,* in: Erichsen (Hrsg.), Allgemeines Verwaltungsrecht, 11. Aufl. 1998, S. 601, § 42 I 2, Rn. 14 f.

bezahlen ist[614]. Zwar gewährleistet dieser dem Grunde nach bestehende fremdenrechtliche Entschädigunganspruch dem Richter wegen der Auslegungsbedürftigkeit des Begriffes „angemessen“ noch keinen dem Marktwert des enteigeneten Objekts entsprechenden Ausgleich. Da es dem Richter aber unbenommen bleibt, zum einen die Frage der Höhe der Entschädigung vom IGH klären und zum anderen – im Falle einer Administrativenteignung – die angeordnete Maßnahme gerichtlich auf ihre Angemessenheit überprüfen zu lassen[615], muss in diesem konkreten Fall das ohnedies allenfalls minimale Restrisiko der Druckausübung auf den Richter[616] gegenüber dem Interesse des Sitzstaates, souverän über seine internen Angelegenheiten entscheiden zu können, zurücktreten.

(2) Schutz des gesamten in der Wohnung befindlichen Vermögens vor Hoheitsakten?

Die Übernahme einer Art. 30 Abs. 1 WÜD vergleichbaren Bestimmung in den zu entwerfenden Immunitätenkatalog zu Gunsten internationaler Richter begegnet insoweit Bedenken, als ihr keine eindeutige Regelung in Bezug auf das in der Wohnung eines Richters befindliche gesamte Vermögen zu entnehmen ist. Zwar umfasst der Begriff „Gegenstände“, wie er in Art. 22 Abs. 3 WÜD enthalten ist, sowohl körperliche und unkörperliche Sachen sowie ideelle Gegenstände, z.B. Forderungen und Rechte[617]. Da aber je nach Rechtsordnung der Begriff „Sache“ unterschiedlich definiert wird und auf Grund dessen – z.B. im deutschen Recht – Sachgesamtheiten, wie eine Bibliothek oder der Bestand an Wertpapieren, nicht unter diesen Terminus zu subsumieren sind[618], erscheint der Schutz dieser Vermögenswerte wegen wohl abschließender Aufzählung der grundsätzlich vom Begriff des „Vermögens“ als der Gesamtheit aller Aktiva[619] erfassten Güter in Art. 22 Abs. 3 WÜD nicht zweifelsfrei gewährleistet.

Es kann dahingestellt bleiben, ob es tatsächlich die Absicht der Kommission war, abhängig von der jeweiligen nationalen Rechtsordnung einzelne vermögenswerte Güter der Diplomaten dem Immunitätsschutz vor Hoheitsakten zu entziehen. Eine entsprechende Anlehnung in Bezug auf die Richter würde in jedem Fall deren Internationalität zuwiderlaufen und kommt bereits aus diesem Grund nicht in Betracht. Hinzu kommt, dass ein lediglich lückenhafter Schutz des richterlichen Vermögens vor Hoheitsakten in der Sache nicht überzeugen kann, da die Beeinflussbarkeit des

614 Vgl. *Dolzer*, Expropriation and Nationalization, EPIL, Instalment 8, 1985, S. 214, 218.

615 So kann z.B. die Teilenteignung des richterlichen Grundstücks wegen Verbreiterung einer Straße unangemessen sein, wenn die geplante Maßnahme über ein anderes Grundstück ebenso effektiv, aber weniger einschneidend durchgeführt werden kann.

616 Zu denken wäre hier lediglich an einen Bestechungsversuch seitens der Regierung des Sitzstaates, und zwar dergestalt, einen Richter durch Anerbieten einer hohen Entschädigungsleistung zur Einnahme einer den Interessen des Sitzstaates konformen Rechtsauffassung zu bestimmen.

617 Brockhaus, Enzyklopädia, Bd. 8, FRAU-GOS, 19. Aufl. 1989.

618 Vgl. *Heinrichs*, in: Palandt, Bürgerliches Gesetzbuch, 61. Aufl. 2002, §§ 90 ff.

619 Brockhaus, Enzyklopädia, Bd. 23, US-WEJ, 19. Aufl. 1994.

Richters gesteigert wird, unabhängig davon, ob der Bestand seiner Wertpapiere oder aber ein wertvolles Gemälde beschlagnahmt wird.

Um die Unabhängigkeit der Richter effektiv zu schützen und Missverständnissen bereits im Vorfeld zu begegnen, erscheint es somit angezeigt, ausdrücklich zu normieren, dass die Wohnung des Richters einschließlich des darin befindlichen Vermögens Immunität von jeder Durchsuchung, Beschlagnahme, Pfändung oder Vollstreckung genießen. In diesem Zusammenhang sollten einzelne vom Schutz erfasste Gegenstände, wie z. B. Einrichtungsgegenstände, Bargeld, Wertpapiere und Beförderungsmittel, lediglich beispielhaft aufgeführt werden.

2. Unverletzlichkeit des Vermögens

Neben der Wohnung des Richters ist grundsätzlich auch dessen Vermögen als unverletzlich zu normieren. Fraglich ist allerdings, auf welche Vermögenswerte sich die Unverletzlichkeit bezieht und – vor dem Hintergrund der Ausführungen zur Unverletzlichkeit der richterlichen Wohnung – der Schutzumfang.

a) Umfang des Schutzobjekts

Die richterliche Unabhängigkeit ist auch dann in Frage gestellt, wenn der Richter Substanzbeschädigungen seines Vermögens befürchten muss, gleichgültig, ob es sich innerhalb oder außerhalb seiner Wohnung befindet und unabhängig von der Frage, ob der Richter die Güter für seine Lebensführung benötigt oder nicht. Denn unabhängig davon, ob die Substanz von dem Richter gehörenden Gegenständen innerhalb oder außerhalb seines häuslichen Lebensbereichs beschädigt oder körperlich entfernt wird, besteht die Möglichkeit der Beeinflussbarkeit. Da zudem allein der Richter entscheiden kann, welche Güter er für seine Lebensgestaltung benötigt oder nicht, muss sich die Unverletzlichkeitsgarantie im Ergebnis auf die Gesamtheit seines Vermögens erstrecken.

b) Schutzumfang der Unverletzlichkeit

In Bezug auf den Schutzumfang erklärt Art. 30 Abs. 2 WÜD das Vermögen für „ebenfalls unverletzlich“. Ob diese Formulierung – „likewise“ in der englischen Fassung – im Sinn einer einschränkenden Bezugnahme auf Art 22 Abs. 3 WÜD zu interpretieren ist[620], kann im Zusammenhang mit der vorliegenden Untersuchung offen bleiben. Denn für einen effektiven Immunitätsschutz ist hier maßgeblich von der Überlegung auszugehen, dass das in Art. 22 Abs. 3 WÜD normierte Verbot, abschließend aufgelistete Hoheitsakte auszuüben, ausschließlich dem Interesse dient, den Richter selbst vor gerichtlich angeordneten Zwangsmaßnahmen zu schützen. Da diese Art der Maßnahmen den Richter aber nicht nur bezogen auf das innerhalb seiner Wohnung befindliche Vermögen, sondern auch hinsichtlich der Güter außerhalb seines Lebensbereichs treffen kann, erscheint es zweckmäßig, ein Art. 22 Abs. 3 WÜD entsprechendes Verbot betreffend das gesamte richterliche Vermögen

---

620 So wohl *Denza* (Fn. 136), S. 228; kritisch hierzu *Hildner* (Fn. 166), S. 146 f.

zu statuieren, und zwar insofern verstanden als Ausprägung, nicht aber als Einschränkung oder Reduzierung der Unverletzlichkeitsgarantie[621].

c) Ausnahmen von der Unverletzlichkeit

Der Frage, ob und welche Ausnahmen von der Unverletzlichkeit des Vermögens bestehen, gilt es im Folgenden nachzugehen.

aa) Zulässigkeit von Zwangsvollstreckungsmaßnahmen bei Klagen

Auszunehmen von der Unverletzlichkeit des Vermögens sind – in Anlehnung an Art. 30 Abs. 2 WÜD – diejenigen Fälle, in denen Vollstreckungsmaßnahmen auf Grund mangelnder Immunität von der Gerichtsbarkeit getroffen werden können, sofern die Unverletzlichkeit der Person des Richters und seiner Wohnung gewahrt bleibt. Ohne eine entsprechende Ausnahmevorschrift würde in diesen Fällen, auf die zurückzukommen ist, die Einleitung von Zwangsmaßnahmen ins Leere laufen.

bb) Statthaftigkeit der Durchsuchung entwendeter Gegenstände, wie Fahrzeuge, Aktentasche etc.

Aus den obigen Ausführungen ergibt sich, dass Durchsuchungen des richterlichen Vermögens – gleichgültig, ob sich dieses innerhalb oder außerhalb der richterlichen Wohnung befindet – grundsätzlich unzulässig sind[622].

Eine Ausnahme von diesem Durchsuchungsverbot macht allerdings die USA bezogen auf Diplomatenfahrzeuge in Fällen, in denen der PKW gestohlen oder von unberechtigten Personen zur Begehung von Straftaten benutzt wird[623]. Diese Praxis erscheint nicht nur bezogen auf die Diplomaten, sondern auch bezogen auf die internationalen Richter fragwürdig, wie die nachfolgenden Überlegungen erhellen werden.

Zwar wird auch in diesem Zusammenhang nicht verkannt, dass die Unverletzlichkeit allein den Richter, nicht aber gegen nationale Rechtsordnungen verstoßende dritte Personen schützen soll. Gleichwohl muss aber die Durchsuchung von Vermögenswerten selbst in den vorbeschriebenen Fällen als eine außer Verhältnis zur Erreichung des Schutzzwecks stehende, da die richterliche Unabhängigkeit gefährdende Maßnahme gewertet werden. Denn gleich, ob es sich bei dem entwendeten Gegenstand z.B. um einen PKW, eine Aktentasche, einen Safe oder aber eine Schmuckkassette des Richters handelt, darf nicht außer Acht gelassen werden, dass diese Gegenstände durchaus auch der Aufbewahrung amtlicher Dokumente gleich welcher Art dienen können. Die Billigung von Durchsuchungen würde daher dem

621 Für ein entsprechendes Verständnis des Art. 22 Abs. 3 WÜD wohl auch *Hildner* (Fn. 166), S. 146f.

622 Vgl. Fälle aus der Staatenpraxis bezogen auf die Unverletzlichkeit des diplomatischen Vermögens, BYIL 52 (1981), S. 434; BYIL 53 (1982), S. 415.

623 Nach Ansicht des United States Department of State soll in diesen Fällen die Unverletzlichkeit vorübergehend suspendiert sein, vgl. United States Department of State, Guidance for Law Enforcement Officers, Personal Rights and Immunties for Foreign Diplomatic and Consular Personnel, Washington D.C. 1988, S. 16.

Sitzstaat die Möglichkeit bieten, auf legale Art und Weise von amtlichen Vorgängen Kenntnis zu erhalten, wodurch erneut Missbrauchsmöglichkeiten durch z. B. lediglich vorgetäuschte, vom Sitzstaat initiierte Entwendungen eröffnet wären. Im Übrigen geht es in allen Diebstahlsfällen primär darum, dem Richter sein Eigentum an dem entwendeten Vermögensgegenstand zurückzuverschaffen. Da dieses Ziel aber bereits mit dem erheblich milderen, die richterliche Unabhängigkeit nicht in Frage stellenden Mittel der Beschlagnahme bzw. Konfiszierung des gestohlenen Gegenstandes erreicht werden kann, muss die Durchsuchung – wie sie derzeit von den USA bezogen auf entwendete PKW von Diplomaten praktiziert wird – als gegen den Verhältnismäßigkeitgrundsatz verstoßende und damit rechtlich unzulässige Maßnahme beurteilt werden.

Auch das Argument, die Durchsuchung sei zum Zweck der Aufklärung der Taten erforderlich und diene letztlich auch den Interessen des Richters[624], lässt insofern keine andere Bewertung zu. Denn es bleibt dem Sitzstaat bzw. seinen Vollzugsorganen unbenommen, nach erfolgter Beschlagnahme der entwendeten Sache das Einverständnis des betroffenen Richters zur Durchsuchung seines Eigentums einzuholen, das dieser – vorausgesetzt, amtliche Belange sind nicht betroffen – grundsätzlich auch erteilen wird.

cc) Abschleppen unerlaubt geparkter Fahrzeuge

Neben der zuvor erörterten Problematik kommt des Weiteren der Frage, ob unerlaubt geparkte Fahrzeuge der Richter abgeschleppt werden dürfen, erhebliche praktische Bedeutung zu.

Die Beantwortung dieser Frage ergibt sich allein aus dem der richterlichen Immunitätsgewährung zu Grunde liegenden Prinzip des wirksamen Funktionsschutzes, ohne dass insofern die im Zusammenhang mit dem Abschleppen der Fahrzeuge von Diplomaten erfolgte Diskussion aufgenommen werden muss, ob bei der Anwendung der lediglich eingeschränkten Unverletzlichkeitsregel zu Gunsten des Vermögens das als Verwaltungsmaßnahme zu qualifizierende Abschleppen eines Fahrzeugs vom Begriff der Vollstreckung erfasst wird[625]. Wenngleich auch die generelle Berechtigung zum Abschleppen eines falsch geparkten PKW zumindest die Gefahr einer schikanösen und damit die Unabhängigkeit des Richters in Frage stellenden Handhabung durch den Sitzstaat bzw. durch die von diesem beauftragten Dritten in sich birgt, ist im Ergebnis eine Beeinträchtigung der richterlichen Tätigkeit zumindest in den Fällen nicht erkennbar, in denen das Abschleppen des PKW ausschließ-

---

624 *Hildner* (Fn. 166), S. 146, rechtfertigt unzutreffenderweise die Durchsuchung diplomatischer Fahrzeuge u. a. mit diesem Argument.

625 Ablehnend *Denza* (Fn. 136), S. 228; a. A. *Hildner* (Fn. 166), S. 134, 146, der auf den Wortlaut des Art. 22 Abs. 3 WÜD abstellt. Da diese Vorschrift die Immunität von *jeder* Vollstreckung normiert, kommt *Hildner* zu dem Ergebnis, dass auch Verwaltungsentscheidungen von der Wortbedeutung erfasst werden müssen. Wenngleich diese Auslegung *Hildner's* im Ergebnis als zu pauschal und undifferenziert zu werten ist, so ist sie doch zumindest insoweit als völkerrechtskonform und damit zulässig anzusehen, als Exekutivakte mit Zwangscharakter im Streit stehen. Zur Rechtslage vor Geltung des WÜD *Giuliano,* RdC 100 (160 II), S. 75 ff., 117.

lich dem Zweck dient, eine Behinderung des Verkehrs oder die Gefährdung der öffentlichen Sicherheit zu beseitigen[626], nicht aber einen Regelverstoß zu sanktionieren. Mit gleicher Begründung ließe es sich auch rechtfertigen, die durch ein zulässiges, der Gefahrenabwehr dienendes Abschleppen verursachten Kosten dem Richter aufzuerlegen, da es insofern nicht um das in der Kostentragungspflicht enthaltene Zwangselement geht. Vielmehr stellt sich die Zahlungsobliegenheit des Richters in diesen konkreten Fällen lediglich als Folge einer Maßnahme des öffentliches Interesses dar[627]. Nicht verkannt wird in diesem Zusammenhang die lediglich eingeschränkte Effektivität einer entsprechenden, die Kostentragungspflicht normierenden Vorschrift. Denn deren Durchsetzbarkeit hängt bei einem zahlungsunwilligen Richter wegen der generell bestehenden Immunität von Zwangsvollstreckungsmaßnahmen stets von einer Verzichtserklärung des Gerichtshofs ab. Auf letztgenannten Punkt wird zurückzukommen sein.

3. Unverletzlichkeit von Papieren und Korrespondenz

Ein wirksamer Funktionsschutz der Richter setzt weiterhin voraus, dass ihre Papiere und ihre Korrespondenz unverletzlich sind. Allerdings geht es in diesem Zusammenhang nicht in erster Linie um die physische Unversehrtheit der Schriftstücke, sondern vielmehr um den Schutz der Vertraulichkeit des Inhalts[628], da die Post neben dienstlichen Hinweisen auf Tätigkeiten der Richter auch Aufschlüsse über ihr Privatleben enthalten kann, die sich zur Einflussnahme missbrauchen lassen. Aus diesem Grund muss eine Kontrolle der Schriftstücke mittels elektronischer Geräte, wie z. B. das Durchleuchten einer Postsendung, als unzulässig erachtet werden[629].

Auch wenn sowohl die Papiere als auch die Korrespondenz der Richter auf den ersten Blick von der Unverletzlichkeit des Vermögens erfasst zu werden scheinen, ist es gleichwohl gerechtfertigt, diese „Vermögensteile" mittels einer separaten Vorschrift zu schützen. Denn nur auf diesem Weg kann ihre vollständige Unverletzlichkeit unabhängig von der dem Richter nach der jeweiligen nationalen Rechtsordnung des Sitzstaates zukommenden formalen Eigentümerstellung gewährleistet werden.

Ob und inwieweit die bereits zuvor angesprochenen zivilrechlichen Ausnahmetatbestände in diesem Zusammenhang Anwendung zu finden haben, wird gesondert erörtert.

---

626 Auch Deutschland, Großbritannien und die USA erachten das Abschleppen diplomatischer Fahrzeuge zur Gefahrenabwehr für zulässig, vgl. insofern *Hildner* (Fn. 166), S. 147 f.

627 Ebenso die Verwaltungsentscheide der schweizerischen Bundesbehörde 31 (1962/63), Nr. 39. Großbritannien bejaht eine Kostentragungspflicht der Diplomaten mit der Begründung, dass das Abschleppen eine Dienstleistung darstelle, vgl. Rundnote vom 19. April 1985, BYIL 56 (1985), S. 436 f. Demgegenüber lehnen die USA eine Zahlungspflicht der Diplomaten ab, vgl. *Ashman/Trescott,* Outrage: The Abuse of Diplomatic Immunity, 1986, S. 236.

628 Ausführlich zum Schutzumfang der diplomatischen Korrespondenz vgl. *Mann*, in: FS Doehring (Fn. 143), S. 553, 555 ff.

629 A. A. in Bezug auf die diplomatische Korrespondenz *Lewis* (Fn. 76), S. 173.

III. Freiheit der Kommunikation

Eine effiziente Funktionsausübung des Gerichtshofs erfordert des Weiteren die Möglichkeit der freien und vertraulichen Kommunikation, da ohne ein entsprechendes Vorrecht die Möglichkeit der Einflussnahme auf die Richter eröffnet und damit ihre unabhängige Stellung erheblich in Frage gestellt würde.

1. Unverletzlichkeit der amtlichen Korrespondenz

Von der Freiheit der Kommunikation erfasst wird jedenfalls die Unverletzlichkeit der amtlichen Korrespondenz der internationalen Gerichtshöfe. Trotz des gegenteiligen ersten Anscheins handelt es sich insoweit nicht um eine Befreiung der Gerichtshöfe als solche, sondern im Ergebnis um ein Vorrecht der Träger dieser rechtsprechenden Gewalt, m. a. W. der internationalen Richter, so dass die Erörterung dieser Thematik im Rahmen der vorliegenden Untersuchung durchaus geboten ist.

Um einen vollständigen Schutz der amtlichen Korrespondenz zu gewährleisten, ist es erforderlich, dass sowohl die vom Gerichtshof versandten Schriftstücke als auch die an diesen adressierten von der Unverletzlichkeit erfasst werden. Denn gleichgültig, in welche Richtung eine Information übermittelt wird, lässt grundsätzlich die Kenntnisnahme des Inhalts der amtlichen Korrespondenz Rückschlüsse auf die vom Gericht oder einem einzelnen Richter vertretene Rechtsauffassung zu.

Wegen der in diesem Zusammenhang aufgetretenen Auslegungsschwierigkeiten des in Art. 27 Abs. 2 WÜD verwandten Begriffs der „amtlichen Korrespondenz der Mission“, der nach Auffassung des Berichterstatters lediglich die von der Mission abgesandte Post erfasst[630], ist von einer pauschalen Übernahme dieser Immunitätsvorschrift auf die internationalen Richter Abstand zu nehmen. Vielmehr hat beim Abfassen der die amtliche Korrespondenz der Richter schützenden Vorschrift de lege ferenda eine eindeutige Formulierung in Bezug auf die Versandrichtung der Schriftstücke Eingang in den Immunitätenkatalog zu finden.

Um zu verhindern, dass dem Empfangsstaat wegen fehlender Unterscheidungsmöglichkeit der Post ein legaler Zugriff auf dienstliche Schriftstücke der Mission eröffnet wird, hat der Gerichtshof bei der Versandpost für eine deutliche äußerliche Kennzeichnung der amtlichen Korrespondenz, z. B. mittels eines Amtsstempels, Sorge zu tragen. Die Verletzung dieser Obliegenheit muss konsequenterweise zum Verlust des Vorrechts führen. Die an den Gerichtshof adressierte Post ist – mangels Zuordnungsschwierigkeiten – unproblematisch.

2. Unverletzlichkeit des „richterlichen Kuriers“

Um Dokumente oder Beweisstücke schnell und zuverlässig zu übermitteln, ist es durchaus nicht ausgeschlossen, dass sich auch ein internationaler Gerichtshof eines Kuriers bedient. Damit ist zumindest die Möglichkeit eröffnet, dass der Sitzstaat eines Gerichtshofs den Kurier, z. B. durch Festnahme oder Verhaftung, an der Über-

---

630 YBILC 1958 I, S. 143; allgemein zu der in diesem Zusammenhang geführten Diskussion *Denza,* Diplomatic Law, 1. Aufl. 1976, S. 124.

bringung des speziell zu kennzeichnenden Kuriergepäcks hindert und infolge dessen die richterliche Aufgabenerfüllung beeinträchtigt wird. Der Funktionsschutz der Richter erfordert daher nicht nur ihre persönliche Unverletzlichkeit, sondern auch diejenige der „richterlichen Kuriere“[631].

Wegen der Vielzahl der heute existierenden internationalen Zustelldienste ist in diesem Zusammenhang ausdrücklich darauf hinzuweisen, dass unter einem „richterlichen Kurier“ nicht jede mit dem Transport amtlicher Korrespondenz betraute Person, sondern allein eine speziell vom Gerichtshof bzw. einem Richter ausgewählte, sein Vertrauen genießende Person zu verstehen ist. Auf Grund dessen genießt z. B. nicht schlechthin jeder Fahrer von UPS, der im Rahmen seiner allgemeinen Aufgabenverrichtung mit der Beförderung richterlicher Korrespondenz beauftragt wird, persönliche Unverletzlichkeit, es sei denn, er befindet sich im Besitz eines seinen Status als richterlicher Kurier ausweisenden offiziellen Dokuments.

3. Unverletzlichkeit des richterlichen Kuriergepäcks

Neben der amtlichen Korrespondenz der Richter bedarf auch deren amtliches Gepäck, welches nur zur Funktionsausübung benötigte Dokumente und Artikel enthalten darf, des Schutzes. Denn erneut würde auch hier die Möglichkeit der Kenntnisnahme vom Gepäckinhalt die Gefahr der Druckausübung auf die Richter steigern.

Ob zum Zweck der Abfassung dieser Immunitätsvorschrift ein Rückgriff auf das Diplomatenrecht sachgerecht erscheint, gilt es auch hier zu prüfen.

a) Schutzumfang nach Art. 27 Abs. 3 WÜD

Nach Art. 27 Abs. 3 WÜD darf das diplomatische Kuriergepäck weder geöffnet noch zurückgehalten werden. Ob diese Regelung letztlich eine unbegrenzte Unverletzlichkeit normiert, ist in der Literatur umstritten.

Ausgehend vom Wortlaut des Art. 27 Abs. 3 WÜD muss zumindest von einer ausnahmslosen Unantastbarkeit des diplomatischen Kuriergepäcks ausgegangen werden[632], worin nach *Seidenberger*[633] das wesentliche Unterscheidungsmerkmal von der Unverletzlichkeit des persönlichen, unter bestimmten Voraussetzungen der Kontrolle unterliegenden Gepäcks des Diplomaten zu erblicken ist[634].

---

631 Vgl. im Diplomatenrecht Art. 27 Abs. 5 WÜD.

632 *Seidenberger* (Fn. 244), S. 192; ebenso die Kommission, die nach eingehender Diskussion sämtliche die Unverletzlichkeit einschränkende Vorschläge zu Gunsten eines bedingungslosen Schutzes des Kuriergepäcks zurückgewiesen hat, U. N. Doc. A/Conf. 20/14 S. 180 f.; a. A. *Dahm, Delbrück, Wolfrum* (Fn. 60), nach deren Ansicht die Vermutung des Empfangsstaates, dienstliche Sendungen einer Mission enthielten revolutionäre Propaganda oder Schmuggelware, die Behörden unter Beachtung des Verhältnismäßigkeitsgrundsatzes zur Öffnung oder Beschlagnahme berechtigen soll, S. 274. Zu den Diskussionsbeiträgen im Einzelnen vgl. *Kerly*, Some Aspects of the Vienna Convention on Diplomatic Intercourse and Immunities, AJIL 56 (1962), S. 88, 111–116.

633 Fn. 244, S. 192

634 Diese Ansicht schränkt *Seidenberger* (Fn. 244) noch auf S. 192 wieder ein, indem er nunmehr ausführt, dass „im WÜD … eine begrenzte Unverletzlichkeit des diplomatischen

Demgegenüber erscheint es auf Grund der Formulierung des Art. 27 Abs. 3 WÜD durchaus zweifelhaft, ob nicht auf jeden Fall nicht öffnende Kontrollmaßnahmen, wie z. B. der Einsatz von elektronischen Durchleuchtungsanlagen oder Drogenhunden, zulässig sind. Denn da Art. 27 Abs. 3 WÜD expressis verbis lediglich eine Öffnung und eine Zurückhaltung des diplomatischen Kuriergepäcks untersagt, stünden die zuvor angeführten Kontrollmaßnahmen nicht in Widerspruch zum Wortlaut dieser Regelung[635]. Die Statthaftigkeit zumindest von Durchleuchtungen des diplomatischen Kuriergepäcks würde allerdings die Möglichkeit eröffnen, von dienstlichen Tätigkeiten der Diplomaten Kenntnis zu nehmen und damit erneut ihre unabhängige Funktionserfüllung in Zweifel ziehen. Im Hinblick auf diese ungenaue, mehrere Interpretationen zulassende Formulierung des Art. 27 Abs. 3 WÜD ist auch eine das richterliche Kuriergepäck schützende Vorschrift de lege ferenda neu zu fassen.

b) Schutzzweck des Vorrechts

Der Entwurf einer entsprechenden Immunitätsregel setzt zunächst die Definition deren Schutzumfangs voraus, wobei primär auf den Schutzzweck des einzuräumenden Vorrechts abzustellen ist.

Ausgehend vom Prinzip der funktionalen Notwendigkeit soll das richterliche Kuriergepäck nicht in erster Linie vor physischer Unversehrtheit, d. h. vor Substanzbeschädigungen oder -verlusten, gesichert werden; vorrangiges Schutzobjekt ist vielmehr die Vertraulichkeit des Inhalts[636].

Da – wie oben dargestellt – Durchleuchtungen die Kenntnisnahme vom Inhalt des Kuriergepäcks ermöglichen und auf Grund dessen zur Einflussnahme zu missbrauchende Rückschlüsse auf die Tätigkeit des Richters oder aber auf dessen Privatleben zulassen, verlangt eine unabhängige Funktionserfüllung der Richter nicht nur den Schutz vor öffnenden, sondern grundsätzlich auch vor nicht öffnenden Kontrollmaßnahmen.

c) Absoluter Immunitätsschutz des richterlichen Kuriergepäcks

Inwieweit diese Forderung allerdings einem Anspruch der Richter auf absolute Unverletzlichkeit ihres Kuriergepäcks gleichkommt, erscheint gleichwohl fraglich.

Kuriergepäcks im vermuteten Missbrauchsfall jedenfalls nicht ausdrücklich vorgesehen" ist.

635 In diesem Sinne auch *Puppe*, Zum rechtlichen Status des Diplomatengepäcks: Der gegenwärtige Stand der Arbeiten der ILC, Jura 8 (1986), S. 527, 529; *Cahier* (Fn. 117), S. 215; ebenso *Higgins,* The Abuse of Diplomatic Privileges and Immunities: Recent United Kingdom Experience, AJIL 79 (1985), S. 641, 647; *Cameron*, ICLQ 34 (1985), S. 610 ff., 617.

636 Ein entsprechender Schutzumfang in Bezug auf das diplomatische Kuriergepäck ist heute der Aufgabenstellung des Kodifikationsvorhabens der ILC zum Thema: „Status of the Diplomatic Courier and the Diplomatic Bag not accompanied by Diplomatic Couriers" zu entnehmen, nach der ausdrücklich die Vertraulichkeit des Inhalts des Kuriergepäcks zu sichern ist, vgl. ILC Report 1989, S. 23, Para. 59 und S. 118, Para. 2 des Kommentars zu dem Entwurfsartikel 32; entsprechend bereits der Besondere Berichterstatter in: YBILC 1988 II (Teil 2), S. 96, Para. 480.

Denn zum einen bestehen gegen den Einsatz von Drogenhunden keinerlei Bedenken, da selbst das Anschlagen der Hunde lediglich insoweit Rückschlüsse auf den Inhalt des richterlichen Gepäcks zulässt, als dieses unzulässigerweise zum Drogenschmuggel zweckentfremdet wird. Eine Preisgabe des übrigen Inhalts erfolgt demgegenüber nicht. Zum anderen erscheint es fragwürdig, den betroffenen Staaten – gleichgültig, ob Sitzstaat eines internationalen Gerichtshofs oder Transitstaat – lediglich eine Abwehrmaßnahme gegen den Transport von Drogen an die Hand zu geben, Vorkehrungen für die Verhinderung anderer Missbrauchsfälle, wie z. B. die Beförderung von Waffen, Spreng- und radioaktiven Stoffen, „gewaschenem" Geld und anderen Schmuggelwaren, aber nicht zu treffen.

Wenngleich sich zwar heute die praktische Bedeutung der aufgeworfenen Problematik allein an spektakulären Missbrauchsfällen speziell des diplomatischen Kuriergepäcks festmachen lässt[637], so ist doch ihre Relevanz auch für das Ausmaß der richterlichen Immunität mit zunehmender Anzahl internationaler Gerichtshöfe und damit steigender Anzahl internationaler Richter nicht von der Hand zu weisen.

aa) Lösungsansätze im kodifizierten Diplomatenrecht

Im Diplomatenrecht wird im Zusammenhang mit dieser Streitfrage[638] von den Befürwortern nicht öffnender Kontrollmaßnahmen des diplomatischen Kuriergepäcks die Ansicht vertreten, dass die Theorie der funktionalen Notwendigkeit die Unverletzlichkeit des Gepäcks i. S. eines absoluten Kontrollverbots nicht verlangt, da beim Gebrauch des Gepäcks zu nicht diplomatischen Zwecken die im WÜD normierten Vorrechte aufgehoben werden[639].

Diese Begründung kann nicht überzeugen. Denn um feststellen zu können, ob ein Gepäckstück „fremdgenutzt" wird oder nicht, bedarf es zunächst seiner Durchsuchung. Die Vertreter der vorgenannten Theorie machen daher in Abweichung von den Bestrebungen der Kommission[640] die Unverletzlichkeit des diplomatischen Kuriergepäcks nicht nur von dessen Inhalt abhängig, sondern rechtfertigen – wider alle Logik – erst mit dem Befund der Kontrollmaßnahme deren Vornahme[641]. Auf Grund der Unzulänglichkeiten lediglich einer restriktiven Auslegung des Art. 27 Abs. 3 WÜD fordern *Farhangi*[642] und *de Farahmand*[643] eine substanzielle Reform der Vor-

---

637 So z. B. die „Affäre Dikko", zu den Einzelheiten vgl. u. a. *Cameron*, ICLQ 34 (1985), S. 610, 614 f., und *Ashman/Trescott* (Fn. 627), S. 116 ff.; zu weiteren Fällen vgl. ergänzend *Puppe*, Jura 8 (1986), S. 527 ff.

638 Vgl. allgemein zu der Diskussion *Nelson*, „Opening" Pandora's Box: The Status of the Diplomatic Bag in International Relations, FILJ 12 (1988/89), S. 494–520.

639 *Higgins*, AJIL 79 (1985), S. 641, 647. Auch *Lewis* (Fn. 76), S. 191 f., vertritt, wenn auch ohne Angabe einer Begründung, die Ansicht, dass nach dem WÜD nicht öffnende Kontrollmaßnahmen zulässig sind.

640 *Denza* (Fn. 136), S. 186.

641 Ebenfalls auf die praktischen Probleme dieser Theorie verweisend *Nelson*, FILJ 12 (1988/98), S. 494, 516.

642 *Farhangi*, Insuring against Abuse of Diplomatic Immunity, Stanford Law Review 38 (1985–86) II, 1517, 1534 f.

schrift, zumal ansonsten der technische Fortschritt im Ergebnis eine Stärkung der diplomatischen Unverletzlichkeit zur Folge hätte[644].

bb) Rechtslage vor der Kodifizierung des Diplomatenrechts

Lassen sich somit dem kodifizierten Diplomatenrecht Lösungsansätze für die umstrittene Frage nicht entnehmen, hilft unter Umständen eine Prüfung der Rechtslage vor der Kodifizierung des WÜD weiter.

Nach einhelliger Ansicht war es zum damaligen Zeitpunkt geltendes Völkerrecht, dass ein Empfangsstaat bei Verdacht der missbräuchlichen Nutzung des Diplomatengepäcks berechtigt war, gegenüber dem Entsendestaat die Rechtmäßigkeit der transportierten Ware zu bestreiten[645]. Der Entsendestaat konnte dann die Rücksendung des Gepäcks veranlassen oder sich mit der Öffnung und Kontrolle der Tasche durch Organe des Empfangsstaates in Anwesenheit eines seiner Missionsmitglieder einverstanden erklären.

Diese Handhabung ermöglichte zum einen den Schutz der betroffenen Staaten vor dem Missbrauch der diplomatischen Vorrechte, da sie bei Verdacht oder Kenntnis einer zweckwidrigen Nutzung des Diplomatengepäcks nicht gezwungen waren, dieses machtlos in ihrem Hoheitsgebiet zu belassen und eine Verletzung ihrer nationalen Rechte hinnehmen zu müssen. Zum anderen blieb ein Eingriff in den Kernbereich der Unverletzlichkeit ausgeschlossen, da die zwangsweise Öffnung des Kuriergepäcks und damit eine Kenntnisnahme des Inhalts selbst in Missbrauchsfällen weiterhin ausgeschlossen war[646]. Wegen des auf Grund des damals bestehenden, heute angestrebten Gleichgewichts zwischen diplomatischen bzw. richterlichen Interessen einerseits und staatlichen Bedürfnissen andererseits ist der vor der Kodifizierung eingeschlagene Weg durchaus als Grundlage für die Formulierung einer relativen Unverletzlichkeitsvorschrift das richterliche Kuriergepäck betreffend geeignet.

Einer Präzisierung bedarf es allerdings dahingehend, dass nicht jedweder aus der Luft gegriffene Verdacht zur Zurücksendung des Gepäcks berechtigt, sondern in jedem Fall ein ernsthafter, auf Grund von äußeren Anzeichen, wie z. B. fundierten Hinweisen von Dritten, Ausschlag eines elektronischen Messgerätes etc., zu Zweifeln am legalen Gebrauch des Kuriergepäcks Anlass gebender Verdacht bestehen muss.

---

643 *De Farahmand*, Diplomatic Immunity and Diplomatic Crime: A Legislative Proposal to Curtail Abuses, Journal of Legislation 16 (1989-90), S. 89, 104.

644 *Barker*, The Abuse of Diplomatic Privileges and Immunities, a necessary Evil?, 1996, S. 243, Fn. 1.

645 *Nelson*, FILJ 12 (1988/89), S. 494, 502 f.

646 So auch *Hardy* (Fn. 126), S. 39; a. A. *Goldberg*, Encounter, November 1984, S. 67–70 (zit. bei *Higgins*, AJIL 79 (1985), S. 641, 646, Fn. 15), der bei einem offensichtlichen Missbrauch von einer Verwirkung des Vorrechts ausgeht.

cc) Art. 28 des ILC-Kodifikationsentwurfs betreffend den „Status of the Diplomatic Courier and the Diplomatic Bag"

Die zuvor erarbeiteten Lösungsmöglichkeiten zur Abfassung einer das richterliche Kuriergepäck schützenden, gleichwohl den Interessen eines Sitzstaates nicht zuwiderlaufenden Unverletzlichkeitsvorschrift sind derzeit weitestgehend in Art. 28 des ILC-Kodifikationsentwurfs zum Thema „Status of the Diplomatic Courier and the Diplomatic Bag not Accompanied by Diplomatic Courier" niedergelegt, der wie folgt lautet:

„*Protection of the diplomatic bag*

1. The diplomatic bag shall be inviolable whereever it may be; it shall not be opened or detained and shall be exempt from examination directly or through electronic or other technical devices.

2. Nevertheless, if the competent authorities of the receiving State or the transit State have serious reasons to believe that the diplomatic bag contains something other than the correspondence, documents and articles referred to in paragraph 1 of article 25, they may request that the bag be opened in their presence by an authorized representative of the sending State. If this request is refused by the authorities of the sending State, the bag shall be returned to its place of origin."[647]

Gegen eine wortgetreue Übernahme dieser Vorschrift in den Immunitätskatalog zu Gunsten internationaler Richter spricht allerdings, dass nach hier vertretener Ansicht der Wortlaut des Abs. 1 eher im Sinn einer ausnahmslosen Untersagung des Einsatzes elektronischer und technischer Geräte zu verstehen ist. Demgegenüber schließt nach Ansicht der ILC die gewählte Fassung des Art. 28 Abs. 1 ILC-Kodifikationsentwurf weder eine äußerliche Überprüfung des Gepäcks zum Zwecke der Identifizierung der Authentizität einer diplomatischen Kennzeichnung aus noch Maßnahmen, die den Gepäckinhalt in irgendeiner Form erkennen lassen[648]. Diese Auslegung der ILC, nach der wohl alle Vorgehensweisen zur Feststellung des Gepäckinhalts zulässig sein sollen, widerspricht in eklatanter Weise dem von der ILC selbst deklarierten Schutzumfang der Unverletzlichkeit des diplomatischen Kuriergepäcks: der Vertraulichkeit des Inhalts[649]. Denn während der Einsatz von elektronischen Piepsern oder Drogenhunden bei ausgelöstem Alarm lediglich Rückschlüsse auf eine zweckentfremdete Nutzung des Kuriergepäcks zulässt, ohne dessen übrigen Inhalt preiszugeben, ist dieser Schutz bei elektronischer Durchleuchtung gerade nicht mehr gewährleistet. Auch wegen der im Übrigen bestehenden unterschiedlichen Interpretationsmöglichkeiten von Art. 28 Abs. 1 ILC-Kodifikationsentwurf ist bei Abfassung der Unverletzlichkeitsvorschrift zu Gunsten des richterlichen Kuriergepäcks im Zusammenhang mit der Zulässigkeit elektronischer Kontrollmaßnahmen in jedem Fall auf eine eindeutige, präzise Formulierung dergestalt zu achten, dass eine äußerliche Überprüfung des Gepäcks nur unter der Voraussetzung zulässig ist, dass die Vertraulichkeit des Inhalts gewahrt bleibt.

---

647 ILC Report 1989, S. 107.

648 ILC Report 1989, S. 109, Para. (6) des Kommentars zum Entwurfsartikel 28.

649 Vgl. Fn. 636.

Erwähnenswert ist in diesem Zusammenhang, dass die Kommission von einer Erstreckung des in Abs. 2 festgelegten Abwehrmaßnahmenkatalogs auf diplomatisches Kuriergepäck und damit von einer Weiterentwicklung des Diplomtenrechts in diesem Bereich abgesehen hat. Diese Tatsache stellt allerdings die Funktionalität dieses in Bezug auf das richterliche Gepäck einzuführenden Korrektivs nicht in Frage. Denn die Kommission hat sich bei der Formulierung dieser Norm überwiegend von opportunen Erwägungen, wie u.a. der angeblichen Förderung der Zustimmungsfähigkeit des Entwurfs[650], leiten lassen, nicht aber von an der Effizienz ausgerichteten Motiven.

4. Unverletzlichkeit des Telefonverkehrs

Neben der Unverletzlichkeit der amtlichen Korrespondenz und des Kuriergepäcks setzt eine effektive Tätigkeit der Richter vor allem auch voraus, dass der Telefonverkehr frei, ungehindert und geheim ausgeübt werden kann[651], da ansonsten mittels Telefonüberwachung die Vertraulichkeit der Kommunikation aufgehoben und damit im Ergebnis erneut die Möglichkeit der Einflussnahme auf die Richter eröffnet würde.

a) Schutzumfang des Vorrechts

Was den Schutzumfang dieses zu gewährenden Vorrechts anbelangt, so stellt sich zum einen die Frage, ob lediglich der freie Telefonverkehr zu amtlichen Zwecken der Richter zu schützen ist oder aber auch deren Privatgespräche.

Auch wenn es gegebenenfalls unter Berücksichtigung des Prinzips des wirksamen Funktionsschutzes zunächst als ausreichend erscheint, lediglich die vom Gerichtshof aus geführten Telefonate für unverletzlich zu erklären, so kann insbesondere auch vor dem Hintergrund, dass die Richter ihre Tätigkeit nicht zwingend im Gericht auszuüben haben, nicht ausgeschlossen werden, dass amtliche Gespräche auch von zu Hause, einem Auto, einem Hotelzimmer oder mittels eines Handys allerorts geführt werden. Da sich der Zweck eines Telefongesprächs aber wiederum erst durch Überwachungsmaßnahmen feststellen lässt, würde eine entsprechende Differenzierung zwischen amtlichen und privaten Gesprächen dem Sitz- bzw. auch dem Aufenthaltsstaat die allgemeine und darüber hinaus legale Kontrolle über die Richter ermöglichen und damit die Gelegenheit zur Einflussnahme stärken.

Im Ergebnis sind daher alle von den Richtern geführten Telefonate zu schützen, und zwar gleich welcher Art und von welchem Ort aus sie geführt werden.

b) Generelles Verbot von Überwachungsmaßnahmen

Zum anderen ist zu prüfen, ob aus der Garantie der freien Kommunikation ein allumfassendes Verbot von Überwachungsmaßnahmen abzuleiten ist. Es stellt sich da-

---

650 Vgl. *Seidenberger* (Fn. 244), S. 216.

651 Eine entsprechende Ansicht bezogen auf die Kommunikationsfreiheit der Diplomaten vertreten u. a. *Dembinski* (Fn. 103), S. 174, und wohl auch *Cahier* (Fn. 117), S. 211.

mit auch in diesem Zusammenhang erneut das Problem, eine ausgewogene Balance herzustellen, und zwar zwischen einerseits der Notwendigkeit, die Unverletzlichkeit und die Vertraulichkeit des Inhalts des Telefongesprächs zu gewährleisten, und andererseits dem legitimen Interesse der Sitzstaaten, sich vor einem missbräuchlichen Umgang mit dem Kommunikationsmittel, wie z. B. dem Einsatz zum Abschluss unseriöser Geschäfte, zu schützen.

Ausgangspunkt der vorzunehmenden Interessenabwägung bildet die Tatsache, dass eine Telefonüberwachung – abweichend von nicht öffnenden Kontrollmaßnahmen des richterlichen Kuriergepäcks[652] – generell nicht vorgenommen werden kann, ohne dass der Inhalt des Gesprächs bekannt und damit der Grundsatz der Unverletzlichkeit in seinem Kernbereich angetastet wird. Abhörmaßnahmen des Telefonverkehrs setzten daher in jedem Fall eine schwerwiegende Gefahr für Leib und Leben von Personen oder aber eine Bedrohung für die innere oder äußere Sicherheit des betroffenen Staates voraus, m. a. W.: Der Rechtfertigungsgrund der Selbstverteidigung bzw. -hilfe[653] müsste vorliegen. Auf die Frage, ob auch eine Einverständniserklärung mit der Kontrollmaßnahme bzw. ein Verzicht auf das Vorrecht die Statthaftigkeit von Abhörmaßnahmen herbeiführen können, sowie auf das Problem des zuständigen Entscheidungsträgers wird unter V. in diesem Kapitel gesondert eingegangen.

IV. Unverletzlichkeit des persönlichen Gepäcks des Richters

Neben dem Vermögen und dem richterlichen Kuriergepäck ist das persönliche Gepäck des Richters gesondert zu schützen.

1. Schutzobjekt

Schutzobjekt des persönlichen Gepäcks sind alle sich im Gepäck eines Richters befindlichen Gegenstände, und zwar unabhängig von ihren Eigentumsverhältnissen. Insofern wird mehr als nur sein Vermögen erfasst[654]. Ein entsprechend weitreichender Schutz rechtfertigt sich hier vor dem Hintergrund, dass sich die Eigentumsverhältnisse an Gegenständen nur in den seltensten Fällen ohne – durch die Unverletzlichkeit grundsätzlich untersagte – Durchsuchung oder andere Kontrollmaßnahmen feststellen lassen.

Unter Gepäck sind in diesem Zusammenhang die Sachen zu verstehen, die ein Richter auf einer Reise bei sich führt und die nicht Bestandteil seiner Kleidung sind[655]. Eine enge räumliche Nähe zwischen dem Richter und seinem Gepäck ist insofern nicht erforderlich.

---

652 Vgl. insofern die Ausführungen unter 3.

653 Ausführlich zur völkerrechtlichen Zulässigkeit von Abwehrmaßnahmen gegen den Missbrauch *konsularischer* Vorrechte und Immunitäten *Polakiewicz,* Die völkerrechtliche Zulässigkeit der Überwachung des Telefonverkehrs von Konsulaten auswärtiger Staaten, ZaöRV 50 (1990), S. 761, 781 ff.

654 *Hildner* (Fn. 166), S. 149.

655 So für das private Gepäck der Diplomaten *Tunkin* und *Sandström,* YBILC 1958 I, S. 160.

2. Ausnahmen von der Unverletzlichkeit des persönlichen Gepäcks

Nach Art. 36 Abs. 2 WÜD dürfen Gegenstände, die der Diplomat auf Reisen bei sich führt, bei triftigem Verdacht der Zweckentfremdung in seiner oder der Anwesenheit seines ermächtigten Vertreters kontrolliert werden. Eine Überprüfung ist demnach weder vom Einverständnis des Entsendestaates noch des Diplomaten abhängig. Bei Übernahme einer entsprechenden Vorschrift in den Immunitätenkatalog zu Gunsten internationaler Richter würde damit insofern die Internationalität der Richter in Frage gestellt, als den nationalen Vollzugsbeamten – ohne jedwedes Regulativ – der unmittelbare Zugriff auf das richterliche Gepäck und damit die Möglichkeit der Einflussnahme eröffnet würde – sei es durch Erlangung von die Druckausübung auf den Richter unterstützenden Informationen, sei es durch Kenntnisnahme von Amtsgeheimnissen. Denn ebenso wie nach Art. 36 Abs. 1 lit. a WÜD bezogen auf die Diplomaten nicht ausgeschlossen werden kann, dass diese ihr persönliches Gepäck u. a. auch zum Transport von Gegenständen für den amtlichen Gebrauch einsetzen, kann eine vergleichbare Handhabung durch internationale Richter als unwahrscheinlich abgetan werden.

Um einer Zweckentfremdung oder einer generell strafbaren Nutzung des privaten Gepäcks durch den Richter gleichwohl begegnen zu können, ist es gerechtfertigt, hier de lege ferenda die gleiche Vorgehensweise anzuwenden wie im Falle des Missbrauchs des richterlichen Kuriergepäcks. Insofern wird auf die Ausführungen unter III. 3.c. verwiesen. Die Anwesenheit eines Mitglieds des Gerichtshofs bei der Untersuchung ist auch in diesen Fällen, in denen „nur" das private Gepäck des Richters betroffen ist, gerechtfertigt, da im Ergebnis auch dessen Schutz letztlich ausschließlich der Funktionsfähigkeit des Gerichtshofs dient, nicht aber eine persönliche Vorrechtsstellung des Richters begründet.

3. Konsequenz der eingeschränkten Unverletzlichkeit

Eine lediglich eingeschränkte Unverletzlichkeit des persönlichen richterlichen Gepäcks führt zu dem absurden Ergebnis, dass Gegenstände, die der Richter auf Reisen mit sich führt, bei Missbrauchsverdacht zurückgeschickt werden können, Sendungen, die er separat verschickt und die damit unter die Unverletzlichkeitsgarantie seines Vermögens fallen, aber nicht. Die Begleitung des Gepäcks durch den Richter persönlich hätte damit eine Verringerung des Immunitätsschutzes zur Folge. Zur Vermeidung dieser sinnwidrigen Konsequenz ist daher die Möglichkeit der Rücksendung im Missbrauchsfall – wiederum de lege ferenda – auf alle Postsendungen des Richters im weitesten Sinn, sei dies durch Kurier, per Post, Luftpost oder per Seefracht zu erstrecken.

V. Generelle Grenzen der Unverletzlichkeit

Zwar wurden bereits im Rahmen der obigen Ausführungen die Grenzen der Unverletzlichkeit bezogen auf spezielle Fallgestaltungen aufgezeigt. Der Entwurf eines weitestgehend vollständigen und präzisen Immunitätskatalogs zu Gunsten internationaler Richter erfordert darüber hinaus aber auch eine allgemeine Behandlung dieser Thematik.

1. Notwendigkeit von Durchbrechungen

Bedenken gegen eine ausnahmslose Gewährung aller zuvor angeführten Unverletzlichkeitsgarantien drängen sich vor allem in den Fällen auf, in denen entweder ein internatonaler Richter die ihm eingeräumten Vorrechte schutzzweckentfremdet zu rechtswidrigen Handlungen ausnutzt oder es eine dringende Gefahr abzuwenden gilt. Denn wäre dem betroffenen Sitzstaat z. B. beim Ausbruch eines Feuers im Gerichtshof oder der richterlichen Wohnung ein Eingreifen versagt, würde nicht nur sein eigenes Sicherheitsinteresse erheblich gefährdet, sondern auch die ungehinderte Funktionserfüllung des Richters, der weder im Falle einer Beschädigung oder Zerstörung des Gerichtshofs noch seiner Wohnung frei und unbelastet seinen Aufgaben nachgehen könnte.

Es wird nicht verkannt, dass auf Grund der Vielschichtigkeit der denkbaren Ausnahmetatbestände deren konkrete, fest umrissene Normierung nicht möglich ist und durch das Zulassen von Durchbrechungen der Unverletzlichkeitsgarantie dem Sitzstaat ein die Möglichkeit des Missbrauchs eröffnender Ermessensspielraum eingeräumt wird. Gleichwohl sind Konstellationen denkbar, in denen der grundsätzlich vorrangig zu beachtende richterliche Funktionsschutz hinter das Sicherheitsinteresse des Sitzstaates zurücktreten muss.

2. Lösungsansätze im WÜD und in den Satzungen der internationalen Organisationen

Anhaltspunkte für eine Lösung, unter welchen Voraussetzungen und in welcher Form Ausnahmetatbestände zuzulassen sind, lassen sich weder den Satzungen der internationalen Organisationen noch unmittelbar dem WÜD entnehmen. Denn die Statuten der internationalen Organisationen sehen für internationale Funktionäre im Allgemeinen weder das Vorrecht der Unverletzlichkeit noch – demzufolge – Durchbrechungsmöglichkeiten vor. In Bezug auf die von dieser Regelung allein ausgenommenen Spitzenfunktionäre verweisen die Satzungen – entsprechend den meisten Gerichtshofstatuten – größtenteils generell auf die heute im WÜD kodifizierten diplomatischen Immunitäten. Wenngleich auch dieses Vertragswerk den Empfangsstaaten zumindest bei Rechtsverstößen der Diplomaten Aktionsmöglichkeiten an die Hand gibt, wie die Erklärung zur *persona non grata*[656], das Verlangen der Begrenzung des Personals[657] oder gar den Abbruch der diplomatischen Beziehungen, lassen sich diese Abwehrinstrumentarien doch wegen der Internationalität der Gerichtshöfe und der daraus resultierenden mangelnden Reziprozität zwischen Sitzstaat und Gerichtshof nicht auf die internationalen Richter übertragen.

---

656 Art. 9 WÜD.
657 Art. 11 WÜD.

Da aber neben den Normen des WÜD nach dessen Präambel weiterhin die Regeln des Völkergewohnheitsrechts für alle Fragen gelten sollen, die nicht ausdrücklich in dem Übereinkommen geregelt sind, ist heute überwiegend anerkannt, dass in Ermangelung eigens die Unverletzlichkeitsgarantie durchbrechender Vorschriften im WÜD über den gewohnheitsrechtlich anerkannten Grundsatz der Selbstverteidigung Ausnahmen von der Unverletzlichkeit zulässig sind[658].

Mangels anderer Anhaltspunkte können somit auch Durchbrechungen der richterlichen Unverletzlichkeit letztlich allein im Völkergewohnheitsrecht ihre Grundlage finden.

3. Völkergewohnheitsrechtliche Durchbrechungen der Unverletzlichkeit

Im Interesse eines weitestgehend präzise formulierten Immunitätenkatalogs zu Gunsten internationaler Richter ist bei der Abfassung der Ausnahmetatbestände von einem generellen Verweis auf das Völkergewohnheitsrecht Abstand zu nehmen. Vielmehr sind die in Betracht kommenden, im Folgenden darzustellenden Rechtfertigungsgründe nebst ihren Voraussetzungen im Einzelnen anzuführen, um auf diese Art und Weise die Handlungsmöglichkeiten des Sitzstaates für den Richter bereits im Vorfeld möglichst transparent zu machen.

a) Repressalie und exceptio non adimpleti contractus

Zu denken ist zunächst an die gewohnheitsrechtlichen Rechtfertigungsgründe der Repressalie[659] und der exceptio non adimpleti contractus. Während das Repressalienrecht den verletzenden Staat zum völkerrechtsgemäßen Verhalten zwingen soll[660], räumt die exceptio non adimpleti contractus bei erheblicher Vertragsverletzung der dadurch betroffenen Partei ein Rücktritts- bzw. Suspendierungsrecht ein[661]. Ungeachtet der Frage, ob zwischen einem internationalen Gerichtshof und dessen Sitzstaat auf Grund eines sog. Headquarter Agreement ein Vertragsverhältnis besteht oder nicht, hätte die Anwendung der zuvor genannten Rechtfertigungsgründe im Fall des Missbrauchs der richterlichen Unverletzlichkeit zur Folge, dass der betroffene Sitzstaat die Tätigkeit eines internationalen Gerichtshofs und damit letztlich die Institution als solche außer Kraft setzen könnte. Da dieses Ergebnis den von der Staatengemeinschaft mit der Gründung internationaler Gerichtshöfe verfolgten Interessen an der Beständigkeit und Funktionsfähigkeit dieser Institutionen und damit auch dem Proportionalitätsgrundsatz zuwiderläuft, sind sowohl das gewohnheitsrechtlich anerkannte Repressalien- als auch das Rücktritts- bzw. Suspendie-

---

658 *Beaumont*, CanYIL 24 (1991), S. 391, 397.

659 Zum Begriff und zur Abgrenzung vgl. *Malanczuk*, Zur Repressalie im Entwurf der International Law Commission zur Staatenverantwortlichkeit, ZaöRV 45 (1985), S. 293, 311 ff.

660 Vgl. die heute noch gültige Definition des Institut de Droit International, Art. I der Resolution I, Anm., IDI 38 (1934), S. 708; *Tomuschat*, Repressalie und Retorsion, Zu einigen Aspekten ihrer innerstaatlichen Durchführung, ZaöRV 33 (1973), S. 179, 186.

661 Vgl. *Verdross/Simma*, Universelles Völkerrecht, 3. Aufl. 1984, §§ 810 ff.

rungsrecht als zulässige Durchbrechungen der richterlichen Unverletzlichkeit ausgeschlossen.

b) Selbstverteidigung bzw. Selbsthilfe

Während ein erheblicher Teil des Schrifttums das völkerrechtliche Institut der Selbstverteidigung auf Fälle beschränkt, in denen ein bewaffneter Angriff im Sinn von Art. 51 UN-Charta vorliegt[662], sehen andere Autoren darin einen völkergewohnheitsrechtlich ausgeformten, über Art. 51 UN-Charta hinausgehenden allgemeinen Rechtfertigungsgrund, der ein Abwehrrecht zum Schutz wesentlicher Rechte des betroffenen Staates begründet[663]. Da aber auch die Gegner einer Selbstverteidigung im weiten Sinn Abwehrmaßnahmen gegen Missbrauch von Vorrechten in Form der Selbsthilfe als Ausdruck der staatlichen Selbsterhaltung nicht für generell unzulässig halten[664] und sich beide Auffassungen in ihren praktischen Konsequenzen kaum voneinander unterscheiden[665], bedarf es weder einer ohnedies den Rahmen dieser Untersuchung sprengenden detaillierten Darstellung der einzelnen Rechtsstandpunkte noch einer abschließenden Stellungnahme. Denn es wird jeweils vorausgesetzt, dass zur Abwehr eines völkerrechtswidrigen Verhaltens gehandelt wird und dass die ergriffenen Maßnahmen den Kriterien der Erforderlichkeit, Verhältnismäßigkeit und Unmittelbarkeit genügen[666].

c) Notstand

Ein weiterer gewohnheitsrechtlicher Rechtfertigungsgrund ist der Notstand, auf den unabhängig von einer Rechtsverletzung zurückgegriffen werden kann, um unter Beachtung der völkerrechtlichen Regeln des ius cogens eine plötzliche und überwältigende Gefahr zu beseitigen[667].

Zwangsmaßnahmen gegen die Person eines Richters kommen daher auch dann in Betracht, wenn dies zur Abwendung z.B. eines Selbstmordversuchs oder zur Verhinderung eines schweren Verbrechens, wie u.a. Attentat oder Bombenanschlag, er-

---

662 *Malanczuk*, ZaöRV 43 (1983), S. 705, 787 ff.; *Bryde*, Self-Defence, EPIL, Instalment 4, 1982, S. 212, 214; kritisch auch *Higgins*, AJIL 79 (1985), S. 641, 647.

663 So insbesondere *Bowett*, Self-Defence in International Law, 1958, S. 270; *Salmon*, Les circonstances excluant l'illicéité, in: Institut des Hautes Études Internationales de Paris, Responsabilité Internationale, Cours et travaux, 1987, S. 87, 121 ff.; so auch bezogen auf von Diplomaten begangene Missbrauchsfälle *Herdegen*, ZaöRV 46 (1986), S. 749 ff.; a.A. *Ago*, Addendum to the Eigth Report on State Responsability, YBILC 1980 II (Teil 1), S. 13, 56 f., der diesen Autoren vorwirft, an einem antiquierten, u.a. im *Caroline*-Fall zum Ausdruck gebrachten Verständnis des Begriffs „Self-Defence" festzuhalten.

664 Vgl. *Bryde*, EPIL, Instalment 4, 1982, S. 215 ff.; *Partsch*, Self-Preservation, EPIL, Instalment 4, 1982, S. 217 ff.

665 Ebenso *Polakiewicz*, ZaöRV 50 (1990), S. 761, 785 f.

666 *Malanczuk*, ZaöRV 43 (1983), S. 705, 767 f.; *Delbrück*, EPIL, Instalment 7, 1984, S. 396 ff.

667 Vgl. Art. 33 des Entwurfs der ILC zur Staatenverantwortlichkeit nebst Kommentierung, YBILC 1980 II (Teil 2), S. 34 ff.; *Salmon,* Institut des Hautes Études Internationales de Paris, 1987, S. 89, 121 ff.; *Malanczuk*, ZaöRV 43 (1983), S. 705, 779 ff.

forderlich ist. Die Wohnung des Richters kann ebenfalls zum Schutz von Leben oder von Sachwerten – wie beim plötzlichen Ausbrechem eines Feuers – betreten werden.

d) Verwirkung

Fraglich ist, ob die Unverletzlichkeit zudem der Verwirkung unterliegt[668]. Da die Anwendung dieses Rechtsinstituts allenfalls bei erheblichen und fortwährenden Verstößen gegen das internationale Recht in Betracht kommt[669] und diese äußerst seltenen Extremfälle somit bereits von den zuvor angeführten Rechtfertigungsgründen erfasst werden, kommt der Verwirkung – zumindest in Bezug auf das hier allein interessierende Vorrecht der Unverletzlichkeit – im Ergebnis kein eigenständiger Regelungsgehalt zu.

Zwischenergebnis zu 3.

In Abweichung zum WÜD ist im Rahmen der zu entwerfenden Immunitätsvorschriften zu Gunsten internationaler Richter de lege ferenda ausdrücklich zu normieren, dass der Sitzstaat eines Gerichtshofs zum Zweck der Selbsthilfe oder im Falle eines Notstands unter Beachtung des Grundsatzes der Verhältnismäßigkeit zu Eingriffsmaßnahmen befugt ist, ohne hierdurch gegen die richterliche Unverletzlichkeit zu verstoßen.

Nicht gefolgt werden kann in diesem Zusammenhang der von den Mitgliedern der Völkerrechtskommission im Rahmen der Kodifizierung des Diplomatenrechts vertretenen Ansicht, die ausdrückliche Normierung von Ausnahmen sei angesichts der Gefahr des Missbrauchs und der Schwierigkeit, alle Fälle zu erfassen, nicht möglich[670]. Zwar wird nicht verkannt, dass sich die Ausnahmen vom Prinzip der Unverletzlichkeit vielfältig gestalten und sie daher im Ergebnis stets eine Einzelfallentscheidung darstellen werden. Dennoch ist nach hier vertretener Ansicht nicht ersichtlich, aus welchen Gründen die heute im Diplomatenrecht grundsätzlich zugelassenen, durch Auslegung zu ermittelnden Abwehrmaßnahmen[671] eine geringere Gefahr des Missbrauchs in sich bergen sollen als die Vorgabe sodann einheitlich anzuwendender Mindestvoraussetzungen in den Gerichtshofstatuten.

---

668 Zum Rechtsinstitut der Verwirkung vgl. *Doehring*, in: FS Seidl-Hohenveldern (Fn. 144), S. 51 ff.; *Kokott*, Mißbrauch und Verwirkung von Souveränitätsrechten, in: FS Bernhardt (Fn. 144), S. 244 ff.; speziell zur Verwirkung der diplomatischen Immunität vgl. *Doehring* (Fn. 7), S. 288, § 12 V Rn. 684.

669 So auch *Herdegen*, ZaöRV 46 (1986), S. 734, 756.

670 Vgl. zu den Äußerungen der Kommissionsmitglieder im einzelnen *Hildner* (Fn. 166), S. 162, Fn. 209.

671 Vgl. *Hildner* (Fn. 166), S. 158 ff. m.w. N.; *Cahier* (Fn. 117), S. 224, der zur derzeitigen Übung im Diplomatenrecht kritisch anmerkt, „une fois de plus on peut regretter cette tendance de la Commission de mettre dans le commentaire des principes importants au lieu de les inclure dans le corps des articles.“

4. Verzicht

Ob neben den zuvor erörterten Ausnahmen auch auf Grund eines erklärten Verzichts das Vorrecht der Unverletzlichkeit wirksam durchbrochen werden kann, gilt es im Folgenden zu prüfen.

a) Notwendigkeit einer entsprechenden Ausnahmevorschrift

Ein Blick in das WÜD veranschaulicht, dass dieses Vertragswerk keinen unmittelbaren Aufschluss über die aufgeworfene Frage gibt. Denn die in Art. 32 WÜD geregelte Möglichkeit des Verzichts bezieht sich ausdrücklich allein auf die Immunität von der Gerichtsbarkeit und kann demzufolge nicht auf die Unverletzlichkeit erstreckt werden.

Demgegenüber sehen zwar die Statuten der internationalen Organisationen, die ohnedies allein den Spitzenfunktionären das Vorrecht der Unverietzlichkeit gewähren[672], allgemein die Möglichkeit der Immunitätsaufhebung und damit inzidenter auch die Möglichkeit des Verzichts auf dieses Vorrecht vor. Da aber die Immunitätsaufhebung[673] einen vollständigen, den internationalen Funktionsträger auch der Gerichtsbarkeit unterwerfenden Statusverlust zur Folge hat, während es bei dem hier in Frage stehenden Verzicht lediglich um die Preisgabe eines konkreten Vorrechts – der Unverletzlichkeit – geht, erscheint es durchaus sachdienlich, speziell eine Ausnahme vom Prinzip der Unverletzlichkeit auf Grund Verzichts zu bestimmen.

Gegen ein entsprechendes Erfordernis spricht vor allem nicht die Tatsache, dass die Sitzstaaten entsprechend den obigen Ausführungen bei akuter Gefahr auch ohne einen erklärten Verzicht handlungsbefugt sind. Denn es sind durchaus Fälle denkbar, in denen das Ausmaß der Gefahr ein Eingreifen nach den Rechtfertigungsgründen der Selbstverteidigung und des Notstands noch nicht rechtfertigt, der Sitzstaat aber gleichwohl ein berechtigtes Interventionsinteresse haben kann[674]. Hier kann allein ein auf den allgemeinen völkerrechtlichen Grundsatz *volenti non fit iniuria*[675] zurückzuführendes Einverständnis bzw. der Verzicht auf das Vorrecht ein Tätigwerden der Sitzstaaten rechtfertigen.

b) Entscheidungsträger und Erklärungsart

In diesem Zusammenhang drängen sich im Wesentlichen zwei Fragen auf: Wer ist zur Abgabe der Verzichtserklärung berechtigt, und wie hat diese zu erfolgen?

---

672 Vgl. insofern die Ausführungen in Teil 4, insbesondere dessen Zusammenfassung.

673 Auf diesen Punkt wird speziell bezogen auf die Richterimmunität ausführlich unter F. II. eingegangen.

674 Zu denken ist z. B. an die Beschlagnahme konspirativer Schriftstücke oder propagandistischer Unterlagen; das Abhören des Telefonverkehrs wegen Verdachts unerlaubter, z. B. wucherischer Geschäfte.

675 Vgl. zur Anwendung dieses Grundsatzes durch die Völkerrechtskommission auch deren Entwurf des Art. 29 zur Staatenverantwortlichkeit nebst Kommentar, YBILC 1979 II (Teil 2), S. 109 ff.; dazu *Jagota*, State Responsibility: Circumstances Precluding Wrongfulness, NYIL 16 (1985), S. 249, 255 ff.

Ausgangspunkt der Überlegungen ist die Tatsache, dass die Vorrechte den internationalen Richtern nicht zu ihrem persönlichen Vorteil gewährt werden, sondern zum Zweck der effektiven Wahrnehmung ihrer richterlichen Aufgaben. Diesem Zweck würde es zuwiderlaufen, könnte ein internationaler Richter als Einzelperson wirksam auf seine Unverletzlichkeit verzichten und so z. B. auf Grund einer Festnahme – wenn auch nur vorübergehend – eine vollständige Aufhebung seiner Funktionserfüllung bewirken oder aber die Interessen des Gerichts dadurch gefährden, dass er eine Durchsuchung seiner Wohnung, seiner Papiere oder seines Vermögens gestattet. Maßgeblich ist daher grundsätzlich nicht der Wille des einzelnen Richters, sondern derjenige des Gerichtshofs als internationaler Institution.

Es stellt sich damit die Frage, wer den Verzicht auszusprechen hat. In Anlehnung an das Diplomatenrecht sowie die Statuten der internationalen Organisationen, die eine Verzichts- bzw. Aufhebungserklärung durch entweder den Missionschef[676] oder aber den Präsidenten der internationalen Organisation vorsehen, drängt sich der Gedanke an einen allein vom Präsidenten des jeweiligen internationalen Gerichtshofs zu erklärenden Verzicht auf. Da zudem der Verzicht auf die Unverletzlichkeit gegenüber der – möglicherweise – vollständigen Immunitätsaufhebung das weniger einschneidende Mittel darstellt, könnte man auch aus diesem Grund geneigt sein, den Verzicht auf dieses den Rechtsstatus des Richters lediglich partiell einschränkende Vorrecht allein dem Präsidenten zu übertragen. Befürworter einer entsprechenden Handhabung würden allerdings außer Betracht lassen, dass es auch bei der die Unverletzlichkeit durchbrechenden Verzichtserklärung primär um die Beachtung und Sicherung der Neutralität der multinationalen und obersten Gerichtshöfe der Völkerrechtsgemeinschaft geht und die Effektivität einer Alleinentscheidungsbefugnis des Präsidenten von daher äußerst zweifelhaft erscheint. Denn einerseits könnten die Sitzstaaten wegen der Nähe des Präsidenten zum Richterkollegium und einer daraus resultierenden, falsch verstandenen Loyalität berechtigte Bedenken gegen eine neutrale, auch ihre Interessen berücksichtigende Entscheidung hegen. Auf der anderen Seite lässt sich nicht von der Hand weisen, dass der Präsident mittels einer ihm allein obliegenden Entscheidungsbefugnis eine Macht übertragen erhält, die sich durchaus gezielt gegen einen unliebsamen Kollegen einsetzen lässt. Denn es kann nicht geleugnet werden, dass der mehrfache Verzicht auf die Unverletzlichkeit eines Richters – gleichgültig ob berechtigt oder nicht – durchaus geeignet ist, diesen in der Öffentlichkeit in Misskredit zu bringen, schlimmstenfalls dessen berufliche Qualifikation in Frage zu stellen und damit im Ergebnis einer Amtsenthebung wegen Nicht-Erfüllung der zur Amtsausübung erforderlichen Voraussetzungen Vorschub zu leisten[677]. Um den Vorwurf der Parteilichkeit – gleich zu welcher Seite – im Keim zu ersticken, ist es sowohl im Interesse der Sitzstaaten als auch der jeweils betroffenen Richter geboten, eine Plenarentscheidung des Gerichtshofs in Bezug

676 Zulässig ist in jedem Fall die von dem Missionschef abgegebene Verzichtserklärung, vgl. *Hildner* (Fn. 166), S. 156 m.w. N., auch in Bezug auf die Praxis der Staaten, die in bestimmten Situationen allein das Einverständnis des Diplomaten als ausreichend erachten.

677 Vgl. Art. 18 IGH-Statut, dazu Art. 6 VerfO; Art. 6 EuGH-Satzung; SRÜ, Anlage VI, Art. 9; Art. 21 IAGHMR-Statut; Art. 24 des 11. Protokolls zur EMRK; Art. 46 Rom-Statut.

auf eine die Unverletzlichkeit durchbrechende Verzichtserklärung zu fordern. Es lässt sich insofern eine Analogie zur Verfahrensweise des BVerfG herstellen, das nur im Plenum, sogar mit einer Zweidrittelmehrheit, dem Bundespräsidenten einen Richter zur Entlassung vorschlagen kann[678]. Der Grundgedanke entsprechender Regelungen ist jeweils der gleiche: Auch ein unliebsamer Richter ist zu schützen.

In Fällen akuter Gefahr sind trotz dieses eher zeitraubenden Prozedere weder die Richter noch die Sitzstaaten schutzlos, da insofern ein Eingreifen wegen des bestehenden Selbstverteidigungs- bzw. Selbsthilferechts der Sitzstaaten ohnedies nicht von der rechtzeitigen Einholung einer Verzichtserklärung abhängig ist[679].

Die Beantwortung der Frage, in welcher Art das Einverständnis zu erklären ist, lässt sich allein aus der hier erhobenen Forderung nach einer Mehrheitsentscheidung ableiten, ohne dass es insofern einer ausführlichen Erörterung bedarf. Denn als logische Konsequenz einer Mehrheitsentscheidung ist – ungeachtet der grundsätzlichen Zulässigkeit des konkludenten Einverständnisses im Völkerrecht[680] – ausschließlich ein ausdrücklich erklärter Verzicht geeignet, die Unverletzlichkiet eines Richters wirksam aufzuheben[681].

c) Umfang des Verzichts

Im Hinblick darauf, dass sich der Verzicht stets auf einen konkreten Sachverhalt bezieht, muss die entsprechende Erklärung für jede der einzelnen Unverletzlichkeitsgarantien auch einzeln abgegeben werden können, da nur so sowohl den Interessen des Sitzstaates an der Wahrung und Aufrechterhaltung seiner Rechtsordnung als auch denjenigen der Richter an einem effektiven Funktionsschutz Genüge getan werden kann.

B. Immunität von der Gerichtsbarkeit

Die Befreiung der internationalen Richter von der Gerichtsbarkeit der Sitzstaaten ist die logische Folge ihrer persönlichen Unverletzlichkeit[682]. Ohne dieses Vorrecht wären die Richter den häufig politisch und ideologisch beeinflussten nationalen Behörden und Gerichten und damit den Sitzstaaten schutzlos ausgeliefert und ihre freie

---

678 Art. 105 Abs. 1 Ziff. 2 i.V.m. Abs. 4 BVerfGG.

679 Wenn *Hildner* (Fn. 166), S. 156, in diesem Zusammenhang allein wegen des Zeitmoments bei akuter Gefahr für eine Schutzimpfung das Einverständnis des Diplomaten genügen lassen will, so verkennt er, dass es sich hier um einen allgemeinen Fall der medizinischen (Not-)Versorgung handelt, die ohnedies allein in die Entscheidungskompetenz des jeweils betroffenen Diplomaten fällt.

680 Vgl. Abs. 14 des Kommentars der Völkerrechtskommission zu Art. 29 ihres Entwurfs über die Staatenverantwortlichkeit, YBILC 1979 II (Teil 2), S. 112 f.; dazu *Jagota*, NYIL 16 (1985), S. 249, 255.

681 Ein andere Beurteilung würde sich aber aus Furcht vor Missbrauch selbst dann nicht ergeben, wenn entgegen der hier vertretenen Auffassung eine Alleinentscheidungsbefugnis des Präsidenten befürwortet würde.

682 Ebenso im Diplomatenrecht *Dembinski* (Fn. 103), S. 201, 204.

Funktionserfüllung erheblich in Frage gestellt. Unter diesen Umständen verkörpert die Immunität von der Gerichtsbarkeit ein „necessary bulwark“[683] zur Sicherung der Unabhängigkeit internationalen Richter und damit auch zur Fortentwicklung des internationalen Rechts.

Der Begriff „Immunität von der Gerichtsbarkeit“ wurde bereits von der ILC im Zusammenhang mit dem Entwurf der Staatenimmunität und ihres Vermögens wie folgt definiert: „Immunity means the privilege of exemption from, or suspension, of, or non-amenability to, the exercise of the jurisdiction by the competent authorities of the territorial State.“[684]

Damit ist klargestellt, dass die internationalen Richter ungeachtet ihrer privilegierten Stellung zur Beachtung der Gesetze und Rechtsvorschriften des Sitzstaates verpflichtet bleiben[685] und lediglich die Verfolgbarkeit von Rechtsverstößen der Zuständigkeit der nationalen Gerichte infolge der insoweit als Prozesshindernis wirkenden Immunität ausgeschlossen ist[686].

I. Immunität von der Strafgerichtsbarkeit

Die Ausübung der Strafgerichtsbarkeit über internationale Richter hätte zweifelsohne auf Grund ihrer Auswirkungen – Ladungen vor Gericht, Verhandlungen einschließlich persönlicher Anhörung, Untersuchungs- und Strafhaft – eine erhebliche Beeinträchtigung, wenn nicht sogar die vollständige Aufhebung der richterlichen Amtsausübung zur Folge.

1. Befreiung von der Strafgerichtsbarkeit im engeren Sinn

Insbesondere durch die Strafgewalt, d. h. das Recht des Sitzstaates, die in den nationalen Rechtsordnungen als Straftaten deklarierten strafbaren Handlungen zu sühnen, wäre eine Einwirkung und Behinderung der richterlichen Tätigkeiten zu befürchten. Denn der Sitzstaat eines internationalen Gerichtshofs könnte versucht sein, sich durch mehr oder weniger willkürliche Anklagen eines unbequemes Richters zumindest zeitweise zu entledigen. Aber auch bei einem korrekten Verfahren wäre eine in der Natur der Sache liegende Parteinahme der nationalen Gerichte nicht ausgeschlossen. Eine ungehinderte Funktionserfüllung erfordert daher die absolute Immunität von der Strafgerichtsbarkeit der Sitzstaaten internationaler Gerichtshöfe.

---

683 Vgl. *Jenks* (Fn. 320), S. 41, allerdings bezogen auf internationale Organisationen im Allgemeinen.

684 UN Doc. A/CN.4/L.345, para. 18, Rn. 22: Artikel 2 des Entwurfs, para. 1 (a).

685 Eine entsprechende Verpflichtung der Diplomaten normiert ausdrücklich Art. 41 WÜD.

686 *Kiesgen* (Fn. 260), S. 175, will in diesem Zusammenhang zwischen der sachlichen Indemnität der Amtshandlungen als einer materiellrechtlichen Regelung – persönlicher Strafausschließungsgrund – und der persönlichen Immunität für Privathandlungen als einer rein verfahrensrechtlichen Regelung – Prozesshindernis – unterschieden wissen.

2. Befreiung vom Ordnungswidrigkeitenrecht

Im Folgenden gilt es zu klären, ob der Schutzbereich des hier behandelten Vorrechts ausschließlich die Strafgesetze im eigentlichen Sinn erfasst oder auch diejenigen Ge- und Verbotsnormen der nationalen Rechtsordnungen, deren Nichtbefolgung wegen des mangelnden kriminellen Gehalts der Taten zwar nicht mit Kriminalstrafen, aber doch auch mit Sanktionen, vor allem finanzieller Art, geahndet werden. Im deutschen Recht werden diese rechtswidrigen und vorwerfbaren Handlungen unter dem Oberbegriff „Ordnungswidrigkeiten" zusammengefasst, die u. a. im Bau- und Straßenverkehrsrecht und dem Bundesgesetz für Ordnungswidrigkeiten (OWiG) als einem Rahmengesetz normiert sind[687].

a) Rechtliche Zuordnung der Ordnungswidrigkeiten

Da die Verfolgung und Ahndung dieser Ordnungswidrigkeiten grundsätzlich den Verwaltungsbehörden obliegt[688] und nur in Ausnahmefällen die Möglichkeit einer gerichtlichen Überprüfung besteht[689], scheint auf den ersten Blick kein Fall der Strafgerichtsbarkeit vorzuliegen. In diesem Zusammenhang darf jedoch nicht verkannt werden, dass – obgleich einer Buße für eine Ordnungswidrigkeit sicherlich nicht das gleiche Gewicht zukommt wie einer Kriminalstrafe – auch sie einen strafenden, tadelnden Charakter enthält, in dem sich moralische und erzieherisch-disziplinierende Elemente niederschlagen[690].

Auf Grund dieses punitiven Charakters können sich zum einen die unter den eigentlichen Strafgesetzen angesiedelten Sanktionsnormen aus der Sicht eines internationalen Richters ähnlich auswirken wie eine Strafe und ihn in die Zwangslage bringen, vor der ihn die Immunität bewahren soll. Da zudem die rechtliche Einordnung eines bestimmten Verhaltens häufig von Land zu Land variiert[691] und darüber hinaus Veränderungen der Rechtsordnungen unterworfen ist[692], erscheint es sachgerecht, das Ordnungswidrigkeitenrecht ausdrücklich dem Strafrecht zuzuordnen. Denn nur auf diese Art kann letztlich der Gefahr begegnet werden, dass Staaten durch einseitige Entscheidungen, wie z. B. durch die Umwandlung einer Straftat in eine Ordnungswidrigkeit, den Schutzbereich der Immunität schmälern.

Für die Zuordnung zum Bereich der Straf- und nicht der Verwaltungsgerichtsbarkeit spricht neben dem repressiven Charakter der Sanktionsnormen[693] nicht zuletzt auch die Tatsache, dass in den Satzungen der „jüngeren" internationalen Organisationen

---

687 Vgl. *Creifelds*, Rechtswörterbuch, 15. Aufl. 2000, Stichwort: Ordnungswidrigkeiten.

688 Vgl. § 35 OWiG.

689 Vgl. §§ 67 ff. OWiG.

690 Vgl. *Göhler*, Gesetz über Ordnungswidrigkeiten, 12. Aufl. 1998, § 17 Rn. 15 ff.

691 In Frage kommt eine Zuordnung zum Straf-, Verwaltungs- oder Ordnungswidrigkeitenrecht.

692 Verhaltensweisen können z. B. aus dem Bereich der Straftaten ausgegliedert und in den Bereich der Ordnungswirdrigkeiten eingegliedert werden, vgl. *Göhler* (Fn. 690), Einleitung Rn. 16, mit Beispielen verschiedener Rechtsordnungen.

693 Entsprechend subsumierte auch der EuGHMR im Urteil vom 21. Februar 1984 im Fall *Öztürk* das deutsche Ordnungswidrigkeitenrecht unter den Begriff der *criminal offence* in

ebenfalls eine entsprechende Zuordnung getroffen wurde[694]. So regeln z. B. Art. 7 Ziff. 1 lit. a INTELSAT-Satzung und Art. 11 lit. c EUMETSAT-Satzung, dass der Direktor der jeweiligen Organisation volle Immunität von der Strafgerichtsbarkeit genießt, mit Ausnahme eines Verstoßes gegen Straßenverkehrsvorschriften.

b) Zulässigkeit von Ausnahmen

Die zuvor angeführten Regelungen verdeutlichen, dass bei einer Zuordnung der Ordnungswidrigkeiten zur Strafgerichtsbarkeit die Immunität nicht ausnahmslos gewährt wird, sondern in Bezug auf Verstöße gegen die Straßenverkehrsvorschriften Einschränkungen unterliegt. Da eine ähnliche Entwicklung auch im Diplomatenrecht auf Grund der Staatenpraxis einiger Länder des anglo-amerikanischen Rechtskreises zu beobachten ist, bedarf die Frage nach der Zulässigkeit von Ausnahmen speziell bezogen auf Verstöße gegen Verkehrsvorschriften der Erörterung.

aa) Staatenpraxis in Bezug auf Verkehrsverstöße von Diplomaten

Insbesondere die Behörden der USA, Großbritanniens und Kanadas sind wegen der Häufigkeit von Rechtsverstößen der Diplomaten im Straßenverkehr[695] dazu übergegangen, vor allem bei Nichtbeachtung von Parkvorschriften Strafzettel auszustellen[696]. Diese Praxis ist allerdings von eher zweifelhafter Bedeutung, da die Beitreibbarkeit der Bußgelder bei einem zahlungsunwilligen Botschafter im Diplomatenrecht – bei Nichtvorliegen einer entsprechenden Verzichtserklärung des Entsendestaates nach Art. 32 Abs. 4 Halbsatz 2 WÜD – in jedem Fall an der Immunität von Zwangsvollstreckungsmaßnahmen scheitert und auf Grund dessen die Ahndung von vornherein „ins Leere läuft".

Effektiver erscheint in diesem Zusammenhang die im September 1985 in den USA vom Department of State eingeführte Politik, bei bestimmten oder wiederholten Verkehrsverstößen nach einem Punktesystem die Fahrerlaubnis der Diplomaten zu entziehen. Diese Übung allgemein mit dem Interesse des Empfangsstaates am Schutz der öffentlichen Sicherheit zu rechtfertigen[697], ist zumindest speziell bezogen auf das Diplomatenrecht verfehlt. Denn bereits auf der Wiener Staatenkonferenz schlug die Schweiz vor, Verfahren, die den Entzug einer Fahrerlaubnis zum Gegenstand haben, nicht unter die verwaltungsgerichtliche Immunität fallen zu lassen[698]. Dieser Antrag wurde jedoch mit 38 zu 4 Stimmen, bei 28 Enthaltungen,

---

Art. 6 Abs. 3 der EuMRK: Publications of the European Court of Human Rights, Series A, Vol. 73, S. 1, 17 ff.

694 Zu den im Diplomatenrecht zu dieser Problematik vertretenen unterschiedlichen Auffassungen vgl. für eine Zuordnung zur Strafgerichtsbarkeit: EuGHMR (Fn. 693); ähnlich auch *Hildner* (Fn. 166), S. 68; für eine Zuordnung zur Verwaltungsgerichtsbarkeit: *Dembinski* (Fn. 103), S. 209 f., und *Cahier* (Fn. 117), S. 247.

695 Vgl. hierzu die ausführlichen Darstellungen von *Ashman/Trescott* (Fn. 627), S. 230 ff.

696 Eine ausführliche Darstellung der Staatenpraxis nimmt *Hildner* (Fn. 166), S. 54 ff., vor.

697 *Cahier* (Fn. 117), S. 247.

698 UN Doc. A/Conf. 20/C. 1/L. 215; vgl. auch *Bindschedler*, SchJB 18 (1961), S. 29, 38.

abgelehnt[699]. Die Frage des Führerscheinentzugs ist also vor der Kodifizierung des WÜD, ungeachtet ihrer rechtlichen Zuordnung zum Bereich der Verwaltungs- oder Strafgerichtsbarkeit[700], von den Signatarstaaten als Problem erkannt und auch behandelt, im Ergebnis aber negativ beschieden worden. Selbst wenn die Staaten – wie heute die USA – in der Folge zu der Erkenntnis gelangen, dass das Führen eines Kraftfahrzeugs kein Recht, sondern ein bei Missbrauch zu entziehendes Privileg ist[701], muss es ihnen im Nachhinein verwehrt sein, sich über diese allgemeine Entschließung der Staatenkonferenz durch ihr widersprechende Übung hinwegzusetzen und damit die Effektivität eines internationalen Vertragswerks – hier der Diplomatenrechtskonvention – in Frage zu stellen.

Verstößt somit die derzeitige Praxis der USA offensichtlich gegen Art. 31 Abs. 1 WÜD, stellt sich gleichwohl die Frage, ob nicht die Aufnahme einer entsprechenden Ausnahmevorschrit in den Immunitätenkatalog zu Gunsten internationaler Richter de lege ferenda anzustreben ist, um auch im Hinblick auf die zunehmende Anzahl internationaler Gerichtshöfe zu verhindern, dass sich deren Spruchkörper ebenso wie die Diplomaten zu „motorists above the law“ entwickeln und damit die öffentliche Sicherheit der jeweiligen Sitzstaaten gefährden.

bb) Fahrerlaubnisentzug bei gravierenden Verstößen der Richter gegen Straßenverkehrsvorschriften

Ausgehend von dem der Immunitätsgewährung zu Grunde liegenden Prinzip des wirksamen Funktionsschutzes ist festzuhalten, dass eine Fahrerlaubnis – und hier kommt das von den USA angeführte Argument zum Tragen – zwar ein zur Amtserfüllung nicht notwendiges Sonderrecht[702] beinhaltet. Da dem Entzug der Fahrerlaubnis infolge von Verstößen gegen die Straßenverkehrsregeln neben einem nicht zu leugnenden präventiven, in erster Linie stets aber auch ein strafendes Element immanent ist, realisiert sich hierdurch gerade die Staatsgewalt, vor deren Ausübung der internationale Funktionsträger mittels der Immunität geschützt werden soll.

Nicht außer Acht zu lassen ist darüber hinaus auch die Tatsache, dass sich die Fahrerlaubnis in unserer heutigen mobilen Gesellschaft als Inbegriff der Fortbewegungsfreiheit manifestiert und das Recht des Sitzstaates auf Führerscheinentzug somit die Gefahr einer gesteigerten richterlichen Beeinflussbarkeit in sich birgt.

cc) Pekuniäre Ahndung von Straßenverkehrsverstößen

Ob in Anlehnung an Art. 11 lit. c EUMETSAT-Satzung und Art. 7 Ziff. 1 lit. a INTELSAT-Satzung zumindest die pekuniäre Ahndung von Straßenverkehrsverstößen, begangen durch internationale Richter, gerechtfertigt ist, erscheint ebenfalls fraglich. Denn es lässt sich nicht von der Hand weisen, dass die Möglichkeit einer

---

699 UN Doc. A/Conf. 20/14, S. 172 Nr. 27.

700 Obgleich *Hildner* (Fn. 166), S. 58, den auch punitiven Charakter der hier fraglichen Maßnahme erkennt, verneint er inkonsequenterweise gleichwohl eine Verletzung der *immunity from the criminal jurisdiction* nach Art. 31 Abs. 1 WÜD.

701 Rundnote des Secretary of State vom 2. Juli 1994, AJIL 79 (1985), S. 1048 f.

702 Ähnlich auch *Suy*, ÖZöRV 12 (1962/63), S. 86, 106.

willkürlichen, schikanösen Behandlung der Richter durch die Vollzugsbeamten sowie die Verhängung nicht unempfindlicher Geldstrafen unter gleichzeitiger Aufhebung der Immunität von Zwangsvollstreckungsmaßnahmen[703] – ausgenommen Festnahme und Haft – den Richter unter Druck setzen und insofern an einer freien Funktionserfüllung hindern können.

Aus diesem Grund haben die Interessen des Sitzstaates hinter denjenigen der internationalen Gerichtshöfe an der Gewährleistung ihrer Unabhängigkeit zurückzustehen, zumal auch die pekuniäre Ahndung von schwerwiegenden Verkehrsverstößen, wie Überfahren einer Rotlicht zeigenden Ampelanlage oder eklatante Geschwindigkeitsüberschreitungen, in erster Linie nicht der Gefahrenabwehr dient, sondern sich in ihr auf Grund ihres punitiven Charakters die Staatsgewalt manifestiert, vor der es den Richter zu schützen gilt. Im Übrigen wird dem Sicherheitsinteresse des Sitzstaates im Falle einer Verkehrsgefährdung auf Grund Falsch-Parkens der Richter – dem wohl häufigsten Verstoß gegen nationale Verkehrsvorschriften – durch die eingeräumte Möglichkeit des Abschleppens dieser Fahrzeuge Genüge getan[704].

Eine von der Immunität gegenüber der Strafgerichtsbarkeit abweichende Vorschrift, speziell bezogen auf gravierende Verkehrsverstöße, ist daher aus den vorstehenden Erwägungen abzulehnen.

II. Immunität von der Zivilgerichtsbarkeit

Dieselben Gründe, die die Befreiung der internationalen Richter von der Strafgerichtsbarkeit erfordern, bedingen auch ihre Immunität von der Zivilgerichtsbarkeit. Denn auch die Zivilgerichtsbarkeit ist Ausübung staatlicher Gewalt, die mit dem Prinzip der unabhängigen Funktionserfüllung nicht vereinbar ist.

1. Generelle Befreiung von der Zivilgerichtsbarkeit

Ebenso wie die Befreiung von der Strafgerichtsbarkeit zieht auch die generelle Immunität von der Zivilgerichtsbarkeit keine Befreiung vom materiellen Zivilrecht nach sich, sondern allein die zwangsweise Durchsetzung dieser Normen. Eine entsprechende Handhabung begegnet schon deshalb keinerlei Bedenken, weil die Unterwerfung unter die Zivilrechtsnormen der Sitzstaaten für sich genommen keine Behinderung der freien Amtsausübung der Richter, sondern vielmehr ihre Gleichstellung mit den Inländern und damit die Gewährleistung auch ihrer Sicherheit im Rechtsverkehr zur Folge hat.

2. Ausnahmen von der Immunität gegenüber der Zivilgerichtsbarkeit

Bei der Beantwortung der Frage, ob und inwieweit eine ausnahmslose Befreiung der Richter von der Zivilgerichtsbarkeit zur wirksamen Funktionserfüllung erforderlich ist, stellt sich unter Berücksichtigung der eingangs erhobenen Forderung nach abso-

---

703 Unklar insoweit Art. 11 lit. c EUMETSAT-Satzung.

704 Vgl. hierzu die Ausführungen in diesem Teil unter A. II. 2.c)cc).

luter Immunitätsgewährung[705] nicht das Problem einer strikten Zweiteilung der Handlungen der Richter in Amts- und Privathandlungen, wie sie von *Rey* bezogen auf internationale Funktionäre allgemein verlangt wird[706]. Es geht vielmehr um die Frage, ob auch im Rahmen der richterlichen Immunitäten die Bestimmung einiger spezieller Ausnahmen von der grundsätzlich uneingeschränkt zu gewährenden Befreiung gegenüber der Zivilgerichtsbarkeit notwendig ist, wie sie Art. 31 Abs. 1 lit. a–c WÜD ausdrücklich für Diplomaten normiert.

Ausgehend von dem der Immunitätsgewährung zu Grunde liegenden Prinzip des wirksamen Funktionsschutzes erscheint das Erfordernis einer uneingeschränkten Befreiung auch der Richter von der Zivilgerichtsbarkeit eher zweifelhaft. Denn gerade im Bereich des Zivilrechts sind durchaus Fälle denkbar, in denen das Interesse der Sitzstaaten oder das seiner Staatsangehörigen gegenüber dem der Richter an einer freien Amtsausübung ausnahmsweise als höherrangig einzustufen ist. Die Abweichungen vom Grundsatz der absoluten Immunitätsgewährung gilt es unter Anlehnung an die Vorschriften des Diplomatenrechts im Einzelnen festzulegen.

a) Dingliche Klagen

Ebenso wie im Diplomatenrecht sind auch dingliche Klagen in Bezug auf privates, im Hoheitsgebiet des Sitzstaates gelegenes unbewegliches Vermögen der internationalen Richter vom Immunitätsschutz auszunehmen[707]. Diese Exemtion begründet sich in dem Begehren des Sitzstaates, die Eigentumsverhältnisse innerhalb seines Territoriums im Interesse des Rechtsverkehrs und der Rechtssicherheit zu regeln und festzustellen, und findet seinen Niederschlag in der gewohnheitsrechtlichen Anknüpfung an die Belegenheit des Grundstücks, der lex rei sitae, im internationalen Immobiliarsachenrecht[708]. Eine Behinderung der richterlichen Amtsgeschäfte steht durch diese Unterwerfung unter die Zivilgerichtsbarkeit nicht zu befürchten, da eine Vollstreckung oder der Beschlagnahme des dem Richter zu privaten Wohnzwecken dienenden Grundstücks auf Grund der insoweit bestehenden Immunität in jedem Fall ausgeschlossen ist[709].

---

705 Vgl. Zwischenergebnis Teil 6 B. I. 2.a).

706 *Rey,* Les immunités des fonctionnaires internationaux, Revue de Droit International Privé, 23 (1928), S. 253 ff., der insofern verkennt, dass Prozessverfahren generell, gleichgültig ob aus Amts- oder Privathandlungen resultierend, geeignet sind, sich störend auf die Funktionserfüllung auszuwirken.

707 Lediglich der Vollständigkeit halber sei an dieser Stelle darauf hingewiesen, dass der internationale Richter entgegen einem Diplomaten Grundstücke ausschließlich als Privatmann und nicht im Auftrag eines internationalen Gerichtshofs als internationaler Institution in Besitz haben wird.

708 Vgl. BGHZ 39, 173, 174; 52, 239, 240; BGH, NJW 1972,715; *Kropholler*, Internationales Privatrecht, 3. Aufl. 1997, S. 477, § 54 I; *Heldrich*, in: Palandt, Bürgerliches Gesetzbuch, 61. Aufl. 2002, Art. 43 EGBGB, Rn. 1.

709 Vgl. hierzu die Ausführungen unten IV.

b) Mobiliarklagen

Insbesondere im Zusammenhang mit der der vorgenannten Ausnahmeregelung zu Grunde liegenden Begründung drängt sich die Forderung auf, diese Exemtion neben Immobiliarklagen auch auf Mobiliarklagen zu erstrecken, da eine Gefährdung des Rechtsverkehrs und der Rechtssicherheit des Sitzstaates sich im Fall ungeklärter Eigentumsverhältnisse wohl kaum jemals ausschließen lässt, gleichgültig, ob unbewegliches oder bewegliches Vermögen im Streit steht.

Obgleich bereits das Institut de Droit International erstmals im Jahre 1895 eine entsprechende Forderung bezogen auf die Rechtsstellung diplomatischer Vertreter erhoben hat[710], konnte sie sich ausweislich Art. 31 Abs. 1 lit. a WÜD bis zum heutigen Tage nicht durchsetzen. Nichts anderes hat aber im Ergebnis auch für die Regelung der richterlichen Vorrechte zu gelten. Denn im Gegensatz zu Immobiliarklagen, die sich in erster Linie durch Bezugnahme auf amtliche Dokumente klären[711] und auf Grund dessen keine erhebliche Behinderung der richterlichen Amtsgeschäfte befürchten lassen, ist eine vergleichbare Handhabung im Rahmen der Mobiliarklagen nicht gegeben. Da die Übertragung von beweglichem Vermögen nicht an strenge Formerfordernisse gebunden ist, sind – mühelos manipulierbare – Urkunden und Zeugenaussagen letztlich für den Ausgang eines Mobiliarklageverfahrens entscheidungserheblich. Zwingende Folge dieser Missbrauchsmöglichkeiten ist eine empfindliche Störung der richterlichen Funktionen, vor der die Vorrechte die Richter aber gerade bewahren sollen. Im Ergebnis ist somit daran festzuhalten, allein dingliche Klagen bezogen auf Immobilien von der Ausnahmeregelung zu erfassen.

c) Klagen aus Nachlasssachen

Anzuerkennen ist auch die im WÜD in Art. 31 Abs. 1 lit. b statuierte Ausnahme von der Immunität gegenüber der Zivilgerichtsbarkeit bezüglich Klagen aus Nachlasssachen, gleichgültig, ob der internationale Richter in der Eigenschaft als Erbe, Testamentsvollstrecker, Verwalter oder Vermächtnisnehmer beteiligt ist. Ausschlaggebend ist insofern das überwiegende Interesse der Sitzstaaten an einer zügigen und bestimmungsgemäßen Verteilung der beteiligten Vermögensmassen und damit ihr Interesse an Rechtssicherheit. Zudem ist eine Beeinträchtigung des Richteramts trotz dieser partiellen Unterwerfung unter die nationale Gerichtsbarkeit der Sitzstaaten ausgeschlossen, da ein Großteil der in diesem Bereich auftretenden Streitigkeiten durch Bezugnahme auf Gesetz oder amtliche Urkunden (z. B. Testament, Erbvertrag etc.) entschieden werden kann.

---

710 In seinem Cambridger Reglement hat es in Art. 16 folgende Ansicht niedergelegt: „L'immunité de jurisdiction ne peut être invoquée: … 2. En matière d'actions réelles, y compris les actes possessoires, se rapportant a une chose, meuble ou immeuble, qui se trouve sur le territoire …“, zitiert nach *Kauffmann* (Fn. 602), S. 105.

711 Z. B. notariell beurkundete Kaufverträge, Grundbucheintragungen etc.

d) Klagen im Zusammenhang mit einer Berufstätigkeit oder einer Nebenbeschäftigung

Im Diplomatenrecht sind auf Grund des in Art. 42 WÜD normierten generellen Berufsverbots Bedenken gegen die praktische Relevanz der speziell Klagen im Zusammenhang mit einer Nebenbeschäftigung vom Immunitätsschutz ausnehmenden Regelung erhoben worden[712]. Vor der Erarbeitung einer vergleichbaren Regelung bezogen auf internationale Richter ist es daher geboten, die Zweckmäßigkeit einer solchen Vorschrift sowie deren Umfang vorab anhand der entsprechenden, in den Gerichtshofstatuten enthaltenen Normen zu überprüfen. Dabei kann im Hinblick auf das eingangs erhobene Postulat einer einheitlichen Immunitätsregelung zu Gunsten aller internationalen Richter insofern allein mittels einer Gesamtschau der hier maßgeblichen Regelungen eine abschließende Beurteilung vorgenommen werden.

(aa) Berufs- und Nebenbeschäftigungsverbote nach den Gerichtshofstatuten

Art. 16 des IGH-Statuts und Art. 4 der Satzung des EuGH versagen den an diesen Gerichtshöfen tätigen Richtern die Übernahme eines politischen Amts, eines Amts der Verwaltung sowie jede andere berufliche Art der Beschäftigung. Von einem uneingeschränkten Berufsverbot kann aber gleichwohl nicht die Rede sein, da Art. 4 Satz 2 2. Halbsatz der EuGH-Satzung ausnahmsweise eine Befreiung des Rats vom Verbot der entgeltlichen oder unentgeltlichen Berufstätigkeit zulässt. Nicht erfasst von diesem generellen Verbot der Beruftstätigkeit im Sinn einer auf Dauer angelegten, mit einer gewissen Regelmäßigkeit ausgeübten, die Grundlage einer wirtschaftlichen Existenz bildenden Beschäftigung werden Nebentätigkeiten, insbesondere wissenschaftlicher oder künstlerischer Natur, die nicht den Umfang der Berufstätigkeit erreichen[713]. Im Zweifelsfall entscheidet nach Art. 4 Abs. 4 EuGH-Satzung der Gerichtshof.

Auch wenn das IGH-Statut eine Art. 4 Satz 2 Halbsatz 2 EuGH-Satzung vergleichbare Regelung betreffend die Befreiung vom Verbot der Berufstätigkeit vermissen lässt, wurde gleichwohl die Möglichkeit einer – eventuell auch nur karitativen – Nebentätigkeit insoweit erkannt, als für Zweifelsfälle die Entscheidung des Gerichts normiert ist, Art. 16 Abs. 2 IGH-Statut. Da aber weder IGH-Statut noch EuGH-Satzung die Voraussetzungen für eine Befreiung normieren und auch die „Zweifelsfälle" nicht konkretisieren, muss zunächst die Bedeutung dieser „Vorbehalte" durch Auslegung ermittelt werden, um im Anschluss daran den Umfang der Berufsverbote festlegen zu können.

Ausgangspunkt der Überlegungen bilden Sinn und Zweck der Berufsverbote, die sich allgemein als Bewahrung der Amtsgeschäfte vor negativer Beeinflussung durch

712 Vgl. die kritischen Anmerkungen von *Cahier* (Fn. 117), S. 260. Richtigerweise ist mit *Dembinski* (Fn. 103), S. 207, eine ausschließlich klarstellende Funktion des Art. 31 Abs. 1 lit. c WÜD in Bezug auf den Diplomaten persönlich anzunehmen und in Übereinstimmung mit der ILC die eigentliche praktische Relevanz dieser Vorschrift in ihrer Anwendung auf Familienmitglieder und Bedienstete des Diplomaten zu sehen, vgl. UN Doc. A/Conf. 20/14 S. 213.

713 *Hackspiel* (Fn. 595), S. 4/720, Art. 4 EuGH-Satzung Rn. 9.

die Ausübung einer Nebentätigkeit definieren lassen. Da diese Einflussnahme sowohl zeitlicher als auch sachlicher Natur sein kann, dienen die Berufsverbote im Ergebnis auch einer freien und unabhängigen Funktionserfüllung. Aus den offensichtlich in den Gerichtshofstatuten des IGH und des EuGH vorgesehenen Durchbrechungen sowohl vom Verbot der Berufstätigkeit als auch vom Nebenbeschäftigungsverbot lässt sich nur folgern, dass Tätigkeiten, die mit dem Richteramt vereinbar sind und die unabhängige Stellung der Richter nicht in Frage stellen, als zulässig erachtet werden müssen.

Für eine entsprechende Interpretation sprechen auch die in den Satzungen und Übereinkommen der übrigen bestehenden internationalen Gerichtshöfe normierten Bestimmungen. So untersagt Art. 21 Abs. 3 des 11. Protokolls zur EMRK den Richtern am EuGHMR lediglich die Ausübung von Tätigkeiten, die mit ihrer Unabhängigkeit, ihrer Unparteilichkeit oder mit den Erfordernissen der Vollzeitbeschäftigung in diesem Amt unvereinbar sind. Ähnlich bestimmt Art. 71 AMRK, dass das Richteramt mit allen Tätigkeiten unvereinbar ist, die die richterliche Unabhängigkeit und Unparteilichkeit beeinflussen können. Ergänzend sieht Art. 18 des IAGHMR-Statuts vor, dass die Richter nicht Mitglied einer Regierung oder Funktionär einer internationalen Organisation sein dürfen. Ist zweifelhaft, ob eine Tätigkeit mit dem Richteramt vereinbar ist oder nicht, entscheidet der Gerichtshof, Art. 18 Abs. 1 lit. c IAGHMR-Statut.

Die am ISGH tätigen Richter dürfen weder eine politische noch administrative Beschäftigung ausüben noch als Bevollmächtigte oder Anwälte in irgendeiner Sache tätig werden. Ferner dürfen sie sich weder aktiv noch finanziell an kommerziellen Nutzungen des Meeres oder des Tiefseebodens beteiligen, Art. 7 Abs. 1 und 2 ISGH-Statut. Alle übrigen beruflichen Aktivitäten und Nebenbeschäftigungen scheinen demnach erlaubt. Über Bedenken im Zusammenhang mit den untersagten Tätigkeiten entscheidet der Gerichtshof nach Art. 7 Abs. 3 ISGH-Statut mit der Mehrheit der anwesenden Mitglieder.

Restriktiver als die angeführten Bestimmungen ist allein Art. 40 Abs. 3 des Rom-Statuts, der bestimmt, dass die hauptamtlich am Sitz des Gerichtshofs tätigen Richter sich keiner anderen Beschäftigung beruflicher Art widmen dürfen. Zulässig sollen daher wohl allein karitative, soziale Aktivitäten sein.

Im Ergebnis lässt sich festhalten, dass den internationalen Richtern nach den Gerichtshofstatuten wenn nicht bereits die Möglichkeit einer Berufstätigkeit, so doch in jedem Fall die Chance der Nebenbeschäftigung eröffnet wird, woraus das zwingende Erfordernis einer speziell diese Tätigkeiten betreffenden Immunitätsregelung abzuleiten ist.

(bb) Umfang einer den Immunitätsschutz für Berufstätigkeiten und Nebenbeschäftigungen aufhebenden Regelung

Anknüpfend an die vorstehenden Ausführungen, wonach den internationalen Richtern allein die Ausübung solcher Tätigkeiten untersagt ist, die mit ihrem Amt nicht vereinbar sind und ihre unabhängige Stellung beeinträchtigen, erscheint eine den Immunitätsschutz für diese Beschäftigungen generell aufhebende Regelung weder geboten noch gerechtfertigt. Die Bestimmung des Schutzbereichs hängt insoweit maßgeblich von der Präzisierung des Wortlauts „mit dem Richteramt vereinbar" ab.

(1) Mit dem Richteramt nicht vereinbare/vereinbare Tätigkeiten

Auf Grund der unmittelbaren Kontrolle durch die Exekutive sind offenkundig nicht mit dem Richteramt vereinbar politische Ämter sowie Posten in der Verwaltung. Zweifel können sich insofern aber bereits bei punktuellen politischen Aktivitäten der Richter, wie einzelnen Äußerungen, ergeben sowie bei der Frage, ob schon die Bewerbung um ein politisches Amt mit dem Richteramt inkompatibel ist. Ob darüber hinaus alle auf Dauer angelegten und auf Gewinnerzielung ausgerichteten Tätigkeiten[714] als generell mit der richterlichen Arbeit unvereinbar zu beurteilen sind, erscheint zweifelhaft. Denn zum einen sind die ihr Amt lediglich nebenberuflich ausübenden Richter am ISGH und IAGHMR auf die Begründung einer Existenz zwingend angewiesen. Zum anderen statuiert selbst Art. 4 Satz 2 EuGH-Satzung trotz hauptberuflicher Berufsausübung der Richter die Möglichkeit, eine Befreiung vom Berufsverbot durch den Gerichtshof nicht nur in Bezug auf *unentgeltliche,* sondern auch auf *entgeltliche* Berufstätigkeiten auszusprechen, und zwar ohne insofern den Immunitätsschutz aufzuheben.

Es ist daher allein festzuhalten, dass Beschäftigungen mit stark ausgeprägtem monetären Charakter, wie z. B. die Funktion eines Treuhänders oder Aufsichtsrats sowie Börsenspekulationen, wegen der hierdurch eröffneten Möglichkeit der Einflussnahme auf die Richter und der damit einhergehenden Beeinträchtigung ihrer Unabhängigkeit wohl als mit dem Richteramt unvereinbar angesehen werden müssen. Demgegenüber lassen sich unentgeltliche berufsspezifische Vorträge im Rahmen von Kongressen und an Universitäten sowie Gratisveröffentlichungen juristischer Abhandlungen in Fachzeitschriften ebenso wie kostenlose künstlerische Aktivitäten und ehrenamtliche Engagements mit der richterlichen Funktion in Einklang bringen, da durch die Ausübung aller dieser Tätigkeiten die unabhängige Funktionserfüllung des Richters nicht gefährdet wird. Ob die Beurteilung eine andere ist, wenn der Richter den angeführten Beschäftigungen nicht unentgeltlich, sondern gegen Entlohnung nachgeht, ist fraglich. Nicht eindeutig zu beantworten ist auch die Frage, wie die Erstellung von Rechtsgutachen durch internationale Richter oder deren Schiedsrichtertätigkeit zu beurteilen ist, da mögliche Auswirkungen auf in der Folge anhängige Verfahren das Element der Parteilichkeit in sich bergen und damit die richterliche Unabhängigkeit in Frage stellen.

Die vorstehenden Ausführungen verdeutlichen, dass die Frage nach der Kompatibilität von Beschäftigungen, gleichgültig ob Berufs- oder Nebentätigkeiten, mit dem Richteramt nicht eindeutig zu klären und im Ergebnis wohl überwiegend eine Einzelfallentscheidung zu treffen ist.

714 So zumindest in Bezug auf die Nebentätigkeit von Diplomaten *Denza* (Fn. 136), S. 383 f.

(2) Lösung von Zweifelsfällen nach den Gerichtshofstatuten und deren Übertragbarkeit generell auf die Zulässigkeit von Berufs- und Nebentätigkeiten

Vor dem Hintergrund, dass sich die von einem Richter zusätzlich zu seiner Rechtsprechungsfunktion ausgeübten Tätigkeiten sehr vielschichtig gestalten und Unsicherheiten über deren Zulässigkeit daher wiederholt auftreten können, überrascht es nicht, dass in fast allen Gerichtshofstatuten eine Regelung dergestalt getroffen ist, dass im Zweifelsfall der Gerichtshof entscheidet.

Die Vorzüge einer solchen Regelung liegen auf der Hand. Sie entzieht dem einzelnen Richter nicht nur die Entscheidungskompetenz über die Zulässigkeit einer Berufstätigkeit oder einer Nebenbeschäftigung und überträgt sie ausnahmslos einem neutralen Organ, dem Gerichtshof, der ein gesteigertes Interesse an der Bewahrung seiner Unabhängigkeit haben und von daher die ihm eingeräumte Prüfungs- und Kontrollfunktion über Art, Umfang und Lukrativität der von einem Richter beabsichtigten Tätigkeiten auch in diesem Sinn ausüben wird. Die Vorschrift wird zudem auch dem legitimen Interesse der Richter gerecht, für zusätzlich aufgewandte Arbeitskraft, gleichgültig, ob auf berufsspezifischem, künstlerischem oder literarischem Gebiet, ein angemessenes Entgelt erzielen zu können. Ferner lässt sie ihn nicht darüber im Ungewissen, ob die ausgeübte Tätigkeit letztlich erlaubt ist oder nicht.

Ausgewogenheit und Zweckmäßigkeit dieser ausschließlich bei Zweifelsfällen normierten Entscheidungsbefugnis der Gerichtshöfe rechtfertigen es, die Zulässigkeit von Berufstätigkeiten und Nebenbeschäftigungen in Anlehnung an diese Vorschrift de lege ferenda generell von der Zustimmung des Gerichtshofs abhängig zu machen mit der Konsequenz eines Immunitätsverlusts lediglich für den Fall, dass die ausgeübte Tätigkeit nicht von einer Bewilligung des betroffenen Gerichtshofs gedeckt ist. Über die Zulässigkeit der (Neben-)Tätigkeit entscheidet der Gerichtshof in Anlehnung an die Ausführungen oben unter A. V. 4.b) mit Zweidrittelmehrheit.

Die Aufrechterhaltung der Immunität rechtfertigt sich in diesen – wohl von der Anzahl her ohnedies überschaubaren – Fällen mit dem Argument, dass ansonsten über die genehmigte Berufs- oder Nebentätigkeit die unabhängige Funktionserfüllung der Gerichtshöfe durch willkürlich erhobene Klagen allein unter Berufung auf eben diese Tätigkeiten gefährdet werden könnte. Demgegenüber kann der Gerichtshof bei Verfahren, die aus ungenehmigten Beschäftigungen eines Richters resultieren, mit einer Amtsenthebung, wie sie in diesen Fällen ausdrücklich in Art. 18 Abs. 3 IAGHMR-Statut vorgesehen ist, reagieren und so seine Integrität schützen.

(3) Argumente gegen das Bestehenbleiben der Immunität bei genehmigter Berufs- und Nebentätigkeit

Gegen das Bestehenbleiben der richterlichen Immunität bei genehmigter Berufs- und Nebentätigkeit durch den Gerichtshof ließe sich einwenden, dass hier der Schutz des „gewerblich“ tätigen Richters gegenüber den übrigen Staatsbürgern zu weit gefasst ist, zumal heute selbst den Staaten überwiegend lediglich restriktiver Immunitätsschutz gewährt wird, sie also hinsichtlich ihrer privatrechtlichen Handlungen (acta iure gestiones) der nationalen Gerichtsbarkeit unterliegen.

Überzeugen könnte eine solche Argumentation im Ergebnis jedoch nicht, da der Fall eines am „normalen“ Berufsleben teilnehmenden Richters sich anders darstellt als der des am Wirtschaftsleben beteiligten Staates. Denn während der Staat ohne die restriktive Handhabung des Immunitätsschutzes der nationalen Gerichtsbarkeit gänzlich entzogen wäre, trifft dies auf den internationalen Richter – wie noch aufzuzeigen sein wird – gerade nicht zu, da hier die durch die Vorrechtsstellung im Recht entstandene Lücke durch Aufhebung der Immunität geschlossen werden kann. Im Übrigen ist das „Überleben“ des Staates nicht von seiner Teilnahme am Wirtschaftsleben abhängig, während zumindest die nebenberuflich tätigen Richter auf anderweitigen Broterwerb zwingend angewiesen sind.

Würde der Immunitätsschutz für (Neben-)Tätigkeiten insbesondere bei den das Richteramt nur nebenberuflich ausübenden Richtern des IAGHMR und des ISGH versagt, indem die Zustimmung des Gerichtshofs zu der Beschäftigung als konkludenter Vorrechtsverzicht beurteilt würde, so bestünde die Gefahr der Funktionsbeeinträchtigung infolge möglicherweise gezielt gesteuerter Verfahren. Da die verstärkte Teilnahme am konventionellen Berufs- und Wirtschaftsleben, wie sie für die ihr Richteramt nur nebenberuflich ausübenden Richter unerlässlich ist, des Weiteren größere Einflussmöglichkeiten auf die Richter bietet als bei ihren hauptberuflich tätigen Kollegen, hätte eine entsprechende Interpretation der Einwilligung zudem eine Benachteiligung der Richter an IAGHMR und ISGH gegenüber ihren Kollegen zur Folge, wie sie der zu entwerfende Immunitätenkatalog gerade bestrebt ist auszuschließen.

(4) Konsequenzen der erarbeiteten Lösung

Es wird nicht verkannt, dass die Abhängigkeit des Immunitätsschutzes vom Einverständnis des betroffenen Gerichtshofs mit der ausgeübten Berufs- und Nebentätigkeit vom Regelungsgehalt über das hinausgeht, was in den Gerichtshofstatuten in Bezug auf diesen Bereich bestimmt ist. Da das Zusatzerfordernis einer ausdrücklichen Befreiung des betroffenen Gerichtshofs aber ausschließlich dem Interesse einer gesteigerten Transparenz der den Richtern zu gewährenden Immunitäten und damit der ungehinderten Funktionsausübung dient sowie zudem keine unangemessene Erschwernis bedeutet, bestehen keine Bedenken gegen die Zulässigkeit einer entsprechenden Vorschrift. Dies gilt umso mehr, als sich beim EuGH über die nach Art. 4 Abs. 4 bestehende Entscheidungskompetenz des Gerichtshofs im Zweifelsfall hinaus die Praxis der Mitglieder entwickelt hat, für alle „externen“ Aktivitäten die Zustimmung des Gerichtshofs einzuholen[715].

e) Klagen im Zusammenhang mit Familienrechtsangelegenheiten

Den bisher aufgezeigten Ausnahmen von der Immunität gegenüber der Zivilgerichtsbarkeit ist gemein, dass ohne die entsprechenden Abweichungen dem Gläubiger einer Immobiliarklage oder einer aus einem im Sitzstaat eintretenden Erbfall resultierenden Klage infolge ihrer engen Verbundenheit zum Sitzstaat und dessen

---

715 Vgl. *Hackspiel* (Fn. 595), S. 4/720, Art. 4 EuGH-Satzung Rn. 10.

Rechtsordnung der einzig mögliche Gerichtsstand entzogen wäre[716]. Bei den dargestellten Sachverhalten handelt es sich jedoch nicht um die einzigen, im Ergebnis einer Rechtsverweigerung gleichkommenden Fälle. Zu denken ist in diesem Zusammenhang insbesondere auch an Familienrechtsangelegenheiten, wie z. B. Ehescheidungs-, Unterhalts-, Sorgerechts- und Vaterschaftsanerkennungsklagen.

aa) Entziehung des einzig möglichen Gerichtsstandes

Unabhängig von der später noch zu erörterten Frage, ob internationale Richter der Gerichtsbarkeit ihrer Heimatstaaten unterworfen bleiben oder nicht, sind Fälle nicht auszuschließen, in denen zivilprozessuale Vorschriften für ein Scheidungs-, Sorgerechts- oder Unterhaltsverfahren die ausschließliche Gerichtsbarkeit des Sitzstaates normieren, die Verfahrenseinleitung aber auf Grund der richterlichen Immunität gehindert ist. Zudem haben vor allem auch die Familiensachen – ebenso wie die Klagen aus Nachlassangelegenheiten – höchstpersönliche Angelegenheiten der Richter zum Gegenstand. Um so auffallender ist, dass trotz dieser Gemeinsamkeiten mit den zuvor erörterten Ausnahmeregelungen Familienrechtsangelegenheiten zumindest im Diplomatenrecht nicht in den Ausnahmekatalog des Art. 31 WÜD aufgenommen wurden. Ob diese Sonderstellung der Familiensachen innerhalb der Immunitäten gerechtfertigt ist, gilt es bezogen auf die internationalen Richter zu überprüfen.

bb) Behinderung der richterlichen Funktionserfüllung

In Abweichung zu den bereits erörterten Ausnahmevorschriften können vor allem familienrechtliche Streitigkeiten – mit Ausnahme von Unterhaltsklagen – nicht allein durch Bezugnahme auf Gesetz oder amtliche Dokumente entschieden werden, sondern nur durch Einbeziehung auch einer persönlichen Anhörung der Parteien. Wegen der zumeist emotionalen Ebene, auf der diese Streitigkeiten ausgetragen werden, lassen sich zwar Verunglimpfungen des Richters auch in der Öffentlichkeit nicht von vornherein ausschließen[717]. Hieraus lässt sich aber allenfalls ein Verlust an Ansehen des Richters folgern, nicht aber eine Beeinflussung seiner richterlichen Entscheidungen und damit eine Beeinträchtigung seiner unabhängigen Stellung als Rechtsprechungsorgan. Eine Gefährdung des Richteramts auch im Zusammenhang mit Ehegatten- oder Kindesunterhaltsklagen ist ebenfalls auszuschließen, da die Höhe des zuzusprechenden Unterhalts allein auf der Grundlage offizieller Dokumente zu ermitteln ist[718] und insofern die Ausführungen oben unter c) entsprechende Anwendung finden[719].

---

716 Vgl. z. B. forum rei sitae; ebenso *Denza* (Fn. 136), S. 246.

717 Finden die Verhandlungen – wie in Deutschland – unter Ausschluss der Öffentlichkeit statt, ist allerdings die Einschaltung der Medien die einzige Möglichkeit, den Richter zumindest in der breiten Öffentlichkeit zu diffamieren.

718 Im Fall *Avenol v. Avenol*, in dem die getrennt lebende Ehefrau des zweiten Generalsekretärs des Völkerbundes diesen klageweise auf Zahlung von Unterhalt in Anspruch nahm, wurde wirksam das Vorrecht der Immunität geltend gemacht, Annual Digest and Reports of Public International Law Cases, 1935–1937, Fall Nr. 185, S. 395 ff.

719 A. A. *Denza,* Diplomatic Law, 1. Aufl. 1976, S. 162, die – zumindest damals noch – die Ansicht vertreten hat, sowohl eine Scheidungsklage als auch ein Unterhaltsprozess hätten

Ist demnach der Immunitätsschutz des Richters auch in Familienrechtsangelegenheiten nicht erforderlich[720], um seine freie Funktionserfüllung zu gewährleisten, hat de lege ferenda die Aufnahme einer entsprechenden Exemtion in den Immunitätenkatalog zu Gunsten internationaler Richter zu erfolgen.

f) Klagen im Zusammenhang mit Verkehrsunfällen

Das Problem der Entziehung des einzig möglichen Gerichtsstandes infolge der den Richtern im Sitzstaat gewährten Jurisdiktionsimmunität kann sich auch im Zusammenhang mit Verkehrsunfällen stellen. So ist nicht auszuschließen, dass die Rechtsordnung des Sitzstaates insofern den ausschließlichen Gerichtsstand des Tatorts, forum delicti commissi, festlegt. Dessen ungeachtet bleibt – unterstellt, der Richter bliebe auch während seines Amts der Gerichtsbarkeit seines Heimatstaates unterworfen – die Zuständigkeit dieser nationalen Gerichte, in jedem Fall aber eine angemessene Rechtsverteidigung wegen mangelnder Kenntnis der dortigen Judikative von den örtlichen Gegebenheiten im Sitzstaat sowie der durch die Rechtsstreitigkeit ausgelösten hohen Kosten eher zweifelhaft. Folge der richterlichen Jurisdiktionsimmunität wären demnach Ungerechtigkeiten gegenüber der Bevölkerung des Sitzstaates.

aa) Handhabung der Immunität in Bezug auf Verkehrsunfälle in der internationalen Praxis

Obgleich entsprechende Überlegungen bereits im Rahmen der Kodifikation des Diplomatenrechts von den Niederlanden angestellt wurden, scheiterte ihr Vorschlag, im WÜD Klagen im Zusammenhang mit Verkehrsunfällen in den Fällen von der Immunität der Zivilgerichtsbarkeit auszunehmen, in denen keine direkte Klagemöglichkeit gegen eine im Sitzstaat ansässige Versicherung besteht[721].

Die sich mit zunehmendem Verkehrsaufkommen ergebende praktische Relevanz der Abwicklung von Verkehrsunfällen mit diplomatischer Beteiligung hat in der Folge heftige Diskussionen sowie Verärgerung über die mangelnde Durchsetzbarkeit von Schadensersatz- und Schmerzensgeldforderungen in der Öffentlichkeit ausgelöst. Bei der Ausarbeitung des WÜK war man infolgedessen darauf bedacht, die negativen Erfahrungen mit dem Diplomatenrecht umzusetzen und Klagen im Zusammenhang mit Verkehrsunfällen ausdrücklich vom Immunitätsschutz auszunehmen. Während nach dem insofern einschlägigen Art. 43 Abs. 2 lit. b WÜK aus Ver-

---

eine Beeinträchtigung der eigentlichen diplomatischen Funktionen zur Folge hat. Indem *Denza* pauschal eine Behinderung annimmt, ohne deren Art zu präzisieren, verkennt sie den eigentlichen Kern des Problems. Denn vorliegend geht es entscheidungserheblich um eine fachliche, die unabhängige und unparteiliche Funktionserfüllung in Frage stellende Beeinträchtigung, nicht aber um auch nach hier vertretener Ansicht keinesfalls zu leugnende, sich auf Grund von Emotionen möglicherweise auf die Amtsführung auswirkende Behinderungen.

720 So bereits *Rey*, Revue de Droit International privé, 23 (1928), S. 452, der einem Prozess über rein private Interessen, wie z. B. der Ehescheidungsklage, eine Beeinträchtigung der Amtstätigkeit internationaler Funktionäre abgesprochen hat.

721 UN Doc. A/Conf. 20/C.1/L.186/Rev.1; A/Conf.20/14, S. 166–172.

kehrsunfällen resultierende Schadensersatzklagen generell statthaft sind, macht Art. 31 Abs. 2 lit. d ÜMS die Zulässigkeit einer entsprechenden Klage davon abhängig, ob das Kraftfahrzeug von Mitgliedern der Sondermissionen innerhalb ihrer dienstlichen Funktionen genutzt wurde oder nicht.

Die sich – ungeachtet der differierenden inhaltlichen Ausgestaltung der angeführten Vorschriften – abzeichnende allgemeine Entwicklung der internationalen Praxis, die Befreiung von der Zivilgerichtsbarkeit internationaler Funktionsträger auch in Bezug auf Klagen im Zusammenhang mit Verkehrsunfällen zu beschränken, wird auch durch die meisten Satzungen der in jüngster Zeit gegründeten internationalen Organisationen bestätigt. Dabei weisen die hier maßgeblichen Bestimmungen die Besonderheit auf, dass trotz der grundsätzlich beibehaltenen Differenzierung zwischen internationalen Bediensteten allgemein und Spitzenfunktionären bei der Anwendung der hier in Rede stehenden Ausnahmevorschrift eine entsprechende Unterscheidung gerade nicht getroffen wurde[722].

bb) Inhaltliche Ausgestaltung der Ausnahmevorschrift speziell bezogen auf internationale Richter

Ob es in Anlehnung an die bereits aufgezeigten Parallelen zwischen den internationalen Richtern und den Funktionären der I. Kategorie[723] gerechtfertigt erscheint, auch den Immunitätsschutz der internationalen Richter in Bezug auf Klagen im Zusammenhang mit Verkehrsunfällen zu beschränken, hängt maßgeblich von der inhaltlichen Ausgestaltung einer entsprechenden Ausnahmevorschrift ab.

(1) Umfang des Ausnahmetatbestandes

Um einerseits den Interessen der Bürger des Sitzstaates an einer effektiven Rechtsverteidigung und andererseits denjenigen der Richter an der Gewährleistung ihrer unabhängigen Funktionserfüllung Rechnung zu tragen, ist eine Durchbrechung der Immunität gegenüber der Gerichtsbarkeit nicht um jeden Preis zu fordern, sondern nur in den Fällen, in denen sie tatsächlich geboten erscheint.

(a) Subsidiarität der richterlichen Inanspruchnahme

Im Hinblick auf die in einem Großteil der Staaten bestehende Versicherungspflicht für Kraftfahrzeuge, zumindest aber auf Grund der generell bestehenden Möglichkeit des Abschlusses einer entsprechenden Versicherung, ist zu erwägen, eine klagweise Inanspruchnahme des Richters auf diejenigen Fälle zu beschränken, in denen aus einem Verkehrsunfall resultierende Schadensersatz- oder Schmerzensgeldforderungen nicht gerichtlich gegen eine im Sitzstaat ansässige Versicherung durchsetzbar sind[724].

---

722 Art. 10 lit. a und Art. 11 lit. b Protokoll über die Vorrechte und Immunitäten der EUMETSAT; Art. 7 Abs. 1 lit. a Protokoll über Vorrechte und Immunitäten der INTELSAT; Art. 9 Abs. 1 lit. a und Art. 10 Abs. 1 lit. b Protokoll über die Privilegien und Immunitäten der EUTELSAT.

723 Vgl. hierzu die Ausführungen in Teil 6 B. IV. 1.

724 Eine vergleichbare Regelung enthält auch Art. 60 Abs. 4 CRSIO, der in diesem Zusammenhang bezüglich der Mitglieder von Delegationen wie folgt bestimmt: „*Nothing in this*

Damit würde es letztlich in der persönlichen Entscheidungsgewalt eines Richters liegen, ob er der Inanspruchmahme im Schadensfall und damit einer möglichen Druckausübung bereits im Vorfeld durch den Abschluss einer Kfz-Haftpflichtversicherung begegnet – eine Tatsache, die im Ergebnis der Internationalität seiner Aufgabenerfüllung zuwiderläuft.

Es erscheint daher in diesem Punkt gerechtfertigt, in analoger Anwendung von Art. 13 Abs. 5 des Übereinkommens über die Immunitäten der Richter des ISGH in dem zu entwerfenden Immunitätenkatalog zumindest eine dahingehende Verpflichtung der Richter zu normieren, dass diese gehalten sind, eine Kfz-Haftpflichtversichrung für von ihnen geführte Fahrzeuge abzuschließen, wie sie der Staat vorsieht, in dem das Fahrzeug überwiegend eingesetzt wird. Der Zusatz „wie sie der Staat vorsieht, in dem das Fahrzeug überwiegend eingesetzt wird" ist auf Grund der nicht in allen Gerichtshofstatuten vorgesehenen Residenzpflicht[725] und der daraus resultierenden Möglichkeit einer überwiegenden PKW-Nutzung außerhalb des Sitzstaates eines internationalen Gerichtshofs erforderlich. Lediglich in den – wohl eher seltenen – Fällen, in denen ein Richter dieser Versicherungspflicht nicht nachkommt oder aus anderen Gründen aus Verkehrsunfällen resultierende zivilrechtliche Ansprüche nicht gegen die Versicherung durchgesetzt werden können, ist in Anlehnung an die Vorschriften von EUMETSAT, INTELSAT und EUTELSAT ergänzend eine persönliche Inanspruchnahme des Richters zu bestimmen.

(b) Durch ein vom Richter „geführtes" oder ihm „gehörendes" Fahrzeug verursachte Schäden

Vor dem Hintergrund der nur subsidiären Inanspruchnahme der Richter muss eine Beeinträchtigung ihrer Funktionserfüllung für den Fall der Schadensverursachung durch ein vom Richter geführtes Fahrzeug im Ergebnis als minimal eingestuft werden, zumal hier mittels einer polizeilichen Unfallaufnahme ein amtliches Dokument als Grundlage für einen späteren Rechtsstreit geschaffen werden kann.

Zweifelhaft erscheint demgegenüber eine generelle Halterhaftung, wie sie die Satzungen von INTELSAT, EUTELSAT und EUMETSAT sowie das Übereinkommen über die Immunitäten der Richter des ISGH normieren, da in diesem Fall der Richter selbst dann gerichtlich belangt werden könnte, wenn ihm das Fahrzeug widerrechtlich entwendet und der Dieb in einen Verkehrsunfall verwickelt würde. Auch wenn die Möglichkeit der Druckausübung auf die Richter in vergleichbaren Fällen zumindest nicht gänzlich ausgeschlossen werden kann, kommt ihr doch gegenüber dem Interesse des Sitzstaates, seiner Rechtsordnung Wirksamkeit zu verschaffen, eine – auch wegen der Subsidiarität der richterlichen Inanspruchnahme – lediglich nachrangige, die Erstreckung des Immunitätsschutzes nicht rechtfertigende Bedeutung zu.

---

article shall exempt such persons from civil and administrative jurisdiction of the host state in relation to action for damages arising from an accident caused by a vehicle, vessel or aircraft, used or owned by the person in question, where those damages are not recoverable from insurance; …"

725 Ausdrücklich vorgesehen in Art. 13 EuGH-Satzung.

(c) Objekt des Ausnahmetatbestandes: Motorfahrzeuge oder Beförderungsmittel generell?

Die Beschränkung der hier behandelten Exemtion allein auf Motorfahrzeuge hätte zur Folge, dass im Fall eines Schadens bei einem durch einen Richter verursachten Verkehrsunfall mittels eines Fahrrads, eines Segelboots oder durch Inliner die Immunität von der Zivilgerichtsbarkeit erneut aufleben würde mit der Folge, dass die Bürger des Sitztsaates in ihrer Rechtsverteidigung eingeschränkt wären.

Da heute überwiegend jedes Schadensrisiko durch den Abschluss entsprechender Versicherungen minimiert, wenn nicht gänzlich ausgeschlossen werden kann, ist es geboten, den Ausnahmetatbestand dahingehend zu erweitern, dass von ihm – insoweit in Übereinstimmung mit Art. 9 lit. a des 7. Protokolls des ESA/Gerichtshofsübereinkommens über die Immunitäten des EFTA-Gerichtshofs – Beförderungsmittel allgemein erfasst werden, allerdings vorausgesetzt, der Anspruch ist nicht gegenüber einer Versicherung durchsetzbar.

(2) Erstreckung des Ausnahmetatbestandes auf Regressansprüche aus dem Bereich der unerlaubten Handlung allgemein

Lediglich der Vollständigkeit halber sei in diesem Zusammenhang darauf hingewiesen, dass allein auf Grund der zuvor befürworteten Einschränkung des Immunitätsschutzes in Bezug auf Verkehrsunfälle nicht generell die Forderung erhoben werden kann, nunmehr Unfälle jeder Art, d. h. Regressansprüche aus dem Bereich der unerlaubten Handlung allgemein, vom Immunitätsschutz auszunehmen[726]. Denn im Gegensatz zu den Verkehrsunfällen kann im Rahmen anderer Unfälle weder überwiegend auf die Eintrittspflicht einer Versicherung verwiesen noch zwingend eine Entscheidung mittels offizieller Schriftstücke getroffen werden. Die Unabhängigkeit der Richter wäre mithin bei entsprechender Erweiterung des Ausnahmetatbestandes erheblich in Frage gestellt.

g) Klageerhebung und Unterwerfung unter AGB

In Betracht kommt neben den erarbeiteten Ausnahmen auch ein ausdrücklicher oder konkludenter Verzicht des Richters auf die Immunität von der Zivilgerichtsbarkeit durch Klageerhebung oder durch die Unterwerfung unter Gerichtsstandsklauseln enthaltende AGB bei Abschluss von z. B. Miet-, Kauf- oder Dienstverträgen.

aa) Möglichkeit der Verzichtserklärung durch den Richter

In Bezug auf internationale Funktionäre allgemein schaltete bereits der modus vivendi 1926 das den Völkerbund-Funktionären durch den modus vivendi 1921 erteilte Recht, selbst auf ihre Immunität verzichten zu können, wieder aus[727]. Damit wur-

---

726 So aber *Pechota* in der 27. Sitzung vom 23. März 1961 über die Betrachtungen zum Entwurf der diplomatischen Immunitäten, Para. 61, S. 169.

727 So hatte sich z. B. der Gerichtshof in Genf in einem 1923 verkündeten Scheidungsurteil auf das Abkommen von 1921 gestützt, nachdem ein in Genf wohnhafter Funktionär I. Kategorie des IAA Scheidung eingereicht hatte und der Gerichtshof auf Grund dessen an-

de der Tatsache ausdrücklich Rechnung getragen, dass es sich bei der den Funktionären gewährten diplomatischen Immunität ausschließlich um ein zu ihrem Amt gehörendes Sonderrecht, nicht aber um ein persönliches Vorrecht handelte[728]. Da diese Maxime, wie unter A. V. 4.b) bereits ausgeführt, auch auf internationale Richter Anwendung zu finden hat, können Letztere weder ausdrücklich noch konkludent auf ihre Immunität verzichten.

bb) Konsequenzen der mangelnden Verzichtsmöglichkeit der Richter

Können internationale Richter weder ausdrücklich noch konkludent auf ihre Immunität verzichten, so hat dies zum einen zur Folge, dass die häufig in Allgemeinen Geschäftsbedingungen enthaltenen Unterwerfungserklärungen unter die örtliche Gerichtsbarkeit bei Vertragsschluss mit einem Richter ins Leere laufen, mithin der Rechtsschutz der Bürger des Sitzstaates merklich beschnitten wird. Zum anderen – und dabei handelt es sich um eine die Richter in ihrer Rechtsstellung erheblich einschränkende Konsequenz – ist ihnen die Möglichkeit genommen, eigene Rechtsansprüche mühelos in einem gerichtlichen Klageverfahren durchsetzen zu können. Denn da die Klageerhebung eines internationalen Richters mangels entsprechender Erklärungsbefugnis nicht als konkludenter Verzicht auf die Immunität beurteilt werden kann, steht der Ausübung der nationalen Gerichtsbarkeit in diesen Fällen zunächst einmal das Prozesshindernis der Immunität entgegen[729]. Abhilfe kann auch hier nur eine Plenarentscheidung des Gerichtshofs schaffen, auf die richterliche Immunität zu verzichten.

Es wird nicht verkannt, dass die obersten Rechtsprechungsorgane der Welt damit in ihren eigenen Rechtsangelegenheiten in gewisser Weise als „unmündig" behandelt werden, da sie nicht in der Lage sind, Ansprüche selbstständig und unproblematisch durchsetzen zu können. Die Erarbeitung eines in sich schlüssigen Immunitätenkatalogs erfordert aber nicht nur, den richterlichen Funktionsschutz bei einer lediglich passiven Beteiligung der Richter, d.h. in der Rolle der Beklagten, zu garantieren, sondern auch, wenn sie ein Verfahren aktiv betreiben. Denn auch in diesen Fällen sind Konstellationen denkbar, in denen ein Richter auf der Klägerseite im Rahmen eines Prozesses – möglicherweise beiläufig – Informationen und Rechtsansichten preisgibt, die geeignet sind, das unabhängige Arbeiten des Gerichtshofs zu behindern. Die für eine Klageerhebung somit stets unerlässliche Verzichtserklärung seitens des Gerichtshofs stellt sich damit als das die Richter in ihren Rechten einschränkende Pendant zu ihrer sonstigen, die Staatsangehörigen des Sitzstaates beeinträchtigenden Vorrechtsstellung dar.

Da eine entsprechende Vorschrift weder im WÜD noch in den Satzungen der internationalen Organisationen enthalten ist, hat ihre Aufnahme in den Immunitätenkatalog zu Gunsten internationaler Richter de lege ferenda zu erfolgen. Dabei ist bei der

---

nehmen konnte, der Funktionär habe auf seine Immunität verzichtet, vgl. *Egger* (Fn. 89), S. 82, Fn. 187.

728 Vgl. das an die Mitglieder des Völkerbund-Sekretariats gerichtete Zirkular vom 30. Januar 1927, abgedr. bei *Hill* (Fn. 100), S. 190 ff.

729 Ähnlich auch *Dembinski* (Fn. 103), S. 212, in Bezug auf die Diplomaten.

Abfassung der Regelung darauf zu achten, dass – insoweit in entsprechender Anwendung des § 32 Abs. 3 WÜD – ein klarstellender Hinweis dahingehend aufgenommen wird, dass sich der Immunitätsverzicht auch auf eine Widerklage erstreckt, die mit der Hauptklage in unmittelbarem Zusammenhang steht. Nur so ist gewährleistet, dass der betroffene Bürger seinerseits nicht unbillig in seiner Rechtswahrung behindert wird.

III. Immunität von der Verwaltungsgerichtsbarkeit

Die Verwaltungsgerichtsbarkeit in ihrer Rechtsnatur als einer Streitentscheidung durch eine am verwaltungsgerichtlichen Verfahren unbeteiligte dritte Instanz[730] ist ebenso wie die Straf- und Zivilgerichtsbarkeit Ausübung staatlicher Gewalt, so dass der wirksame Funktionsschutz der Richter grundsätzlich auch eine Befreiung von dieser Art der Gerichtsbarkeit erfordert.

1. Relevanz des Vorrechts

Gerade vor dem Hintergrund der deutschen Rechtsordnung drängt sich die Frage auf, welche tatsächliche Bedeutung der Befreiung der Richter von der Verwaltungsgerichtsbarkeit im Ergebnis zukommt.

Aufgabe der Verwaltungsgerichtsbarkeit ist es, dem Bürger Rechtsschutz gegen das Handeln der Verwaltung zu gewähren. Deshalb findet sich hier typischerweise der Bürger in der Kläger- und die Verwaltung in der Beklagtenposition. Ob dieses Hineindrängen in die Klägerrolle speziell auch bezogen auf den internationalen Richter zum Tragen kommt, hängt maßgeblich von der Beantwortung der Frage ab, ob auch er als internationaler Funktionsträger der allgemeinen Verwaltungshoheit des Sitzstaates unterworfen ist. Denn ohne eine entsprechende Unterwerfung käme der Richter von vornherein nicht in die Situation, sich gegen Maßnahmen der Verwaltung zur Wehr setzen zu müssen, womit eine den Richter von der Verwaltungsgerichtsbarkeit des Sitzstaates befreiende Vorschrift eher einer inhaltsleeren Klausel gleichkäme.

2. Rechtsstellung des Richters gegenüber der Verwaltungshoheit

Ausgangspunkt der Untersuchung bildet auch hier das WÜD, das in Art. 31 Abs. 1 die Immunität der Diplomat u. a. auch von der Verwaltungsgerichtsbarkeit statuiert.

a) Auslegung des Begriffs der „Gerichtsbarkeit"

Unter Berücksichtigung der dem Begriff „Gerichtsbarkeit" immanenten unterschiedlichen Begriffsinhalte ergäbe sich dann eine Befreiung der Richter von der Verwaltungshoheit der Sitzstaaten, verstünde man den Begriff nicht allein als Aus-

---

730 Vgl. zur Rechtsnatur der Gerichtsbarkeit allgemein *Forsthoff*, Lehrbuch des Verwaltungsrechts, Bd. 1, Allgemeiner Teil, 10. Aufl. 1973, S. 6, 116.

übung der Rechtspflege, insbesondere der Rechtsprechung[731], sondern im umfassenden Sinn als Hoheitsausübung durch die drei Staatsgewalten, also Rechtsetzung, Verwaltung und Gerichtsbarkeit[732].

In diesem Zusammenhang verweist *Hildner* – bezogen auf das Diplomatenrecht – auf den Wortlaut des Art. 31 WÜD, der durch die Beifügung der Adjektive *criminal, civil* und *administrative* lediglich Teilbereiche erfasse und auf Grund dessen gegen ein Verständnis von *jurisdiction* als allgemeiner Hoheitsgewalt spreche[733]. Zuzustimmen ist *Hildner* allein insofern, als infolge des ausdrücklichen Benennens einzelner Rechtsgebiete klargestellt wird, dass es sich bei der gewährten Immunität um eine ausschließlich partielle, beschränkt auf die angeführten Teilbereiche bezogene Befreiung handelt. Hieraus auch gleichzeitig auf den Schutzumfang der gewährten Immunitäten als solchen zu folgern, erscheint indes nicht überzeugend. Denn es ist nicht von vornherein auszuschließen, dass die Diplomaten innerhalb der im Einzelnen aufgezählten Rechtsgebiete allgemein von der Hoheitsgewalt und nicht nur von der Rechtsprechung ausgenommen sein sollen.

Lässt sich demnach mittels der grammatikalischen, an der sprachlichen Fassung der Norm ausgerichteten Auslegung eine Interpretation des Begriffs „Gerichtsbarkeit" nicht erzielen, ist auf die teleologische Methode zurückzugreifen[734]. Danach ist jede Vertragsbestimmung so auszulegen, dass dem erklärten und ersichtlichen Ziel und Zweck des Vertrags unter Beachtung des Effektivitätsgrundsatzes Wirkung verliehen wird[735], d.h. ohne gegen Wort und Geist des Vertrags zu verstoßen[736]. Abzustellen ist somit vorliegend darauf, welcher Begriffsinhalt letztlich mit dem der richterlichen Immunitätsgewährung zu Grunde liegenden Prinzip des wirksamen Funktionsschutzes in Einklang steht.

In diesem Zusammenhang gewinnt die traditionelle Differenzierung zwischen Eingriffs- und Leistungsverwaltung an Bedeutung[737].

aa) Leistungsverwaltung

Die Leistungsverwaltung wird umschrieben als Verwaltung, „die für die Lebensmöglichkeit und Lebensverbesserung der Mitglieder des Gemeinwesens sorgt, indem sie deren Interessenverfolgung durch Gewährung von Leistungen unmittelbar

---

731 *Creifelds* (Fn. 687), Stichwort: Gerichtsbarkeit.

732 Vgl. zu einer entsprechenden Verwendung des Begriffs „Gerichtsbarkeit" im deutschen Sprachgebrauch *Dahm/Delbrück/Wolfrum* (Fn. 60), S. 280, 324, 453, 491; ebenso im englischen Sprachgebrauch *O'Connell,* International Law, 2 Bde., 2. Aufl. 1970, S. 599.

733 Fn. 166 , S. 64.

734 Zu den allgemeinen Auslegungsregeln vgl. *Verdross/Simma* (Fn. 661), §§ 776–779; *Ipsen K.* (Fn. 37), S. 117, § 11 Rn. 6.

735 *Doehring*, Effectiveness, EPIL, Instalment 7, 1984, S. 70–74.

736 Vgl. YBILC 1966 II, S. 219; *Bernhard,* Die Auslegung völkerrechtlicher Verträge insbesondere in der neueren Rechtsprechung internationaler Gerichte (Beiträge zum ausländischen und öffentlichen recht und Völkerrecht, Bd. 40), 1963, S. 96.

737 Zu den Aufgaben der Verwaltung allgemein und zur Unterscheidung zwischen Eingriffs- und Leistungsverwaltung speziell vgl. *Maurer,* Allgemeines Verwaltungsrecht, 11. Aufl. 1997, S. 7ff., § 1 Rn. 15–22.

fordert“[738]. Da diese Maßnahmen der Verwaltung dem Richter ausschließlich Rechte und sonstige Vorteile begünstigend gewähren, drohen keine den Schutz des Richters erforderlich machenden Rechtsnachteile.

bb) Eingriffsverwaltung

Demgegenüber greift die Eingriffsverwaltung in die Rechtssphäre des Bürgers ein und beschränkt mittels Erlaubnisvorbehalten, Befehlen und notfalls Zwang dessen Freiheit und Eigentum[739], wie dies insbesondere im Bereich des Polizei- und Ordnungsrechts der Fall ist. Infolge dieses reglementierenden Charakters der Eingriffsverwaltung wäre zumindest bei vordergründiger Betrachtung auf eine Gefährdung der freien und unabhängigen Aufgabenerfüllung durch die Richter und damit auf die Notwendigkeit der richterlichen Immunität auch gegenüber belastenden oder verpflichtenden Verwaltungsmaßnahmen zu schließen. Führt man sich allerdings vor Augen, dass die Eingriffsverwaltung in erster Linie der Aufrechterhaltung der öffentlichen Sicherheit und Ordnung eines Staates dient, ergibt sich sinnfällig, dass durch diese Normen auch der internationale Richter selbst Schutz und Vorteile genießt. Wer aber Rechte und Sicherheit erhält, hat prinzipiell auch von sich ausgehende Unsicherheiten zu beseitigen und Pflichten zu übernehmen. Im Interesse einer geordneten Verwaltung und damit zur Wahrung der inneren Souveränität des Sitzstaates erscheint es deshalb geboten, auch den internationalen Richter Maßnahmen der Eingriffsverwaltung zu unterwerfen, zumal er sich anderenfalls außerhalb jeglichen Rechtsrahmens bewegen könnte mit der widersinnigen Konsequenz, dass er z.B. ohne Baugenehmigung ein Eigenheim errichten oder aber ohne Fahrerlaubnis am Straßenverkehr teilnehmen könnte. Dass entsprechend weitreichende Folgen im Ergebnis nicht mehr von dem Gedanken einer unabhängigen Funktionserfüllung getragen werden, ist offensichtlich. Denn allein die aus dem Territorialitätsprinzip abzuleitende generelle Verpflichtung des Richters, sein Verhalten an den Rechtsnormen des Sitzstaates ausrichten zu müssen[740], birgt noch keine Beeinträchtigung der richterlichen Funktionserfüllung in sich.

Dieser Auslegung steht nicht entgegen, dass Konsularbeamte und Bedienstete des verwaltungs- oder technischen Personals nach Art. 43 Abs. 1 WÜK wegen Handlungen, die in Wahrnehmung ihrer konsularischen Aufgaben vorgenommen worden sind, weder der Gerichtsbarkeit des Empfangsstaates noch Eingriffen seiner Verwaltungsbehörden unterliegen[741]. Der Notwendigkeit einer entsprechenden Befreiung

---

738 *Wolff/Bachof,* Verwaltungsrecht, Bd. 1, 11. Aufl. 1999, S. 55, § 3 II. 2. b), Rn. 6; z.B. die Bereitstellung von Krankenhäusern und Kindergärten, vgl. *Ehlers,* in: Erichsen (Hrsg.), Allgemeines Verwaltungsrecht, 11. Aufl. 1998, S. 23, § 1 V 1, Rn. 38.

739 *Wolff/Bachof* (Fn. 738), S. 54, § 3 II. 2. a), Rn. 5, und S. 314, § 23 VI. 2., Rn. 39; *Ehlers* (Fn. 738), S. 21 f., § 1 V 1, Rn. 36; allgemein zur Abgrenzung zwischen Leistungs- und Eingriffsverwaltung *ders.,* a.a.O., S. 25, § 1 V 5, Rn. 47.

740 Diese Rechtsbefolgungspflicht ist eine von vier bereits gewohnheitsrechtlich anerkannten Obliegenheiten, wie sie für die Diplomaten ausdrücklich in Art. 41 normiert sind, vgl. *Denza* (Fn. 136), S. 373 f.

741 Vgl. hierzu allgemein auch *Salmon* (Fn. 527), S. 370 ff.

auch der internationalen Richter steht entgegen, dass im Gegensatz zu den konsularischen Vertretungen, die sich u.a. auch im administrativen Bereich betätigen und damit den Tätigkeitsbereich der Behörden des Empfangsstaates tangieren[742], zwischen der rechtsprechenden Aufgabe der Richter als solcher und der Verwaltung der Sitzstaaten keinerlei Berührungspunkte bestehen. Wenn überhaupt, kann ein internationaler Richter allenfalls im Rahmen einer Dienstfahrt in amtlicher Eigenschaft am Straßenverkehr teilnehmen[743]. Speziell in diesem Bereich ist jedoch nicht ersichtlich, aus welchem Grund ein Richter z.B. dem Gebot, über eine Fahrerlaubnis verfügen zu müssen, allein als Privatmann, nicht aber während einer Dienstfahrt unterworfen sein soll, zumal er in beiden Fällen seine Aufgaben ungeschmälert wahrnehmen kann.

cc) Auswirkungen der richterlichen Unterworfenheit unter die Verwaltungshoheit

Wegen der richterlichen Unterworfenheit auch unter die Eingriffsverwaltung des Sitzstaates ist der Weg zu den Verwaltungsgerichten auch für ihn die einzige Möglichkeit, Rechtsschutz zu erlangen. Insofern ist er gezwungen, aktiv in das Geschehen einzugreifen, um auf diese Art und Weise aus seiner Klägerposition heraus seine Vorrechtsstellung auch tatsächlich durchsetzen zu können.

Dem möglicherweise in diesem Zusammenhang zu erwartenden Einwand, der Richter verzichte durch seine Klageerhebung implizit auf seine Jurisdiktionsimmunität, ist in Anlehnung an die Ausführungen oben unter II. 2. g) entgegenzuhalten, dass ihm die Vorrechte nicht zu seinem persönlichen Vorteil, sondern allein zur wirksamen Funktionserfüllung gewährt werden. Eine Verzichtserklärung kann auf Grund dessen allein der Gerichtshof abgeben, nicht aber der Richter persönlich.

b) Judikative Tätigkeit der Verwaltungsbehörden

Ist es in Anlehnung an die vorstehenden Ausführungen mit Sinn und Zweck der richterlichen Immunitätsgewährung allein vereinbar, die Befreiung von der Verwaltungsgerichtsbarkeit als Befreiung von der rechtsprechenden Tätigkeit auf dem Gebiet des Verwaltungsrechts zu verstehen, darf doch nicht übersehen werden, dass die Rechtsordnungen einer Reihe von Staaten die Verwaltungsbehörden ermächtigen, Tätigkeiten auszuüben, die üblicherweise den Gerichten vorbehalten sind[744]. Da so-

---

742 Vgl. *Ipsen K.* (Fn. 37), S. 525, § 38 Rn. 5, 6; *Dahm/Delbrück/Wolfrum* (Fn. 60), S. 306, § 42 V; Art. 5 lit. d, f, g, j WÜK.

743 Zu der Staatenpraxis im Bereich des Konsularrechts, die Teilnahme am Straßenverkehr tendenziell nicht als Handlung in Wahrnehmung konsularischer Aufgaben einzustufen, vgl. *Valdez*, Privileges and Immunities under the Vienna Convention on Diplomatic Relations and the Relations Act of 1978, ILawy 15 (1981), S. 411, 418; Department of State, Digest of United States Practice in International Law 1974, S. 183 f.; kritisch hierzu allerdings *Herndl*, Die Wiener konsularische Konferenz, ArchVR 11 (1963/1964), S. 417, 451.

744 Z.B. entscheiden in Österreich Kollegialbehörden nach Art. 133 Ziff. 4 des Bundes-Verfassungsgesetzes, vgl. allgemein *Oberndorfer*, Die österreichische Verwaltungsgerichtsbarkeit, 1983, S. 47 ff.; „Verwaltungsbehörden mit richterlichem Einschlag“ gibt es in Dänemark für Beschwerdeausschüsse (vgl. *Christensen*, Der gerichtliche Rechtsschutz

mit die typische Aufgabe der Judikative hier Organen der Exekutive zugewiesen wird, ist auch diese rechtsprechende Tätigkeit der Verwaltungsbehörden unter den Begriff „Verwaltungsgerichtsbarkeit" zu subsumieren[745].

3. Ausnahmen von der Befreiung

Der im Rahmen der Immunität von der Zivilgerichtsbarkeit entwickelte Ausnahmenkatalog hat auch hinsichlich der hier behandelten Jurisdiktionsimmunität Anwendung zu finden, ohne dass infolge der gegenüber dem Diplomatenrecht de lege ferenda erweiterten Anzahl der Exemtionen eine Funktionsbeeinträchtigung der Richter zu befürchten steht.

Zwischenergebnis zu III.

Als Fazit der vorstehenden Ausführungen bleibt festzuhalten, dass die Befreiung der Richter von der Verwaltungsgerichtsbarkeit nicht auch zugleich deren Immunität von der Verwaltungshoheit des Sitzstaates beinhaltet, ohne dass hierdurch ihre wirksame Funktionserfüllung in Frage gestellt wird. Dieses Ergebnis stimmt nach hier vertretener Ansicht mit der derzeit zu Gunsten internationaler Richter bestehenden Immunitätsregel überein, da die insoweit einschlägigen Bestimmungen im WÜD bzw. den Satzungen der internationalen Gerichtshöfe in Ermangelung einer eindeutigen, die Unterworfenheit unter die Verwaltungshoheit des Empfangsstaates behandelnden Bestimmung zumindest in diesem Sinn auszulegen sind[746]. Um allerdings im Rahmen der richterlichen Immunitäten sowohl der Möglichkeit der Auslegung als auch der damit verbundenen Gefahr eines von Sitzstaat zu Sitzstaat variierenden Immunitätenumfangs von vornherein zu begegnen, wird empfohlen, eine die Unterworfenheit der internationalen Richter unter die Verwaltungshoheit der Sitzstaaten ausdrücklich regelnde Bestimmung in den Immunitätenkatalog zu Gunsten internationaler Richter aufzunehmen.

---

des Einzelnen gegenüber der vollziehenden Gewalt in Dänemark, in: Max-Planck-Institut für Ausländisches Öffentliches Recht und Völkerrecht (Hrsg.), Gerichtsschutz gegen die Exekutive, Bd. 1, 1969, S. 113, 124) und in Finnland für die Zentralausschüsse (vgl. *Merikowski*, Judical Protection of the Individual against the Executive in Finland, in: Max-Planck-Institut für Ausländisches Öffentliches Recht und Völkerrecht, Gerichtsschutz gegen die Exekutive, Bd. 1, 1969, S. 185, 197). In Japan gilt Entsprechendes u. a. für das Patent- und das Seeamt (vgl. *Fujita/Ogawa*, Der gerichtliche Rechtsschutz des Einzelnen gegenüber der vollziehenden Gewalt in Japan, in: Max-Planck-Institut für Ausländisches Öffentliches Recht und Völkerrecht (Hrsg.), Gerichtsschutz gegen die Exekutive, Bd. 1, 1969, S. 511, 523 f.).

745 So bereits die Äußerung des Kommissionsmitglieds *Alfaro,* YBILC 1958 I, S. 146.

746 Vgl. zu dieser Thematik ausführlich *Hildner* (Fn. 166); a. A., allerdings ohne Begründung und daher wenig überzeugend, *Dahm/Delbrück/Wolfrum* (Fn. 60), S. 280, § 35 I. 5.

IV. Immunität von Zwangsvollstreckungsmaßnahmen

Auch wenn sich in der Einleitung von Zwangsvollstreckungsmaßnahmen stets die Staatsgewalt realisiert, vor der es den internationalen Richter zu schützen gilt, sind Regelungsgehalt und Schutzumfang einer den Richter von Exekutivakten des Sitzstaates befreienden Vorschrift im Rahmen einer Gesamtschau des bislang erarbeiteten Immunitätenkatalogs konkret zu definieren.

1. Regelungsgehalt einer entsprechenden Immunitätsvorschrift

Prinzipiell ist davon auszugehen, dass die Einleitung von Vollstreckungsmaßnahmen stets einen vollstreckbaren Titel voraussetzt, der grundsätzlich in einem vorausgehenden gerichtlichen Verfahren zu erstreiten ist. Nachdem der internationale Richter aber zum überwiegenden Teil von der Gerichtsbarkeit befreit ist, rechtskräftige Urteile somit nicht gegen ihn ergehen und auf Grund dessen auch keine Vollstreckungsmaßnahmen zu befürchten sind, wäre die Notwendigkeit einer den Richter vor Exekutivakten des Sitzstaates schützenden Immunitätsvorschrift im Grunde allein in denjenigen Fällen erforderlich, in denen ausnahmsweise der Richter den Gerichtsbarkeiten der Sitzstaaten unterworfen bleibt[747], oder in den seltenen Fällen, in denen ein Titel unter Missachtung der richterlichen Jurisdiktionsimmunität erwirkt wird.

Da der Richter in vergleichbaren Situationen aber bereits infolge der zu seinen Gunsten bestehenden Unverletzlichkeitsgarantie, die seine Person, seine Wohnung und sein Vermögen generell dem Zugriff des Sitzstaates entzieht, hinreichend vor Vollstreckungsmaßnahmen geschützt ist, bleibt festzuhalten, dass sich die Befreiung von Exekutivakten im Ergebnis als ein aus der Unverletzlichkeitsgarantie und der Jurisdiktionsimmunität abzuleitendes Vorrecht darstellt[748], ohne dass es insofern einer speziell diese Befreiung normierenden Vorschrift bedarf.

Diese generelle, in dem bislang erarbeiteten Immunitätenkatalog implizit enthaltene Befreiung von Zwangsvollstreckungsmaßnahmen würde allerdings die paradoxe Folge nach sich ziehen, dass die unter II. und III. dargestellte partielle Unterworfenheit des Richters unter die Zivil- und Verwaltungsgerichtsbarkeit des Sitzstaates mangels Durchsetzungsmöglichkeit keinerlei tatsächliche Wirkung entfalten und damit im Ergebnis lediglich inhaltsleere Phrasen wiedergeben könnte. Regelungsbedürftig ist damit nicht die Befreiung von Zwangsvollstreckungsmaßnahmen, sondern umgekehrt der Umfang ihrer Zulässigkeit. Eine entsprechende Begrenzung des Vorrechts ist in Art. 31 Abs. 3 WÜD wie folgt bestimmt:

„Gegen einen Diplomaten dürfen Vollstreckungsmaßnahmen nur in den in Abs. 1 Buchstaben a, b und c vorgesehenen Fällen und nur unter der Voraussetzung getroffen werden, dass sie durchführbar sind, ohne die Unverletzlichkeit seiner Person oder seiner Wohnung zu beeinträchtigen.“[749]

---

747 Vgl. die Ausführungen oben B. II. 2. und III. 3.

748 Im Diplomatenrecht ähnlich *Denza* (Fn. 136), S. 263.

749 Der Regelungsgehalt auch dieser Vorschrift liegt damit nicht – wie überwiegend im Schrifttum vertreten – in der Befreiung der Diplomaten von Vollstreckungsmaßnahmen,

2. Umfang der Vorrechtsbegrenzung

Anknüpfend an die obigen Ausführungen stellt sich die lediglich eingeschränkte Befreiung der Richter von Zwangsvollstreckungsmaßnahmen als eine logische Konsequenz ihrer partiellen Unterworfenheit unter die Gerichtsbarkeit der Sitzstaaten dar.

a) Vorrechtsbegrenzung im Rahmen der Zivilgerichtsbarkeit

Eine hieraus folgende Beeinträchtigung ihrer Funktionserfüllung ist gleichwohl nicht zu befürchten, sofern – in Anlehnung an das Diplomatenrecht – auch hier gewährleistet wird, dass die Unverletzlichkeit der Person und der Wohnung des Richters weiterhin unangetastet bleibt. Unterliegt somit ausschließlich das richterliche, außerhalb der Wohnung befindliche Vermögen dem Zugriff der Sitzstaaten, ergibt sich hieraus folgerichtig die teilweise Aufhebung der Unverletzlichkeitsgarantie, wie sie in Art. 30 Abs. 2 i. V. m. Art. 31 Abs. 3 WÜD ausdrücklich festgelegt ist.

b) Vorrechtsbegrenzung im Rahmen der Verwaltungsgerichtsbarkeit

Folgt die Zulässigkeit von Zwangsvollstreckungsmaßnahmen im Rahmen der Zivilgerichtsbarkeit aus der teilweisen Unterworfenheit der Richter unter diese Gerichtsbarkeit, müssen auch rechtskräftige belastende oder verpflichtende Verwaltungsakte – gleichgültig, ob ein gerichtliches Verfahren angestrengt wurde oder nicht – Gegenstand von Zwangsvollstreckungsmaßnahmen sein können, da ansonsten die richterliche Unterordnung unter die Verwaltungshoheit der Sitzstaaten mangels Durchsetzungsmöglichkeit ins Leere laufen würde.

In Anknüpfung an die Ausführungen zur Zulässigkeit von Zwangsvollstreckungsmaßnahmen im Rahmen der Zivilgerichtabarkeit ist auch hier eine lediglich eingeschränkte Vollstreckungsmöglichkeit zu gewährleisten, um auch hier ein Gleichgewicht zwischen dem Interesse des Richters an einer freien Funktionsausübung und demjenigen des Sitzstaates an der Aufrechterhaltung seiner Rechtsordnung zu schaffen. Konsequenz dieser lediglich eingeschränkten Zwangsvollstreckungsmöglickeiten ist, dass die Anwendung des Zwangsmittels der Zwangshaft von vornherein ausscheidet; die Durchsetzung von Zwangsgeldern beschränkt sich allein auf das außerhalb der richterlichen Wohnung befindliche Vermögen. Auch die Gefahr einer empfindlichen Druckausübung auf den Richter auf Grund einer Ersatzvornahme besteht – wenn überhaupt – allenfalls in nur geringem Umfang. Denn selbst für den Fall, dass z. B. ein internationaler Richter ohne oder aber in erheblicher Abweichung von einer Baugenehmigung ein Wohnhaus für sich und seine Familie errichtet und gegen ihn auf Grund dessen eine Abrissverfügung ergeht, kann der Richter bei Nichtbeachtung dieser Verfügung allenfalls mit einem empfindlichen Zwangsgeld belegt werden. Eine Ersatzvornahme ist ausgeschlossen, da diese gegen die Unverletzlichkeit der richterlichen Wohnung verstoßen würde.

Von der Immunität vom Verwaltungszwang ist – ebenso wie im Rahmen der Unverletzlichkeit – allein eine Ausnahme zu machen, und zwar im Fall des Notstands, d. h.

---

sondern vielmehr in der Einschränkung dieses im Gewohnheitsrecht ausnahmslos gewährten Vorrechts. So bereits ILC, YBILC 1957 I, S. 104, 105; 1957 II, S. 139.

bei einer gegenwärtigen Gefahr für den Einzelnen oder die Allgemeinheit. Zu denken ist z. B. an die von einem einsturzgefährdeten Haus des Richters ausgehende Gefahr. Hier muss dem Sitzstaat bei Nichtbeachtung einer Vornahme- oder Abrissverfügung im Interesse der öffentlichen Sicherheit die Möglichkeit der Ersatzvornahme eingeräumt werden. Gleiches gilt auch bei einer vom Richter persönlich ausgehenden Bedrohung, indem er sich z. B. einer staatlich vorgeschriebenen Impfung im Fall von Epidemien oder Seuchen widersetzt und damit die Gesundheit der übrigen Bevölkerung erheblich gefährdet. Stets ist aber bei der Ausübung des Verwaltungszwangs der Grundsatz der Verhältnismäßigkeit durch den Sitzstaat einzuhalten und ein Eingriff nur in äußersten Fällen erlaubt, d. h. bei unmittelbarer schwerer, die Existenz des Staates selbst bedrohender Gefahr, die durch kein anderes Mittel zu beseitigen ist[750].

V. Befreiung von der Zeugnispflicht

Bereits die Vorladung eines internationalen Richters, vor einem Gericht des Sitzstaates als Zeuge zu erscheinen und auszusagen, beinhaltet mit seiner persönlichen Unverletzlichkeit nicht vereinbare Zwangselemente, die durch das umfassende Fragerecht von Gericht und Parteien sowie die Möglichkeit der Vereidigung noch verstärkt werden. Zudem kann eine Vernehmung die richterliche Tätigkeit nicht nur in zeitlicher, sondern auch in fachlicher Hinsicht behindern, da trotz des grundsätzlich in die nationalen Gerichte gesetzten Vertrauens, nicht spezifisch auf den Rechtsstreit bezogene, die Funktionserfüllung der Richter beeinträchtigende Fragen zu unterbinden, gleichwohl die Gefahr nicht auszuschließen ist, dass der Richter im Rahmen der Befragung entweder persönliche, Manipulationen zugängliche Lebensumstände preisgibt oder aber Fakten offenbart, die unmittelbar oder mittelbar im Zusammenhang mit seiner richterlichen Tätigkeit stehen und daher in jedem Fall Rückschlüsse auf diese zulassen. Um insofern der Möglichkeit der Einflussnahme auf den Richter von vornherein den Boden zu entziehen, erfordert die Gewährung einer freien und unabhängigen Funktionserfüllung als notwendiges Korrelat zu den in den vorstehenden Kapiteln erörterten Immunitäten auch die Befreiung der internationalen Richter von der Verpflichtung, vor einem Gericht als Zeuge aussagen zu müssen.

---

750 Bereits *v. Stauffenberg*, Die Rechtsstellung der russischen Handelsvertretungen, in: Beiträge zum ausländischen öffentlichen Recht und Völkerrecht, Heft 14, 1930, S. 73, hat – entsprechend seiner Zeit – allgemein bezogen auf exterritoriale Personen in diesem Zusammenhang ausgeführt: „Dem Staat muß immer das Recht bleiben, die zu seiner Erhaltung notwendigen Maßnahmen zu treffen, und in äußersten Fällen kann ihm dieses Recht durch keine rechtliche Bestimmung, wie sie auch geartet sein möge, genommen werden. Wenn er also von der exterritorialen Person in einer Weise verletzt wird, die schnelle Maßnahmen erfordert, und wenn ihm keine anderen Mittel zu Gebote stehen, so wird es für den Staat erlaubt sein, von seiner Zwangsgewalt auch gegenüber exterritorialen Personen Gebrauch zu machen.“

1. Befreiung von der Zeugnis- oder allgemein von der Aussagepflicht

Ob dieses Vorrecht allein auf die Befreiung von der Zeugnispflicht zu beschränken oder aber generell auf eine Freistellung der Richter auch von ihrer Aussageverpflichtung als Partei zu erstrecken ist, gilt es im Folgenden zu prüfen.

Ein Blick auf das Diplomatenrecht verdeutlicht, dass Art. 31 Abs. 2 WÜD ausdrücklich nur die Immunität des Diplomaten, vor Gericht als Zeuge aussagen zu müssen, normiert. Während somit nach der deutschen Fassung des WÜD bereits begriffsbedingt eine Parteivernehmung des Richters statthaft zu sein scheint, lässt der Wortlaut der englischen Version „not obliged to give evidence" eher auf eine generelle Aussagebefreiung der diplomatischen Vertreter schließen. Für eine entsprechende Auslegung spricht auch die Kommentierung der ILC, die das Vorrecht der Immunität von der Zeugnispflicht auch in den in Art. 31 Abs. 1 lit. a-c WÜD bestimmten Ausnahmen von der Immunität nicht limitiert wissen wollte[751], obgleich der Diplomat hier – zumindest nach deutschem Rechtsverständnis – nicht in der Rolle des Zeugen, sondern vielmehr als Partei am Rechtsstreit beteiligt ist.

Einem entsprechend weiten Immunitätsschutz auch der internationalen Richter ist allerdings entgegenzuhalten, dass die erarbeiteten Ausnahmen der richterlichen Immunität von der Gerichtsbarkeit für eine auch nur eingeschränkte Gewähr des hier behandelten Vorrechts sprechen. Denn ansonsten wäre dem Richter im Umfang seiner Unterworfenheit unter die Gerichtsbarkeit die Möglichkeit genommen, ohne Probleme aktiv auf den Prozessverlauf einwirken zu können[752]. Dieser Argumentation lässt sich nicht mit der Begründung begegnen, im Rahmen des zu entwickelnden Immunitätenkatalogs gehe es nicht darum, persönlichen Interessen des Richters gerecht zu werden, sondern die Funktionsfähigkeit des Gerichtshofs in Gänze zu sichern. Es könne auf Grund dessen keinen Unterschied machen, ob ein Richter eine Aussage in seiner Rolle als Zeuge oder als Partei mache, da die eingangs angeführten, mit der persönlichen Unverletzlichkeit nicht korrespondierenden Zwangselemente einer Vorladung sowie die Gefahr der Funktionsbeeinträchtigung durch geschickte Ausübung des Fragerechts oder unüberlegte Preisgabe amtlichen Wissens hier wie da bestünden. Diese – vordergründig durchaus folgerichtige – Sichtweise kann allerdings in der Sache nicht überzeugen. Wie in den vorangegangenen Abschnitten unter II. und III. erarbeitet, ist eine richterliche Funktionsbeeinträchtigung im Rahmen der Ausnahmen von der Immunität gegenüber der Gerichtsbarkeit gerade nicht zu befürchten, weil ansonsten diese Sonderfälle keinen Eingang in den zu entwerfenden Immunitätenkatalog finden würden. Wenn aber die gegen einen Richter oder von diesem angestrengten Gerichtsverfahren als solche die ungehinderte Tätigkeit der Gerichtshöfe von vornherein nicht in Frage zu stellen geeignet sind, muss Entsprechendes auch für dessen Aussage im Rahmen der Parteivernehmung in diesen Verfahren gelten. Dass eine Verpflichtung der Richter zur Aussage auch ih-

751 YBILC 1958 I, S. 142–152; darüber hinaus lassen sich weder dem deutsch- noch dem englisch- oder französischsprachigen einschlägigen Schrifttum erhellende Erkenntnise zu dieser Frage entnehmen.

752 Für eine lediglich eingeschränkte Immunität von der Zeugnispflicht bereits *Kauffmann* (Fn. 602), S. 113; ebenso *François*, YBILC 1958 II, S. 147, para. 62.

rem Interesse auf aktive Teilnahme am Verfahren zugute kommt, ist lediglich ein Nebeneffekt, der insbesondere in den Ländern an Bedeutung zunimmt, in denen die Erfolgsaussicht einer Klage maßgeblich von einer eidlichen „Zeugen"aussage des Klägers abhängig ist[753].

2. Immunitätsbedingte Lücke im Rechtssystem des Sitzstaates

Offensichtlich ist, dass allein durch die bestehende Befreiung der Richter von der Zeugnispflicht das ordnungsgemäße Funktionieren der Gerichtsbarkeit des Sitzstaates nicht unerheblich beeinträchtigt werden kann. Um dem zu begegnen, wurde im Diplomatenrecht angeregt, dass die diplomatischen Vertreter ihre Zeugenaussage entweder in der Mission abgeben oder aber schriftlich niederlegen[754]. Einer diesem Vorschlag entsprechenden Übung bezogen auf die internationalen Richter ist jedoch entgegenzuhalten, dass eine Behinderung, wenn vielleicht auch nicht zeitlich, so doch in jedem Fall fachlich hierdurch nicht ausgeschlossen wird, da Schriftstücke nicht nur die Möglichkeit der Einflussnahme eröffnende Informationen enthalten, sondern vor allem Manipulationen zugänglich sein können.

Um die somit im Rechtssystem des Sitzstaates entstehende immunitätsbedingte Lücke zu schließen, muss der jeweils betroffene Gerichtshof in die Lage versetzt werden, auf die Befreiung von der Zeugnispflicht eines Richters verzichten zu können. Denn nur er allein kann in der letzten Konsequenz beurteilen, ob eine Aussage eine Gefahr der Funktionsbeeinträchtigung in sich birgt. Es wird daher für die Aufnahme einer entsprechenden Vorschrift in den Immunitätenkatalog de lege ferenda plädiert, da sie sowohl dem Anliegen des Gerichtshofs gerecht wird, das Risiko einer internationalen Interessen zuwiderlaufenden Kontrolle durch nationale Gerichte im Vorfeld überprüfen zu können, als auch dem Anliegen des Richters genügt, einen Beitrag zur Aufklärung eines Rechtsstreits oder eines Strafverfahrens zu leisten.

Entsprechend den Ausführungen oben unter A. V. 4.b) hat das Plenum des Gerichtshofs mit Zweidrittelmehrheit über einen Antrag[755] auf eine entsprechende Verzichtserklärung zu entscheiden.

C. Persönliche Ausdehnung der Immunitäten

Da nicht nur eine unmittelbare Druckausübung auf den Richter persönlich diesen in seiner unabhängigen Funktionserfüllung beeinträchtigen kann, sondern auch Einflüsse auf ihm nahe stehende Personen eine – zumindest – psychische Zwangslage zu begründen in der Lage sind, ist im Folgenden der Frage nachzugehen, welchen Personen in welchem Umfang vor allem neben den Richtern Immunitäten zu gewähren sind.

---

753 Vgl. insofern *Sen* (Fn. 154), S. 128.

754 *Dembinski* (Fn. 103), S. 210; *Cahier* (Fn. 117), S. 255.

755 Vgl. hierzu auch die Ausführungen unten F. II. 2.

I. Staatsangehörige des Sitzstaates

Eine Untersuchung, die sich entsprechend Art. 31 Abs. 4 WÜD speziell mit dem Immunitätsschutz von internationalen Richtern mit der Staatsangehörigkeit des Sitzstaates befasst, behandelt letztlich die Frage nach dem Umfang der Vorrechte von Richtern in ihren Heimatstaaten. Da diese Problematik eines der Kernprobleme dieser Untersuchung beinhaltet, wird – auch unter Berücksichtigung der hier erhobenen Forderung nach einem einheitlichen Immunitätenkatalog zu Gunsten aller internationalen Richter – auf diese Thematik im Rahmen der geografischen Ausdehnung der richterlichen Immunitäten in einem gesonderten Kapitel eingegangen[756].

II. Familienmitglieder

Ein internationaler Richter wird grundsätzlich zur Aufnahme seiner mehrjährigen Amtstätigkeit nicht allein in den Sitzstaat eines Gerichtshofs verziehen, sondern gemeinsam mit seinem Ehepartner[757] und seinen minderjährigen Kindern. Auf Grund der Nähe der angeführten Personen zum Richter, die insofern als dessen „verlängerter Arm" zu betrachten sind[758], würde sich die Ausübung von Staatsgewalt ihnen gegenüber häufig auch bzw. gerade in der Person des Richters auswirken und damit dessen unabhängige Aufgabenerfüllung in Frage stellen. Aus diesem Grund ist es geboten, die Immunitätsgewährung zumindest auch auf diese nahen Angehörigen zu erstrecken[759].

Ob sich damit aber bereits der Kreis derjenigen Personen erschöpft, denen Immunitätsschutz zu gewähren ist, gilt es insbesondere vor dem Hintergrund zu prüfen, dass Rechtsgrundlage auch der persönlichen Ausdehnung der Vorrechte das Prinzip des wirksamen Funktionsschutzes bildet[760].

1. Regelung im Diplomatenrecht

Nach Art. 37 WÜD kommen alle zum Haushalt eines Diplomaten gehörenden Familienmitglieder in den Genuss der diplomatischen Vorrechte. Infolge der lediglich va-

---

756 Vgl. hierzu die Ausführungen unten D. I.

757 Diese das Geschlecht des Ehepartners nicht spezifizierende Formulierung soll dem Umstand Rechnung tragen, dass zukünftig die Funktion des „internationalen Richters" nicht zwingend nur von Männern bekleidet werden muss und insoweit die Erstreckung des Immunitätsschutzes auch auf die Ehemänner von internationalen Richterinnen geboten ist.

758 So spricht z. B. *Denza* (Fn. 136), S. 321, in Bezug auf die Ehefrau und die Kinder eines Diplomaten von „ ... extensions of the person of the diplomat ...".

759 Dieses Ergebnis entspricht der Staatenpraxis im Diplomatenrecht, vgl. *Wilson* (Fn. 134), S. 195; *Cahier* (Fn. 117), S. 224; *O'Keefe*, Privileges and Immunities of the Diplomatic Family, ICLQ 25 (1976), S. 329, 338.

760 Vgl. *O'Keefe,* ICLQ 25 (1976), S. 329, 332 f.; a. A. und im Ergebnis unzutreffend *Wilson*, Diplomatic Privileges and Immunities, The Retinue and Families of the Diplomatic Staff, ICLQ 14 (1965), S. 1265, 1282 f., der die Erstreckung der Immunitäten auf Familienmitglieder eher als „act of international courtesy" oder „the exercise of common humanity" denn als eine Ausdehnung der Theorie der funktionalen Notwendigkeit versteht.

gen Formulierung lassen sich dieser Vorschrift keine erhellenden Erkenntnisse über den konkret bevorrechtigten Personenkreis entnehmen.

Da der Begriff „Familienmitglied" und die Formulierung „zu seinem Haushalt gehörend" nicht genauer bestimmt sind, steht weder fest, ob – auch im Hinblick auf das von Land zu Land variierende Konzept der Familie – ausschließlich die „immediate family"[761] vom Immunitätsschutz erfasst wird, noch, ob die Familienmitglieder unter einem Dach mit dem Richter leben müssen[762]. Im Diplomatenrecht hängt es damit von der Auslegung der einzelnen Staaten[763] bzw. einer gesonderten Absprache zwischen Mission und Empfangsstaat[764] ab, welchen Personen konkret die Vorrechte zuteil werden. Diese Praxis, die sich in Bezug auf die Diplomaten noch mit dem Argument der Reziprozität erklären lässt, steht bezogen auf die Richter in krassem Widerspruch zu deren Internationalität und verdeutlicht damit einmal mehr die Unzulänglichkeit der momentanen Immunitätsregelung zu Gunsten internationaler Richter.

Im Rahmen der vorliegenden Untersuchung lässt sich daher allenfalls der mit der Wortwahl des Art. 37 WÜD verfolgte Zweck als Ausgangspunkt für eine de lege ferenda zu konkretisierende Immunitätsvorschrift heranziehen, zumal auch die Satzungen der internationalen Organisationen diese Bestimmung fast wortgetreu übernommen haben. Intention der ILC war es, die Immunitätserstreckung auf „Familienmitglieder" von der Nähe ihrer Beziehung zum Diplomaten abhängig zu machen bzw. speziellen Situationen gerecht zu werden[765], um so einer unnötigen, vom Prinzip des Funktionsschutzes nicht mehr gedeckten Ausdehnung der Immunitäten von vornherein entgegenzuwirken.

2. Eingrenzung des bevorrechtigten Personenkreises anhand von Fallbeispielen

Unter Berücksichtigung dieses Normverständnisses lässt sich eine Eingrenzung des bevorrechtigten Personenkreises anhand der nachfolgend dargestellten, zum Teil dem Diplomatenrecht entnommenen Fallbeispiele wie folgt vornehmen:

a) Immunität der Ehefrau

Der Ehefrau eines internationalen Richters[766], die z. B. infolge einer ausgeübten Berufstätigkeit im Heimatstaat verbleibt und nur gelegentlich die Wochenenden oder

---

761 *Wilson* (Fn. 134), S. 182.

762 So Art. 14 der *Havanna Convention;* ebenso *Holland*, Current Legal Problems 4 (1951), S. 81, 101; allerdings spricht die Formulierung „zu seinem Haushalt gehörend" nicht zwingend für eine unmittelbare physikalische Nähe des Familienmitglieds zum Richter, vgl. insofern *Buckley*, The Effect of Diplomatic Privileges Act 1964 in English Law, BYIL 41 (1965–66), S. 320, 349.

763 Ein Überblick über die unterschiedliche Staatenpraxis gibt u. a. *Satow* (Fn. 58), S. 143 f., Rn. 17. 3. Zu den unterschiedlichen Auffassungen der Staatenvertreter im Rahmen der Wiener Konferenz vgl. *O'Keefe*, ICLQ 25 (1976), S. 329 ff.

764 *Denza* (Fn. 136), S. 323.

765 YBILC 1958 II, S. 102, para. 11.

766 Die Ausführungen orientieren sich an der derzeitigen Besetzung der Richterbank, lassen sich aber entsprechend auch auf eine veränderte Situation übertragen, sei es, dass eine

aber Urlaub im Sitzstaat mit ihrem Mann verbringt, ist Immunitätsschutz zu gewähren, da hier die engen Bande zwischen den Ehepartnern fortbestehen[767]. Demgegenüber müsste prinzipiell eine Ehefrau, die z. B. im Sitzstaat nicht nur vorübergehend getrennt von einem internationalen Richter lebt, wegen der eingetretenen Entzweiung der Ehepartner der Gerichtsbarkeit unterworfen sein[768]. Dieser Argumentation ist jedoch entgegenzuhalten, dass die Frage nach der Dauerhaftigkeit der Trennung letztlich der Beurteilung des Sitzstaates obläge und damit erneut eine Möglichkeit der Einflussnahme auf den Richter geschaffen würde. Im Interesse einer ungehinderten Funktionserfüllung hat auf Grund dessen eine Befreiung der Ehefrau eines internationalen Richters allgemein, unabhängig vom Ort ihres Aufenthalts und ihres Wohnsitzes, so lange zu erfolgen, bis sie rechtskräftig vom internationalen Richter geschieden ist.

b) Immunität der Lebensgefährtin

Ausgehend von der heutigen Gesellschaftsform darf allerdings nicht übersehen werden, dass ein Richter möglicherweise nicht verheiratet ist, sondern mit seiner Partnerin in einer eheähnlichen Lebensgemeinschaft zusammenlebt[769]. Da hier die Verbundenheit nicht anders zu beurteilen ist als zwischen Eheleuten, muss der Immunitätsschutz auch auf diese Personengruppe erstreckt werden. Begriffsnotwendig gilt dieses Vorrecht aber nur während der Zeit, in der der Partner mit dem Richter zusammenwohnt.

c) Immunität minderjähriger Kinder

In Anknüpfung an die Ausführungen unter a) müssen in jedem Fall auch minderjährige Kinder, gleichgültig, ob ehelich oder unehelich, und ungeachtet der Tatsache, ob sie in Gemeinschaft mit dem Richter leben oder aber z. B. in einem Internat, infolge ihrer andauernden starken Bindung zum Richter in den Genuss der Immunitäten kommen. Der Befreiung von der Zivil- und Verwaltungsgerichtsbarkeit kommt in diesem Zusammenhang zumindest in den Staaten, in denen ein minderjähriges Kind nur durch den Sorgeberechtigten als gesetzlichen Vertreter im Prozess vertreten werden kann, keine Bedeutung zu, da in diesen Fällen die gerichtliche Verfolgbarkeit bereits an der richterlichen Immunität scheitern muss.

Da die Frage der Volljährigkeit in den Staaten unterschiedlich geregelt ist, hat im Interesse einer zukünftig einheitlichen Handhabung eine genaue Altersangabe zu erfolgen, die unter Berücksichtigung der überwiegenden Staatenpraxis auf 18 Jahre festzusetzen ist.

Frau das Richteramt innehat oder aber die gleichgeschlechtliche Ehe – wie in den nordeuropäischen Ländern angestrebt – zugelassen wird.

767 Ob dieses Fallbeispiel auch von Art. 37 WÜD erfasst würde, erscheint zumindest zweifelhaft, da der Terminus „zu seinem Haushalt gehörend" zwar nicht zwingend als „unter einem Dach lebend" auszulegen ist, eine entsprechend enge Interpretation aber durchaus zulässt.

768 So wohl *Sen* (Fn. 154), S. 154, in Bezug auf getrennt lebende Ehefrauen von Diplomaten.

769 In der modernen Gesellschaft ist aber auch durchaus das Zusammenleben eines Richters mit einem Partner vorstellbar.

d) Immunität naher Angehöriger

Eine besondere, enge Beziehung zwischen einem internationalem Richter und einem seiner Angehörigen, gleichgültig, ob es sich um einen nahen oder aber einen entfernteren Verwandten handelt, muss aber auch in den Fällen angenommen werden, in denen die betreffende Person entweder in wirtschaftlicher Hinsicht an den Richter gebunden ist[770] oder aber auf Dauer in Gemeinschaft mit dem Richter lebt. Zu denken ist hier z. B. an eine den Haushalt führende Schwester des Richters[771] sowie an ein trotz Eintritt der Volljährigkeit unmittelbar in der Hausgemeinschaft des Richters verbleibendes Kind. Die finanzielle und/oder persönliche Abhängigkeit des aufgezeigten Personenkreises von dem internationalen Richter und die daraus resultierende spezielle Situation zwischen den Beteiligten birgt die Gefahr der gesteigerten Beeinflussbarkeit des internationalen Funktionsträgers in sich, der es durch die persönliche Ausdehnung der Immunitäten zu begegnen gilt.

e) Immunität eng mit dem Richter verbundener Personen

Eine enge Verbundenheit des Richters muss sich aber nicht zwingend nur auf dessen Angehörige beziehen.

aa) Dienstpersonal

Die enge Verbundenheit lässt sich vielmehr auch durch langjährige, vertrauensvolle Dienstleistung im Haushalt des Richters begründen, wie z. B. bei einer Haushälterin oder einem Kindermädchen. Denn auch wenn diese Personen grundsätzlich in die Kategorie der privaten Dienstboten des Richters einzuordnen sind, erscheint es doch durchaus möglich, dass ihnen infolge ihrer speziellen, aus ihrer Nähe zum Richter resultierenden Situation der Status eines Familienmitglieds zukommen kann.

Bereits die ILC hat die Bejahung der Familienzugehörigkeit im Rahmen von Art. 37 WÜD entscheidungserheblich davon abhängig gemacht, ob ein Verwandter infolge jahrelangen Zusammenlebens mit dem Diplomaten Teil seiner Familie geworden ist[772]. Wenngleich dem letztgenannten Kriterium vom Grundsatz her zuzustimmen ist, ist doch nicht nachvollziehbar, aus welchem Grund die ILC die Möglichkeit, Teil der diplomatischen Familie werden zu können, ausschließlich auf – wenn auch weit entfernte – Angehörige des Diplomaten beschränkt hat. Denn im Ergebnis kann es keinen Unterschied machen, ob eine Beziehung zu einem entfernten Verwandten oder zu einem fremden Dienstboten aufgebaut wird, da in beiden Fällen die aus dem engen Miteinander folgende ausgeprägte Verbundenheit eine Druckausübung auf den internationalen Funktionsträger ermöglicht. Ist daher ein privater Bediensteter unter den angeführten Voraussetzungen in Ausnahmefällen als Teil der Familie und damit als Familienmitglied im weiteren Sinn anzusehen, ist der – wie

770 So z. B. ein volljähriger Student oder aber auch die Eltern des Richters; vgl. hierzu bezogen auf die Diplomaten *Barnes*, DSB 43 (1960 II), S. 173, 180.

771 Vgl *Sen* (Fn. 154), S. 155.

772 YBILC 1958 II, S. 102.

noch aufzuzeigen sein wird – gegenüber der Vorrechsstellung des Dienstpersonals erweiterte Immunitätsschutz der Familienmitglieder auch auf ihn auszudehnen.

bb) Übrige Personen

Die Zugehörigkeit zum Familienverband des Richters muss aber nicht zwingend durch ein Verwandtschaftsverhältnis oder aber die Erbringung von Dienstleistungen begründet werden. Zu denken ist auch an die Aufnahme z. B. einer sog. „Nenn-Tante" oder aber eines Austauschschülers in das Haus des Richters. Speziell im letztgenannten Fall ist ausnahmsweise von der Einhaltung einer zeitlich vorgegebenen längeren Verweildauer abzusehen, da hier die Möglichkeit der Druckausübung auf den Richter weniger auf einer erst aufzubauenden engen Bindung basieren wird, sondern vielmehr auf dem Verantwortungsbewusstsein für das in seinem familiären Verbund aufgenommene Kind, demgegenüber er sich in einer quasisorgeberechtigten Stellung befindet. Zur Gewährleistung eines unabhängigen Funktionsschutzes ist es geboten, auch diese Personen unter den Schutz der Vorrechte zu stellen.

Zwischenergebnis zu 2.

Die angeführten Fallbeispiele verdeutlichen, dass bei der Abfassung der die Immunität der „Familienmitglieder" des Richters normierenden Vorschrift nicht allein auf eine präzise Formulierung zu achten ist, sondern infolge der Komplexität der behandelten Thematik auch auf deren Flexibilität. Auf Grund dessen ist davon abzusehen, die Immunitätsschutz genießenden Personen im Einzelnen aufzulisten, sondern bevorzugt die für eine Immunitätserstreckung unerlässlichen Voraussetzungen auf der Grundlage der im Vorstehenden dargestellten Einzelfälle zu bestimmen und die Kasuistik anhand von Beispielen zu veranschaulichen.

Festzuhalten bleibt, dass eine die Anpassung an veränderte Lebensumstände oder Gesellschaftsstrukturen ermöglichende Immunitätsvorschrift – wie sie vorliegend zu Gunsten der Familienmitglieder des Richters i. w. S. zu normieren gilt – den Sitzstaaten auch in Zukunft einen, wenn auch eingegrenzten Auslegungsspielraum ermöglichen wird. Darüber hinaus scheitert ein absoluter Schutz des Richters vor Druckausübung aber auch an der Tatsache, dass sich der gesamte ihm emotional nahe stehende Personenkreis, wie z. B. enge Freunde, Eltern oder Enkelkinder, nie vollständig wird erfassen lassen können.

3. Umfang der Immunitätsgewährung

Bildet das Prinzip des wirksamen Funktionsschutzes nicht nur die Rechtsgrundlage für die den Richtern zu gewährenden Immunitäten, sondern auch für deren grundsätzliche Ausdehnung auf Familienmitglieder[773], so ergibt sich hieraus zwingend, dass die den Familienmitgliedern einzuräumenden Vorrechte in vollem Umfang denjenigen der internationalen Richter zu entsprechen haben. Denn eine gegenüber dem Richter lediglich eingeschränkte Verleihung von Vorrechten würde in jedem

773 Vgl. hierzu auch die Ausführungen unter D. I. 3.c).

Fall die Ausübung von Zwangsgewalt gegenüber Familienmitgliedern ermöglichen und infolge der Auswirkungen auf die Person des Richters den mit der Immunitätsgewährung beabsichtigten Zweck erneut unterminieren.

Auch die Familienmitglieder sind somit unverletzlich und grundsätzlich von der Rechtsprechungshoheit des Sitzstaates befreit, abgesehen von den erörterten Exemtionen von der Immunität gegenüber der Zivil- und Verwaltungsgerichtsbarkeit. Eine Ausnahme bildet insofern die erarbeitete Immunitätsregelung in Bezug auf eine vom Richter im Einverständnis mit dem Gerichtshof ausgeübte Nebenbeschäftigung. Es ist offensichtlich, dass hier die Forderung nach einem effektiven Funktionsschutz der Richter nicht so weit gehen kann, dass sie das Recht der Familienangehörigen auf freie Berufswahl aufhebt, indem sie eine berufliche Tätigkeit auch dieser Personengruppe vom Einverständnis des jeweiligen Gerichtshofs abhängig macht, um auf diese Weise den Umfang des Immunitätschutzes festzulegen.

Nehmen die Familienangehörigen der Richter somit – wie alle anderen Bürger auch – ganz normal am Berufsleben teil, ist es nicht gerechtfertigt, sie insofern von der Gerichtsbarkeit zu befreien, mit der ihre Geschäftspartner oder Arbeitgeber benachteiligenden Folge der Vorenthaltung eines grundsätzlich zur Verfügung stehenden Rechtsschutzes. Im Immunitätenkatalog ist daher zu bestimmen, dass die Familienangehörigen im Zusammenhang mit einer von ihnen ausgeübten Berufstätigkeit – sei es einem freien Beruf, einer gewerblichen oder abhängigen Beschäftigung – verklagt werden können. Diese Regelung ist de lege ferenda in den Katalog aufzunehmen, da weder im WÜD noch in den Satzungen und den Allgemeinen Übereinkommen über die Vorrechte internationaler Organisationen eine speziell die Berufsausübung von Familienangehörigen betreffende Vorrechtsnorm enthalten ist. Das WÜD verweist in diesem Zusammenhang lediglich allgemein auf die Rechtsstellung der Richter, mit der Konsequenz, dass die Familienmitglieder – nach dem Wortlaut des Art. 31 lit. c – der Zivil- und Verwaltungsgerichtsbarkeit unterworfen sind, „in Zusammenhang mit einem freien Beruf oder einer gewerblichen Tätigkeit". Die Mangelhaftigkeit dieser Regelung ist offensichtlich, da sie abhängig beschäftigte Familienmitglieder gegenüber den Selbstständigen privilegiert, ohne dass ein plausibler Grund ersichtlich ist, weshalb z. B. ein Arbeitgeber den bei ihm angestellten Sohn eines Diplomaten nicht wegen Kassendiebstahls auf Schadensersatz in Anspruch nehmen können sollte. Auch in diesem Punkt dokumentiert sich damit einmal mehr die bereits erarbeitete Unzulänglichkeit eines generellen Verweises auf die Diplomatenimmunität zur Regelung der Vorrechtsstellung internationalen Richter.

Eine Funktionsbehinderung des Richters steht auf Grund des nur eingeschränkten Immunitätsschutzes der Angehörigen hinsichtlich ihrer Berufstätigkeit nicht zu befürchten, da der Richter in diesen Fällen allenfalls mittelbar beteiligt ist, vorausgesetzt, die Unverletzlichkeit der betroffenen Person bleibt auch im Rahmen der hier zulässigen Zwangsvollstreckungsmaßnahmen gewahrt. In Bezug auf die Unverletzlichkeit der Wohnung ist gesondert zu bestimmen, dass diese nur dann nicht beeinträchtigt werden darf, wenn das betroffene Familienmitglied mit dem Richter zusammenlebt. Nur so ist dem Zugriff auf bzw. der Kenntnisnahme von amtlichen Informationen und damit die Möglichkeit der Einflussnahme und der Manipulation zu begegnen. Hieraus folgt, dass z. B. die zwangsweise Öffnung einer Studentenwohnung zum Zweck der Zwangsvollstreckung zulässig bleiben muss.

Die im Diplomatenrecht in diesem Zusammenhang erhobene Frage, ob von dem Begriff „berufliche oder gewerbliche Tätigkeit" insbesondere auch die von Familienmitgliedern des Diplomaten auf dem Weg zur Arbeit verursachten Schäden erfasst werden[774], braucht vor dem Hintergrund einer den Richter persönlich und damit auch seine Familienangehörigen de lege ferenda zum Abschluss einer Kfz-Haftpflichtversicherung verpflichtenden Vorschrift und der Möglichkeit der subsidiären Inanspruchnahme dieser Personengruppe nicht problematisiert zu werden.

4. Immunitätsschutz der Familienmitglieder mit Staatsangehörigkeit des Sitzstaates

Art. 37 Abs. 1 WÜD bestimmt, dass nur diejenigen Familienmitglieder des Diplomaten Immunitätsschutz genießen, die nicht Staatsangehörige des Empfangsstaates sind. In der Praxis hat dies zur Folge, dass die Ehefrau eines Diplomaten, die Staatsangehörige des Empfangsstaates ist, der nationalen Gerichtsbarkeit unterworfen bleibt[775], während diejenige Ehefrau, die einer ausländischen Nationalität angehört, absolute Immunität genießt. Die Zweckmäßigkeit einer derartigen Differenzierung nach Nationalitäten wurde bereits von *Cahier*[776] angezweifelt, der die Regelung des Art. 37 Abs. 1 WÜD wegen Außerachtlassung des der Immunitätsgewährung zu Grunde liegenden Prinzips des wirksamen Funktionsschutzes als einen „assez grave défaut" bezeichnete.

Anknüpfend an diese Kritik *Cahier's* erhebt sich für die vorliegende Untersuchung die Frage, ob bezogen auf die internationalen Richter an dieser unterschiedlichen, an der Nationalität ausgerichteten Behandlung der Familienmitglieder festzuhalten ist.

Grundlage der insofern anzustellenden Erwägungen bildet die getroffene Feststellung, dass die Erstreckung der Immunitäten auf Familienmitglieder ausschließlich einer freien und unabhängigen Amtserfüllung der Richter dient, nicht aber dem persönlichen Vorteil dieser Personen. Leiten sich damit die Vorrechte der Familienmitglieder letztlich aus der richterlichen Funktion ab[777], so steht ihre aus Gründen der Nationalität veranlasste Beschränkung hierzu in krassem Widerspruch. Denn zum einen kann nicht überzeugen, weshalb zwar grundsätzlich die Verhaftung einer Ehefrau geeignet ist, die Funktionserfüllung eines Richters zu beeinträchtigen, diese Möglichkeit der Behinderung aber speziell in Bezug auf die Festnahme einer Ehefrau mit Staatsangehörigkeit des Sitzstaates keine Gültigkeit haben soll[778]. Zum an-

774 *O'Keefe*, ICLQ 25 (1976), 329, 346.

775 *Nascimento e Silva* (Fn. 117), S. 144.

776 Fn. 117, S. 311.

777 Ähnlich *Denza* (Fn. 136), S. 321.

778 Ähnlich bereits die Kommentare von Belgien und Finnland im Rahmen der Wiener Staatenkonferenz, YBILC 1958 II, S. 113, 118.

deren würde eine Beschränkung der Vorrechte auf der hier angesprochenen Basis die Schlussfolgerung nahe legen, dass die Immunitäten den Familienmitgliedern zu ihrem persönlichen Vorteil gewährt werden und auch insofern ihrer eigentlichen Zweckbestimmung, der wirksamen Funktionserfüllung des Richters, entgegenstehen[779]. Auf die Problematik, dass es zudem kein internationales Recht gibt, das die Frage der Nationalität im Falle der Heirat von unterschiedlichen Staatsangehörigen oder eines im Sitzstaat geborenen Kindes einheitlich regelt[780], sei an dieser Stelle lediglich der Vollständigkeit halber verwiesen.

Wegen der bestehenden Abhängigkeit der Rechtsstellung der Familienmitglieder vom Rechtsstatus der Richter muss letztlich die Frage, ob Familienmitgliedern de lege ferenda die Immunitäten ungeachtet ihrer Nationalität zu gewähren sind, an dieser Stelle der Untersuchung offen gelassen werden. Auf sie wird im Rahmen der Erörterung des geografischen Geltungsbereichs der richterlichen Immunitäten zurückzukommen sein[781].

Zwischenergebnis zu II.

Festzuhalten bleibt, dass eine dem vorstehenden Vorschlag entsprechende extensive Auslegung des Begriffs „Familienmitglied" einerseits und eine mögliche Ausdehnung der Immunitäten auch auf Staatsangehörige des Sitzstaates andererseits nicht nur eine Erweiterung des privilegierten Personenkreises, sondern primär die grundsätzliche Freistellung der Familienmitglieder von jedweder Gerichtsbarkeit zur Folge hätte. Diese für die Staaten unerträgliche, da allgemeinen Rechtsgrundsätzen widersprechende Lösung wäre letztlich nur dann zu vertreten, ließe sich die Lücke in der Rechtsstellung der Familienmitglieder dadurch schließen, dass auch sie gerichtlich zur Verantwortung gezogen werden könnten. Auf die Frage, ob und welche Möglichkeiten insofern konkret bestehen, wird noch näher eingegangen.

III. Immunität des privaten Dienstpersonals

Unter dem privaten Dienstpersonal eines internationalen Richters sind diejenigen Personen zu verstehen, die von ihm persönlich angestellt werden. Zu dieser Kategorie gehören u. a. Kindermädchen, Koch, Chauffeur, Gärtner sowie Hausangestellte allgemein. Die Ausdehnung der richterlichen Immunitäten auch auf dieses Dienstpersonal erscheint grundsätzlich nicht erforderlich, da nicht ersichtlich ist, inwiefern die Funktionsausübung des Richters durch die Verurteilung oder Inhaftierung

---

779 Im Ergebnis wohl ebenso *Cahier* (Fn. 117), S. 311, der in Bezug auf die Familienmitglieder ausführt, „vouloir les [die Vorrechte] restreindre c'est la considerer comme titulaire du statut privilégié, ce qu'elle n'est pas". Die von *Cahier* gewählte Formulierung ist insofern missverständlich, als die Familienmitglieder zwar durchaus Träger der Immunitäten sind, diese aber nicht zu ihrem persönlichen Vorteil, sondern allein zum Zweck der richterlichen Funktionserfüllung gewährt werden.

780 Vgl. zu dieser Thematik ausführlicher *O'Keefe*, ILCQ 25 (1976), 329, 340 ff.

781 In diesem Sinn wohl *Cahier* (Fn. 117), S. 312, bezogen auf die Familienmitglieder der sog. „agents diplomatiques régnicoles"; abwägend insoweit *O'Keefe*, ILCQ 25 (1976), S. 329, 342 f.

einer dieser ausschließlich seinem persönlichen Komfort dienenden Person beeinträchtigt sein sollte. Allerdings ist bei Ausübung der Hoheitsgewalt dafür Sorge zu tragen, dass eine unnötige Behinderung der richterlichen Funktionen ausgeschlossen wird. In jedem Fall ist zu gewährleisten, dass z. B. auch in denjenigen Ausnahmefällen, in denen ein Richter z. B. einen privaten Chauffeur zu einer Dienstfahrt einsetzt, zumindest so lange keine Verhaftung erfolgt, bis ein Ersatzfahrer zur Verfügung steht. Die in diesem Zusammenhang vertretene Ansicht, die Ausübung von staatlicher Zwangsgewalt bereits dann als Behinderung der Amtsgeschäfte anzusehen, wenn z. B. bei besonderen Gebrechen des Richters ein „Spezial"-Masseur oder ein Diätkoch betroffen ist, erscheint überzogen[782]. Denn eine Beeinträchtigung des Richters ließe sich in diesen Fällen allenfalls bei längerer Abwesenheit der Dienstperson – dann wohl infolge Inhaftierung – begründen. Da heute die Ausbildungsstandards zumindest in den Sitzstaaten der internationalen Gerichtshöfe auf vergleichbarem Niveau sind, dürfte es keine Schwierigkeiten bereiten, diese Personen zu ersetzen. Im Ergebnis besteht daher keine funktionsbedingte Notwendigkeit für einen Immunitätsschutz auch des richterlichen Dienstpersonals, ausgenommen diejenigen Personen, die unter den Begriff „Familienmitglieder" im weiteren Sinn fallen.

Da diese Regelung lediglich insoweit den Artt. 37 Abs. 4, 38 Abs. 2 WÜD entspricht, als auch sie die Auflage enthalten, bei der Ausübung der Hoheitsgewalt die Funktionserfüllung der Diplomaten nicht ungebührlich zu behindern, hat die insoweit vorzunehmende Erweiterung des Immunitätenkatalogs de lege ferenda zu erfolgen.

D. Geografischer Geltungsbereich der Richterimmunität

Da sich der internationale Richter während seiner Amtszeit nicht ausschließlich im Sitzstaat des Gerichtshofs aufhalten, sondern berufsbedingt oder auch zu privaten Zwecken in anderen Mitgliedstaaten der Internationalgemeinschaft einschließlich seines Heimatstaates sowie in Drittstaaten verweilen wird, stellt sich die Frage nach dem geografischen Geltungsbereich der Richterimmunität.

I. Immunitätsschutz des Richters gegenüber seinem Heimatstaat

Die Frage nach der Rechtsstellung internationaler Richter in ihren Heimatstaaten ist ein Problem, welches seit der Entstehung ständiger internationaler Gerichtshöfe, insbesondere bei der Errichtung des StIGH, kontrovers diskutiert und in der Folge in den Gerichtshofstatuten und Sitzstaatabkommen unterschiedlich behandelt wurde. Da die unterschiedlichen Rechtsauffassungen sowie die bereits erarbeiteten Ergebnisse Aufschluss über die aufgeworfene Fragestellung geben könnten, erfordert die vorliegende Untersuchung sowohl ein Eingehen auf die maßgeblichen Ansichten als auch ein Aufzeigen und Analysieren der bisherigen Entwicklung.

782 So aber *Kauffmann* (Fn. 602), S. 127.

1. Geltungsbereich der Immunitäten nach den Gerichtshofstatuten

Da sich der Umfang der richterlichen Immunitäten in erster Linie über die jeweiligen Gerichtshofstatuten definiert, bieten sie sich als Einstieg in die vorzunehmende Prüfung an.

a) Gerichtshofstatut des StIGH

Der Entwurf des Gerichtshofstatuts des StIGH sah in Art. 19 ausdrücklich vor, dass den Richtern *außerhalb ihres Heimatstaates* diplomatische Immunitäten gewährt werden sollten[783]. Die Frage nach dem Schutz der Richter im Heimatstaat wäre bei Übernahme einer entsprechenden Formulierung – ungeachtet ihrer Effizienz – zumindest eindeutig und unmissverständlich festgelegt gewesen.

Die Aufnahme dieser Textstelle in das StIGH-Statut scheiterte in erster Linie an den vom britischen Delegierten *Hurst* erhobenen Einwänden, der insbesondere darauf abhob, dass die Vorenthaltung der diplomatischen Immunitäten an im Sitzstaat des Gerichtshofs beheimatete Richter nach Ansicht der britischen Regierung wenig verständlich erscheine und „... the time had come to abandon the old diplomatic privileges only outside his own country“[784].

Art. 19 StIGH-Statut wurde letztlich Art. 7 Abs. 4 Völkerbund-Satzung angepasst und lautete wie folgt:

„Die Mitglieder des Gerichtshofes genießen während der Ausübung ihres Amtes die diplomatischen Vorrechte und Befreiungen.“

Allerdings wäre es verfehlt, allein aus der Streichung des restriktiven Passus *außerhalb ihres Heimatstaates* den – wenn auch naheliegenden[785] – Schluss zu ziehen, Art. 19 StIGH-Statut könne nunmehr die Einräumung der diplomatischen Immunitäten auch im Heimatstaat der Richter konkludent entnommen werden. Einer entsprechenden Auslegung stand der im Bericht des Sub-Komitees enthaltene interpretative Kommentar nachfolgenden Inhalts entgegen: „The question of the situation of judges in their own country should not be prejudiced by the solution adopted“[786].

Es blieb somit in der letzten Konsequenz den Staaten überlassen, Art. 19 des Statuts selbst auszulegen – eine zumindest willkommene Möglichkeit, die Vorschrift mit Rücksicht auf eigene Interessen gegebenenfalls zu ihren eigenen Gunsten interpretieren zu können.

---

783 Diese Vorschrift des Entwurfs entspricht der zu Gunsten der Richter des Ständigen Schiedshofs in Art. 24 der Haager Konvention von 1899 festgelegten Immunitätsvorschrift, die sodann in Art. 46 der Haager Konventionen von 1907 übernommen wurde, vgl. *Scott*, The Hague Conventions and Declarations of 1899 and 1907, 1918, S. 60.

784 *Hurst*, BYIL 10 (1929), S. 1, 10.

785 *King* (Fn. 87), S. 241; *Egger* (Fn. 89), S. 221.

786 Records of the First Assembly, Meetings of the Committees, 1920, Vol. I, S. 529 oder 358.

b) Gerichtshofstatut des IGH

Bei der Gründung des IGH wurde die missverständliche Formulierung des Art. 19 StIGH unverändert übernommen. Zwar streifte der Konferenzausschuss die Frage nach der Rechtsstellung des „juge international régnicole“[787], vertrat aber insofern die unzutreffende Ansicht, dass „in the past a judge possessing the nationality of the state in which the Court had its seat has enjoyed the same privileges and immunities as other judges“[788]. Er hielt auf Grund dessen ein näheres Eingehen auf diesen Punkt nicht für notwendig, so dass mit dem Wortlaut des alten Art. 19 StIGH-Statut letztlich auch der Streit übernommen wurde, ob Art. 19 IGH-Statut auch die Heimatstaaten der internationalen Richter uneingeschränkt verpflichte.

Auch die Entschließung der Generalversammlung der UN vom 11. Dezember 1946 führte im Ergebnis nicht zu einer Lösung des angesprochenen Problems, da sie den Mitgliedstaaten lediglich empfahl:

„2. ... that if a judge, for the purpose of holding himself permanently at the disposal of the Court, resides in some country *other than his own*, he should be accorded diplomatic privileges and immunities during the period of his residence there; ...“[789].

Die Entschließung der Generalversammlung, die ohnehin infolge ihres empfehlenden Charakters keine rechtliche Verbindlichkeit für die Mitgliedstaaten begründete, ging also ihrem Wortlaut nach ersichtlich davon aus, dass einem internationalen Richter in seinem Heimatstaat keine Vorrechte zu gewähren sind[790]. Anderer Auffassung ist allerdings *Jaenicke*[791], der die Resolution dahingehend verstanden wissen will, dass ein Richter *außerhalb der Sitzungsperioden* gegenüber dem Staat, dessen Staatsangehöriger er ist, keine Immunitätsrechte genießt. Diese Interpretation, nach der zumindest die eigentlichen Amtshandlungen des Richters auch in dessen Heimatstaat nicht gerichtlich verfolgbar sind, ist nur zu verstehen, wenn man sie – wie *Jaenicke* – aus der bereits implizit im Richterstatut enthaltenen Verpflichtung der Signatarstaaten ableitet, die Unabhängigkeit der Richter zu achten und sich jeden Einflusses auf diese zu enthalten[792], da „each party to the Protocol of Signature may be taken to have agreed that it will accord to any member of the Court, whether its

787 Abgeleitet vom Begriff „agent international régnicole“, der wiederum auf den Terminus „agent diplomatiques régnicole“ zurückzuführen ist, vgl. *Kunz*, AJIL 41 (1947), S. 828, 857. Zur Definition des „agent régnicole“ allgemein *Pancracio,* Dictionnaire de la Diplomatie, 1998, S. 73, Stichwort: Agent régnicole.

788 Bericht des Konferenzausschusses IV/1, United Nations Conference on International Organization, Documents, Vol. XIII, S. 389 f.

789 Resolution 90 (I) betreffend Privileges and Immunities of Members of the International Court of Justice etc., UN Doc. A/64/Add.1, S. 176 ff., 177; Hervorhebungen im Text durch die Verfasserin.

790 Unzutreffend, da vom eindeutigen Wortlaut der Resolution nicht gedeckt, ist insofern die Aussage *Bowett's* (Fn. 105), S. 359, der ausführt, „ ... the General Assembly made certain recommendations to secure to the judges an extension of these diplomatic privileges *to any country* where they resided for the purpose of holding themselves permanently at the disposal of the Court ...“.

791 ZaöRV 14 (1951/52), S. 46, 69.

792 *Jaenicke,* ZaöRV 14 (1951/52), S. 46 ff.

national or not, the privileges and immunites which may be necassary to enable him to perform his duties on the Court effectively … The general principle must be that no State should deny to members of the Court those facilities which are essential to the Court's performance of his functions“[793].

Ob dieser Auslegung *Jaenicke's* im Ergebnis zu folgen ist, kann an dieser Stelle der Untersuchung dahinstehen[794], da es letztlich an einer klaren Rechtsnorm fehlt, auf die sich der internationale Richter gegenüber seinem Heimatstaat berufen kann. Um Wiederholungen zu vermeiden, wird insoweit auf die Ausführungen in Teil 6 B. I. 2.c) der Untersuchung verwiesen.

c) Gerichtshofstatuten des IAGHMR, des EuGHMR und des IStGH

Die vorstehenden Ausführungen gelten entsprechend auch hinsichtlich der in Puerto Rico am IAGHMR und der zukünftig am IStGH mit Sitz in Den Haag tätigen Richter, da auch diese Gerichtshofstatuten allgemein auf die Diplomatenimmunität verweisen. Wenn Art. 48 des Rom-Statuts in Abs. 1 festlegt, dass der Gerichtshof im Hoheitsgebiet eines jeden Vertragsstaats die für die Erfüllung seiner Ziele notwendigen Vorrechte und Immunitäten genießt, so ergibt sich hieraus bezogen auf die Rechtsstellung der Richter keine andere Beurteilung. Denn die Vorschrift regelt als notwendige Ergänzung von Art. 4 Abs. 2 des Statuts, nach dem der Gerichtshof seine Aufgaben im Hoheitsgebiet eines jeden Vertragsstaats ausüben kann, ausschließlich die Vorrechte der Institution „IStGH“, nicht aber diejenigen der Träger dieser rechtsprechenden Weltgemeinschaftsgewalt.

Die gleiche Beurteilung trifft darüber hinaus auch in Bezug auf die Richter am EuGHMR zu. Denn auch hier enthalten weder das 6. Protokoll noch das Allgemeine Abkommen unmissverständliche, eindeutige Regelungen bezüglich der Rechtsstellung der Richter in ihren Heimastaaten. Art. 1 des 6. Protokolls verweist generell auf die diplomatischen Immunitäten; Artt. 2 ff. des 6. Protokolls und Art. 18 des Allgemeinen Übereinkommens treffen keine Unterscheidung nach Nationalitäten, woraus sich entweder auf die mangelnde Notwendigkeit einer entsprechenden Regelung oder aber auf die besonders zum Ausdruck gebrachte richterliche Unabhängigkeit schließen lässt.

d) Gerichtshofstatut des EuGH

Das EuGH-Statut befreit die Richter ausnahmslos von jeder Gerichtsbarkeit, ohne die Frage der Nationalität besonders zu regeln. Durch diesen Regelungsverzicht soll nach *Siebert* nicht die Gleichgültigkeit hinsichtlich der Staatsangehörigkeit, sondern gerade die Unabhängigkeit der Richter generell in den Mitgliedstaaten besonders zum Ausdruck gebracht werden[795].

Da somit auch nach Art. 3 EuGH-Satzung der geografische Geltungsbereich der richterlichen Immunitäten nur mittels Auslegung zu bestimmen ist, wäre es im Inte-

---

793 Vgl. auch *Hudson* (Fn. 503), S. 325, 331.

794 Die Frage wird in der folgenden Untersuchung erneut aufgegriffen.

795 *Siebert* (Fn. 43), S. 108 f.

resse einer jeglichen Zweifel ausschließenden Regelung begrüßenswert gewesen, wenn entsprechend Art. 12 lit. a Privilegien-Protokoll der EG-Beamten, die Vorschrift um den Passus ergänzt worden wäre, dass den Richtern die Immunitäten „ungeachtet ihrer Staatsangehörigkeit in jedem Mitgliedstaat" zu gewähren sind[796].

c) Gerichtshofstatut des ISGH

In Übereinstimmung mit Art. 38 Abs. 1 WÜD und den Allgemeinen Übereinkommen über die Vorrechte zu Gunsten internationaler Funktionäre normiert der auch auf die Richter Anwendung findende Art. 18 des Übereinkommens über die Vorrechte des ISGH, dass Richter in einem Mitgliedstaat, dessen Staatsangehörige sie sind oder in dem sie ansässig sind, Immunität von der Gerichtsbarkeit und Unverletzlichkeit nur in Bezug auf ihre in amtlicher Eigenschaft vorgenommenen Handlungen genießen und diese Immunität auch nach Amtsende bestehen bleibt. Da den übrigen Richtern – wie dargestellt – die diplomatischen Vorrechte eingeräumt werden und diese somit auch in Bezug auf ihre Privatakte geschützt sind, beinhaltet Art. 18 des Übereinkommens im Ergebnis eine Schlechterstellung – hier konkret der deutschen Richter – gegenüber ihren ausländischen Kollegen, die offenkundig dem Anspruch eines jeden internationalen Richters auf effektiven Funktionsschutz zuwiderläuft. Hierauf wird zu einem späteren Zeitpunkt der Untersuchung zurückzukommen sein.

Erwähnenswert ist in diesem Zusammenhang, dass in der Verfahrensordnung des Gerichts zwar offensichtlich die Notwendigkeit einer Gleichstellung aller Richter bei ihrer Amtsausübung erkannt wurde, sich diese Gleichwertigkeit aber ausweislich des insoweit einschlägigen Art. 3 auf Gesichtspunkte wie Alter, Zeitpunkt der Wahl und Amtsdauer der Richter beschränkt[797]. Wesentliche, die Rechtsstellung und damit die unabhängige Funktionserfüllung der Richter sichernde Aspekte – wie z. B. eine Gleichstellung betreffend die Staatsangehörigkeit – haben demgegenüber keinen Eingang in die maßgeblichen Regelwerke gefunden.

2. Geltungsbereich der Richterimmunität nach den Sitzstaatabkommen

Wie der vorstehende Überblick über den Geltungsbereich der Richterimmunität nach den Gerichtshofstatuten veranschaulicht hat, ist derzeit weder eine einheitliche noch eine präzise, unmissverständliche Regelung die Rechtsstellung der Richter in ihren Heimatstaaten betreffend in den verschiedenen Satzungen der Gerichte definiert. Es gilt daher im Folgenden zu prüfen, ob und inwieweit sich insoweit Abweichungen aus den diese Statuten ergänzenden, speziell zwischen internationalen Gerichtshöfen und ihren Sitzstaaten abgeschlossenen Abkommen ergeben. Auch in diesem Zusammenhang soll nicht nur der Vollständigkeit halber, sondern primär wegen ihres zukunftsweisenden Charakters mit der Vereinbarung zwischen dem StIGH und den Niederlanden begonnen werden, bevor auf die Sitzstaatabkommen der bestehenden Gerichte einzugehen ist.

---

796 Vgl. hierzu auch die Ausführungen in Teil 6 B. V. 2.

797 Art. 3 entspricht im Wortlaut Art. 3 Abs. 1 der Verfahrensordnung des IGH und lautet wie folgt: „The members, in the exercise of their functions, are of equal status, irrespective of age, priority of election or length of service."

a) Sitzstaatabkommen zwischen dem StIGH und den Niederlanden unter besonderer Berücksichtigung der modi vivendi von 1921 und 1926 mit der Schweiz

Trotz der ungenügenden Fassung des Art. 19 StIGH-Statut wurde die Frage nach der „Rechtsstellung" der Richter erstmals 1928 wieder aufgeworfen, insofern allerdings primär abhebend auf den den Richtern gegenüber den Diplomaten in den Niederlanden einzuräumenden Rang[798]. Die in diesem Zusammenhang zwischen der niederländischen Regierung und dem Gerichtshof getroffene Vereinbarung wurde maßgeblich durch die vom Völkerbund mit der Schweiz zum Abschluss gebrachten modi vivendi von 1921 und 1926 beeinflusst, die sich erstmals mit der Immunitätsfrage internationaler Funktionäre in ihren Heimatstaaten befassten und einen Großteil der in der Folgezeit abgeschlossenen Sitzstaatabkommen maßgeblich prägten. Die Schlüsselrolle, die diesen „provisorischen Abkommen" auf Grund dessen für die aufgeworfene Fragestellung zukommt, erfordert auch im Rahmen der vorliegenden Untersuchung ihre Darstellung.

aa) Modi vivendi zwischen der Schweiz und dem Völkerbund

Da sich dem Wortlaut des Art. 7 Abs. 4 Völkerbund-Satzung infolge seiner Mehrdeutigkeit keine eindeutige Auskunft über die Rechtsstellung der Funktionäre in ihren Heimatstaaten entnehmen ließ, zu dieser Frage keine gesicherte Rechtsüberzeugung bestand[799] und letztlich auch die vom Institut de Droit International herausgegebene Resolution zur Auslegung des Art. 7 Abs. 4 Völkerbund-Satzung nicht zur Klärung der Streitfrage beitrug[800], wurden mit Rücksicht auf die seit 1920 zunehmende Anzahl der internationalen Funktionäre im Rahmen der Sitzverlegung des Völkerbundsekretariats von London nach Genf Verhandlungen zwischen dem Völkerbund und dem eidgenössischen politischen Departement über die den Funktionären in der Schweiz zu gewährenden Vorrechte notwendig, die am 19. Juni 1921 zu dem ersten „modus vivendi" führten[801].

---

798 Vgl. *King* (Fn. 87), S. 242.

799 *Dahm* (Fn. 55), S. 340; zu den unterschiedlichen von Staaten vertretenen Ansichten vgl. *Schmidt*, Die völkerrechtliche Stellung der Mitglieder des ständigen Sekretariats des Völkerbundes, 1930, S. 9f.

800 Article 2: „Dans l'application du traitement prévu ci-dessus, les membres de la Société des Nations ne sont autorisés à faire aucune distinction entre leurs ressortissants et ceux des autres États. Il est désirable, toutefois, que les agents de la Société ne soient appelés à exercer leurs fonctions dans leur propre pays qu'en cas de necessité absolue et avec l'agrément continu de leur gouvernement." Das Institut hat damit eine zwischen den divergierenden Auffassungen vermittelnde Lösung gewählt, indem es sich zwar einerseits gegen eine Diskriminierung eigener Staatsangehöriger ausgesprochen, diese klare Regelung aber andererseits dadurch abgeschwächt hat, dass es die Tätigkeit eines Funktionärs im Heimatstaat vom Agrément seiner Regierung abhängig machte. Diese offensichtlich dem Diplomatenrecht entlehnte Abhängigkeit widerspricht aber in eklatanter Weise den Prinzipien des internationalen öffentlichen Dienstes, weshalb die Resolution wenig überzeugt.

801 Der gesamte Schriftverkehr zwischen dem Generalsekretär und dem eidgenössischen politischen Department einschließlich der modi vivendi sind vollständig abgedr. bei *Hill* (Fn. 100), S. 121 ff., und *Schücking/Wehberg* (Fn. 94), S. 593 ff.

(1) Modus vivendi von 1921

Die in Teil 4 unter A. I. 1. b) aa) dieser Untersuchung detailliert dargestellten Immunitätsregelungen des modus vivendi von 1921 zu Gunsten der Funktionäre der ersten und zweiten Kategorie sollten nach einer „Note“ des schweizerischen Bundesrats auf die schweizerischen Völkerbund-Beamten im Hinblick auf ihre von dieser Personengruppe zu unterscheidende Rechtsposition keine Anwendung finden[802]. Zur Begründung wurde zum einen darauf abgestellt, dass im internationalen Recht jeder Staat berechtigt ist, eigenen Staatsangehörigen die Gewährung der diplomatischen Immunitäten zu versagen. Zum anderen wurde auf den verfassungsrechtlichen Grundsatz der Gleichhheit vor dem Gesetz verwiesen[803]. Ohne insofern bereits eine abschließende Regelung zu treffen, stellte der Direktor des eidgenössischen politischen Departements *Motta* in seinem an den Generalsekretär des Völkerbundes, *Sir Eric Drummond*, adressierten Schreiben vom 19. Juli 1921 insofern aber zumindest klar, dass die Völkerbund-Funktionäre mit schweizerischer Staatsangehörigkeit in jedem Fall hinsichtlich der *in amtlicher Eigenschaft und innerhalb der Dienstpflichten* vorgenommenen Handlungen von der heimatstaatlichen Gerichtsbarkeit ausgenommen sein sollten[804].

(2) Modus vivendi von 1926

Der modus vivendi vom 18. September 1926[805], der eine Zusammenfassung und Vervollständigung, aber keine Aufhebung der 1921 getroffenen Vereinbarung darstellte[806], sah gegenüber dem *modus vivendi von 1921* – bezogen allein auf die derzeit behandelte Thematik – folgende wesentliche Ergänzung vor:

„Officials of Swiss nationality may not be sued before the local courts in respect of acts performed by them in their official capacity and within the limits of their official duties.“[807]

Indem diese Regelung die Jurisdiktionsimmunität der schweizerischen Völkerbund-Beamten auf die in amtlicher Eigenschaft und innerhalb ihrer dienstlichen Befugnisse vorgenommenen Handlungen beschränkte, erfolgte ungeachtet ihrer Stellung und Funktion eine Gleichstellung mit den ausländischen Funktionären der zweiten Kategorie.

Diese Gleichstellung hatte zum einen eine Benachteiligung schweizerischer Beamter der ersten Kategorie gegenüber ihren ausländischen Kollegen der gleichen Kategorie zur Folge, denen in der Schweiz grundsätzlich die den Mitgliedern der Gesandtschaften eingeräumte Immunität, d. h. absoluter Immunitätsschutz, gewährt wurde. Darüber hinaus erfolgte eine Schlechterstellung der schweizerischen Beam-

802 Vgl. Circular Nr. 316 vom 28. Oktober 1922, *Hill* (Fn. 100), S. 153.

803 *Perrenoud* (Fn. 116), S. 72.

804 *Hill* (Fn. 100), S. 125, 149; *Schücking/Wehberg* (Fn. 94), S. 596; vgl. insofern auch das Antwortschreiben von *Sir Drummond* vom 24. Oktober 1921, *Hill* (Fn. 100), S. 150 f.

805 *Hill* (Fn. 100), S. 138 ff.

806 *Schücking/Wehberg* (Fn. 94), S. 596.

807 *Hill* (Fn. 100), S. 140; *Schücking/Wehberg* (Fn. 94), S. 598.

ten auch durch die Tatsache, dass die Immunitätsgewährung nicht allein auf die Amtshandlungen als solche beschränkt, sondern zudem von der Einhaltung der den Beamten innerhalb ihrer Ämter eingeräumten Befugnisse abhängig gemacht wurde. Denn damit blieben die schweizerischen Völkerbund-Beamten unabhängig von Stellung und Funktion im Gegensatz zu ihren ausländischen Kollegen der ersten Kategorie selbst bei einer zwar in amtlicher Eigenschaft vorgenommenen, aber ihre Aufgaben überschreitenden Handlung dem nationalen Recht unterworfen[808].

Im Ergebnis wiesen damit die modi vivendi erhebliche Unzulänglichkeiten auf, zumal auch die wesentliche Frage nach den Immunitäten der Völkerbund-Funktionäre nicht schweizerischer Nationalität in ihren Heimatstaaten wegen des speziellen Charakters dieser provisorischen Abkommen, ihres lokal beschränkten Anwendungsbereichs, weiterhin unbeantwortet und damit der Übung der jeweiligen Staaten überlassen blieben.

bb) Sitzstaatabkommen des StIGH mit den Niederlanden

In Anlehnung an die modi vivendi bestimmte auch das Sitzstaatabkommen zwischen dem StIGH und den Niederlanden vom 5. Juni 1928[809], dass die Richter mit niederländischer Staatsangehörigkeit lediglich hinsichtlich der in amtlicher Eigenschaft und innerhalb der Dienstpflichten vorgenommenen Handlungen nicht vor nationalen Gerichten zur Verantwortung gezogen werden können sollten[810]. Demgegenüber waren den übrigen Richtern in Anlehnung an Art. 19 des Statuts des StIGH auf niederländischem Staatsgebiet „diplomatic privileges and immunities accorded, in general, to heads of missions accredited to Her Majesty the Queen of the Netherlands“ einzuräumen. Für sie bestand daher, unabhängig von der Frage, ob eine Amts- oder eine Privathandlung betroffen war, Immunitätsschutz. Der Zusatz „when in the Netherlands territory“ brachte lediglich zum Ausdruck, was der Begriff „Sitzstaatabkommen“ ohnedies beinhaltet: die auf den Sitzstaat beschränkte Geltung des Abkommens.

---

808 Diese restriktive Jurisdiktionsimmunität warf zudem das Problem auf, wer letztlich die Entscheidung darüber zu treffen hatte, ob der Funktionär kraft seines Amtes die beanstandete Handlung vorzunehmen berechtigt war – das nationale Gericht oder aber der Generalsekretär des Völkerbundes. Im Ergebnis wird insofern wohl *Schultze* (Fn. 514), S. 75, zu folgen sein, der diese Entscheidungsbefugnis der Kompetenz der nationalen Gerichte zuordnet. Denn auf Grund der Tatsache, dass der *modus vivendi 1926* dem Völkerbund-Generalsekretär allein die Befugnis einräumte, die Jurisdiktionsimmunität der Funktionäre der I. Kategorie aufheben zu können, liegt der Schluss nahe, dass damit der Generalsekretär zwar innerhalb dieser Kompetenz auch zur Immunitätsaufhebung wegen Befugnismissbrauchs berechtigt war, ihm aber weitere Kompetenzen insbesondere in Bezug auf Funktionäre mit schweizerischer Staatsangehörigkeit nicht übertragen wurden, sondern über den angeführten Rahmen hinausgehende Rechte im Zuständigkeitsbereich der nationalen Gerichte verbleiben sollten.

809 PCIJ Pub., Series E, No. 4, S. 58-61.

810 Ähnlich auch *King* (Fn. 87), S. 247: „the regime at The Hague was copied closely after that at Geneva.“

Festzuhalten bleibt im Ergebnis, dass auf Grund der absoluten Immunitätsgewährung an ausländische Richter dem Sitzstaatabkommen eine eklatante Benachteiligung der holländischen Richter immanent war.

b) Sitzstaatabkommen des IGH mit den Niederlanden

Das Sitzstaatabkommen zwischen dem IGH und den Niederlanden über die Vorrechte und Befreiungen des Gerichtshofes, seiner Mitglieder und Funktionäre ist am 11. Dezember 1946 in Kraft getreten[811].

aa) Inhaltliche Ausgestaltung

Es stützt sich auf die frühere Regelung zu Gunsten des StIGH aus dem Jahr 1928, so dass generell auf die obigen Ausführungen verwiesen werden kann.

Die neuen Regeln unterscheiden sich allerdings insoweit von den übernommenen, als nunmehr in Ziff. 4 ausdrücklich festgehalten ist, dass „the privileges are granted in the interests of the administration of international justice and not in the personal interest of the beneficiary". Gegenüber ihren Vorgängern, die noch überwiegend von Prestige- und Rangordnungsfragen geleitet waren, ist somit die Ausrichtung des Sitzstaatabkommens am Prinzip des Funktionsschutzes ausdrücklich dokomentiert.

bb) Konsequenzen des Sitzstaatabkommens für die Rechtsstellung der Richter allgemein

Das Sitzstaatabkommen hat zur Folge, dass trotz des Verweises auf die diplomatischen Immunitäten in Art. 19 IGH-Statut den Richtern nicht generell in ihren Heimatstaaten Immunitätsschutz versagt wird. Denn zumindest sind die niederländischen Richter für die im Rahmen ihrer Befugnisse vorgenommenen Amtshandlungen nicht der heimatstaatlichen Gerichtsbarkeit unterworfen. Im Ergebnis hat damit die Vereinbarung zwischen dem IGH und den Niederlanden auf Grund ihres lokal begrenzten Anwendungsbereichs sowie der festgelegten nationalen Diskriminierung niederländischer Richter gegenüber ihren ausländischen Kollegen eine Dreiteilung der Richterbank zur Konsequenz:

1. Richter, die nicht Staatsangehörige des Sitzstaates des Gerichtshofs sind: Hinsichtlich der Rechtsstellung in ihren Heimatstaaten besteht auch heute noch keine gefestigte Rechtsüberzeugung, so dass die Immunitätsgewährung der Übung der jeweiligen Staaten überlassen bleibt.

2. Richter, die im Sitzstaat des Gerichtshofs ansässig oder dessen Staatsangehörige sind: Sie werden gegenüber ihren Kollegen insofern privilegiert, als ihnen mittels des Sitzstaatabkommens in ihrem Heimatstaat zumindest Immunität für ihre in amtlicher Eigenschaft und innerhalb ihrer Dienstpflichten vorgenommenen Handlungen gewährt wird.

---

811 Der Briefwechsel vom 26. Juni 1946 zwischen dem Präsidenten des IGH und dem holländischen Außenminister sowie die auf dieser Grundlage zu Stande gekommene Vereinbarung sind abgedr. in UNTS 1947, No. 114, S. 63 ff.

3. Richter, die sich im Sitzstaat des Gerichtshofs zum Zwecke der Funktionserfüllung aufhalten, aber nicht dessen Staatsangehörigkeit besitzen: Diese sog. ausländischen Richter genießen diplomatische Vorrechte und nehmen damit gegenüber ihren niederländischen Kollegen eine bevorrechtigte Stellung ein.

cc) Generelle Ausrichtung der Immunitäten gegenüber dem Heimatstaat am Sitzstaatabkommen zwischen dem IGH und den Niederlanden

Die auf Grund dieser Ungleichbehandlung von *Jaenicke* erhobene Forderung, die Rechtsstellung der Richter gegenüber ihrem Heimatstaat allgemein an dem Sitzstaatabkommen zwischen den Niederlanden und dem IGH auszurichten, das „das notwendige Minimum eines Rechtsschutzes für die Unabhängigkeit der Richter darstellen würde“[812], erscheint bereits insofern zweifelhaft, als die Niederlande die Vorrechte eigener Staatsangehöriger nicht generell auf Amtshandlungen beschränkt, sondern durch den Passus „innerhalb ihrer Dienstbefugnisse“ zusätzlich reduziert haben.

Bei Verwendung einer entsprechend restriktiven Immunitätsregel stellt sich zunächst einmal die Frage, welche „Institution“ letztlich über die Einhaltung der den Richtern eingeräumten amtlichen Befugnisse zu entscheiden hätte: der Präsident des Gerichtshofs, der Gerichtshof als Plenum oder aber die nationalen Gerichte. Letztlich kann diese Frage aber vorliegend auf sich beruhen. Denn beim internationalen Richter könnte eine Überschreitung seiner Streitbeilegungsfunktion im Ergebnis allenfalls dann angenommen werden, wenn sie eine Rechtsbeugung beinhaltet. Gegen diese Möglichkeit spricht aber nicht nur die unzureichende Struktur der internationalen Rechtssysteme, die den Nachweis eines Rechtsmissbrauchs schwerlich führen lässt. Darüber hinaus existiert an den internationalen Gerichtshöfen nicht – wie im nationalen Recht – die Möglichkeit der Einzelrichterentscheidung, so dass eine Rechtsbeugung allein vom Gerichtshof als Plenum vorgenommen werden könnte – eine Voraussetzung, die auch unter Berücksichtigung des in den Gerichtshofstatuten verankerten Grundsatzes, ausschließlich sittlich hochstehende Persönlichkeiten zu normieren[813], selbst bei pessimistischer Betrachtung wohl kaum erfüllt werden wird.

Ist somit mangels eines notwendigen Regelungsgehalts für eine Beschränkung der richterlichen Immunitäten im Heimatstaat auf innerhalb amtlicher Befugnisse vorgenommene Handlungen kein Raum, scheidet das Sitzstaatabkommen zwischen dem IGH und den Niederlanden bereits aus diesem Grund als Lösungsansatz für die Frage der Rechtsstellung der Richter in ihren Heimatstaaten aus.

c) Das Sitzstaatabkommen zwischen dem IAGHMR und Costa Rica

Das vom 10. September 1981 datierende Sitzstaatabkommen zwischen dem IAGHMR und Costa Rica[814] gewährt den Richtern in Übereinstimmung mit Art. 70

812 *Jaenicke,* ZaöRV 14 (1951/52), S. 46, 70.

813 Vgl. Art. 2 IGH-Statut; Art. 21 Abs. 1 des 11. Protokolls zur EMRK.

814 Annual Report of the IACHR 1981, OEA/Ser. L/III. 5 doc. 13, S. 17 ff.

AMRK vom Zeitpunkt ihrer Wahl und während ihrer Amtsdauer die gleichen diplomatischen Vorrechte wie den in Costa Rica akkreditierten Missionschefs, die vom Umfang her den im WÜD, im Übereinkommen der OAS über Vorrechte und Befreiungen sowie in anderen diese Materie betreffenden Verträgen enthaltenen Immunitätsvorschriften entsprechen sollen.

Für die aus Costa Rica stammenden Mitglieder des Gerichtshofs bestimmt das Abkommen in Art. 11 wie folgt[815]:

„... in any case, they shall not be subject to measures of administrative or judical restriction, execution or compulsion, unless their immunity has been waived by the court".

Da eine die Vorrechte der costa-ricanischen Richter auf Amtshandlungen beschränkende Klausel in Abweichung zu den zuvor dargestellten Abkommen Art. 11 des Sitzstaatabkommens gerade nicht entnommen werden kann, liegt die Schlussfolgerung nahe, von einer auch ihre Privatakte umfassenden Immunität und damit zumindest von einer Angleichung an die Stellung der ausländischen Mitglieder des Gerichtshofs auszugehen. Diese Assimilierung wird auch nicht dadurch in Frage gestellt, dass bei oberflächlicher Betrachtung zunächst lediglich die Möglichkeit der Immunitätsaufhebung durch das Gericht bezogen auf die costa-ricanischen Richter ersichtlich ist. Denn die in Artt. 11 und 12 des Sitzstaatabkommens normierten Immunitätsvorschriften können nur im Gesamtkontext des Abkommens gelesen werden, welches in Art. 23 eindeutig die Aufhebung der richterlichen Vorrechte durch den Gerichtshof statuiert, ohne insoweit hinsichtlich der Nationalität der Richter zu unterscheiden.

Da sich die Vorschrift des Art. 11 des Sitzstaatabkommens aber ausschließlich mit den den Richtern persönlich zu gewährenden Immunitäten auseinandersetzt, ohne auf den Status der Familienmitglieder und des Personals einzugehen, beinhaltet auch dieses Übereinkommen letztlich eine Schlechterstellung der in Costa Rica beheimateten Richter gegenüber ihren ausländischen Kollegen.

d) Verordnung über die Vorrechte und Immunitäten des Internationalen Seegerichtshofs

In Art. 1 Abs. 1 der Verordnung der Bundesregierung über die Vorrechte und Immunitäten des Internationalen Seegerichtshofs vom 10. Oktober 1996[816] ist festgelegt, dass den Mitgliedern des Internationalen Gerichtshofs und dessen Kanzler, soweit dieser nicht die deutsche Staatsangehörigkeit besitzt oder in der Bundesrepublik Deutschland ansässig ist, die Vorrechte, Immunitäten, Befreiungen und Erleichterungen genießen, die den in vergleichbarem Rang stehenden Diplomaten der diplomatischen Missionen in der Bundesrepublik Deutschland gewährt werden.

Indem die Verordnung ausschließlich in Bezug auf den Kanzler eine an der Staatsangehörigkeit ausgerichtete Differenzierung trifft, hinsichtlich der Richter aber ge-

815 Annual Report of the IACHR 1981, OEA/Ser. L/III. 5 doc. 13, S. 20 f.

816 BGBl. 1996 II, S. 2517.

rade nicht nach Nationalitäten unterscheidet, liegt der Schluss nahe, dass auch die deutschen Richter in der Bundesrepublik absoluten Immunitätsschutz genießen, auch wenn insofern der generelle Verweis auf die Diplomatenimmunität wegen des dort lediglich eingeschränkten geografischen Geltungsbereichs der Vorrechte als in der Sache wenig dienlich beurteilt werden muss. Die Bundesrepublik hätte bei entsprechender Auslegung von der den Mitgliedstaaten in Art. 18 des Allgemeinen Übereinkommens über die Vorrechte des ISGH eingeräumten Befugnis Gebrauch gemacht und den Immunitätsschutz eigener Staatsangehöriger gegenüber der in Art. 18 festgelegten Vorrechtsstellung erweitert.

e) Sitzstaatabkommen zwischen dem EuGHMR und Straßburg

Um die Rechtsstellung der Richter am EuGHMR in Straßburg beurteilen zu können, bedarf es eines Rückgriffs auf das Sitzstaatabkommen des Europarats mit Frankreich vom 2. September 1949[817], das auch nach Errichtung des neuen ständigen EuGHMR weiterhin auf die Richter Anwendung findet. Denn Art. 51 des 11. Protokolls zur EMRK verweist hinsichtlich der richterlichen Immunitäten auf Art. 40 der Satzung des Europarats, dessen Abs. 2 die Vereinbarung eines die Immunitäten des Europarats definierenden Spezialabkommens an dessen Sitz festlegt. Damit entspricht die Vorschrift im Wortlaut dem früher geltenden Art. 59 EMRK.

Das Sitzstaatabkommen sieht in Art. 5 allgemein vor, dass französische Behörden den ungehinderten Zugang u. a. von Europaratsbeamten und deren Familien zum Sitz des Europarats nicht behindern sollen, sondern vielmehr für die schnellstmögliche Gewährung der notwendigen Reisevisa Sorge zu tragen ist (vgl. Art. 6 Satz 1). Ungeachtet der Vorschrift des Art. 5 bestimmt Art. 6 Satz 2 eine Anwendung der französischen Rechtsvorschriften auf sich im Sitzstaat aufhaltende Ausländer, „who have abused the privileges provided for in that Article [Art. 5] by engaging in French territory unconnected with their official duties“.

Das Sitzstaatabkommen unterwirft damit – abweichend von den zuvor dargestellten Abkommen – nicht ausdrücklich die eigenen Staatsangehörigen partiell der französischen Gerichtsbarkeit, sondern vielmehr die Ausländer. Ungeachtet des ohnedies fragwürdigen, da sehr limitierten Regelungsgehalts dieser Vorschrift spricht sie offensichtlich gegen die Internationalität der Richter, die ja gerade der Hoheitsgewalt der Staaten entzogen werden sollen.

f) Kein Sitzstaatabkommen zwischen dem EuGH und Luxemburg

Nur der Vollständigkeit halber sei an dieser Stelle darauf hingewiesen, dass ein speziell die Rechtsstellung der „europäischen“ Richter beinhaltendes Sitzstaatabkommen in Widerspruch zu dem supranationalen Charakter der EU und ihres Gerichtshofs stehen würde, da der Richter als ein mit dem europäischen Status beliehener Beamter[818] mit Amtsantritt von der nationalen Gerichtsbarkeit befreit ist. Es ist daher nur folgerichtig, dass Luxemburg von einem Sitzstaatabkommen abgesehen hat.

---

817 ETS No. 3, 1949, S. 2 ff.

818 Vgl. die in Art. 1 Abs. 1 EurBSt normierte Definiton des „europäischen Beamten“.

Zwischenergebnis zu 1. und 2.

Die vorstehende Analyse verdeutlicht, dass sich seit der modi vivendi von 1921 und 1926 überwiegend die Tendenz fortgesetzt hat, internationalen Richtern zumindest für ihre Amtshandlungen Immunität auch in den Heimatstaaten zu gewähren. Denn diese Immunität wird – wenn nicht bereits in den Gerichtshofstatuten normiert – nach fast allen Sitzstaatabkommen zumindest auch den Staatsangehörigen des Tätigkeitsstaates der Gerichtshöfe eingeräumt.

Die Staaten haben damit zunehmend dem Umstand Rechnung getragen, dass es sich bei der Immunität für Amtshandlungen letztlich nicht um ein dem internationalen Richter persönlich, sondern um ein ausschließlich im Interesse des jeweiligen internationalen Gerichtshofs zu gewährendes, auf der Natur der Handlung beruhendes[819] Vorrecht handelt. Denn da sich die offiziellen Akte im Ergebnis als „Akte des Gerichtshofs" darstellen, weil sie diesem, nicht aber dem Richter persönlich zugerechnet werden, müsste ein gegen einen Richter in amtlicher Eigenschaft eingeleitetes Verfahren als gegen das Gericht selbst gerichtet angesehen werden. Damit wäre aber die in den Statuten normierte funktionelle Rechtspersönlichkeit internationaler Gerichtshöfe in Frage gestellt, wenn nicht sogar aufgehoben.

Dieser Schlussfolgerung steht speziell in Bezug auf die internationalen Richter nicht entgegen, dass diese als Träger der rechtsprechenden „Gemeinschafts-"Gewalt die internationalen Gerichtshöfe verkörpern[820]. Denn abzuheben ist insofern nie auf den einzelnen Richter, sondern stets auf das „Richterkollektiv", welches in seiner Gesamtheit bei der Einleitung eines Verfahrens wegen einer von einem Richter vorgenommenen Amtshandlung betroffen wäre.

Im Ergebnis stellt sich damit die Jurisdiktionsimmunität internationaler Richter für in amtlicher Eigenschaft vorgenommene Handlungen als *conditio sine qua non* für die effektive Funktionserfüllung des Gerichtshofs dar. Sie muss auf Grund dessen als Minimum eines Rechtsschutzes der richterlichen Unabhängigkeit generell gegenüber Heimatstaaten gelten[821].

3. Absolute Immunitätsgewährung auch in den Heimatstaaten

Allein die Erstreckung des richterlichen Immunitätsschutzes auf Amtshandlungen gegenüber Heimatstaaten generell hätte ein Festhalten an der nationalen Diskriminierung zur Folge, da die „ausländischen" Richter nach hier erarbeitetem Verständnis Immunität auch in Bezug auf Privatakte genießen. Ob diese Reduzierung des Rechtsstatus von Richtern in ihren Heimatstaaten insbesondere vor dem Hintergrund der Internationalität der Richter gerechtfertigt ist, gilt es auch unter Berücksichtigung der die Rechtsstellung internationaler Funktionäre betreffenden Vor-

---

819 Schon *Adatci/de Visscher*, Annuaire de l'Institut de Droit International 31 (1924), S. 1, 9 f., verwiesen in diesem Zusammenhang – allerdings bezogen auf internationale Funktionäre allgemein – auf den *caractère intrinsèques.*

820 Vgl. Art. 2 IGH-Statut: „Der Gerichtshof besteht aus unabhängigen Richtern ...".

821 So auch bezogen auf internationale Funktionäre allgemein *Jenks* (Fn. 320), S. 114; *Kunz,* AJIL 41 (1947), S. 828, 855; *Kiesgen* (Fn. 260), S. 199.

schriften zu prüfen. Denn trotz der Kategorisierung internationaler Richter als eigenständiger Typus innerhalb der Gattung der internationalen Funktionsträger[822] könnten den entsprechenden Bestimmungen möglicherweise Lösungsansätze für das gegenständliche Problem zu entnehmen sein.

a) Rechtsstellung internationaler Funktionäre in ihren Heimatstaaten

Da die Rechtsstellung der internationalen Funktionäre sowohl allgemein in den Immunitätsabkommen als auch speziell in den Headquarter Agreements geregelt ist, wird – um Wiederholungen zu vermeiden – auf den in Teil 4 gegebenen allgemeinen Überblick über die Immunitätsvorschriften zu Gunsten internationaler Funktionäre verwiesen und hier lediglich ein Resümee gezogen.

aa) Rechtsstellung auf Grund der Gründungssatzungen allgemein

Wie der Überblick über die Immunitätsvorschriften zu Gunsten der internationalen Funktionäre gezeigt hat, verweist der überwiegende Teil der Satzungen der unmittelbar nach 1945 gegründeten internationaler Organisationen zur Regelung der Rechtsstellung der Spitzenfunktionäre auf das Diplomatenrecht, so dass sich erneut die Frage erhebt, ob diese Immunität auch im Heimatstaat des Funktionärs zu beachten ist. Die ausschließlich für Amtshandlungen gewährten Vorrechte zu Gunsten der Funktionäre der II. Kategorie finden demgegenüber ohne Unterscheidung nach der Nationalität des Bediensteten und damit wohl auch in dessen Heimatstaat Anwendung

Eine Ausnahme bildet insofern das Immunitätenprotokoll der EU, das den europäischen Beamten lediglich restriktiven Immunitätsschutz, allerdings in allen Mitgliedstaaten, gewährt.

Abweichend zu den unmittelbar nach 1945 vereinbarten Immunitätsabkommen bestimmen die Statuten einiger der in jüngerer Zeit gegründeten Organisationen, wie z. B. INTELSAT und EUTELSAT, ausdrücklich, dass die Vertragsparteien nicht verpflichtet sind, ihren eigenen Staatsangehörigen die im Übrigen eingeräumten Vorrechte, Befreiungen und Immunitäten zu gewähren[823]. Da die Rechtsstellung der Funktionäre dieser Organisationen in ihren Heimatstaaten demzufolge in das Ermessen der jeweiligen Regierungen gestellt wird, ist nicht einmal das Minimum an Rechtsschutz auch im Heimatstaat – die Immunität für Amtshandlungen – garantiert.

bb) Rechtsstellung auf Grund der Sitzstaatabkommen

Auch den Headquarter Agreements zwischen den internationalen Organisationen und ihren Sitzstaaten lässt sich keine einheitliche Übung, speziell die Frage nach der Rechtsstellung Staatsangehöriger des Tätigkeitstaates betreffend, entnehmen[824]. Sie

822 Vgl. hierzu ausführlich Teil 6 B. IV. 1.

823 Art. 7 Abs. 5 INTELSAT-Satzung, BGBl. 1980 II, S. 706 ff., 711; Art. 9 Abs. 4 EUTELSAT-Satzung, BGBl. 1989 II, S. 254 ff., 258.

824 Vgl. insofern den Überblick in Teil 4 C.

sehen aber im Allgemeinen unterschiedslos[825] auch für die „agents internationales régnicoles“ Immunität jedenfalls in Bezug auf Amtshandlungen vor, so dass „… it appears to be universally recognized that immunity from legal process in respect of official acts is applicable irrespective of nationality“[826].

Zwischenergebnis zu a)

Trägt somit zwar auch die Entwicklung speziell im Immunitätsrecht der internationalen Funktionäre dem Fakt Rechnung, dass die Sicherstellung einer ungehinderten Durchführung internationaler Aufgaben unvereinbar mit deren Unterwerfung unter die nationale Gerichtsbarkeit ist[827], ergeben sich doch keine eindeutigen Anhaltspunkte über die hier noch offene Frage, inwieweit der Immunitätsschutz für Privatakte auch in den Heimatstaaten der internationalen Bediensteten zu gelten hat.

b) Internationaler Rechtsstatus der Richter

Die Frage nach dem Umfang der den internationalen Richtern in ihren Heimatstaaten zu gewährenden Immunitäten kann somit allein auf der Grundlage ihres internationalen Rechtsstatus beantwortet werden.

Wie bereits dargestellt, sind die internationalen Richter – im Gegensatz zu den Diplomaten – nicht von einem Staat, sondern von einer internationalen Staatengemeinschaft „entsandt“[828], deren überstaatliche Interessen sie unparteiisch und frei von Weisungen zu vertreten haben. Diese Entscheidungsfreiheit und damit das Vertrauen in die richterliche Unabhängigkeit würde aber erheblich in Frage gestellt, könnte ein internationaler Richter in seinem Heimatstaat für Privatakte gerichtlich belangt werden. Denn bereits die Billigung dieser – wenn auch nur eingeschränkten – Ausübung staatlicher Hoheitsgewalt würde dem Heimatstaat zumindest die Möglichkeit eröffnen, einen internationalen Richter wegen einer von diesem vertretenen, nicht mit den Interessen oder Ansichten des Heimatstaates übereinstimmenden Rechtsauffassung in der Ausübung seiner richterlichen Tätigkeiten zu behindern oder zu beeinflussen[829]. Zu denken ist insofern an die Ausübung sozialen Drucks z. B. durch gesellschaftliche Diskriminierung, die Ablehnung der Wiederernennung als Kandidat bei der Richterwahl, oder aber an gerichtliche Verfolgung, vielleicht unter einem Vorwand, wie manipulierte oder vorgetäuschte Straftaten bezogen auf Privatakte[830], verfälschte oder fingierte, der Zivilgerichtsbarkeit unterfallende Handlungen.

---

825 Abweichend insofern das Sitzstaatabkommen zwischen dem europäischen Laboratorium für Molekularbiologie und der BRD, das speziell für aus Verkehrsunfällen resultierende Verfahren die Immunität auch bezogen auf Amtshandlungen einschränkt.

826 *Jenks* (Fn. 320), S. 114; ebenso auch *Cahier*, Études des accords de siège (Fn. 354), S. 334.

827 Ähnlich schon *Frei* (Fn. 502), S. 63 f., speziell die Rechtsstellung der Völkerbund-Beamten behandelnd.

828 Im Ergebnis ebenso – allerdings bezogen auf internationale Funktionäre allgemein – *Posega* (Fn. 291), S. 14; *Frei* (Fn. 502), S. 12, 63.

829 So auch *Doehring* (Fn. 7), S. 472, § 22 V Rn. 1101.

830 Z. B. Vortäuschen einer angeblich durch einen Verkehrsunfall verursachten gefährlichen Körperverletzung, Drogenbesitz etc.

Damit würde aber speziell dem Heimatstaat ein Mehr an Macht gegenüber einem internationalen Richter eingeräumt – eine Konsequenz, die in eklatantem Widerspruch zu dem der Immunitätsgewährung zu Grunde liegenden Rechtsprinzip der *Gleichheit der Mitglieder der Internationalgemeinschaft*[831] stünde. Aus dieser Gleichheit der Staaten, die sich insbesondere in der Unterzeichnung der Gerichtshofstatuten durch die Mitgliedstaaten und deren daraus resultierendem Anerkenntnis einer gleichmäßigen Bindung an die dort statuierten Vorschriften nach außen hin dokumentiert, folgt, dass auch bzw. vor allem die Heimatstaaten aus ihrer „Nähe" zu einem internationalen Richter keinen Vorteil ziehen dürfen, sondern zur absoluten Immunitätsgewährung verpflichtet sind[832]. Diese Verpflichtung muss insbesondere auch dann gelten, wenn es sich bei dem Heimatstaat um den Sitzstaat eines internationalen Gerichtshofs handelt, derzufolge der Gleichheit der Staaten auch aus diesem Umstand keine Privilegierung herzuleiten berechtigt ist. Dies gilt umso mehr, als vor allem für den internationalen Richter, der als Staatsangehöriger des Sitzstaates seinen Lebens- und Wirkungskreis auch im Rahmen der internationalen Tätigkeit weiterhin im Heimatstaat entfaltet, die Möglichkeit der physischen oder psychischen Druckausübung durch Letzteren stets präsent ist[833].

Die derzeit überwiegende Staatenpraxis, mittels Sitzstaatabkommen die Vorrechtsstellung eigener Staatsangehöriger einzuschränken, widerspricht daher nicht nur dem der Immunität zu Grunde liegenden Prinzip des wirksamen Funktionsschutzes, sondern ist vor allem als im Ergebnis nicht vertragskonformes Verhalten zu beurteilen. Denn indem ein Staat durch Unterzeichnung der Gerichtshofstatuten u. a. auch die darin enthaltenen Immunitätsvorschriften anerkennt, ist er – gleichgültig, ob es sich um einen Sitzstaat handelt oder nicht – auch zur Gewährung der so normierten Vorrechte verpflichtet. Zwar ist zuzugeben, dass der Sitzstaat durchaus ein legitimes Interesse daran hat, den Status der auf seinem Hoheitsgebiet tätigen internationaler Funktionsträger zu bestimmen. Hiervon auszunehmen sind aber diejenigen Bereiche, die im Interesse eines wirksamen Funktionsschutzes bereits ausdrücklich in den Satzungen geregelt sind. Im Übrigen steht es einem jeden Staat frei, sich als Sitztsaat eines internationalen Gerichtshofs zu bewerben oder nicht. Tut er dies, muss er sich an den einmal unterzeichneten Verträgen festhalten lassen.

De lege ferenda ist daher in den Entwurf eines Immunitätenkatalogs die absolute richterliche Immunität auch bzw. vor allem gegenüber dem Heimatstaat zu statuieren.

---

831 *Basdevant* (Fn. 372), S. 299.

832 Vgl. *Doehring* (Fn. 7), S. 290, § 12 VI Rn. 689.

833 Nach Ansicht von *Hammerskjöld,* RdC 56 (1936 II), S. 111, 176, sind die „juges internationales régnicoles" sogar schutzbedürftiger als ihre ausländischen Kollegen: „Tout les juges, sans exception, doivent jouir des mêmes garanties de leur indépendance; et si quelqu'un avait besoin d'une protection plus efficace que les autres, ce serait précisement celui qui se trouve dans sons propre pays." Ähnlich auch *Lienau* (Fn. 503), S. 63; *Kiesgen* (Fn. 260), S. 193.

c) Konsequenzen der absoluten Immunität gegenüber dem Heimatstaat

Die erhobene Forderung, den Richtern auch in ihren Heimatstaaten absolute Immunität zu gewähren, führt zu folgenden Konsequenzen:

1. Da sich die Immunitäten der Familienangehörigen – wie aufgezeigt – im Ergebnis aus den den Richtern gewährten Immunitäten ableiten, führt dessen absolute Immunität gegenüber dem Heimatstaat zu einer entsprechenden Erstreckung der Vorrechte auch auf diese Personengruppe.

2. Der volle Immunitätsschutz insbesondere auch gegenüber den Heimatstaaten legt die Schlussfolgerung einer privilegierten Rechtsstellung der „juges internationales régnicoles" gegenüber den anderen Staatsbürgern und damit die Annahme eines Verstoßes gegen das Gebot der Gleichheit aller Bürger im Staat nahe.

Insofern darf jedoch nicht verkannt werden, dass das Prinzip der Gleichheit vor dem Gesetz die Beachtung aller erheblichen tatsächlichen Unterschiede fordert. Die Verschiedenheit der Verhältnisse eines gewöhnlichen Staatsangehörigen und eines internationalen Richters, der in Personalunion sowohl Staatsangehöriger als auch Teil einer internationalen Institution ist, rechtfertigt eine Differenzierung in der rechtlichen Behandlung beider Personengruppen, zumal nur auf diesem Weg dem Gebot der Respektierung des Völkerrechts auch tatsächlich Genüge getan wird.

3. Die absolute Immunitätsgewährung führt zwangsläufig zu einer Einschränkung der Souveränität der Heimatstaaten der Richter, die so an der Ausübung der ihnen grundsätzlich gegenüber eigenen Staatsangehörigen zustehenden Gerichtshoheit gehindert sein. Da aber die Heimatstaaten der Richter vornehmlich als Mitgliedstaaten der internationalen Gerichtshöfe bereits mit der Ratifizierung der diese internationalen Institutionen gründenden Satzungen bzw. Statuten ihr Einverständnis mit einem entsprechenden funktionellen Souveränitätsverlust zumindest konkludent zum Ausdruck gebracht haben, sind sie in der Folge auch gehalten, die Internationalität und den Funktionsschutz der Gerichte mit allen Konsequenzen zu wahren. Ungeachtet nationaler Interessen und gegebenenfalls auftretender Konflikte sind die Heimatstaaten somit nicht berechtigt, Einschränkungen in Bezug auf eigene Staatsangehörige vorzunehmen.

4. Ein gewichtiges Problem der Gewährung vollständiger Jurisdiktionsimmunität aber liegt in der daraus resultierenden rechtlichen „Unerreichbarkeit" der internationalen Richter[834]. Da die damit verbundene Gefahr der völligen Freistellung von der Verantwortung den von allen zivilisierten Staaten anerkannten Rechtsgrundsätzen widerspricht[835], ist die hier geforderte Maximalforderung nur dann vertretbar, wenn das durch die absolute Gerichtsbefreiung entstehende Vakuum ausgefüllt werden kann. Selbstverständlich sollte vermieden werden, dass die Richter als Inhaber eines „Freibriefs" für keine noch so deliktische Handlung zur Rechenschaft gezogen werden können. Auch für das nationale Recht wäre eine absolute Freistellung der Richter von jeder Verantwortlichkeit unerträglich.

---

834 So bereits bezogen auf internationale Funktionäre allgmein *Schücking/Wehberg* (Fn. 94), S. 383.

835 *Balz* (Fn. 90), S. 106.

Auf die Frage, welche Möglichkeiten der „Lückenausfüllung" bestehen, ist zurückzukommen.

II. Immunitäten der Richter in „Drittstaaten"

Unter den Begriff „Drittstaaten" sind alle Staaten zu subsumieren, die nicht Sitzstaat eines internationalen Gerichtshofs oder aber der Heimatstaat eines internatinonalen Richters sind, mithin die Mitgliedstaaten der Internationalgemeinschaft oder aber Nichtmitgliedstaaten.

1. Immunitäten in Mitgliedstaaten

Unter Berücksichtigung der Ausführungen oben I. 3.b) ist bei der Frage der geografischen Ausdehnung der richterlichen Immunität allgemein auf die Mitgliedstaaten der Internationalgemeinschaft dem Umstand Rechnung zu tragen, dass die Signatarstaaten der Gerichtshofstatuten ein einheitliches Interesse verfolgen – die Schaffung unabhängiger und freier internationaler Rechtsprechungsorgane – und hieraus ihre gleichmäßige Bindung an die Statuten folgt. Diese beinhaltet nicht nur die Verpflichtung, den Richtern grundsätzlich Immunitäten innerhalb des gesamten Mitgliederkreises eines Gerichtshofs zu gewähren[836], sondern darüber hinaus auch in gleichem Umfang. Denn es würde das Vertrauen der Mitgliedstaaten zum Gerichtshof und untereinander stören, würde mit Ausnahme der Sitz- und Heimatstaaten den übrigen Mitgliedstaaten die Möglichkeit eröffnet, den Richter über ein lückenhaftes Immunitätssystem in ein Gerichtsverfahren involvieren und durch eventuelle Druckausübung die Tätigkeit des Gerichtshofs beeinflussen zu können.

Da das Diplomatenrecht lediglich Empfangs-, Entsende- und Drittstaaten im allgemeinen Sinn, nicht aber Mitgliedstaaten kennt, ist in Anlehnung an die Vorrechtsstellung der internationalen Funktionäre auch für internationale Richter sowie deren Familienangehörige die Forderung nach einem vollen Immunitätsschutz in den Mitgliedstaaten, unabhängig vom Zweck ihrer Reise oder ihres Aufenthalts[837], zu fordern.

2. Immunitäten in Nichtmitgliedstaaten

Auf Grund der Tatsache, dass multilaterale Verträge in der Regel nur die Vertragsstaaten binden, kommen die Richter generell in Nichtmitgliedstaaten selbst während der Dauer ihres Amtes nicht in den Genuss der Vorrechte. Eine Beeinträchtigung ihrer freien Funktionserfüllung ist hierdurch grundsätzlich nicht zu befürchten, da

---

836 Allgemein zum geografischen Geltungsbereich der Immunitäten internationaler Organisationen vgl. *Seidl-Hohenveldern/Loibl* (Fn. 55), S. 282, Rn. 1907.

837 Auch wenn die internationalen Richter ihre rechtsprechende Tätigkeit vornehmlich im Sitzstaat des jeweiligen Gerichtshofs ausüben werden, ist eine Funktionserfüllung in einem der Mitgliedstaaten nicht gänzlich ausgeschlossen, vgl. insoweit Art. 22 IGH-Statut und Art. 4 Abs. 2 Rom-Statut.

die Nichtmitgliedstaaten nicht Parteien eines an einem internationalen Gerichtshof anhängigen Rechtsstreits sein können und damit in keinerlei Beziehung zum Gerichtshof und den Richtern stehen. In Ausnahmefällen kann sich allerdings auch ein internationaler Richter in amtlicher Eigenschaft in einem Nichtmitgliedstaat aufhalten oder diesen aus dienstlichen Gründen durchreisen. In diesen Fällen erscheint es angezeigt, entsprechend der Vorgehensweise im Diplomatenrecht das Einverständnis des betroffenen Drittstaates mit dem Aufenthalt bzw. der Durchreise des Richters einzuholen, allerdings ergänzt um die mit einer Zustimmung verbundene Verpflichtung, dem Richter für den beantragten Zweck absolute Immunität gewähren zu müssen. Auf diese Weise kann der Drittstaat frei entscheiden, ob er gewillt ist, auf seinem Territorium Personen mit entsprechend weitreichendem Immunitätsschutz zu dulden oder nicht.

Eine Beschränkung der richterlichen Vorrechtsstellung allein auf eine ungehinderte Weiterreise im Drittstaat erscheint nicht angezeigt. Denn bei einem solch restriktiven Verständnis könnte ein Richter ohne weiteres im Drittstaat verklagt werden, solange nur seine Freizügigkeit gewahrt bliebe; seiner – zumindest mittelbaren – Beeinflussung durch z. B. die klageweise Geltendmachung einer – möglicherweise nur fiktiven – erheblichen Geldforderung oder der persönlichen Verunglimpfung durch die Einleitung eines Strafverfahrens wären damit aber Tür und Tor geöffnet.

Besteht somit ohne den absoluten Immunitätsschutz auch in den vorbezeichneten Fällen die Gefahr, dass der Nichtmitgliedstaat durch Ausübung seiner Hoheitsgewalt den Richter in jedem Fall durch Druckausübung beeinflussen kann, ist im Interesse eines wirksamen Funktionsschutzes de lege ferenda die Verpflichtung des Gerichtshofspräsidenten zu normieren, vor Amts- oder Reiseantritt eines Richters das Einverständnis des betroffenen Drittstaates einzuholen verbunden mit dem Hinweis, dass dieser im Fall der Gestattung zur absoluten Immunitätsgewährung verpflichtet ist.

Der entsprechenden Vorschrift kommt bezogen auf die IGH-Richter allein deklaratorische Bedeutung zu, da der Gerichtshof – wohl auch im Hinblick auf die nahezu weltweite Mitgliedschaft der UNO – im Fall Bernadotte die Geltung der Privilegien auch in Nichtmitgliedstaaten proklamiert und damit im Ergebnis den geografisch unbegrenzten Geltungsbereich seiner Immunitäten eigens bestimmt hat[838].

Ein umfassender Immunitätschutz hat zwangsläufig auch eine absolute Garantie der verschiedenen amtlichen Kommunikationsformen zur Folge, die allerdings auch bei abweichender Vorrechtsstellung der Richter Geltung hätte. Denn die Freiheit des offiziellen Verkehrs ist für die Richter nur dann tatsächlich von Bedeutung, wenn sie auch auf dem Weg dorthin, d. h. häufig durch einen oder mehrere Drittstaaten, geschützt ist.

Nicht verkannt wird, dass wegen der mangelnden Erga-omnes-Wirkung der richterlichen Immunitäten bei Privatreisen des Richters eine „Immunitätslücke“ besteht, die zu schließen allerdings allein Aufgabe des Richters ist. Ist er sich der Bedeutsamkeit und Verantwortlichkeit seiner internationalen Tätigkeit hinreichend be-

838 IGH, Urteil vom 11. April 1949, ICJ Reports 1949, S. 174 ff.

wusst, was bei den Anforderungen an Ausbildung und Charakter eines internationalen Richters grundsätzlich vorauszusetzen ist, so wird er seine ungehinderte Funktionserfüllung nicht durch die Wahl riskanter Reiseziele aufs Spiel setzen.

3. Aushändigung sog. „Laissez-passer" an die Richter

Zur Erleichterung ihrer Tätigkeit, insbesondere auch zur Erleichterung der Inanspruchnahme ihrer Vorrechte, sind den internationalen Richtern vom Gerichtshof Passierscheine, sog. „Laissez-passer", auszustellen, wie dies in Art. 24 des Übereinkommens über die Vorrechte und Befreiungen der UNO und in Art. 26 des Allgemeinen Übereinkommens über die Vorrechte der Spezialorganisationen für Funktionäre allgemein vorgesehen ist. In diesem Zusammenhang ist analog Art. 27 der Satzung der Spezialorganisationen darauf zu achten, dass die Verpflichtung der Mitgliedstaaten, die Passierscheine als gültiges Reisedokument auch tatsächlich anzuerkennen, ausdrücklich normiert wird, um abweichend vom Diplomatenrecht[839] und insofern wohl auch von Art. 24 des Übereinkommens über die Vorrechte der UNO[840] eine eindeutig vom Willen und von Interessen des betroffenen Staates unabhängige Realisierung der richterlichen Vorhaben zu gewährleisten. Eine entsprechende Verpflichtung hat auch für diejenigen Nichtmitgliedstaaten zu gelten, die ihre Zustimmung zur Amts- oder Durchreise eines Richters erklärt haben.

E. Dauer der Immunität

Eine Befreiung der internationalen Richter von der Gerichtsbarkeit des Sitzstaates sowohl für Amts- als auch für Privathandlungen macht es erforderlich, den Bestand ihrer bevorrechtigten Stellung nicht allein von einzelnen Amtshandlungen, sondern von der Dauer der richterlichen Funktionen insgesamt abhängig zu machen. Um eine präzise Definition der zeitlichen Ausdehnung der Immunitäten fixieren zu können, gilt es im Folgenden deren Anfang und Ende konkret festzulegen.

I. Beginn der Immunitäten

Im Gegensatz zu den Empfangsstaaten eines Diplomaten hat der Sitzstaat eines internationalen Gerichtshofs weder vor noch nach der Wahl[841] bzw. der Ernennung eines internationalen Richters[842] die Möglichkeit, auf die Bestimmung einer konkreten Person und deren Amtsantritt in irgendeiner Weise Einfluss zu nehmen. Vielmehr erfolgt die Wahl bzw. die Ernennung als logische Konsequenz der Internationalität der Richter und der mangelnden Reziprozität zwischen Gerichtshof und Sitzstaat unabhängig von Wünschen und Neigungen des Letzteren durch ein „internatio-

839 Vgl. die Ausführungen oben in Teil 3 C. VII. 2.

840 Vgl. *King* (Fn. 87), S. 207.

841 Art. 4 IGH-Statut; Art. 22 des 11. Protokolls zur EMRK; Art. 53 Abs. 1 IAGHMR.

842 Art. 167 EGV (jetzt Art. 223 EG).

nales Gremium"[843], an die der Sitzstaat selbst bei Vorbehalten gegen die gewählte Person gebunden ist. Ist somit infolge des schon im Vorfeld der Wahlen von dem Nominierten einzuholenden Einverständnisses zur Amtsübernahme[844] das Amt der internationalen Richter mit dem Zeitpunkt ihrer Ernennung durch ein internationales Organ speziell an eine bestimmte Person geknüpft, so ist bereits ab diesem Zeitpunkt und nicht erst mit der zeitlich verschobenen offiziellen Anstellung, dem eigentlichen Amtsantritt oder aber der ohnedies allein deklaratorische Bedeutung zukommenden Eidesleistung eine Beeinträchtigung der richterlichen Funktionen möglich. Denn das Risiko lässt sich nicht leugnen, dass zwischen der Ernennung und dem eigentlichen Amtsantritt eines Richters entweder der Heimatstaat oder aber der Sitzstaat – so sich der Richter hier allein als Tourist oder Wohnungsuchender, nicht aber bereits speziell zur Aufnahme seiner Tätigkeit aufhält – versucht sein kann, sich eines unbequemen, da offensichtlich mit den jeweiligen nationalen Interessen nicht konform gehenden Richters zu entledigen, indem durch Gerichtsverfahren oder aber Inhaftierung der Amtsantritt von Anbeginn vereitelt wird.

Der wirksame Funktionsschutz gebietet deshalb einen Immunitätsbeginn bereits unmittelbar mit Wahl bzw. Ernennung[845] des internationalen Richters, wie er im Statut des IAGHMR vorgesehen ist.

II. Ende der Immunitäten

Wie im Folgenden aufzuzeigen ist, hängt die Dauer der Imunitäten nicht immer zwingend von der offiziellen Amtszeit eines Richters ab. Ein wirksamer Funktionsschutz gebietet auf Grund dessen auch eine exakte Festlegung des Zeitpunkts, zu dem der richterliche Immunitätsschutz endet.

---

843 Die Mitglieder des IGH werden nach Art. 4 IGH-Statut von der Generalversammlung und dem Sicherheitsrat, die Richter des EuGHMR mit Stimmenmehrheit der Parlamentarischen Versammlung nach Art. 22 des 11. Protokolls zur EMRK gewählt. Die Wahl bzw. die Ernennung der Richter am EuGH und IAGHMR hat einstimmig durch die Vertreter der Regierungen der Mitgliedstaaten zu erfolgen, Art. 167 Satz 1 Halbsatz 2 EGV/ Art. 223 Satz 1 Halbsatz 2 EG und Art. 53 Abs. 1 der IAMRK; Art. 7 Abs. 1 und Art. 9 Abs. 1 IAGHMR-Statut. In Annex VI, Art. 4 Abs. 1 LoSC ist vorgesehen, dass die Staatenkonferenz mit einfacher Mehrheit der Stimmen aller Mitgliedstaaten oder Zweidrittelmehrheit der anwesenden und an der Abstimmung teilnehmenden Staaten die Richter wählt. Zum geplanten IStGH werden die Richter gewählt, die die höchste Stimmenzahl und die Zweidrittelmehrheit der anwesenden und abstimmenden Versammlung der Vertragsstaaten auf sich vereinen, Art. 36 Abs. 6 lit. a).

844 Trotz Annahmebedürftigkeit der Ernennung bzw. Wahl durch den Richter kommt dieser Erklärung infolge des bereits zuvor erklärten Einverständnisses allein deklaratorische Bedeutung zu, so dass sie für den Beginn der Immunitäten nicht von Bedeutung ist.

845 Bezogen auf internationale Funktionäre allgemein insoweit ablehnend *Posega* (Fn. 291), S. 63, der – allerdings ohne Begründung – die These aufstellt, dass „mit der Ernennung an sich die Vorrechte und Befreiungen noch nicht beginnen."

1. Ablauf der offziellen Amtszeit

Die Frage, ob das Immunitätsende an den Ablauf der offiziellen Amtszeit der Richter anzuknüpfen hat, kann nicht losgelöst von der in den Gerichtshofstatuten normierten Tätigkeitsdauer beantwortet werden. Insofern bedarf sie einer subtilen Erörterung.

a) Amtstätigkeiten nach den Gerichtshofstatuten

Nach Art. 13 Abs. 1 IGH-Statut beträgt die Amtsdauer der Mitglieder des Gerichtshofs neun Jahre; sie sind wieder wählbar. Jedoch endet für fünf bei der ersten Wahl gewählte Richter die Amtszeit nach drei Jahren und für weitere fünf nach sechs Jahren. Die Mitglieder des Gerichtshofs bleiben bis zu ihrer Ablösung im Amt. Danach erledigen sie alle Fälle, mit denen sie bereits befasst waren, Art. 13 Abs. 3 IGH-Statut. Die ebenfalls grundsätzlich für neun Jahre gewählten Richter des ISGH haben – ähnlich Art. 13 Abs. 3 IGH-Statut – nach Art. 5 Abs. 3 ISGH-Statut bis zu ihrer Ersetzung die ihnen übertragenen Aufgaben weiterzuführen und solche Verfahren zu beenden, die sie vor diesem Zeitpunkt begonnen haben. Auch Art. 23 des 11. Protokolls zur EMRK enthält bezogen auf die Richter des EuGHMR eine Art. 13 IGH-Statut vergleichbare Regelung. In Abs. 1 der Vorschrift ist vorgesehen, dass die Richter für sechs Jahre gewählt werden. Jedoch endet die Amtszeit der Hälfte der bei der ersten Wahl gewählten Richter nach drei Jahren. Nach Abs. 7 bleiben die Richter bis zum Amtsantritt ihrer Nachfolger im Amt. Sie bleiben jedoch in Rechtssachen tätig, mit denen sie bereits befasst waren. Das Amt der Mitglieder des IAGHMR endet nach Art. 54 Abs. 1 IAMRK/Art. 5 Abs. 1 IAGHMR-Statut grundsätzlich mit dem Ablauf ihrer 6-jährigen Amtszeit. Haben die Richter aber bereits mit der Verhandlung eines Rechtsstreits begonnen und ist dieser noch nicht entschieden, so bleiben sie bis zur Erledigung mit dem Prozess betraut; die Bearbeitung eines entsprechenden Verfahrens durch einen neu gewählten Richter soll nicht erfolgen, Art. 54 Abs. 3 IAMRK/Art. 5 Abs. 3 IAGHMR-Statut. Ohne eine spezielle Regelung in Bezug auf bereits laufende Verfahren zu treffen, stellt Art. 5 EuGH-Satzung für die Beendigung des Richteramtes der Mitglieder des EuGH mit Ausnahme von Amtsenthebungen nach Art. 6 auf den Amtsantritt des Nachfolgers im Amt ab.

b) Konsequenzen für die Immunitätsdauer

Die vorstehende Darstellung verdeutlicht, dass der überwiegende Teil der Gerichtshofstatuten das offizielle Amtsende eines Richters entweder an den Ablauf der Amtszeit knüpft[846] oder vom Amtsantritt des Nachfolgers abhängig macht[847], diese

---

846 So Art. 5 IAGHMR-Statut; Art. 36 Abs. 9 lit. a Rom-Statut. Nicht eindeutig in Bezug auf das Amtsende muss allerdings die in Art. 5 Abs. 3 ISGH-Statut gewählte Formulierung beurteilt werden, aus der nicht klar hervorgeht, ob die Fortsetzung der richterlichen Tätigkeiten bis zur Ersetzung eines Richters als Aufgabenerfüllung im oder außerhalb des Amts zu beurteilen ist.

847 Denn trotz differierenden Wortlauts stimmen die insoweit einschlägigen Vorschriften des IGH-Statuts und des 11. Protokolls zur EMRK in jedem Fall inhaltlich überein, da die „Ablösung" eines Richters begriffsnotwendig den „Amtsantritt" seines Nachfolgers bedingt.

Zeitpunkte aber nicht auch zwingend mit dem eigentlichen Ende der richterlichen Tätigkeiten übereinstimmen müssen. Denn mit Ausnahme des EuGH-Statuts sehen die übrigen Satzungen jedenfalls eine – wohl vom jeweiligen Verfahrensstand abhängige – Verpflichtung der Richter vor, diejenigen Rechtsstreitigkeiten weiterzubearbeiten, mit denen sie bereits vor ihrem Ausscheiden beschäftigt waren. Denn während die Fortsetzung der richterlichen Tätigkeiten in Bezug auf die Richter am IGH und am EuGHMR allein davon abhängt, ob sie generell schon einmal mit einer Rechtssache befasst waren, erfordert ein Tätigwerden der Richter am IAGHMR, dass diese zumindest mit der mündlichen Verhandlung eines Rechtsstreits begonnen haben.

Ist damit grundsätzlich eine über das offizielle Amtsende andauernde Erfüllung richterlicher Aufgaben möglich, so bestünde bei einer Anknüpfung des Immunitätsschutzes an die in den Statuten vorgesehene Amtszeit die Gefahr, dass ein Richter zwischen offiziellem Amtsende und der eigentlichen Ausführung seiner „letzten Amtshandlung" zufolge Inhaftierung oder Verwicklung in ein Gerichtsverfahren an der freien und unabhängigen Mitwirkung der ihm einmal zugewiesenen Verfahren gehindert wird. Ein effektiver Funktionsschutz gebietet es somit, die Dauer der den Richtern zu gewährenden Immunitäten von der tatsächlichen Beendigung der ihnen ausweislich der Gerichtshofstatuten auch nach offiziellem Amtsende weiterhin obliegenden Amtshandlungen abhängig zu machen. Im Rahmen der vorliegenden Arbeit wird auf Grund dessen dafür plädiert, die das Ende der richterlichen Immunitäten normierende Vorschrift weiterzuentwickeln, indem ausdrücklich klarzustellen ist, dass die bevorrechtigte Stellung der Richter – und zwar in Übereinstimmung mit dem jeweils Anwendung findenden Gerichtshofstatut – erst nach Beendigung der letzten, den Richtern auch über das offizielle Amtsende hinaus übertragenen Amtshandlung ihre Gültigkeit verliert.

Eine weitergehende Präzisierung dieser zeitlichen Angabe scheitert vorliegend an den von Statut zu Statut variierenden Voraussetzungen, die – wie zuvor aufgezeigt – für eine Fortführung der richterlichen Tätigkeiten nach dem offiziellen Ausscheiden aus dem Amt unerlässlich sind.

Eine Ausnahme von dieser Praxis der Unterscheidung zwischen offiziellem Amtsende und tatsächlicher Tätigkeitsdauer bildet das Rom-Statut in Bezug auf diejenigen Richter, die nach Art. 39 Rom-Statut einer Hauptverfahrens- oder Berufungskammer zugeteilt wurden. Denn diese bleiben ungeachtet der in Art. 36 Abs. 9 lit. a Rom-Statut generell normierten 9-jährigen Amtsdauer so lange im Amt, bis alle Haupt- und Rechtsmittelverfahren abgeschlossen sind, deren Verhandlung vor dieser Kammer bereits begonnen hat, Art. 36 Abs. 10 Rom-Statut. Für den hier angesprochenen konkreten Fall ist klargestellt, dass Amts- und Tätigkeitsende sich decken.

Der Gewährung einer angemessenen Frist zur Ausreise – entsprechend dem Diplomatenrecht – bedarf es allerdings bezogen auf die Richter nicht. Denn da diese – anders als die Diplomaten – nach offizieller Einstellung ihrer richterlichen Tätigkeit niemandem gegenüber Rechenschaft abzulegen haben, steht eine Beeinträchtigung der unabhängigen Tätigkeit des Gerichtshofs selbst dann nicht zu befürchten, wenn der Richter nach Ausübung seiner letzten Amtshandlung noch im Gerichtsgebäude „von der Schwelle weg" verhaftet wird.

2. Wiederwahl eines Richters

Unproblematisch sind die Fälle, in denen ein Richter bereits vor der Ausübung seiner letzten Amtshandlung wieder gewählt wird, da hier die Immunitäten ohne Unterbrechung mit dem Zeitpunkt der erneuten Ernennung weiter zu gewähren sind.

Komplexer stellen sich allerdings – zumindest dem ersten Anschein nach – diejenigen Sachverhalte dar, in denen die Wiederwahl erst nach Tätigkeitsende erfolgt, da hier die Möglichkeit nicht ausgeschlossen werden kann, dass infolge des zwischenzeitlich aufgehobenen Immunitätsschutzes bereits Gerichtsverfahren gegen den wieder gewählten Richter anhängig sind oder sogar seine Inhaftierung erfolgt ist.

Bei genauerer Betrachtung wird jedoch offensichtlich, dass sich diese Sachlage im Ergebnis nicht anders darstellt, als wenn der Beklagte eines Rechtsstreits erstmals nach Anhängigkeit eines gegen ihn eingeleiteten Verfahrens zum Richter ernannt wird. Hier wie dort kann dem Gesichtspunkt der unabhängigen Funktionserfüllung ausschließlich mittels Aussetzung der laufenden Prozesse Genüge getan werden[848], da die Unabhängigkeit der Richter durch Gerichtsverfahren allgemein, ungeachtet des Zeitpunkts der Klagerhebung und der den Prozess auslösenden Handlung in Frage gestellt wird[849]. Festzuhalten bleibt auf Grund dessen, dass der Ausübung der nationalen Gerichtsbarkeit mit dem Zeitpunkt der Wahl bzw. der Wiederwahl das Prozesshindernis der richterlichen Immunität entgegensteht[850].

3. Tod eines Richters

Mangels anderer Ansatzpunkte ist die Frage, wie sich der Tod eines Richters insbesondere auf die Rechtsstellung seiner Familienangehörigen auswirkt, auf der Grundlage des Diplomatenrechts zu erörtern.

a) Regelung des Art. 39 Abs. 2 WÜD

Nach Art. 39 Abs. 2 WÜD können die Familienmitglieder eines verstorbenen Diplomaten erst nach Ablauf einer ihnen zur Ausreise zur Verfügung stehenden angemessenen Frist rechtlich vom ehemaligen Empfangsstaat zur Verantwortung gezogen werden. Obgleich zwar mit dem Tod eines Diplomaten auch dessen Schutzbedürftigkeit und damit prinzipiell auch das der Immunitätsgewährung zu Gunsten von Familienangehörigen zu Grunde liegende Motiv entfällt, lässt sich doch die Re-

---

848 So auch *Hurst* bezogen auf das Diplomatenrecht, RdC 12 (1926 II), S. 177. Zur Staatenpraxis vor Kodifizierung des WÜD vgl. *Hurst,* a. a. O., insbesondere Fn. 2.

849 Ähnlich, allerdings allein bezogen auf das Dienstpersonal internationaler Organisationen, auch *Blokker/Schermers*, Mission Impossible? On the Immunities of Staff Members of International Organizations on Mission, in: Liber Amicorum Professor Ignaz Seidl-Hohenveldern in Honour of his 80th Birthday, 1998, S. 37, 47.

850 So auch – speziell bezogen auf das Diplomatenrecht – *Dembinski* (Fn. 103), S. 212.

gelung zum einen mit dem legitimen Interesse des Entsendestaates rechtfertigen, von den nächsten Angehörigen seines Repräsentanten über die Todesursache in Kenntnis gesetzt zu werden, zumal ein unnatürliches Ableben wegen der Häufigkeit der speziell an diplomtischen Vertretern begangenen Verbrechen nicht auszuschließen ist. Zum anderen ist nicht außer Acht zu lassen, dass sich die Diplomatie in einem ständig in der Fortentwicklung befindlichen Prozess zwischenstaatlicher Beziehungen dokumentiert und der Empfangsstaat versucht sein könnte, das gegen ein Familienmitglied eingeleitete Verfahren zu Ausforschungszwecken zu missbrauchen, um mittels der so gewonnenen Erkenntnisse auf aktuelle und zukünftige Entwicklungen Einfluss nehmen zu können.

b) Übertragbarkeit auf den internationalen Richter bzw. dessen Familienmitglieder

Diese mit der Funktionstheorie im weitesten Sinn übereinstimmenden Erwägungen lassen sich allerdings nicht entsprechend auf die internationalen Richter bzw. deren Familienmitglieder übertragen. Denn wenn bereits – wie dargestellt – dem Richter persönlich keine angemessene Frist zur Ausreise zu gewähren ist und damit für die Dauer der ihre Vorrechtsstellung aus der Person des Richters ableitenden Familienmitglieder grundsätzlich nichts anderes zu gelten hat, ist nicht ersichtlich, aus welchem Grund speziell für den Fall des Ablebens eines Richters von dieser Regelung abgewichen werden sollte. Denn weder hat der Heimatstaat eines Richters einen Anspruch darauf, über die Hintergründe des Ablebens von einem Familienangehörigen informiert zu werden, noch ist erkennbar, inwiefern nach dem Tod eines Richters durch Ausübung der Gerichtsbarkeit über eines seiner Familienmitglieder noch Einfluss auf die Tätigkeit des Gerichtshofs genommen werden könnte.

De lege ferenda ist daher in dem zu entwerfenden Immunitätenkatalog aufzunehmen, dass im Falle des Todes eines internationalen Richters unmittelbar auch die Immunität seiner Familienangehörigen und konsequenterweise auch die Vorrechtsstellung seines privaten Dienstpersonals endet.

4. Rücktritt und Amtsenthebung eines Richters

Abgesehen von den regelmäßigen Neubesetzungen und von Todesfällen endet das Amt eines Richters durch Rücktritt[851] oder Amtsenthebung[852]. Nicht einheitlich ist in diesem Zusammenhang das Amts- bzw. das Tätigkeitsende der Richter in den Statuten geregelt, von dem wiederum die Dauer der Immunitäen abhängig ist. So sieht z. B. Art. 5 EuGH-Satzung vor, dass der Richter im Fall seines Rücktritts bis zum Amtsantritt seines Nachfolgers im Amt bleibt, während seine offizielle Tätigkeit bei einer Amtsenthebung wohl mit der Benachrichtigung des Präsidenten des Rats endet, da nach Art. 6 Abs. 3 EuGH-Satzung zu diesem Zeitpunkt sein Sitz frei wird und ein Verbleiben im Amt bis zur Ablösung durch den Nachfolger nach Art. 5

851 Z. B. Art. 13 Abs. 4 IGH-Statut; Art. 5 Abs. 4 ISGH-Statut; Art. 21 Abs. 1 IAGHMR-Statut; Art. 5 EuGH-Satzung.

852 Art. 18 IGH-Statut; Art. 9 ISGH-Statut; Art. 21 Abs. 2 IAGHMR-Statut; Art. 6 EuGH-Satzung; Art. 46 Rom-Statut.

Abs. 3 EuGH-Satzung ausdrücklich ausgeschlossen ist. Demgegenüber ist bezogen auf die Richter am ISGH davon auszugehen, dass sie sowohl bei Rücktritt als auch bei Amtsenthebung bis zum Amtsantritt ihres Nachfolgers im Dienst verbleiben, Art. 5 Abs. 4 bzw. Art. 9 jeweils i. V. m. Art. 6 ISGH-Statut. Entsprechendes hat auch für die Richter des IGH zu gelten, Art. 13 Abs. 4 bzw. Art. 18 jeweils i. V. m. Art. 14 IGH-Statut.

Die Wirksamkeit des Rücktrittsgesuchs eines IAGHMR-Richters hängt von dessen Annahme durch den Gerichtshofs ab. Ohne das Amtsende insofern konkret festzulegen, bestimmt Abs. 3 darüber hinaus, dass der Gerichtshof den Generalsekretär der OAS über die Annahme des Rücktrittsgesuchs bzw. die Amtsenthebung zwecks Einleitung erforderlicher Schritte zu informieren hat.

Lässt sich vor dem Hintergrund der dargestellten Differenzen in den Fällen des Rücktritts und der Amtsenthebung das Amts- bzw. Tätigkeitsende und damit auch das Ende der richterlichen Vorrechtsstellung nicht übereinstimmend festlegen, ist – wiederum de lege ferenda – im Immunitätenkatalog zu regeln, dass das Ende der Immunität hier an das in den jeweiligen Gerichtshofstatuten speziell für diese Sachverhalte vorgesehene Amts-, möglicherweise auch Tätigkeitsende geknüpft ist.

III. Die Bedeutung von funktioneller und persönlicher Immunität nach Amtsende

Ebenso wie im Diplomatenrecht gewinnt auch in Bezug auf die richterlichen Vorrechte mit der Beendigung der Amtsperiode bzw. der Vornahme der letzten Diensthandlung die Tatsache an Bedeutung, dass in der Person des Richters zwei Immunitätsarten zusammentreffen, von der die funktionelle Immunität für Amtshandlungen die persönliche Immunität für Privathandlungen überdauert, d. h. dem Richter eine von der Dauer seiner dienstlichen Tätigkeiten losgelöste Jurisdiktionsimmunität garantiert.

1. Fortbestehen der Immunität ratione materiae

Die Fortgeltung der Immunität ratione materiae ist heute in fast allen Gerichtshofstatuten ausdrücklich festgelegt: Art. 13 Abs. 7 des Allgemeinen Übereinkommens über die Immunitäten des ISGH, Art. 7 Abs. 2 S. 2 des 7. Protokolls des ESA/Gerichtshofs, Art. 3 des 6. Protokolls zum Allgemeinen Übereinkommen über Vorrechte des EuGHMR, Art. 3 EuGH-Satzung, Art. 48 Abs. 2 Halbsatz 2.

Auch wenn damit allein das IGH-Statut den Richtern Immunität nicht ausdrücklich für die in amtlicher Eigenschaft vorgenommenen Handlungen auch nach Abschluss der Amtstätigkeit zubilligt, so kann doch in entsprechender Anwendung des Art. 39 Abs. 2 Satz 2 WÜD auch für sie nichts anderes gelten als für ihre an den übrigen internationalen Gerichtshöfen tätigen Kollegen. Denn da die Handlungen, die ein internationaler Richter in Ausübung seiner rechtsprechenden Funktion begeht, nicht ihm persönlich, sondern den Gerichtshöfen in ihrer Eigenschaft als internationalen Institutionen zugerechnet werden, handelt es sich bei der funktionellen Immunität im Grunde um die Freistellung des jeweiligen Gerichtshofs, die auch gewährt werden müsste, wenn den internationaeln Richtern keine persönlichen Vorrechte zustünden. In der die Amtszeit überdauernden Immunität für dienstliche Tätigkeiten manifestiert sich somit nicht ein an die Person des Richters gebundenes Privileg, sondern die den nationalen Gerichten des Sitzstaates eine Inkompetenz ratione materiae auferlegende Sonderstellung der Gerichtshöfe selbst. Ein Festhalten am funktionellen Immunitätsschutz auch nach Beendigung der richterlichen Tätigkeit rechtfertigt sich daher streng genommen nicht allein aus der Notwendigkeit, eine ungehinderte und wirksame internationale Rechtsprechung sicherzustellen[853]. Maßgeblich ist vielmehr auch das Prinzip der Inkompetenz der nationalen Gerichte, ihre Gerichtsbarkeit über Handlungen auszuüben, die sich infolge der partiellen Rechtspersönlichkeit der internationalen Gerichtshöfe[854] ihrer Natur nach als Ausübung fremder Souveränität darstellen würden.

2. Erlöschen der Immunität ratione personae

Im Gegensatz zur funktionellen Immunität erlischt die Immunität in Bezug auf Privathandlungen mit dem Ende der richterlichen Eigenschaft als internationales Rechtsprechungsorgan, da dieses allein an die Funktion des Richters anknüpfende Vorrecht keine generelle Exemtion vom materiellen Recht des Sitzstaates beinhaltet und mit Amtsende die nachträgliche Beurteilung von Straftaten, Rechtsgeschäften und unerlaubten Handlungen privaten Charakters durch die Gerichte des Sitzstaates das wirksame Funktionieren des Gerichtshofs nicht mehr gefährden können.

3. Abgrenzung von Privat- und Amtshandlungen

Hinsichtlich der Abgrenzung von Amtshandlungen und privaten Tätigkeiten ist es gerechtfertigt, unter den erstgenannten Begriff nicht nur die eigentlichen Amtshandlungen der Richter zu subsumieren, sondern auch alle mit diesen in engem Zusammenhang stehenden Tätigkeiten. Diese Auslegung entspricht nicht nur dem funktionellen Charakter der Rechtspersönlichkeit jeden internationalen Gerichtshofs[855], sondern gewährleistet darüber hinaus, dass dem Sitzstaat nicht über die restriktive Auslegung des Begriffes „Amtshandlung" letztlich doch die Möglichkeit eröffnet wird, eine internationale Angelegenheit eines Völkerrechtssubjekts der nationalen Gerichtsbarkeit zu unterwerfen.

F. Korrektiv der immunitätsbedingten Rechtslücken

Wie bereits unter D. aufgezeigt, hat die Forderung nach einer umfassenden Immunitätsgewährung unabhängig von der Staatsangehörigkeit der internationalen Richter

853 So *Kiesgen* (Fn. 260), S. 207.

854 Z.B. Art. 4 Abs. 1 Rom-Statut.

855 Vgl. zur funktionellen Rechtspersönlichkeit internationaler Organisationen allgemein *Seidl-Hohenveldern/Loibl* (Fn. 55), S. 48, Rn. 0309.

zur Folge, dass sich die Richter in einem rechtsfreien Raum bewegen. Die Frage, wie diese immunitätsbedingte Rechtslücke zu schließen und einem Immunitätsmissbrauch zu begegnen ist, ist Gegenstand dieses Kapitels.

I. Schaffung eines Spezialgerichtshofs

Zu denken wäre hier zum einen an die Entwicklung einer speziell auf internationale Richter Anwendung findenden internationalen Gerichtsbarkeit, die es noch zu kreieren gälte[856]. Diese durchaus naheliegende Lösung, die von einer Reihe namhafter Völkerrechtler bereits seit dem Völkerbund in Bezug auf internationale Funktionäre allgemein gefordert wurde[857], ist aber ohne den Aufwand einer entsprechenden Administration weder möglich noch führt sie zu einer akzeptablen, das Problem endgültig lösenden Klärung. Denn zum einen müssten auch den Richtern dieses Gerichts zur wirksamen Funktionserfüllung wiederum Immunitäten gewährt werden, wodurch erneut der Umfang dieser Immunitäten und gegebenenfalls deren Aufhebungsmöglichkeit zu klären wäre. Die Schaffung eines Spezialgerichts würde daher im Ergebnis das Problem lediglich verlagern, aber nicht einer endgültigen Lösung zuführen. Zum anderen würde mit der Schaffung eines entsprechenden Spezialgerichts eine neue Frage aufgeworfen: Welches Recht soll dieses Gericht anwenden? Da es – noch – kein allen Staaten gemeinsames Zivil- und Strafrecht gibt, ist das rechtliche Vakuum auch insoweit nicht ausfüllbar.

II. Immunitätsaufhebung

Das sich so stellende Problem ist in der Sache nicht neu, sondern seit der Schaffung internationaler Organisationen in jedem Fall auch hinsichtlich der ebenfalls absolute Immunität genießenden Funktionäre der I. Kategorie präsent. Es überrascht daher nicht, dass in jüngster Zeit bei der Schaffung internationaler Gerichte dem Vorbild der Gründungssatzungen internationaler Organisationen gefolgt wurde, die größtenteils die Verpflichtung zur Immunitätsaufhebung vorsehen, sofern dies zur Vermeidung eines rechtlosen Zustands erforderlich ist und den Interessen der Organisation nicht zuwiderläuft. Wegweisend für diese Entwicklung war einmal mehr der modus vivendi zwischen dem Völkerbund und der Schweiz, der in seiner ergänzenden Fassung aus dem Jahr 1926 erstmals die Möglichkeit der Immunitätsaufhebung durch den Generalsekretär des Völkerbundes vorsah, und zwar personell auf die Völkerbund-Beamten der ersten Kategorie und sachlich auf die Befreiung von der Gerichtsbarkeit beschränkt.

---

856 Ebenso bereits *Frei* (Fn. 502), S. 94.

857 *Adacti/de Visscher,* Annuaire de l'Institut de Droit International 31 (1924), S. 1 ff., 11, und *Scelle*, RDIP 1928, S. 319, forderten die Errichtung eines eigenen Gerichtsstandes für internationale Funktionäre, die Schaffung eines internationalen Verwaltungsgerichtshofs.

1. Erfordernis einer die Immunitätsaufhebung vorgebenden Norm

Neben Art. 3 Abs. 2 EuGH-Satzung und Art. 23 des Sitzstaatabkommens zwischen dem IAGHMR und Costa Rica, die bis vor wenigen Jahren die einzigen Regelwerke waren, die die Aufhebung der richterlichen Immunitäten vorsahen, enthalten heute auch Art. 4 des 6. Protokolls zum Allgemeinen Übereinkommen über die Vorrechte und Befreiungen des Europarats, Art. 7 Abs. 2 zum ESA/Gerichtshof-Übereinkommen über die Rechtsstellung, Privilegien und Immunitäten des EFTA Gerichtshofs[858] und Art. 48 Abs. 5 lit. a des Rom-Statuts entsprechende Vorschriften. Diesen Bestimmungen liegt insofern die an sich selbstverständliche Erwägung zu Grunde, dass internationale Richter ebenso wenig wie internationale Funktionäre einer privilegierten Klasse angehören und die ihnen gewährten Vorrechte ausschließlich der unabhängigen Funktionserfüllung dienen.

Auch im Fall der internationalen Richter sowie ihrer – auf Grund Ableitung – bevorrechtigten Familienmitglieder stellt die Immunitätsaufhebung die einzige Möglichkeit dar, sie trotz der ihnen gewährten absoluten Vorrechte gegebenenfalls doch vor ordentliche staatliche Gerichte ziehen zu können. Zudem wird diese Lösung auch der Rechtsnatur der Gerichtshöfe als funktionelle Rechtsanwender gerecht, da die Aufhebung ausschließlich dann in Frage kommt, wenn die Funktion des Gerichtshofs nicht sachlich beeinträchtigt wird.

Erwähnenswert ist in diesem Zusammenhang, dass in Art. 20 Abs. 1 des Übereinkommens über die Privilegien und Immunitäten des ISGH zwar generell vorgesehen ist, dass, soweit Privilegien und Immunitäten in dem Übereinkommen im Interesse einer funktionsfähigen Tätigkeit der Justiz und nicht zum persönlichen Vorteil des Einzelnen gewährt werden, die zuständige Entscheidungsinstanz nicht nur das Recht, sondern auch die Pflicht hat, die Immunität in den Fällen aufzuheben, in denen nach ihrer Meinung die Vorrechte verhindern würden, dass der Gerechtigkeit Genüge geschieht und sie, ohne die Funktionsfähigkeit des Gerichtshofs zu beeinträchtigen, aufgehoben werden kann. Die Bestimmung spricht – für sich gesehen – auf Grund ihrer Allgemeingültigkeit zunächst für die Möglichkeit auch einer Aufhebung der richterlichen Immunitäten. Dass das Übereinkommen im Ergebnis aber gerade keine positive Aussage über die Frage enthält, ob auch die Immunität der Richter aufgehoben werden kann, erhellt sich aus Abs. 2[859]. Diese Vorschrift definiert im Einzelnen die für die Aufhebung der Immunität zuständige Autorität, indem sie darauf abstellt, ob es sich bei dem Immunitätsträger um den Repräsentanten eines Staates oder aber einen Funktionär des Gerichtshofs handelt. Da aber – wie bereits ausgeführt – der an einem internationalen Gerichtshof tätige Richter weder einen Staat repräsentiert noch ein Funktionär des Gerichts ist, sondern vielmehr in einer Kategorie für sich selbst steht[860], kann Art. 20 des Übereinkommens letztlich keine

---

858 Fundstelle: http://www.efta.int/docs/Court/LegalTexts/Proto7.htm.

859 Ähnlich *Akl*, The Legal Status, Privileges and Immunities of the International Tribunal for the Law of the Sea, in: Max Planck Yearbook of United Nations Law, Bd. 2, 1998, S. 341, 362.

860 Vgl. hierzu die Ausführungen in Teil 6 B. IV. 1.; ähnlich *Kunz*, AJIL 41 (1947), S. 828, 852.

Anwendung auf die Richter finden. Das Fehlen einer – trotz entsprechenden Vorschlags[861] – ausdrücklich die Immunitätsaufhebung der Richter normierenden Vorschrift stellt eine weitere eklatante Schwäche des Immunitätenübereinkommens dar. Die Unvollkommenheit verliert auch nicht dadurch an Gewicht, dass in Art. 9 des Gerichtsstatuts – ebenso wie in Art. 18 IGH-Statut – die Möglichkeit der Amtsenthebung vorgesehen ist, wenn ein Richter nicht mehr die zu seiner Amtsausübung erforderlichen Voraussetzungen erfüllt – wie beispielsweise ein Höchstmaß an Integrität und Fairness, Art. 2 des Statuts. Denn es ist offensichtlich, dass nicht alle Fälle, die eine Aufhebung der Immunität rechtfertigen können, auch gleichzeitig die Voraussetzungen für eine Amtsenthebung erfüllen. Je nachdem, ob man die Immunität der Richter am ISGH als absolute oder lediglich funktionale versteht[862], mag es zwar durchaus gerechtfertigt sein, die Immunität eines Richters wegen Schadensersatzansprüchen, die aus einem von ihm verursachten Unfall anlässlich einer Dienstfahrt resultieren, oder aber wegen vorgenommener Mietminderung zufolge Mangelhaftigkeit der Mietsache aufzuheben. Beide Sachverhalte bieten aber keinen Grund, die Integrität und Redlichkeit des Richters in Frage zu stellen. Zudem hat die Amtsenthebung für den Richter weitreichendere Folgen als die Aufhebung der Immunität lediglich für einen bestimmten Sachverhalt.

2. Zuständigkeit

Fraglich ist, in wessen Zuständigkeit die Immunitätsaufhebung fällt. Auf Grund des internationalen Charakters der Gerichtshöfe kann es sinnvollerweise nur dem Gerichtshof, an dem der betroffene Richter tätig ist, vorbehalten sein, darüber zu entscheiden, wann die Aufhebung der Immunität gerechtfertigt und zur Aufrechterhaltung der Rechtsordnung notwendig ist und wann die Interessen der Gerichte ihr entgegenstehen. Offen bleibt die Fragestellung, ob die Entscheidungsbefugnis dem Präsidenten des Gerichtshofs zu übertragen oder ob eine Plenarentscheidung zu fordern ist.

Gegen eine Entscheidungskompetenz des Gerichtshofspräsidenten allein spricht das Argument, dass diese Befugnis auf Seiten der übrigen Richter die Befürchtung auslösen muss, bei fachlichen oder persönlichen Konflikten mit dem Präsidenten dessen „Willkür" ausgesetzt zu sein. Auf Seiten der Rechtsuchenden würde das Ziel, Misstrauen zu beseitigen, vermutlich ebenfalls nicht erreicht werden können, da insoweit latent die Besorgnis besteht, dass „eine Krähe der anderen kein Auge aushackt".

Zu plädieren ist daher für eine Plenarentscheidung, wie sie ausdrücklich auch Art. 4 des 6. Protokolls zum Allgemeinen Abkommen über die Vorrechte des Europarats, Art. 3 EuGH-Satzung, Art. 7 Abs. 2 Übereinkommen über die Immunitäten des EFTA-Gerichtshofs und Art. 48 Abs. 5 lit. a des Rom-Statuts vorsehen – fraglich jedoch, mit welchem Quorum.

Den angeführten Bestimmungen ist insofern keine eindeutige Aussage zu entnehmen. Art. 4 des 6. Protokolls zum Allgemeinen Übereinkommen über die Vorrechte des Eu-

---

861 *Akl* (Fn. 861), S. 341, 362.

862 Vgl. hierzu die Ausführungen in Teil 6 B. II. 1.

roparats, Art. 3 EuGH-Statut und Art. 7 Abs. 2 Übereinkommen über die Immunitäten des EFTA-Gerichtshofs statuieren allein die Möglichkeit der Immunitätsaufhebung durch das Plenum des jeweiligen Gerichtshofs, ohne das Abstimmungsverhältnis genau festzulegen. Während *Grementieri* bezogen auf die EuGH-Richter in analoger Anwendung von Art. 6 der Satzung Einstimmigkeit für erforderlich hält[863], verweist *Hackspiel* auf das Stimmenverhältnis nach Art. 15 der Satzung[864]. *Doehring* führt in diesen Zusammenhang an, dass nach Art. 3 Abs. 2 EuGH-Satzung zur Immunitätsaufhebung offenbar die einfache Mehrheit des Plenums ausreichend ist[865].

Nach Art. 48 Abs. 5 lit. a Rom-Statut können Immunitäten eines Richters von den Richtern, gemeint ist wohl das Plenum, mit absoluter Mehrheit aufgehoben werden. Gegen die Einstimmigkeit der Plenarentscheidung spricht vor allem, dass ein Veto nur eines Richters genügt, den Kollegen zu schützen, und auf Grund dessen mit einer entsprechenden Regelung eine – eher unproblematische – Möglichkeit eröffnet würde, das Streben nach Gerechtigkeit zu verhindern.

Angemessen erscheint vor allem auch unter Berücksichtigung der Tatsache, dass den Richtern – wie noch auszuführen sein wird – im Zusammenhang mit der Frage nach der Immunitätsaufhebung stets ein Beurteilungsspielraum verbleibt, die Aufhebung der Richterimmunität von einer Zweidrittelmehrheit des Plenums abhängig zu machen. Diese Regelung entspricht einem großen Teil der nationalen Verfassungen, in denen Zweidrittelmehrheiten der Verfassungsgerichte für eine Amtsenthebung der Richter vorgeschrieben sind[866]. Sie trägt zudem dem sowohl national als auch international zu berücksichtigenden Grundgedanken Rechnung, auch einen unliebsamen Richter zu schützen.

3. Verpflichtung des Gerichtshofs zur Immunitätsaufhebung oder Ermessensentscheidung?

Nach Art. 3 EuGH-Satzung, Art. 7 Abs. 2 Übereinkommen über die Immunitäten des EFTA-Gerichtshofs und Art. 48 Abs. 5 lit. a Rom-Statut stellt die Aufhebung der Immunität eine Ermessensentscheidung dar. Denn bei den angeführten Normen handelt es sich um „Kann-Vorschriften", die lediglich die Möglichkeit der Immunitätsaufhebung eröffnen, ohne allerdings insofern für die im Rahmen einer Ermessensentscheidung vorzunehmende Interessenabwägung Kriterien anzuführen[867].

---

863 Le statut des juges de la Cour de justice des Communautés européennes, RTDEur 1967, S. 817 ff., 826.

864 Fn. 595, Art. 3 EuGH-Satzung Rn. 10.

865 Fn. 7, S. 473, § 22 V Fn. 77.

866 Zweidrittelmehrheiten sind erforderlich in Deutschland, Österreich, Italien und den USA; Spanien sieht sogar eine Dreiviertelmehrheit vor; in Frankreich, Belgien und Portugal reicht eine einfache Mehrheit der Verfassungsrichter.

867 Wenn *Hackspiel* (Fn. 595), Rn. 9, in diesem Zusammenhang ausführt, die Interessen der Beteiligten seien abzuwägen, insbesondere sei festzustellen, ob die Interessen der Gemeinschaft durch die Aufhebung gefährdet seien, so verkennt sie, dass es im Rahmen der Immunitätsaufhebung weder um die Interessen des betroffenen Richters noch um die der Gemeinschaft geht, sondern einzig und allein um die Aufrechterhaltung der Rechtsord-

Demgegenüber bestimmt Art. 4 des 6. Protokolls zum Allgemeinen Übereinkommen der Immunitäten des Europarats – insofern in Übereinstimmung mit dem überwiegenden Teil der Statuten der internationalen Organisationen –, dass das Plenum nicht nur das Recht, sondern auch die Pflicht hat, die Immunität eines Richters aufzuheben, wenn sie nach Auffassung des Plenums verhindern würde, dass der Gerechtigkeit Genüge geschieht, und in denen sie ohne Beeinträchtigung des Zwecks, für den sie gewährt wird, aufgehoben werden kann.

Nicht von der Hand zu weisen ist, dass den Gerichtshöfen auch bei dieser Regelung ein Beurteilungsspielraum verbleibt, der jedoch unerlässlich ist, um einerseits dem Interesse der Allgemeinheit an der Aufrechterhaltung des Rechtsordnung und andererseits den Bedürfnissen eines funktionsfähigen Gerichtshofs zu genügen. Hat die Zweidrittelmehrheit des Plenums einmal entschieden, dass die Aufhebung der richterlichen Immunität keine Einbuße des ordnungsgemäßen Geschäftsablaufs des Gerichts mit sich bringt und zur Wahrung der Gerechtigkeit erforderlich ist, so darf die Frage, ob die Immunität aufzuheben ist, nicht im Ermessen des Gerichts verbleiben. Vielmehr muss eine entsprechende Pflicht der Richter normiert werden, da nur so das Vertrauen der Staaten in eine nicht opportunistische, an den persönlichen Belangen der Richter ausgerichtete Handlungsweise des Gerichtshofs gestärkt oder gesichert werden kann. Ferner steht allein eine ausdrücklich statuierte Verpflichtung zur Immunitätsaufhebung in Einklang mit der im Rahmen der Immunitätsgewährung stets zu beachtenden Maxime, dass die Vorrechte und Immunitäten den Richtern nicht zu ihrem persönlichen Vorteil gewährt werden, sondern ausschließlich zur Wahrung ihrer unabhängigen Funktionserfüllung[868].

4. Voraussetzung für das Tätigwerden des Gerichtshofs

Allein die Obliegenheit der Gerichtshöfe, die Immunität eines Richters aufzuheben, sofern die Funktionsfähigkeit des Rechtsprechungsorgans nicht tangiert ist, gewährleistet noch nicht ihr Tätigwerden überhaupt. Denn selbst in den eher seltenen Fällen, in denen ein Gerichtshof Kenntnis von der Rechtsverfehlung eines Kollegen erlangt, begründet allein dieses Wissen noch keine Verpflichtung zum Handeln. Ein Tätigwerden eines internationalen Gerichtshofs setzt – ebenso wie bei einem nationalen Gericht – voraus, dass sich eine natürliche oder juristische Person eines Anspruchs berühmt und diesen auch durchzusetzen gewillt ist. Bei begangenen Straftaten hat das allen Verfassungsordnungen der Mitgliedstaaten entsprechende Rechtssystem der Gewaltenteilung insofern Berücksichtigung zu finden, als auch der Gerichtshof als internationale Institution nicht der mit der Strafverfolgung primär betrauten Exekutive vorgreifen darf.

---

nung und die Interessen des Gerichtshofs, wie dies nunmehr unmissverständlich in Art. 4 des 6. Protokolls zur EMRK bestimmt ist.

868 So ausdrücklich Art. 19 des Übereinkommens über die Vorrechte des ISGH und Art. 4 S. 1 des 6. Protokolls zum Allgemeinen Übereinkommen über die Immunitäten des Europarats. Entsprechende Vorschriften finden sich im Übrigen in fast allen Satzungen der internationalen Organisationen.

Die Obliegenheit zur Aufhebung der Immunität ist – in Ermangelung korrespondierender Vorschriften in den Gerichtshofstatuten – de lege ferenda dahingehend zu ergänzen, dass der Gerichtshof nach Eingang eines Antrags auf Aufhebung der Immunität verpflichtet ist, über diesen zu entscheiden. Vor dem Hintergrund, dass Staaten die Erzeuger des Völkerrechts sind, überwiegend nur Staaten als Kläger vor internationalen Gerichten auftreten können[869] und das Individuum von der Staatenpraxis nur hinsichtlich fundamentaler Menschenrechte und – in Ermangelung spezieller Verträge – ohne eigene Durchsetzungsmacht als Rechtssubjekt anerkannt wird[870], ist allein die Regierung des Staates zur Antragstellung befugt, dessen Staatsangehöriger betroffen ist. Dabei hat sich der Antrag auf einen konkreten, genau bezeichneten Sachverhalt zu beziehen, der hinreichende Anhaltspunkte für die vom internationalen Richter begangene Rechtsverfehlung enthalten sollte. Zur Prüfung, ob eine Klage in der Sache begründet ist oder ob eine Straftat tatsächlich begangen wurde, sind die Richter allerdings nicht berechtigt.

Aus dem Umfang des Antrags auf Immunitätsaufhebung ergibt sich zwangsläufig auch das Ausmaß der Aufhebung als solcher, d. h., sie bezieht sich stets auf einen konkreten Tatbestand; eine generelle Aufhebung ist nicht möglich.

Es wird nicht verkannt, dass trotz einer die Verpflichtung des Gerichtshofs zum Tätigwerden normierenden Vorschrift bei Untätigkeit des Rechtsprechungsorgans keinerlei Sanktionsmöglichkeiten bestehen, da es insoweit an übergeordneten Instanzen fehlt. Jedoch würden die obersten Gerichtshöfe der Staatengemeinschaft ihre Befähigung und ihre Existenz in Frage stellen, würden sie ihr Verhalten im übertragenen Sinn nicht an einem der ältesten Rechtsgrundsätze überhaupt ausrichten: Pacta sunt servanda.

5. Gegenstand der Immunitätsaufhebung

Nachdem der Verzicht auf die Unverletzlichkeit sowie auf die Befreiung von der Zeugnispflicht bereits eingehend erörtert wurde, geht es vorliegend maßgeblich um die Frage, ob die Aufhebung der Jurisdiktionsimmunität auch als Aufhebung der Befreiung von Zwangsvollstreckungsmaßnahmen gilt oder ob für Letztere – in Anlehnung an Art. 32 Abs. 4 WÜD – eine gesonderte Verzichtserklärung zu fordern ist.

Auch wenn Praktikabilitätsgründe vordergründig dafür sprechen mögen, die Immunitätsaufhebung sowohl Gerichts- als auch Vollstreckungsverfahren erfassen zu lassen, gebietet doch der der Immunitätsgewährung zu Grunde liegende Gedanke des wirksamen Funktionsschutzes eine differenzierende Betrachtung. Denn es ist nicht von der Hand zu weisen, dass die Statthaftigkeit von Vollstreckungsmaßnahmen für den Richter erheblich schwerwiegendere und weitreichendere Folgen nach sich ziehen kann als allein seine Unterwerfung unter die nationale Gerichtsbarkeit[871]. Bereits hieraus auf die Notwendigkeit einer separaten, ausschließlich Zwangsmaßnahmen erfassende Aufhebungsmöglichkeit zu schließen, wäre vor dem Hintergrund der be-

869 Art. 24 IGH-Statut.

870 Hierzu ausführlich *Doehring* (Fn. 7), S. 425 ff., § 20 IV Rn. 995 ff.

871 So auch *Cahier* (Fn. 117), S. 271.

reits erarbeiteten Vorrechte verfrüht. Unterliegt nämlich der Richter in Bezug auf Verfahren, in denen er von vornherein keinen Immunitätsschutz genießt, zumindest insofern der Zwangsgewalt des Sitzstaates, als Vollstreckungsmaßnahmen zulässig sind, sofern ihre Durchführung weder die Unverletzlichkeit seiner Person noch seiner Wohnung beeinträchtigt[872], so ist nicht ersichtlich, weshalb ihm im speziellen Fall der Immunitätsaufhebung ein darüber hinausgehender Immunitätsschutz in Form eines ergänzend einzuholenden Vorrechtsverzichts gewährt werden sollte.

Lediglich bei fruchtlosem Verlauf der Zwangsvollstreckung aus Zivil- und Verwaltungsgerichtsurteilen in das außerhalb der richterlichen Wohnung befindliche Vermögen ist eine solch gesonderte Vorrechtsaufhebung im Interesse der Wahrung der nationalen Rechtsordnung des Sitzstaates zu bestimmen, allerdings allein bezogen auf eine Aufhebung der Unverletzlichkeit der richterlichen Wohnung. Denn ein Verzicht auch auf die persönliche Unverletzlichkeit würde bei der – wohl überwiegend in Frage stehenden – Durchsetzung von Zahlungstiteln in der Sache wenig dienlich sein, den Richter aber einer erheblichen Einflussnahmemöglichkeit aussetzen. Nichts anderes hat insofern auch in Bezug auf solche Titel zu gelten, die die Vornahme einer Handlung durch den Richter enthalten. Denn hier wird wegen der Möglichkeit der Ersatzvornahme die Titeldurchsetzung wohl kaum jemals von der Verhängung einer Zwangshaft abhängig sein.

Offen ist damit nur noch die Frage nach der Vollstreckbarkeit von Urteilen aus Strafverfahren. Art. 32 Abs. 4 WÜD sind insofern keine erhellenden Erkenntnisse zu entnehmen, da sich die Vorschrift allein auf Zivil- und Verwaltungsgerichtsverfahren bezieht und daher der Schluss nahe liegt, dass die Aufhebung der Immunität von der Strafgerichtsbarkeit auch für die Zwangsvollstreckungsmaßnahmen gilt.

Wegen der weitreichenden Konsequenzen, die insbesondere Festnahme und Haft für die richterliche Funktionserfüllung nach sich ziehen, kann diese Folgerung aber nicht überzeugen[873]. Festzulegen ist daher de lege ferenda, dass die Zwangsvollstreckung aus strafgerichtlichen Urteilen eine spezielle Aufhebung sowohl der Unverletzlichkeit der Person als auch der Wohnung des Richters erfordert. Dieser weitreichende Statusverlust ist erforderlich, um Haftstrafen im Ergebnis nicht leerlaufen zu lassen.

Zu statuieren ist darüber hinaus, dass nach Aufhebung der Immunität von der Straf-, Zivil- und Verwaltungsgerichtsbarkeit der Richter zur Aussage verpflichtet ist. Insoweit gelten die Ausführungen unter B. V. 1. entsprechend.

6. Ausweisung des Richters als Konsequenz der Immunitätsaufhebung?

Da die Möglichkeit der Immunitätsaufhebung – ebenso wie im Diplomatenrecht die Erklärung zur persona non grata – den Ausgleich dafür bildet, dass ansonsten die nationale Gerichtsbarkeit nicht ausgeübt werden kann, drängt sich auch bezogen auf die internationalen Richter der Rückschluss auf, diese mit dem Verlust ihres Status –

872 Vgl. hierzu die Ausführungen unter B. IV. 2.

873 Nach *Denza* (Fn. 136), S. 284, handelt es sich bei der Formulierung von Art. 32 Abs. 4 WÜD wohl um ein redaktionelles Versehen.

entsprechend den Diplomaten – zur Ausreise zwingen zu können[874]. Ein entsprechender Rückschluss stellt sich allerdings im Ergebnis als Trugschluss dar. Denn im Gegensatz zu den Diplomaten, die mit der Erklärung zur persona non grata nicht nur ihre Vorrechtsstellung, sondern auch ihre Befugnis zur weiteren Amtsausübung im Empfangsstaat verlieren, büßt der Richter durch die Immunitätsaufhebung zum einen seinen Status nur zum Teil ein. Zum anderen geht er nicht seiner Stellung als Mitglied eines internationalen Gerichts verlustig. Vielmehr erfolgt allein in Bezug auf einen bestimmten Sachverhalt seine Unterwerfung unter die nationale Gerichtsbarkeit des Sitztstaates. Bleibt der Richter also trotz Immunitätsaufhebung weiterhin im Amt, so würde sich eine Regierung, die diesen Umstand zur Ausweisung nutzen wollte, in beeinträchtigender und damit unzulässiger Weise in die internationalen Amtsgeschäfte eines internationalen Gerichtshofs einmischen.

Fazit und Ausblick

Als mit dem Ständigen Schiedshofs im Jahre 1899 erstmals ein internationales Gericht geschaffen wurde, war es nicht überraschend, dass hinsichtlich des Umfangs der den Richtern zu gewährenden Vorrechte wegen mangelnder praktischer Erfahrungen im Umgang mit bevorrechtigten internationalen Funktionsträgern ein genereller Verweis auf die Diplomatenimmunität erfolgte. Es erschreckt und erstaunt allerdings, dass trotz der erarbeiteten offensichtlichen Unzulänglichkeiten eines globalen Rückgriffs auf das diplomatische Immunitätsrecht auch das „jüngste" Statut eines internationalen Gerichtshofs, das Rom-Statut für die Errichtung eines ständigen Internationalen Strafgerichtshofs vom 17. Juli 1998, noch immer einen entsprechenden Verweis enthält. Damit wurde über 100 Jahre nicht die sich zumindest mit der Schaffung eines jeden neuen internationalen Gerichtshofs bietende Chance genutzt, einen an den Tätigkeiten der Richter ausgerichteten, ihre unabhängige Funktionserfüllung tatsächlich garantierenden detaillierten und in sich abgeschlossenen Immunitätenkatalog zu erarbeiten.

In einer schnelllebigen, sich wandelnden Welt – sowohl politisch, technologisch als auch ökonomisch –, einer Welt, in der es von Jahr zu Jahr offensichtlicher wird, wie abhängig die Staaten voneinander sind, befindet sich das internationale Recht – verglichen mit dem nationalen – noch immer in den „Kinderschuhen". In dieser Aufbau- und Entwicklungsphase, in der auch im Völkerrecht neue Rechtsbereiche entstehen – so beispielhaft das Umwelt-, Weltraum- und Telekommunikationsrecht –, ist zur Stärkung der internationalen Gerichtsbarkeit und damit einhergehend auch des internationalen Rechts jeder Möglichkeit nachzugehen, die Akzeptanz der Staatengemeinschaft gegenüber den internationalen Gerichtshöfen und damit deren Wirkungskraft zu festigen. Dieser Weg ist der beste Dienst, der diesen internationa-

874 So wohl im Ergebnis *Doehring* (Fn. 7), S. 291, § 12 VI Rn. 691.

len Institutionen erbracht werden kann, um zukünftig ihre Kapazitäten auszuschöpfen und den Frieden der Weltgemeinschaft zu sichern.

Da – wie bereits in der Einleitung dargestellt – effektive Immunitätsvorschriften zu Gunsten internationaler Richter ein das Vertrauen der Staaten in die Unabhängigkeit der Richter stärkendes Mittel sind, die ihre Bereitschaft, sich der Rechtsprechung internationaler Gerichtshöfe zu unterwerfen, fördern, versteht sich diese Untersuchung auch als Beitrag im Dienst der internationalen Gerichtsbarkeit und damit im Ergebnis im Dienst des internationalen Rechts.

Es bleibt abzuwarten, ob auch die Staatengemeinschaft es als eine der Aufgaben dieses Jahrhunderts versteht, die „alten, gewohnten Wege zu verlassen, um sich zu neuen Ufern aufzumachen". Spätestens mit der zukünftigen Schaffung eines internationalen Umweltgerichtshofs[875] oder eines internationalen Weltraumgerichtshofs[876] wird sich ihnen einmal mehr die Möglichkeit bieten, die derzeit über 100-jährige Praxis, generell auf die Diplomatenimmunität zu verweisen, aufzugeben und einen speziell auf die internationalen Richter und die Sicherung ihrer unabhängigen Funktionserfüllung zugeschnittenen Immunitätenkatalog zu erstellen.

Der Immunitätenkatalog – wie er im Folgenden entworfen wird – basiert auf den Säulen der Diplomatenimmunität – der Unverletzlichkeit und der Befreiung von der Gerichtsbarkeit. In den Detailvorschriften handelt es sich aber um ein de lege ferenda speziell an den Bedürfnissen des richterlichen Funktionsschutzes ausgerichtetes Regelwerk.

Entwurf eines Immunitätenkatalogs

Präambel

Die in diesem Immunitätenkatalog nachfolgend im Einzelnen bestimmten Vorrechte werden den internationalen Richtern in allen Vertragsstaaten des jeweils einschlägigen Gerichtshofstatuts einschließlich der Sitzstaaten der internationalen Gerichtshöfe und der Heimatstaaten der Richter unabhängig von ihrer Nationalität und unbeschadet der Verpflichtung, die Gesetze und anderen Rechtsvorschriften der Vertragsstaaten, insbesondere der Sitzstaaten, zu beachten, ausschließlich im Interesse

875 Vgl. insofern *Ress*, Zur Notwendigkeit eines internationalen Umweltgerichtshofs, in: FS Seidl-Hohenveldern zum 80. Geburtstag, 1998, S. 575 ff.

876 Die derzeitigen Möglichkeiten der Streitbeilegung bei Weltraumaktivitäten behandelt *Böckstiegel*, Neue Arbeiten an einem Konventionsentwurf zur Beilegung von Streitigkeiten bei der Nutzung des Weltraums, in: FS Seidl-Hohenveldern zum 80. Geburtstag, 1998, S. 55 ff. Alt-Bundespräsident *Roman Herzog* plädiert sogar für die Schaffung eines internationalen Gerichts, das von jedem Staat angerufen werden soll, bevor er kriegerische Handlungen einleitet, vgl. SZ vom 27. Mai 2002.

einer freien, unabhängigen und unparteiischen Funktionserfüllung, nicht aber zu ihrem persönlichen Vorteil gewährt:

Art. 1 Unverletzlichkeit

§ 1 Unverletzlichkeit der Richter

1. Die Person des Richters ist unverletzlich. Er unterliegt keiner Festnahme oder Haft irgendwelcher Art.

2. In Ausnahmefällen ist

a) eine körperliche Durchsuchung statthaft, wenn sie sich als Folge eines z. B. auf Flughäfen durch den zulässigen Einsatz elektronischer Geräte oder von Drogenhunden ausgelösten Alarms darstellt;

b) die Verhinderung einer Trunkenheitsfahrt durch Transport des Richters in einer Polizeistreife zulässig, wenn weniger einschneidende Maßnahmen nicht zur Verfügung stehen.

§ 2 Unverletzlichkeit der richterlichen Wohnung

1. Die richterliche Wohnung, d. h. jede Art der dem Richter zu Wohnzwecken dienenden Räumlichkeit, ist unverletzlich. Vertreter des Sitzstaates dürfen sie nur mit Zustimmung des Gerichtshofs betreten. Maßgeblich ist eine Entscheidung des Plenums mit Zweidrittelmehrheit.

2. Die richterliche Wohnung einschließlich des darin befindlichen Vermögens, wie z. B. Einrichtungsgegenstände, Bargeld, Wertpapiere und Beförderungsmittel des Richters, genießen Immunität von jeder Durchsuchung, Beschlagnahme, Pfändung oder Vollstreckung.

Andere exekutive Zwangsmaßnahmen sind zulässig, sofern gewährleistet ist, dass die Wohnung des Richters nicht ohne Zustimmung des Gerichtshofs betreten wird.

§ 3 Unverletzlichkeit des Vermögens, der Papiere und der Korrespondenz des Richters

1. Das richterliche Vermögen ist – vorbehaltlich Art. 2 § 4 Ziff. 1 – unverletzlich, ungeachtet, ob es sich innerhalb oder außerhalb der richterlichen Wohnung befindet.

2. Auch Vermögen außerhalb der richterlichen Wohnung genießt Immunität von jeder Durchsuchung, Beschlagnahme, Pfändung und Vollstreckung. Andere exekutive Zwangsmaßnahmen sind zulässig.

3. Ausnahmsweise dürfen dem Richter entwendete, sich im Gewahrsam Dritter befindende Gegenstände beschlagnahmt, nicht aber auch ohne die Zustimmung des Gerichtshofs durchsucht werden.

4. Das Abschleppen eines PKW ausschließlich im Interesse der Gefahrenabwehr oder zur Beseitigung einer erheblichen Verkehrsbehinderung ist statthaft.

§ 4 Unverletzlichkeit der richterlichen Papiere und seiner Korrespondenz

1. Die Papiere und die Korrespondenz des Richters sind unverletzlich.

2. Auch eine Kontrolle mittels elektronischer Geräte ist zum Schutz der Vertraulichkeit des Inhalts der Schriftstücke nicht zulässig.

§ 5 Freiheit der Kommunikation

1. Sowohl die an den Gerichtshof adressierte als auch die von diesem versandte, deutlich nach außen als amtliche Sendung zu kennzeichnende Korrespondenz ist unverletzlich.

2. Das richterliche Kuriergepäck ist überall unverletzlich.

a) Es darf weder geöffnet noch durchsucht werden. Der Einsatz elektronischer oder technischer Geräte ist allein zur äußerlichen Überprüfung des Gepäcks zulässig, vorausgesetzt, die Vertraulichkeit des Inhalts bleibt gewahrt.

b) Bei triftigem, ernsthaftem Verdacht der missbräuchlichen Nutzung des richterlichen Gepäcks ist der Sitz- bzw. jeder andere betroffene Staat, wie Aufenthalts- oder Transitstaat, berechtigt, die Rechtmäßigkeit der transportierten Gegenstände zu bestreiten und an den Gerichtshof zurückzusenden, es sei denn, dieser erklärt sich mit der Öffnung und Kontrolle in Anwesenheit eines seiner Mitglieder einverstanden.

3. Der richterliche Kurier genießt persönliche Unverletzlichkeit und unterliegt keiner Festnahme oder Haft irgendwelcher Art. Er muss ein amtliches Schriftstück mit sich führen, aus dem seine Stellung und die Anzahl der Schrift- oder Gepäckstücke ersichtlich ist, die die amtliche Korrespondenz oder das richterliche Kuriergepäck bilden.

4. Der Telefonverkehr ist unverletzlich, ungeachtet, ob es sich um Privat- oder Amtsgespräche handelt.

a) Außer bei Vorliegen der Rechtfertigungsgründe der Selbstverteidigung oder -hilfe sind Abhörmaßnahmen ausnahmsweise dann zulässig, wenn der Gerichtshof durch Plenarentscheid mit Zweidrittelmehrheit auf das Vorrecht der Unverletzlichkeit des Telefonverkehrs verzichtet hat.

b) Bei hinreichend begründetem Anfangsverdacht und vorausgesetzt, Belange des Gerichtshofs sind nicht betroffen, besteht eine Verpflichtung des Gerichtshofs zur Abgabe der Verzichtserklärung.

§ 6 Unverletzlichkeit des persönlichen Gepäcks des Richters

Das persönliche Gepäck des Richters ebenso wie Postsendungen im weiteren Sinn sind unverletzlich, und zwar unabhängig von den Eigentumsverhältnissen der in ihnen befindlichen Gegenstände. Im Übrigen gelten die Regelungen in Art. 1 § 5 Ziff. 2. lit. a und b entsprechend.

§ 7 Generelle Grenzen der Unverletzlichkeit

1. Außer den zuvor bereits aufgeführten Eingriffsmaßnahmen sind Durchbrechungen von der Unverletzlichkeitsgarantie generell im Fall der Selbsthilfe, der Selbstverteidigung und des Notstands unter Beachtung des Verhältnismäßigkeitsgrundsatzes zulässig.

2. Darüber hinaus kann der Gerichtshof durch Plenarentscheidung mit Zweidrittelmehrheit auf die Unverletzlichkeit allgemein, aber auch auf jede der in §§ 1–6 im Einzelnen aufgelisteten Unverletzlichkeiten gesondert verzichten.

Art. 2 Immunität von der Gerichtsbarkeit

§ 1 Immunität von der Strafgerichtsbarkeit

Die Richter genießen Immunität von der Strafgerichtsbarkeit einschließlich der Verfolgung und Ahndung von Ordnungswidrigkeiten.

§ 2 Immunität von der Zivilgerichtsbarkeit

Den Richtern steht Immunität von der Zivilgerichtsbarkeit zu; ausgenommen hiervon sind folgende Fälle:

a) dingliche Klagen in Bezug auf privates, im Hoheitsgebiet eines Vertragsstaates belegenes unbewegliches Vermögen;

b) Klagen in Nachlasssachen, in denen der internationale Richter als Erbe, Testamentsvollstrecker, Verwalter oder Vermächtnisnehmer beteiligt ist;

c) Klagen im Zusammenhang mit einer Berufstätigkeit oder einer Nebenbeschäftigung, die der Richter neben seiner amtlichen Tätigkeit ausübt, vorausgesetzt, sie sind nicht vom Gerichtshof mit Zweidrittelmehrheit erlaubt worden;

d) Klagen in Familienrechtsangelegenheiten;

e) die Richter sind zum Abschluss einer Kfz-Haftpflichtversicherung für ihnen gehörende oder von ihnen geführte Fahrzeuge, wie sie der Staat vorsieht, in dem das Fahrzeug überwiegend eingesetzt wird, verpflichtet; beim Einsatz anderer Motorfahrzeuge sowie Verkehrsmittel besteht – soweit im Staat der überwiegenden Nutzung möglich – ebenfalls Versicherungspflicht;

f) Klagen im Zusammenhang mit einem Unfall, der durch ein dem Richter gehörendes oder von ihm geführtes Kraftfahrzeug oder sonstiges Verkehrsmittel im weiteren Sinn, wie z. B. Segelboot, Fahrrad, Inliner, verursacht wurde, soweit der Anspruch nicht gegenüber einer Versicherung durchsetzbar ist;

g) vom Richter erhobene Klagen sowie Widerklagen, die mit der Hauptklage in unmittelbarem Zusammenhang stehen, vorausgesetzt, der betroffene Gerichtshof hat vor Klageerhebung durch den Richter im Plenum mit Zweidrittelmehrheit auf die Immunität verzichtet.

§ 3 Immunität von der Verwaltungsgerichtsbarkeit

1. Der Richter genießt Immunität von der Verwaltungsgerichtsbarkeit im Sinn einer Befreiung von der rechtsprechenden Tätigkeit durch Gerichte oder Verwaltungsbehörden auf dem Gebiet des Verwaltungsrechts; der Verwaltungshoheit bleibt er unterworfen.

2. Ausgenommen von der Immunität von der Verwaltungsgerichtsbarkeit sind die Fälle, die in § 2 lit. a–g aufgeführt sind.

§ 4 Immunität von Zwangsvollstreckungsmaßnahmen

1. Gegen einen Richter dürfen Zwangsvollstreckungsmaßnahmen nur in den in § 2 lit. a–g und in § 3 Ziff. 2 vorgesehenen Fällen und nur unter der Voraussetzung getroffen werden, dass sie durchführbar sind, ohne die Unverletzlichkeit seiner Person und seiner Wohnung zu beeinträchtigen.

2. Ausgenommen von der Immunität vom Verwaltungszwang ist ergänzend der Fall des Notstands, d. h. das Vorliegen einer gegenwärtigen Gefahr für den Einzelnen oder die Allgemeinheit; der Verhältnismäßigkeitsgrundsatz ist zu beachten.

§ 5 Immunität von der Zeugnispflicht

1. Der Richter ist nicht verpflichtet, als Zeuge auszusagen.

2. Hiervon unberührt bleibt seine Verpflichtung zur Aussage in den in § 2 lit. a–g und in § 3 Ziff. 2 angeführten Fällen.

Art. 3 Immunität der Familienangehörigen und des Dienstpersonals

§ 1 Immunität der Familienmitglieder

1. Familienangehörige eines Richters genießen – ungeachtet ihrer Nationalität – die in Artt. 1 und 2 aufgeführten Immunitäten.

2. Vom Begriff „Familienmitglied" erfasst werden z. B.:

– minderjährige Kinder des Richters generell, gleichgültig, ob ehelich, unehelich oder adoptiert, im Alter bis zu 18 Jahren;

– Ehepartner – selbst wenn sie getrennt leben – sowie Lebensgefährten, sofern der Richter mit ihnen in einer eheähnlichen Lebensgemeinschaft zusammenlebt;

– Angehörige, die wirtschaftlich vom Richter abhängig sind oder aber auf Dauer mit ihm in Gemeinschaft leben (z. B. volljähriger Student, Schwester des Richters, die den Haushalt führt);

– Personen, die – gleichgültig, ob es sich um entfernte Verwandte oder aber Fremde handelt – auf Grund der Nähe zum Richter durch das enge Miteinander in dessen Familie ein Teil von dieser geworden sind (wie z. B. ein Kindermädchen oder eine Haushälterin);

– Personen, denen gegenüber dem Richter trotz ihrer kurzen Verweildauer im richterlichen Haushalt eine besondere Fürsorge- und Aufsichtspflicht obliegt, wie z. B.

die quasisorgeberechtigte Stellung des Richters gegenüber einem in seiner Familie lebenden Austauschschüler.

3. Vom Immunitätsschutz generell ausgenommen sind Klagen im Zusammenhang mit einer Berufstätigkeit – sei es aus einem freien Beruf, einer gewerblichen oder abhängigen Beschäftigung. Im Rahmen der insoweit ebenfalls zulässigen Zwangsvollstreckungsmaßnahmen ist zu gewährleisten, dass die Unverletzlichkeit der Person des Familienmitglieds nicht beeinträchtigt wird. Die Unverletzlichkeit der Wohnung ist nur insoweit zu beachten, als das Familienmitglied mit dem Richter in häuslicher Gemeinschaft lebt.

4. Auch die Familienmitglieder unterliegen der Versicherungspflicht nach Art. 2 § 2 lit. e.

§ 2 Immunität des Dienstpersonals

Privates Dienstpersonal des Richters – mit Ausnahme derjenigen Personen, die unter den Begriff der „Familienmitglieder" im weiteren Sinn nach § 1 fallen –, ist vom Immunitätschutz ausgenommen. Allerdings ist bei der Ausübung der Hoheitsgewalt dafür Sorge zu tragen, dass eine unnötige Behinderung der richterlichen Funktionen ausgeschlossen ist.

Art. 4 Immunität in Drittstaaten

§ 1 Immunität in Mitgliedstaaten

Der Richter sowie seine Familienangehörige genießen die in Art. 1–3 angeführten Immunitäten in allen Mitgliedstaaten, d. h. in den Vertragsstaaten des jeweiligen Gerichtshofstatuts.

§ 2 Immunität in Nichtmitgliedstaaten

1. Hat ein Richter einen Nichtmitgliedstaat zu durchreisen oder sich dort zu dienstlichen Zwecken aufzuhalten, so hat der Gerichtshofpräsident oder sein Stellvertreter vor Amts- oder Reiseantritt das Einverständnis des betroffenen Staates einzuholen verbunden mit dem Hinweis, dass dieser bei Zustimmung zur absoluten Immunitätsgewährung verpflichtet ist.

2. Das Gleiche gilt, wenn Familienangehörige des Richters, denen Imunitäten zustehen, ihn begleiten, oder wenn sie getrennt von ihm reisen, um sich zu ihm zu begeben oder vorübergehend in ihren Heimatstaat zurückkehren.

§ 3 Aushändigung eines „Laissez-passer"

Dem Richter ist zur Erleichterung seiner Tätigkeit ein Passierschein auszustellen, sog. „Laissez-passer". Mitgliedstaaten sowie Nichtmitgliedstaaten, die ihre Zustimmung zur Reise erteilt haben, sind gehalten, den Passierschein als gültiges Reisedokument anzuerkennen.

Art. 5 Dauer der richterlichen Immunitäten

1. Die Immunitäten stehen dem Richter und seinen Familienangehörigen mit der Wahl bzw. der Ernennung des Richters zu und enden nach der Vornahme der letzten offiziellen Tätigkeit, insoweit in Übereinstimmung mit dem jeweiligen Gerichtshofstatut oder der jeweiligen Satzung. In Bezug auf die von einem Richter in Ausübung seiner dienstlichen Tätigkeit als Mitglied des Gerichtshofs vorgenommenen Handlungen und Äußerungen bleibt die Immunität über das offizielle Amts- bzw. Tätigkeitsende hinaus bestehen.

2. Ist gegen einen Richter vor seiner Wahl bzw. seiner Ernennung oder aber zwischen seinem offiziellen Amtsende und seiner Wiederwahl ein Verfahren anhängig gemacht worden, führt die Immunität als ein der Fortsetzung des Verfahrens entgegenstehendes Prozesshindernis zu dessen Aussetzung.

3. Mit dem Tod eines Richters endet unmittelbar der Immunitätsschutz der Familienangehörigen.

4. Bei Rücktritt oder Amtsenthebung eines Richters endet dessen Vorrechtsstellung sowie diejenige seiner Familienmitglieder mit dem in den jeweiligen Gerichtshofstatuten speziell für diese Sachverhalte vorgesehenen Amts- bzw. Tätigkeitsende.

Art. 6 Immunitätsaufhebung

1. Auf Antrag der Regierung des betroffenen Staates hat der Gerichtshof nicht nur das Recht, sondern die Pflicht, die Immunität des Richters und seiner Familienangehörigen – bezogen auf einen konkreten Sachverhalt – aufzuheben, vorausgesetzt eine Zweidrittelmehrheit des Plenums des Gerichtshofs ist der Ansicht, die Vorrechte würden verhindern, dass der Gerechtigkeit Genüge geschieht, und die Aufhebung ohne Beeinträchtigung der wirksamen Funktionserfüllung des betroffenen Gerichtshofs vorgenommen werden kann.

2. Nach Aufhebung der Immunität von der Zivil- und Verwaltungsgerichtsbarkeit durch den Gerichtshof dürfen Vollstreckungsmaßnahmen nur unter der Voraussetzung getroffen werden, dass sie durchführbar sind, ohne die Unverletzlichkeit der Person des Richters und seiner Wohnung zu verletzen. Allein bei fruchtloser Vollstreckung in das Vermögen außerhalb der richterlichen Wohnung hat der Gerichtshof nach Maßgabe von Ziff. 1 auf die Unverletzlichkeit der richterlichen Wohnung zu verzichten.

3. Die Aufhebung der Immunität von der Stafgerichtsbarkeit gilt nicht als Verzicht auf die Immunität von der Urteilsvollstreckung; hierfür ist ein besonderer Verzicht auf die Unverletzlichkeit der Person des Richters und seiner Wohnung erforderlich.

4. Nach Aufhebung der Immunität von Straf-, Zivil- und Verwaltungsgerichtsbarkeit ist der Richter zur Aussage verpflichtet.

5. Die Immunitätsaufhebung berechtigt den Sitzstaat nicht zur Ausweisung des internationalen Richters.

Literaturverzeichnis

Adatci, MM./ Visscher, Charles de — Première Partie, Travaux Préparatoires de la Session de Vienne Août 1924, Examen de l'Organisation et des Statuts de la Société des Nations, Annuaire de l'Institut de de Droit International, 1924, S. 1–21.

Adair, E. R. — The Exterritoriality of Ambassadors of the Sixteenth and Seventeenth Centuries, 1929, London/ New York/Toronto.

Ahluwalia, Kuljit — The Legal Status, Privileges and Immunities of the Specialized Agencies of the United Nations and of Certain Other International Organizations, 1964, The Hague.

Akinsanya, Adeoye — The Dikko-Affair and Anglo-Nigerian Relations, ICLQ 34 (1985), S. 602–609.

Akl, Joseph — The Legal Status, Privileges and Immunities of the International Tribunal for the Law of the Sea, in: Max Planck Yearbook of United Nations Law 2 (1998), S. 341–363.

Anand, Ram Prakash — International Courts and Contemporary Conflicts, 1974, London.

Ashman, Chuck/ Trescott, Pamela — Outrage: The Abuse of Diplomatic Immunity, 1986, London.

Aufricht, Hans — The Expansion of the Concept of Sovereign Immunity: With special Reference to International Organizations, in: Proceedings of the American Society of International Law, 1952, S. 85–104.

Badr, Gamal Moursi — State Immunity: An Analytical and Prognostic View, 1984, The Hague/Boston/Lancaster.

Bächle, Hans-Ulrich — Die Rechtsstellung der Richter am Gerichtshof der Europäischen Gemeinschaften, 1961, Berlin.

Balz, Hans Rudolf — Die besonderen Staatenvertreter und ihre rechtliche Stellung, Diss. 1931, Gießen.

Barker, J. Craig — The Abuse of Diplomatic Privileges and Immunities, a Necessary Evil?, 1996, Aldershot, Hants u. a.

ders. — State Immunity, Diplomatic Immunity and Act of State: A Triple Protection against Legal Action?, The International and Comparative Law Quarterly, 47 (1998) 4, S. 950–958.

Barnes, William — Diplomatic Immunity from Local Jurisdiction: Its Historical Development under International Law and Application in United States Practice, Department of State Bulletin 43 (1960 II), S. 173–182.

Basdevant, Suzanne — Les fonctionnaires internationaux, 1931, Paris.

Baudenbacher, Carl — Das Verhältnis des EFTA-Gerichtshofs zum Gerichtshof der Europäischen Gemeinschaften, LJZ 4 (1996), S. 84–92.

Beaumont, John B. — Self-Defence as a Justification for Disregarding Diplomatic Immunity, CanYBIL 24 (1991), S. 391–402.

Bennett, Alvin LeRoy — International Organizations, Principles and Issues, 6. Aufl. 1995, New Jersey u. a.

Bernhardt, Rudolf — Internationale Gerichte und Schiedsgerichte in der gegenwärtigen Weltordnung, Europa-Archiv, Teil 1, Beiträge, Berichte, 28 (1973), S. 363–372.

ders. — Rechtsfortbildung durch internationale Richter, insbesondere im Bereich der Menschenrechte, in: Richterliche Rechtsfortbildung: Erscheinungsformen, Auftrag und Grenzen, Festschrift der Juristischen Fakultät zur 600-Jahr-Feier der Ruprecht-Karls-Universität Heidelberg, hrsg. von den Hochschullehrern der Juristischen Fakultät der Universität Heidelberg, S. 527–540, 1986, Heidelberg.

ders. — Law of the Sea, Settlements of Disputes, EPIL, Instalment 3, 1997, S. 173–176.

ders. — Die Auslegung völkerrechtlicher Verträge, 1963, Köln, Bonn.

Beutler/Bieber/Pipkorn/Streil — Die Europäische Union – Rechtsordnung und Politik, 5. Aufl. 2001, Baden-Baden.

Bindschedler, Rudolf L. — Die Wiener Konvention über die diplomtischen Beziehungen, SchJB 18 (1961), S. 29–44.

Bleckmann, Albert — Europarecht: das Recht der Europäischen Union und der Europäischen Gemeinschaften, 6. Aufl. 1997, Köln u. a.

ders. — Die Rolle der richterlichen Rechtsschöpfung im Europäischen Gemeinschaftsrecht, in: Gerhard Lüke (Hrsg.), Rechtsvergleichung, Europarecht und Staatenintegration: Gedächtnisschrift für Leontin-Jean Constantinesco, S. 61–81, 1983, Köln u. a.

Blokker, Niels/
Schermers, Henry
Mission Impossible? On the Immunities of Staff Members of International Organizations on Mission, in: G. Hafner/G. Loibl u. a. (Hrsg.), Liber Amicorum Professor Ignaz Seidl-Hohenveldern – in Honour of his 80th Birthday, S. 37–53, 1998, The Hague.

Bockslaff, Klaus/
Koch, Michael
The Tabatabai Case: The Immunity of Special Envoys and the Limits of Judical Review, GYIL 25 (1982), S. 539–584.

Böckstiegel, Karl-Heinz
Internationale Streiterledigung vor neuen Herausforderungen, in: Recht zwischen Umbruch und Bewahrung, Festschrift für Rudolf Bernhardt (Beiträge zm ausländischen öffentlichen Recht und Völkerrecht, Bd. 120), S. 671–686, 1995, Berlin/Heidelberg u. a.

ders.
Neue Arbeiten an einem Konventionsentwurf zur Beilegung von Streitigkeiten bei der Nutzung des Weltraums, in: G. Hafner/G. Loibl u.a. (Hrsg.), Liber Amicorum Professor Seidl-Hohenveldern – in Honour of his 80th Birthday, S. 575–592, 1998, The Hague.

Boegart, E. van
Le caractère juridique de la Cour de Justice des Communautés Européennes, in: Mélanges offerts à Henri Rolin, S. 449–461, 1964, Paris.

Bowett, Derek W.
The Law of International Institutions, 4. Aufl. 1982, London.

ders.
Self-Defence in International Law, 1958, Manchester.

Brockhaus-Enzyklopädie
Bd. 8, FRU-GOS, 19. Aufl. 1989,
Bd. 10, HERR-IS, 19. Aufl. 1989,
Bd. 17, Pes-Rac, 1992,
Bd. 23, US-WEJ, 19. Aufl. 1994, Mannheim

Bryde, Brun-Otto
Self-Defence, EPIL, Instalment 4, 1982, S. 212–214.

ders.
Self-Help, EPIL, Instalment 4, 1982, S. 215–217.

Buckley, Margaret
The Effect of Diplomatic Privileges Act 1964 in English Law, BYIL 41 (1965/66), S. 320–367.

Buergenthal, Thomas
International Tribunals and Nationals Courts: The Internationalization of Domestic Adjudication, in: Festschrift für Rudolf Bernhardt (Beiträge zum ausländischen öffentlichen Recht und Völkerrecht, Bd. 120), 1995, S. 687–703, Berlin/Heidelberg u. a.

Buergenthal, Thomas	The Inter-American Court of Human Rights, AJIL 76 (1982), S. 231–245.
Bustamente y Sirven, Antonio Sanchez de	La Cour Permanente de Justice Internationale, 1925, Paris.
ders.	The World Court, 1983, Hein.
Bynkershoek, Cornelius van	The Classics of International Law/De foro legatorum liber singularis: a photopraphic reproduction of the text of 1744 with an english translation, 1946, Oxford/London.
ders.	Etude des accords de siège conclus entre les organisations internationales et les états où elles résident, 1959, Mailand.
Cameron, Ian	First Report of the Foreign Affairs Committee of the House of Commons, ICLQ 34 (1985), S. 610–618.
Christensen, Bent	Der gerichtliche Rechtsschutz des Einzelnen gegenüber der vollziehenden Gewalt in Dänemark, in: Max-Planck-Institut für ausländisches Öffentliches Recht und Völkerrecht (Hrsg.), Gerichtsschutz gegen die Exekutive, Bd. 1, S. 113–126, 1969, Köln.
Colin, Jean Pierre	Le gouvernement des juges dans les Communautés Européennes, 1966, Paris.
Condorelli, L./Sbolci, L.	Measures of Execution against the Property of Foreign States: the Law and Practice in Italy, NYBIL 9 (1979), S. 197–231.
Creifelds, Carl	Rechtswörterbuch, 15 Aufl. 2000, München.
Crosswell, Carol M.	Protection of International Personnel Abroad: Law and Practice affecting the Privileges and Immunities of International Organization, 1952, New York.
Dänzer-Vanotti, Wolfgang	Unzulässige Rechtsfortbildung des Europäischen Gerichtshofs, RIW 1992, S. 733–742.
Dahm, Georg	Völkerrechtliche Grenzen der inländischen Gerichtsbarkeit, in: Festschrift für Arthur Nikisch, 1958, Tübingen.
ders.	Völkerrecht, Bd. 1, 1958, Stuttgart.
Dahm, Georg/ Delbrück, Jost/ Wolfrum, Rüdiger	Völkerrecht, Bd. I/1, 2. Aufl. 1989, Berlin/New York.
Damian, Helmut	Staatenimmunität und Gerichtszwang, in: Beiträge zum ausländischen öffentlichen Recht und Völkerrecht, Bd. 89, 1985, Heidelberg/New York/Tokio.
Davidson, Scott	The Inter American Court of Human Rights, 1992, Hong Kong/Sydney.

Deak, Francis	Classification, immunités and privilèges des agents diplomatiques, Revue de droit international et de législation comparée 55 (1928), S. 173–206.
Delbrück, Jost	Proportionality, EPIL, Instalment 7, 1984, S. 396–400.
Delmar, Alfred	Richterliche Unabhängigkeit und politische Justiz, Die Justiz 4 (1928/29), S. 458–505.
Dembinski, Ludwik	The Modern Law of Diplomacy, 1988, Dordrecht/Boston/Lancaster.
Denza, Eileen	Diplomatic Law: Commentary on the Vienna Convention on Diplomatic Relations, 2. Aufl. 1998, Oxford.
dies.	Diplomatic Law, 1. Aufl. 1976, London/New York.
dies.	Diplomatic Agents and Missions, Privileges ans Immunities, EPIL, Instalment 9, 1986, S. 94–99.
Dhokalia, Raama P.	International Law Making, in: International Law in Transition, Essays in memory of Judge Nagendra Singh, S. 203, 1992, Dordrecht/Boston/London.
Dinstein, Yoram	Diplomatic Immunity from Jurisdiction Ratione Materiae, ICLQ 15 (1966), S. 76–89.
Doehring, Karl	Völkerrecht, 1999, Heidelberg.
ders.	Zum Rechtsinstitut der Verwirkung, in: Böckstiegel (Hrsg.), Völkerrecht, Recht der Internationalen Organisationen, Weltwirtschaftsrecht, Festschrift für Ignaz Seidl-Hohenveldern, S. 51–61, 1988, Köln/Berlin/München/Bonn.
ders.	Internationale Organisationen und staatliche Souveränität, in: Karl Doehring (Hrsg.), Festgabe für Ernst Forsthoff zum 65. Geburtstag, S. 105–132, 1967, München.
ders.	Die Rechtsprechung als Quelle des Völkerrechts, in: Richterliche Rechtsfortbildung: Rechtsformen, Auftrag und Grenzen, Festschrift der juristischen Fakultät zur 600-Jahr-Feier der Ruprecht-Karls-Universität Heidelberg (hrsg. von den Hochschullehrern der Juristischen Fakultät der Universität Heidelberg), S. 541–554, 1986, Heidelberg
ders.	Effectiveness, EPIL, Instalment 7, 1984, S. 70–74.
Doehring, Karl/Ress, Georg	Diplomatische Immunität und Drittstaaten, ArchVR 37 (1999), S. 69–98.
Dolzer, Rudolf	Expropriation and Nationalization, EPIL, Instalment 8, 1985, S. 214–221.

Dominicé, Christian — La nature et l'étendue de l'immunité de jurisdiction des organisations internationales, in: Völkerrecht, Recht der Internationalen Organisationen, Weltwirtschaftsrecht, Festschrift für Ignaz Seidl-Hohenveldern, S. 77–93, 1988, Köln/Berlin/Bonn/München.

Donnarumma, Maria Rosaria — La convention sur les missions spéciales, RevBelgeDI 8 (1972), S. 34–79.

Donner, A. M. — Die politische Funktion des Richters, AöR 106 (1981), 1–14.

Dwyer, Amy S. — The Inter-American Court of Human Rights: Towards Establishing an Effective Regional Contentious Juridiction, Boston College Int. and Comp. Law Review, 1990, 127–166.

Egger, Max — Die Vorrechte und Befreiungen zugunsten internationaler Organisationen und ihrer Funktionäre, Diss. 1953, Bern.

Ehlers, Dirk — in: Erichsen Hans-Jürgen (Hrsg.), Allgemeines Verwaltungsrecht, 11. Aufl. 1998, Berlin/New York.

Eifler, Robert K. — Comments, Privileges and Immunities of United Nations Delegates and Officials – The International Organizations Immunities Act, Michigan Law Review 46.1 (1947/1948), S. 381–389.

Elias, Taslim Olawale — Report on the International Court of Justice, in: Judical Settlement of International Disputes (Beiträge zum ausländischen öffentlichen Recht und Völkerrecht, Bd. 62), S. 19–33, 1974, Heidelberg u. a.

Engel, Christoph — Anmerkung zu LG Düsseldorf, Urteil vom 10. 3. 1983 – XII-10/83 – Tabatabai, JZ 1983, S. 627–629.

Everling, Ulrich — Das europäische Gemeinschaftsrecht im Spannungsfeld von Politik und Wirtschaft, in: Europäische Gerichtsbarkeit und nationale Verfassungsgerichtsbarkeit, Festschrift zum 70. Geburtstag von Hans Kutscher, S. 155–187, 1981, Baden-Baden.

ders. — Zur Funktion des Gerichtshofs bei der Rechtsangleichung in der Europäischen Gemeinschaft, in: Herbert Leßmann (Hrsg.), Festschrift für Rudolf Lukes zum 65. Geburtstag, S. 359–374, 1989, Köln/Bonn/Berlin.

Everling, Ulrich	Sind die Mitgliedstaaten der Europäischen Gemeinschaft noch Herren der Verträge? Zum Verhältnis von Europäischem Gemeinschaftsrecht und Völkerrecht, in: Rudolf Bernhardt (Hrsg.), Völkerrecht als Rechtsordnung, Internationale Gerichtsbarkeit, Menschenrechte, Festschrift für Hermann Mosler, S. 173–191, (Beiträge zum ausländischen öffentlichen Recht und Völkerrecht Bd. 81), 1983, Berlin/Heidelberg/New York.
ders.	Die Rolle des Europäischen Gerichtshofs, in: W. Weidenfeld (Hrsg.), Reform der Europäischen Union, S. 256–264, 1995, Gütersloh.
Farahmand, Ali M.	Diplomatic Immunity and Diplomatic Crime: A Legislative Proposal to Curtail Abuses, Journal of Legislation 16 (1989–90), S. 89–106.
Farhangi, Leslie Shirin	Insuring against Abuse of Diplomatic Immunity, Stanford Law Review 38 (1985–86 II), S. 517 ff.
Fischer, Peter/ Köck, Heribert Franz	Allgemeines Völkerrecht, 4. Aufl. 1994, Wien.
Forgac, Albert A.	New Diplomacy and The United Nations, 1965, New York.
Forsthoff, Ernst	Lehrbuch des Verwaltungsrechts, Bd. 1, Allgemeiner Teil, 10. Aufl. 1973, München.
Foster, W.F.	Fact Finding and the World Court, CanYIL 7 (1969), S. 150–191.
Frei, Paul Henri	De la situation des représantants des membres de la Société des Nations et de ses agents, 1929, Paris.
Fujita, Tokiyasu/ Ogawa, Ichiro	Der gerichtliche Rechtsschutz gegen des Einzelnen gegenüber der vollziehenden Gewalt in Japan, in: Max-Planck-Institut für ausländisches öffentliches Recht und Völkerrecht (Hrsg.), Gerichtsschutz gegen die Exekutive, Bd. 1, S. 511–549, 1969, Köln u. a.
Genet, Raoul	Un problème de préséance, Revue de droit international et de législation comparée 60 (1933), S. 254–281.
Giraud, Emile	Le secrétariat des institutions internationales, RdC 79 (1951 II), S. 373–502.
Giuliano, Mario	Les relations et immunités diplomatiques, RdC 100 (1960 II), S. 81–193.
Gmür, Edwin A.	Gerichtsbarkeit über fremde Staaten, 1948, Zürich.

Göhler, Erich — Gesetz über Ordnungswidrigkeiten, 12. Aufl. 1998, München.

Golsong, Heribert — The European Commission of Human Rights, Connecticut Journal of International Law 2 (1986/87), S. 285–297.

Goodspeed, Stephen S. — The Nature and Function of International Organization, 1959, New York.

Gormley, W. Paul — Selected Recommendations to Enhance the Effectiveness of the International Court of Justice: Perfection and Application of Confidence Building Measures, in: International Law in Transition: Essays in Memory of Judge Nagendra Singh, S. 309–340, 1992, Dordrecht/Boston/London.

Grementieri, Volario — Le statut des juges de la Cour de justice de Communautés européennes, RTDEur 1967, S. 817 ff., 826.

Gross, Leo — The Future of the International Court of Justice, Vol. 1, 1976, New York.

Grotius, Hugo — Vom Recht des Krieges und des Friedens, Bd. I, (1625, Paris), deutsche Übersetzung von Walter Schätzel, 1950, Tübingen.

Guetzkow, Harold — Multiple Loyalities: Theoratical Approach to a Problem in International Organization, 1955, Princeton u. a.

Hackspiel, Sabine — in: Groeben Hans von der (Hrsg.), Kommentar zum EU-/EG-Vertrag, Bd. 4 (Artikel 137–209a EGV), 5. Aufl. 1997, Baden-Baden.

Hafner, Gerhard — Die österreichische diplomatische Praxis zum Völkerrecht 1978/79, ÖZöRV 30 (1979), S. 361–388.

Hammerskjöld, Dag — Les immunitiés des personnes investies de fonctions internationals, RdC 56 (1936 II), S. 111–206.

Harders, Johannes Enno — in: Wolfrum Rüdiger (Hrsg.), Handbuch der Vereinten Nationen, 1991, München.

Hardy, Michael — Modern Diplomatic Law, 1968, Manchester.

Harvard Law School — I. Draft Convention on Diplomatic Privileges and Immunities, with Comment, in: Research in International Law, 1932, S. 15–187.

Heinrichs, Helmut — in: Palandt, Bürgerliches Gesetzbuch, 61. Aufl. 2002, München.

Heldrich, Andreas — in: Palandt, Bürgerliches Gesetzbuch, 61. Aufl. 2002, München.

Henrichs, H. — Vorrechte und Befreiungen der Beamten der Europäischen Gemeinschaften, EuR 22 (1987), S. 75–92.

Herdegen, Matthias — The Abuse of Diplomatic Privileges and Countermeasures not Covered by the Viennna Convention on Diplomatic Relations, ZaöRV 46 (1986) S. 734–757.

Herndl, Kurt — Die Wiener Konsularische Konferenz 1963, ArchVR 11 (1963–64), S. 417–458.

Herzog, Horst — Doppelte Loyalität, 1975, Berlin.

Higgins, Rosalyn — The Abuse of Diplomatic Privileges and Immunities: Recent United Kingdom Experience, AJIL 79 (1985), S. 641–651.

Highet, Keith — Evidence, the Court, and the Nicaragua Case, AJIL 81 (1987) S. 1–56.

Hildner, Guido — Die Unterworfenheit des ausländischen Diplomaten unter die Verwaltungshoheit des Empfangsstaates, Diss. 1991, Bonn.

Hill, Martin — Immunities and Privileges of International Officials, 1947, Washington.

Holland, D.C. — Diplomatic Immunity in English Law, Current Legal Problems 4 (1951), S. 81–106.

Hudson, Manley — The Permanent Court of Justice 1920–1942, 1943, New York.

Hurst, Cecil J. B. — Les immunités diplomatiques, RdC 12 (1926 II), S. 119–240.

ders. — International Law: The Collected Papers, 1950, London.

ders. — Diplomatic Immunities – Modern Developments, BYIL 10 (1929), S. 1–13.

Ipsen, Hans Peter — Die Verfassungsrolle des Europäischen Gerichtshofs für die Integration, in: Jürgen Schwarze (Hrsg.), Der Europäische Gerichtshof als Verfassungsgericht und Rechtsschutzinstanz: Referate und Diskussionsberichte der Tagung des Arbeitskreises Europäische Integration e.V. in Hamburg vom 2. bis 4. Juni 1983, S. 29–62, 1983, Baden-Baden.

ders. — Europäisches Gemeinschaftsrecht, 1972, Tübingen.

ders. — Über Supranationalität, in: Horst Ehmke (Hrsg.), Festschrift für Ulrich Scheuner zum 70. Geburtstag S. 211–225, 1973, Berlin.

Ipsen, Knut — Völkerrecht, 4. Aufl. 1999, München.

Jaenicke, Günther — Die Sicherung des übernationalen Charakters der Organe internationaler Organisationen, ZaöRV 14 (1951/52), S. 46–117.

Jagota, S. P. — State Responsibility: Circumstances Precluding Wrongfulness, NYIL 16 (1985), S. 249–277.

Janis, Mark W. — The Utility of International Criminal Courts, Connecticut Journal of International Law 12 (1997) 2, S. 161–170.

Jenks, Wilfred C. — The Headquarters of International Institutions, 1945, London.

Jung, Hans — Das Gericht erster Instanz der Europäischen Gemeinschaften, 1991, Baden-Baden.

Kanithasen, Warawit — Tendenzen zur Einschränkung der diplomatischen Immunität in Zivilklagen und der Verzicht auf die diplomatische Immunität, Diss. 1975, Bonn.

Kateyn, Paul J. (Hrsg.) — International Organization and Integration, Annoted Basic Documents and Descriptive Directory and Arrangements of International Organizations, Vol. I. B., 2. Aufl. 1982; Vol. II. A., 2. Aufl. 1982; Vol. II. K., 2. Aufl. 1984, The Hague u. a.

Kauffmann, Siegmund — Die Immunität der Nicht-Diplomaten, 1932, Leipzig.

Kelsen, Hans — The Old and the New League: The Covenant and the Dumbarton Oaks Proposals, AJIL 39 (1945) S. 45–83.

ders. — Principles of International Law, 2. Aufl. 1967, New York u. a.

Kerley, Ernest L. — Some Aspects of the Vienna Conference on Diplomatic Intercourse and Immunities, AJIL 56 (1962), S. 88–129.

Kern, Ernst — Die Rechtsstellung des europäischen Beamten, in: Kordt, Der europäische Beamte, S. 49–95, 1955, München/Berlin.

Kiesgen, Karl Heinz — Sachliche Indemnität der Staaten, internationaler Organisationen und ihrer Organe, Diss. 1970, Bonn.

King, John Kerry — The Privileges and Immunities of the Personnel of International Organizations, Diss. 1949, Genf.

Knapp, Blaise — Les privilèges et immunités des organisations internationales et de leurs agents devant les tribunaux internationaux, Revue general de droit international public 69 (1965), S. 615–681.

Kokott, Juliane — Das interamerikanische System zum Schutz der Menschenrechte (Beiträge zum ausländischen öffentlichen Recht und Völkerrecht Bd. 120), 1986, Berlin/Heidelberg/New York.

dies. — Mißbrauch und Verwirkung von Souveränitätsrechten bei gravierenden Völkerrechtsverstößen, in: Recht zwischen Umbruch und Bewahrung, festschrift für Rudolf Bernhardt (Beiträge zum ausländischen öffentlichen Recht und Völkerrecht Bd. 120), S. 135–151, 1995, Berlin/Heidelberg u. a.

Krauske, Otto — Die Entwicklung der ständigen Diplomatie, 1885, Leipzig.

Kropholler, Jan — Internationales Privaterecht, 3. Aufl. 1997, Tübingen.

Krück, Hans — in: Groeben/Thiesing/Ehlermann (Hrsg.), Kommentar zum EU-/EG-Vertrag, Bd. IV, 5. Aufl. 1997, Baden-Baden.

Kunz, Josef L. — Privileges and Immunities of International Organizations, AJIL 41 (1947), S. 828–862.

Kutscher, Hans — Über den Gerichtshof der Europäischen Gemeinschaft, EuR 16 (1981), S. 392–413.

Lachs, Manfred — The Development and General Trends of International Law in Our Time, RdC 169 (1980 IV), S. 9–377.

Lageard, Susanne — in: Lenz (Hrsg.), EG-Vertrag Kommentar, 2. Aufl. 1999, Köln.

Lalive, Jean-Flavien — L'immunité de jurisdiction des états et des organisations internationales, RdC 84 (1953 III), S. 209–389.

Larschan, Bradley — The Abisinito Affair: A Restrictive Theory of Diplomatic Immunity, ColJTL 26 (1987/88), S. 283–295.

Lauterpacht, H. — The Problem of Jurisdictional Immunities of Foreign States, BYIL 28 (1951), S. 220–272.

ders. — The Function of Law in the International Community, 1933, Oxford.

Lecourt, Robert — L'Europe des juges, 1976, Brüssel.

Leibholz, G. — Das BVerfG (1963), in: BVerfG (Hrsg.), S. 61 ff.

Lewis, Charles J. — State and Diplomatic Immunity, 3. Aufl. 1990, London/New York/Hamburg/Hong Kong.

Liang, Yuen-Li — Notes on Legal Questions Concerning the United Nations, The Legal Status, Privileges and Immunities of the Specialized Agencies, AJIL 42 (1948), S. 900–906.

ders. — The Legal Status of the United Nations in the United States, The International Law Quarterly 2 (1948), S. 577–602.

Lienau, Robert A. — Stellung und Befugnisse des Präsidenten des Ständigen Internationalen Gerichtshofes, Diss. 1938, Kiel.

Lissitzyn, Oliver J. — The International Court of Justice, 1951, New York.

ders. — Sovereign Immunity as a Norm of International Law, in: Wolfgang Friedmann (Hrsg.), Transnational Law in a Changing Society, Essays in Honor of Philip C. Jessup, S. 188–201, 1972, New York/London.

Lyons, B. — Immunities Others Than Jurisdictional of The Property of Diplomatiy Envoys, BYIL 30 (1953) S. 116–151.

Madl, S. — State in the Economy and Problems of State Immunity with Special Regard to Economic Integration, in: Albert A. Ehrenzweig-Gedächtnisschrift, S. 99 ff., 1976.

Maim, Nikolai — Völkerbund und Staat, 1932, Tartu/Haag.

Malanczuk, Peter — Zur Repressalie im Entwurf der International Law Commission zur Staatenverantwortlichkeit, ZaöRV 45 (1985), S. 293–323.

ders. — Countermeasures and Self-Defence as Circumstances Precluding Wrongfulness in the International Law Commission's Draft Articles on State Responsibility (zit. Countermeasures and Self-Defence), ZaöRV 43 (1983), S. 705–802 und Appendix-812.

Malina, Manfred — Die völkerrechtliche Immunität ausländischer Staaten im zivilrechtlichen Erkenntnisverfahren, Diss. 1978, Marburg.

Mann, Fritz A. — „Inviolability“ and Other Problems of the Vienna Convention on Diplomatic Relations, in: Kay Hailbronner (Hrsg.), Staat und Völkerrechtsordnung, Festschrift für Karl Doehring, S. 553–565, (Beiträge zum ausländischen und öffentlichen recht und Völkerrecht, Bd. 98), 1989, Berlin.

Markel, Erich H. — Die Entwicklung der diplomatischen Rangstufen, Diss. 1951, Erlangen.

Marston, Geoffrey (Hrsg.) — United Kingdom Materials on International Law 1984, BYIL 55 (1984), S. 405 ff., 582 ff.

Maurer, Hartmut — Allgemeines Verwaltungsrecht, 11. Aufl. 1997, München.

McClanahan, Grant V. — Diplomatic Immunity, 1989, London.

McWhinney, Edward — The International Court of Justice and the Western Tradition of International Law, 1987, Dordrecht/Boston/Lancaster.

ders. — Judical Settlement of Disputes: Jurisdiction and justiciability, RdC 221 (1990 II), S. 19–194.

ders. — The Legaslative Role of the World Court in an Era of Transition, in: Rudolf Bernhardt/Wilhelm Karl Geck/Günther Jaenicke/Helmut Steinberger (Hrsg.), Völkerrecht als Rechtsordnung, Internationale Gerichtsbarkeit, Menschenrechte, Festschrift für Hermann Mosler, S. 567–579, (Beiträge zum ausländischen öffentlichen Recht und Völkerrecht, Bd. 81), 1983, Berlin/Heidelberg/New York.

Meng, Werner — The Caroline, EPIL, Instalment 3, 1982, S. 81–82.

Merikowski, Veli — Judical Protection of the Individual against the Executive in Finland, in: Max-Planck-Institut für ausländisches öffentliches Recht und Völkerrecht (Hrsg.), Gerichtsschutz gegen die Exekutive, Bd. 1, S. 185–219, 1969, Köln.

Meyer-Ladewig, Jens — Ein neuer ständiger Europäischer Gerichtshof für Menschenrechte, NJW 1995 II, S. 2813–2816.

Meyers Großes Universallexikon — Bd. 7, Ich-Kn, 1983, Mannheim/Wien/Zürich.

Michaels, David B. — International Privileges and Immunities: A Case for a Universal Statute, 1971, The Hague.

Moore, J. — The Changing Role of the International Court of Justice, 1991.

Mosler, Hermann — Organisation und Verfahren des Europäischen Gerichtshofs für Menschenrechte, ZaöRV 20 (1959/60), S. 415–449.

ders. — The Area of Justiciability: Some Cases of Agreed Delimination in the Submission of Disputes to the International Court of Justice, in: Essays in International Law in Honour of Judge Manfred Lachs, S. 409–421, 1984, The Hague/Boston/Lancaster.

Mosler, Hermann	Political and Justiciable Legal Disputes: Revival of an Old Controversy, in: Contemporary Problems of International Law: Bin Cheng/E. D. Brown (eds.), Essays in Honour of Georg Schwarzenberger on his Eightieth Birthday, S. 216–229, 1988, London.
ders.	Der Europäische Gerichtshof für Menschenrechte nach zwanzig Jahren, in: Recht als Prozeß und Gefüge, Festschrift für Hans Huber zum 80. Geburtstag, S. 595–607, 1981, Bern.
ders.	Problems and Tasks af International Judical and Arbitral Settlement of Disputes Fifty Years after the Founding of the World Court, in: Judical Settlement of International Disputes (Beiträge zum ausländischen öffentlichen Recht und Völkerrecht, Bd. 62), S. 3–15, 1974, Berlin/Heidelberg.
Mukharji, P.B.	The Modern Trends of Diplomatic Law, 1973, Calcutta.
Murty, Bhagavatula S.	The International Law of Diplomacy. The Diplomatic Instrument and World Peace Order, 1989, New Haven.
Nascimento e Silva, Geraldo Eulalio do	Diplomacy in International Law, 1972, Leiden.
Nelson, Christine M.	„Opening“ Pandora's Box: The Status of the Diplomatic Bag in International Relations, Fordham International Law Journal 12 (1988/89), S. 494–520.
Neuhold/Hummer/Schreuer	Österreichisches Handbuch des Völkerrechts, Bd. 1 und 2, 3. Aufl. 1997, Wien.
Neye, Hans-Werner	Das neue Gericht erster Instanz, DB 1988, S. 2393–2395.
Nicholsen Sir, Harald	Diplomacy, 1945, London.
Nicolaysen, Gert	Der Gerichtshof: Funktion und Bewährung der Judikative, EuR 7 (1972), S. 375–390.
Nordquist, Myron H. (Hrsg.)	United Nations Convention on the Law of the Sea 1982 (zit.:UNCLOS): A Commentary, Vol. V, 1989, Dordrecht/Boston/London.
Nys, Ernest	Les origines du droit international, 1894, Leiden.
O'Keefe, Patrick J.	Privileges and Immunities of the Diplomatic Family, ICLQ 25 (1976), S. 329–350.
O'Connell, D. P.	International Law, 2 Bde., 2. Aufl. 1970, London.
Oberndorfer, Peter	Die österreichische Verwaltungsgerichtsbarkeit, 1983, Linz.

Oellers-Frahm, Karin/ Wühler, N. (Hrsg.) — Dispute Settlement in Public International Law: Text and Materials, Max-Planck-Institut for Comparative Public Law and International Law, 1984, Berlin.

Ogden, Montell — Bases of Diplomatic Immunity, 1936, Washington.

Oppenheim, Lassa F./ Lauterpacht, H. — International Law, Vol. I – Peace, 8. Aufl. 1955, London/New York/Toronto.

Oppermann, Thomas — Europarecht, 2. Aufl. 1999, München.

Pancracio, Jean-Paul — Dictionnaire de la diplomatie, 1998, Clermont-Ferrand.

Panhuys, H. F. van — In the Borderland between the Act of State Doctrin and Questions of Jurisdictional Immunuities, ICLQ 13 (1964), S. 1193–1213.

Parkhill, James S. — Diplomacy in the Modern World: A Reconsideration of the Bases for Diplomatic Immunity in the Era of High-Tech Communications, Hastings International and Comparative Law Review 21 (1997/98), S. 565–596.

Partsch, Karl Josef — Self-Preservation, EPIL, Instalment 4, 1982, S. 217–220.

Peaslee, Amos J. — International Governmental Organizations, Constitutional Documents, Vol. I u. II, 1956 und 1961, The Hague.

Peine, Franz-Joseph — Allgemeines Verwaltungsrecht, 4. Aufl. 1998, Heidelberg.

Perrenoud, Georges — Régime des privilèges des missions diplomatiques étrangères et des organisations internationales en Suisse, Diss. 1949, Lausanne.

Pick, Eckhart — Der Internationale Strafgerichtshof, Recht und Politik 35 (1999), S. 117–125.

Plehwe, Friedrich-Karl von — Internationale Organisationen und die moderne Diplomatie, Deutsches Handbuch der Politik, Bd. 6, 1972, München, Wien.

Pohl, Heinrich — Deutsche Prisengerichtsbarkeit, 1911, Tübingen.

Polakiewicz, Jörg — Die völkrerechtliche Zulässigkeit der Überwachung des Telefonverkehrs von Konsulaten ausländischer Staaten. Zu den Beschlüssen des Bundesgerichtshofs vom 4. und 30. April 1990 – 3 StB 5 und 8/90, ZaöRV 50 (1990), S. 761–789.

Posega, Kurt — Die Vorrechte und Befreiungen der internationalen Funktionäre, Diss. 1929, Göttingen.

Pradier-Fodéré, Paul	Cours de droit diplomatiques à l'usage des agents politiques, 2. Aufl. 1899, Paris.
Preuss, Lawrence	Diplomatic Privileges and Immunities of Agents Invested with the Functions of an International Interest, AJIL 25 (1931), S. 694–710.
ders.	The International Organizations Immunities Act, AJIL 40 (1946), S. 332–345.
ders.	Immunities of Officials and Employees of the UN for Official Acts: The Ranallo Case, AJIL 41 (1947), S. 555–578.
Prott, Lyndel V.	Der internationale Richter im Spannungsfeld der Rechtskulturen, 1975, Berlin.
Przetacnik, Franciszek	Diplomacy by Special Missions, RDI 59 (1981), S. 109–176.
ders.	Protection of Officials of Foreign States according to International Law, 1983, The Hague u. a.
Puppe, Heike	Zum rechtlichen Status des diplomatischen Gepäcks: der gegeenwärtige Stand der Arbeiten der ILC, Jura 8 (1986), S. 527–531.
Quarch, Matthias	Die völkerrechtliche Immunität der Sondermissionen, 1996, Aachen.
Ralston, Jackson H.	International Arbitration from Athens to Locarno, 1929, Stanford.
Reiff, Henry	Agreement on the Privileges and Immunities of the League of Arab States, Documents Revue Égyptienne de Droit International 11 (1955), S. 146–150.
Ress, Georg	Entwicklungstendenzen der Immunität ausländischer Staaten, ZaöRV 40 (1980), S. 217–275.
Rest, Alfred	Zur Notwendigkeit eines internationalen Umweltgerichtshofes, in: G. Hafner/G. Loibl u. a. (eds.), Liber Amicorum Professor Seidl-Hohenveldern – in Honour of his 80th Birthday, S. 575–591, 1998, The Hague.
Rey, Francis	Les immunités des fonctionnaires internationaux, Revue de droit international privé XXIII (1928), S. 253–278.
Richter, Stefan	Die Assoziierung osteuropäischer Staaten durch die Europäischen Gemeinschaften, in: Beiträge zum ausländischen öffentlichen Recht und Völkerrecht, Bd. 107, 1993, Berlin/Heidelberg u. a.
Riese, Otto	Über den Rechtsschutz innerhalb der europäischen Gemeinschaften, EuR 1966, S. 24–54.

Röttinger, Moritz — in: Lenz (Hrsg.), EG-Vertrag Kommentar, 2. Aufl. 1999, Köln.

Roggemann, Herwig — Der Internationale Strafgerichtshof der Vereinten Nationen von 1993 und der Krieg auf dem Balkan, 1994, Berlin.

ders. — Der Ständige Internationale Strafgerichtshof und das Statut von Rom 1998, Neue Justiz 52 (1998), S. 505–509.

Rosenne, Shabtai — The World Court, What It Is and How It Works, 4. Aufl. 1989, Dordrecht/Boston/London.

ders. — The Law and Practice of the International Court, 2. Aufl. 1985, Dordrecht/Boston/Lancaster.

Ryan, Michael — The Statuts of Agents on Special Missions in Customary International Law, CanYBIL 16 (1978), S. 157–196.

Šahovic, Milan — The Concept of Law at the End of the Twentieth Century, in: International Law in Transition, Essays in memory of Judge Nagendra Singh, S. 87–93, 1992, Dordrecht/Boston/London.

Salmon, Jean — Les circonstances excluant l'illicéité?, in: Institut des hautes Études internationale de Paris, responsabilité internationale, cours et travaux, 1987, S. 87–225.

ders. — Fonctions diplomatiques, consulaires et internationales, 2 Bde., 3. Aufl. 1976/77, Brüssel.

Satow, Ernest — Satow's Guide to Diplomatic Practice, 5. Aufl. 1979, London/New York.

Schaumann, Winfried — Die Immunität ausländischer Staaten nach dem Völkerrecht, in: Berichte der deutschen Gesellschaft für Völkerrecht, S. 1–157, 1968, Karlsruhe.

Scherer, Joachim/ Zuleeg, Manfred — Verwaltungsgerichtsbarkeit, in: Michael Schweitzer (Hrsg.), Europäisches Verwaltungsrecht, 1991, Wien.

Schlüter, Bernhard — Die innerstaatliche Rechtsstellung der internationalen Organisationen unter besonderer Berücksichtigung der Rechtslage in der Bundesrepublik Deutschland, in: Beiträge zum ausländischen öffentlichen Recht und Völkerrecht, Bd. 57, 1972, Köln/Berlin/Bonn.

Schmidt, F. — Die völkerrechtliche Rechtsstellung der Mitglieder des ständigen Sekretariats des Völkerbundes, 1930, Köln.

Schönfeld, Ulrich von — Die Staatenimmunität im amerikanischen und englischen Recht, Diss. 1983, Berlin.

Schreuer, Christoph H. — State Immunity: Some Recent Developments, 1988, Cambridge.

Schücking, Walther/ Wehberg, Hans — Die Satzung des Völkerbundes, Bd. 1, 3. Aufl. 1931, Berlin.

Schultze, Dieter — Die Rechtsstellung des internationalen Beamten gegenüber dem Heimatstaat, 1961, Frankfurt.

Scott, James Brown — The Hague Conventions and Declarations of 1899 and 1907, 1918, New York.

Secrétan, Jaques — Les privilèges et immunités diplomatiquwes des représentants des États membres et des agents de la Société des Nations, Diss. 1928, Lausanne.

Seidenberger, Ulrich — Die diplomatischen und konsularischen Immunitäten und Privilegien, ein Beitrag zur Diskussion über die Reformbedürftigkeit des Diplomaten- und Konsularrechts aus staats- und völkerrechtlicher Sicht, in: Dieter Blumenwitz (Hrsg.), Schriften zum Staats- und Völkerrecht, Bd. 55, 1994, Fankfurt a. M., zugleich Diss. 1992.

Seidl-Hohenveldern, Ignaz — Neue Entwicklungen im Recht der Staatenimmunität, in: Festschrift für Günther Beitzke zum 70. Geburtstag, S. 1081–1101, 1979, Berlin/New York.

ders. — Der IGH und das Ideal eines weltweiten Richterstaates, Festschrift für René Marcic, Bd. 1, S. 675–688, 1974, Berlin.

ders. — L'immunité de jurisdiction et d'exécution des États et des organisations internationales, in: Droit international 1, Institut des hautes études internationales, 1981, S. 109–174.

Seidl-Hohenveldern, Ignaz/ Loibl, Gerhard — Das Recht der internationalen Organisationen einschließlich der supranationalen Gemeinschaften, 7. Aufl. 2000, Köln/Berlin, u. a.

Seidl-Hohenveldern, Ignaz/ Stein, Torsten — Völkerrecht, 10. Aufl. 2000, Wien.

Sen, Biswanath — A Diplomat's Handbook of International Law and Practice, 3. Aufl. 1988, Dordrecht/Boston/London.

Seyersted, Finn — International Personality of Intergovernmental Organizations: Do their Capacities Really depend upon their Constitutions?, IndianJIL 4 (1964), S. 1–74.

Seyersted, Finn — Is the International Personality of Intergovernmental Organizations valid vis-a-vis Non-members, IndianJIL 4 (1964), S. 233–265.

Shihata, Ibrahim — The Power of the International Court to Determine its own Jurisdiction, 1965, Den Haag.

Siebert, Derk — Die Auswahl der Richter am Gerichtshof der Europäischen Gemeinschaften, Diss. 1997, Münster.

Sinclair, Ian — The Law of Sovereign Immunity. Recent Developments, RdC 167 (1980 II), S. 113–284.

Singh, Nagendra — The Role and Record of the International Court of Justice, 1989, Dordrecht/Boston/London.

Sohn, Louis B. — The International Court of Justice and the Scope of the Right of Self-Defence and the Duty of Non-Intervention, in: International Law at a Time of Perplexity, Essays in Honour of Shabtai Rosenne, S. 869–878, 1989, Dordrecht/Boston/London.

Stauffenberg, Berthold Schenk Graf von — Die Rechtsstellung der russischen Handelsvertretungen, in: Beiträge zum ausländischen öffentlichen Recht und Völkerrecht, Heft 14, 1930, Berlin.

Stein, Torsten — Richterrecht wie anderswo auch?, Der Gerichtshof der Europäischen Gemeinschaften als „Integrationsmotor“, in: Festschrift der Juristischen Fakultät zur 600-Jahr-Feier der Ruprechts-Karl-Universität Heidelberg (hrsg. von der Hochschullehrern der Juristischen Fakultät der Universität Heidelberg), S. 619–641, 1986, Heidelberg.

Steinberger, Helmut — The International Court of Justice, in: Judical Settlement of International Disputes (Beiträge zum ausländischen öffentlichen Recht und Völkerrecht Bd. 62), S. 193–283, 1974, Köln/Berlin u. a.

ders. — Zu den neueren Entwicklungen im Bereich der völkerrechtlichen Staatenimmunität, in: Rüthers/Stern (Hrsg.), Freiheit und Verantwortung im Verfassungsstaat, Festschrift zum 10jährigen Jubiläum der Gesellschaft für Rechtspolitik, S. 451–469, 1984, München.

ders. — State Immuity, EPIL, Instalment 10, 1987, S. 428–446.

Steinmann, Hans-Georg — Ein Beitrag zu Fragen der zivilrechtlichen Immunität von ausländischen Diplomaten, Konsuln und anderen bevorrechtigten Personen sowie fremden Staaten, die durch ihre Missionen oder auf ähnliche Weise in der Bundesrepublik Deutschland tätig werden (II), MDR 19 (1965), S. 706–712, Fortsetzung MDR 19 (1965), S. 795–799.

Strupp, Karl — Documents pour servir à l'histoire du droit des gens, Bd. II, 2. Aufl. 1923, Berlin.

ders. — Beiträge zur Reform und Kodifikation des völkerrechtlichen Immunitätsrechts, Zeitschrift für Völkerrecht Erg.-Heft zu Bd. XIII, 1926.

Strupp, Karl/Schlochauer, H.-J. — Wörterbuch des Völkrerechts, Bd. 2, 1961, Berlin.

Stuart, Graham — American and Consular Practice, 2. Aufl. 1952, New York.

Sucharitkul, S. — State Immunities and Trading Activities in International Law, 1959, London.

Suy, Erik — Immunity of States before Belgian Courts and Tribunals, ZaöRV 27 (1967), S. 660–692.

ders. — La Convention de Vienne sur les relations diplomatiques, Österreichische Zeitschrift für öffentliches Recht 12 (1962/63), S. 86–114.

Tomuschat, Christian — Repressalie und Retorsion, Zu einigen Aspekten ihrer innerstaatlichen Durchführung, ZaöRV 33 (1973), S. 179–222.

ders. — International Courts and Tribunals with Regionally Restricted and/or Specialized Jurisdiction, in: Judical Settlement of International Disputes (Beiträge zum ausländischen öffentlichen Recht und Völkerrecht, Bd. 62), 1974, S. 285–416.

Treves, Tullio — The Law of the Sea Tribunal: It's Statuts and Scope after November 16, 1994, ZaöRV 55 (1995), S. 421–451.

Tyagi, Yogesh K. — The World Court after the Cold War, in: International Law in Transition, Essays in Memory of Judge Nagendra Singh, S. 231–244, 1992, Dordrecht/Boston/London.

Valdez, Abelardo L. — Privileges and Immunities under the Vienna Convention on Diplomatic Relations and the Diplomatic Relations Act of 1978, International Lawyer 15 (1981), S. 411–419.

Vattel, M. de — The Classics of International Law/Le droit des gens ou principes de la loi naturelle, Reproduction of Book I–IV of the Edition of 1758, with a Translation of Charles G. Fenwick, 1916, Washington.

Verdross, Alfred — Völkerrecht, 5. Aufl. 1964, Wien.

Verdross, Alfred/Simma, Bruno — Universelles Völkerrecht, 3. Aufl. 1984, Berlin.

Villiger, Mark E. — Handbuch zur europäischen Menschenrechtskonvention – unter besonderer Berücksichtigung des schweizerischen Rechts, 1993, Zürich.

Vollenhoven, C. van — Diplomatic Prerogatives of Non-Diplomats, AJIL 19 (1925), S. 469–474.

Wasum, Susanne — Der Internationale Seegerichtshof im System der obligatorischen Streitbeilegungsverfahren der Seerechtskonvention, 1984, München.

Weeramantry, Christopher G. — The Function of the International Court of Justice in the Development of International Law, Leiden Journal of International Law 10 (1997), S. 309–340.

Weidenfeld, W. — Die Bilanz der Europäischen Integration 1998/99, in: Weidenfeld/Wessels (Hrsg.), Jahrbuch der Europäischen Integration 1998/99, S. 13–24.

Weidmann, Klaus W. — Der Europäische Gerichtshof auf dem Weg zu einem europäischen Verfassungsgericht, 1985, Frankfurt a. M./Bern/New York.

Wenckstern, Manfred — Handbuch des Internationalen Zivilverfahrensrechts, Bd. II/1, Die Immunität internationaler Organisationen, 1994, Tübingen.

Wilson, Clifton E. — Diplomatic Privileges and Immunities, 1967, Tucson.

ders. — Diplomatic Privileges and Immunities: The Retinue and Families of the Diplomatic Staff, ICLQ 14 (1964), S. 1265–1295.

Wolf, Joachim — Die völkerrechtliche Immunität des Ad-hoc-Diplomaten, EuGRZ 10 (1983), S. 401–406.

Wolff, Hans J./Bachof, Otto/Stober, Rolf — Verwaltungsrecht, Bd. 1, 11. Aufl. 1999, München.

Wolfrum, Rüdiger — Die UN-Seerechtskonvention in der Perspektive der neuen Weltwirtschaftsordnung, in: Delbrück, Jost (Hrsg.), Das neue Seerecht, S. 97–118, 1984, Berlin.

Wood, John R./Serres, Jean — Diplomatic Ceremonial and Protocol, 1970, London.

Wortley, B.A.	The Judges of the World Court: The National Element, IndianJIL 26 (1986), S. 448–451.
Zemanek, Karl	Die Wiener Diplomatische Konferenz 1961, ArchVR 9 (1961–62), S. 398–427.
Zuck, Rüdiger	Immunität eines Sonderbotschafters, Anmerkung zu den Entscheidungen des LG Düsseldorf, Haftbefehl vom 24. 2. 1983 – XII – 10/83, und des OLG Düsseldorf, Beschluß vom 7. 3. 1983 – 1 Ws 159/83, im Fall Tabatabai, Immunität eines Sonderbotschafters, EuGRZ 10 (1983), S. 159–163.

Sachregister